エネルギーと環境の政治経済学

「エネルギー転換」へいたるドイツの道

宮本光雄

国際書院

The Political Economy of Energy and Environment
The Road of Germany to the Energiewende
by
MIYAMOTO Mitsuo

Copyright © 2015 by MIYAMOTO Mitsuo
ISBN978-4-87791-266-6 C3031 Printed in Japan

目　次

エネルギーと環境の政治経済学
「エネルギー転換」へいたるドイツの道

目　次

凡　例　13
欧文略語　15

第1篇　人類社会とエネルギー

序　章　何が問題か ── エネルギーと環境と経済社会………19
　第1節　経済成長と将来世界　19
　第2節　エネルギー供給体制　36
　　第1項　"原子力時代"　37
　　第2項　新しいエネルギー供給体制の追求　49
　第3節　本書の課題と分析視角と構成　55

第1章　エネルギーの歴史…………………………………63
　第1節　自然エネルギー（再生可能エネルギー）の時代　64
　第2節　化石燃料の時代　71
　　第1項　石炭の時代　71
　　第2項　石油の時代　76
　第3節　原子力の時代　82
　補　論　放射線被曝と健康被害　90

第2篇　内内(うちうち)の代議制民主主義から直接的な民主主義へ
　　　　──「エネルギー転換」へいたるドイツの道

第2章　西ドイツのエネルギー政策と原子力発電…………107
　第1節　基幹エネルギー資源　107
　第2節　原子力発電　119
　　第1項　「原子力時代」の黎明　120
　　第2項　原子力発電の拡大　128
　第3節　社会民主党の原子力政策　132
　　第1項　「脱原発」論の台頭　132
　　第2項　「脱原発」の党政策化　138
　第4節　キリスト教民主同盟／社会同盟の原子力政策　147
　　第1項　原子力発電の推進　147
　　第2項　環境保全と「脱原発」　149

第3章　再生可能エネルギー拡大と「脱原発」のプレリュード
　　　　………………………………………161
　第1節　再生可能エネルギーの導入と拡大　162
　　第1項　キリスト教政党における"環境派"の台頭　164
　　第2項　電力供給法　175
　　第3項　再生可能エネルギー拡大の制限　181
　第2節　「脱原発」のプレリュード　190
　　第1項　"核燃料循環（サイクル）"と政界　191
　　第2項　"核燃料循環（サイクル）"とエネルギー供給事業者　197
　　第3項　「脱原発」のプレリュード　202

第4章　経済界主導の「脱原発」と「エネルギー転換」…… 213
　　第1節　「赤-緑」連立連邦政府の成立　213
　　　　第1項　「エネルギー転換」　213
　　　　第2項　シュレーダーの「脱原発」政策　218
　　　　第3項　1998年連邦議会選挙　222
　　第2節　「原子力合意」の成立　227
　　　　第1項　既存原発稼働期限　230
　　　　第2項　放射性廃棄物の処理　232
　　　　第3項　原子力法の改訂　235
　　第3節　再生可能エネルギー法　237
　　　　第1項　再生可能エネルギー法の成立　237
　　　　第2項　成果　240
　　補　論　経済界と有害ガスの排出量削減　245

第5章　「脱原発」のインテルメッツォと福島第一原発事故
　　　　………………………………………………… 249
　　第1節　「脱原発」をめぐる争い　251
　　　　第1項　既存原発稼働期限をめぐる政界と経済界　251
　　　　第2項　既存原発稼働期限と輿論　257
　　第2節　「脱原発」のインテルメッツォ　261
　　　　第1項　「原子力合意」の改訂　262
　　　　第2項　既存原発稼働期限延長と政治的・社会的な情況
　　　　　　　　270
　　第3節　福島第一原発事故の衝撃　275
　　　　第1項　"政治の優位"　275
　　　　第2項　州議会選挙における国民意思の表出　284

第6章　「再生可能エネルギー時代」を目差して………… 291
　　第1節　「再生可能エネルギー時代」　292

　　　　第2節　経済界の「エネルギー転換」　298
　　　　　　第1項　四大エネルギー・コンツェルン　298
　　　　　　第2項　ドイツ産業連盟　307
　　　　第3節　「特権的な電力消費者」と電力料金の上昇　310
　　　　第4節　電力料金上昇と国民意識　316

　　終　章　"ハードな道"と"ソフトな道" — 岐路に立つ現代世界……………………………………………………………………… 321

資料……………………………………………………………………………… 343
　資料Ⅰ　ココヨク宣言　1974年10月23日　343
　資料Ⅱ　アイゼンハワー米大統領国連総会演説「原子力の平和利用」　1953年12月08日　349
　資料Ⅲ　「迫り来る人為的な気候変動にかんする警告」　ドイツ物理学会・ドイツ気象学会　1987年06月　352
　資料Ⅳ　「我が党政治の基盤としてのキリスト教的人間像　環境・エネルギー政策草案」（テップファー草案）　1988年02月27日　361
　資料Ⅴ　電力供給法（1990年）、および、改訂電力供給法（1998年）における「不都合な事態条項」　365
　資料Ⅵ　バイエルン州行政手続き法　1985年07月23日公布施行　367
　資料Ⅶ　RWE幹部会議長フリートヘルム・ギースケとVEBA幹部会議長クラウス・ピルツの連邦首相宛書簡　[1992年11月頃]　369
　資料Ⅷ　クラウス・ピルツ「紋切り型思考からの訣別」　1993年03月19日　372
　資料Ⅸ　エネルギー政策にかんする訴え「ドイツの将来エネルギーのために勇を鼓して現実主義を主張しよう」　2010年08月21日　375
　資料Ⅹ　"エネルギー転換は成功します。もしも、我れわれがそれに即応した措置を講ずるならば、それも、今日直ちに。" ジーメンス社幹部会議長ペーター・レッシャー　2012年03月10日　378

付　録·· 381
　　付録Ⅰ　　（西）ドイツ連邦政府の与党構成　1949-2015 年　381
　　付録Ⅱ　　ドイツ四大エネルギー・コンツェルンの成立にいたる過程　382
　　付録Ⅲ　　重要事項説明　385

図　表·· 21
　　図 0-1　『成長の限界』における三つのシナリオ　21
　　図 0-2　『成長の限界』における個々の要因解析結果と 1970-2000 年の 30
　　　　　　年間のデータ比較分析結果　正規化平均平方根偏差（RMSD）
　　　　　　グラハム・M・ターナー　2008 年 06 月　32
　　図 1-1　イギリスにおける石炭推計産出高　1830-1913 年　75
　　図 1-2　世界とアメリカと欧州の商用エネルギー消費量　1929-1950 年　80
　　図 1-3　世界のエネルギー消費量　1950-1973 年　81
　　図 1-4　発注ないし発注意思表示された原子炉の基数　1965-1981 年　83
　　図 1-5　OECD 加盟諸国の電力生産量に占める原子力発電の割合い
　　　　　　1965-2010 年　84
　　図 1-6　被曝に因る健康被害危険の受け容れ範囲　97
　　図 2-1　西ドイツの一次エネルギー消費量　1950-1973 年　113
　　図 2-2　西ドイツの一次エネルギー消費量に占める輸入資源割合い
　　　　　　1955-1973 年　115
　　図 2-3　西ドイツの一次エネルギー消費量　1975-1990 年　119
　　図 2-4　あなたは、原発の稼働は人間を危険にさらすことなく行えると信じ
　　　　　　ますか。それとも、人間は多少とも危険にさらされると恐れます
　　　　　　か。　1973-1977 年　136
　　図 2-5　近傍に原発建設が計画されるならば、あなたはそれに賛成します
　　　　　　か。それとも、反対しますか。　1975-1981 年　136
　　図 2-6　チェルノブイリのような原発事故は西ドイツでも起こり得ると思い
　　　　　　ますか。　1987 年 03 月　146
　　図 2-7　あなたは西ドイツの原発増設に賛成しますか、それとも、原発の削

減に賛成しますか。 146
図 2-8 原発の核燃料廃棄物長期貯蔵問題は解決され得るという主張について、あなたはどの程度信頼していますか。 158
図 2-9 原発の将来について、あなたは次の主張のうち、どれに賛成しますか。 158
図 3-1 政府の環境保全政策実施の歩みについて、あなたはどのように考えていますか。 1989 年 10 月 168
図 3-2 効果的な環境保全政策実施を"極めて重要"と考えている人びとの割合 1990 年 168
図 3-3 原子力と太陽光エネルギーは、世界的な環境問題解決にとって、どの程度役立つと考えますか。(プラス・マイナス 5 段階評価) 1990 年 12 月 168
図 4-1 "ハードな道"と"ソフトな道" 215
図 4-2 ドイツ連邦議会選挙結果 各党獲得議席数 1983-2013 年 223
図 4-3 ドイツ連邦議会選挙戦の論戦テーマ 人びとの関心度合い 1998 年 09 月 224
図 4-4 ドイツにおける一次エネルギー消費量および電力消費量に占める再生可能エネルギーの割合 2001-2013 年 241
図 4-5 再生可能エネルギー分野における雇用創出 2004-2013 年 243
図 4-6 ドイツにおける再生可能エネルギー利用による CO_2 排出"回避"量 2000-2013 年 244
図 4-7 ドイツ・日本・アメリカにおけるエネルギー利用に伴う CO_2 排出量 2000-2013 年 244
図 5-1 ドイツの産業用電力料金 2001-2014 年 255
図 5-2 ドイツの家庭用電力料金 2001-2014 年 259
図 5-3 エネルギー料金(電力・ガス・燃料油)上昇を懸念する人びとの割合 2004-2008 年 259
図 5-4 ドイツの全原発 17 基 所在地と商用発電開始年月 2010 年 09 月現在 273

図 5-5　バーデン-ヴュルテンベルク州議会選挙結果　2006-2011 年　286
図 6-1　ドイツ国民のエネルギー資源観：各資源についての環境毀損性（非毀損性）評価　2008 年 11 月　293
図 6-2　メルケル政府の再生可能エネルギー拡大と GHG 排出量削減計画　2010-2050 年　295
図 6-3　ドイツにおける各事業者の発電容量と総発電容量に占める割合い　2008-2013 年　304
図 6-4　ドイツにおける各事業者の発電量と総発電量に占める割合い　2008-2013 年　304
図 6-5　EEG 賦課金負担額と割合い　公平な負担のばあいと減免措置導入のばあいの比較　2002 年　312
図 6-6　電力消費量と EEG 賦課金に占める部門別割合い　2014 年　313
図 6-7　「エネルギー転換」のための電力料金追加支払い用意の有無と支払い額　2011 年 05 月　316
図 6-8　「エネルギー転換」の利益・不利益にかんする国民の個人的な見解　ノルトライン-ヴェストファーレン州　2014 年 10 月　319
図 7-1　社会的発電費（SCOE）の構成要因　328

表 0-1　発電資源の発電費比較　45
表 0-2　発電資源の GHG 排出量比較（フォス）　48
表 0-3　発電資源の GHG 排出量比較（シドニィ大学）　48
表 0-4　発電資源の CO_2 排出量比較（ストルム・ファン・レーウェン）　48
表 0-5　稼働可能原発と建設中の原発　国際原子力機構（IAEA）　原子炉基数　53
表 1-1　デンマークにおける成人 1 人当たりのエネルギー推計消費量：石器時代後期からヴァイキング時代　66
表 1-2　デンマークにおける成人 1 人当たりのエネルギー推計消費量：ルネサンス期から 18 世紀末　67
表 1-3　イギリスにおける石炭推計消費量と消費分野別の割合い

1700-1830 年　73
表 1-4　主要石炭産出国における推計産出高　1830-1913 年　76
表 1-5　世界の燃料別二酸化炭素（CO_2）推計排出量　1860-1913 年　77
表 1-6　アメリカと欧州における登録自動車台数　1900-1938 年　78
表 1-7　世界の石油燃料船舶　1914-1922 年　78
表 2-1　西ドイツの原子力発電量と発電総量に占める割合い　1970-1990 年　129
表 2-2　原発にかんする次の見解のなかで、あなたの考えに合うものを選んでください。　1970-1990 年　135
表 2-3　原発の短所ないし長所と言われる次の見解のなかで、あなたの考えに合うものを選んでください。　1976-1981 年　137
表 2-4　西ドイツの有権者が描く原発将来像と支持政党の関連性　1981 年 10 月　138
表 2-5　西ドイツの稼働可能原子炉基数　1967-1988 年　142
表 3-1　西ドイツにおける利用資源毎の一次エネルギー消費量と消費量割合い　再生可能エネルギーと原子力　1975-1990 年　164
表 3-2　ドイツと世界の CO2 排出量削減計画　1987-2050 年　172
表 3-3　ドイツにおける再生可能エネルギー資源の潜在的な電力・熱生産力評価　172
表 3-4　ドイツにおける再生可能エネルギー資源利用による電力生産と消費量割合いの増大　1991-2000 年　180
表 3-5　ドイツにおける再生可能エネルギー資源利用による熱生産と消費量割合いの増大　1991-2000 年　180
表 3-6　シュレースヴィヒ-ホルシュタイン州における風力発電の給電量と消費総量割合い、および、設備基数の増大　1989-1999 年　182
表 4-1　再生可能エネルギー法（2000 年）の給電補償額　239
表 4-2　ドイツにおける再生可能エネルギー資源利用による電力生産と消費量割合いの増大　2001-2013 年　241
表 4-3　ドイツの一次エネルギー生産における再生可能エネルギー利用によ

　　　　　　　る化石燃料代替量　2007-2013 年　243
表 5-1　既存原発稼働期限をめぐる輿論調査結果　2005 年 07 月　257
表 5-2　ドイツの全原発 17 基の稼働終了期日　280
表 5-3　2011 年のドイツの州議会選挙結果（バーデン-ヴュルテンベルク州を除く）　得票率（％）と議席数　289
表 5-4　ドイツ連邦議会選挙結果　2009 年-2013 年　得票率（％）と議席数　289
表 6-1　メルケル政府のエネルギー消費量削減計画　2008-2050 年　296
表 6-2　四大エネルギー・コンツェルンのドイツにおける総発電量に占める利用資源割合い　2007-2009 年　299
表 6-3　四大エネルギー・コンツェルンの再生可能資源利用拡大計画　2009 年　各コンツェルンの総発電量に占める利用資源割合い　300
表 6-4　EEG における減免措置適用基準　2003-2015 年　313
表 6-5　「特権的な電力消費者」の拡大と EEG 賦課金に対する影響　2005-2014 年　314
表 6-6　「エネルギー転換」にかんするドイツ国民の評価　2013 年 06 月　318
表 7-1　社会的発電費（SCOE）　2025 年のドイツ　329
表 7-2　世界の一次エネルギー消費量と CO_2 排出量　1990-2035 年　335
表 7-3　世界の電力資源構成　1990-2035 年　335

あとがき　389
参考文献　395
定期刊行物　430
事項索引　433
人名索引　440
著者紹介　445

凡 例

a 政治指導者の職名や政府・国際機構の機関名称表記は、原則として、すべて「そのとき」の職名や機関名称を示す。
b 連邦官庁の正式名称はしばしば変更されているが、たとえば、「連邦経済省」や「連邦環境省」等のように、通常用いられる表記で通すこととする。
c 外国語原文からの引用文表記はすべて著者の邦語訳文である。邦語訳書を同時に挙げる原書からの引用文表記も同様であり、邦語訳書の訳文を用いるものではない。邦語訳書には不適切な訳文が少なくない。
d 外国語原文からの引用文において、および、典拠として示される原書において、[　　]のなかの文言は著者が加えた補足説明である。
e 人名表記には原則として原語表記を添える。また、人名以外の邦訳語表記のばあいにも、必要に応じて、原語表記を併記する。
f 「石炭」には、石炭化の程度に応じて、無煙炭や瀝青炭、褐炭や泥炭等があるが、原則として、「石炭」と総称する。ただし、第2章からは、消費量統計値等のばあい、「石炭」と「褐炭」を区別して表記する。
g 「石油」には、油田から採掘されたままの天然の原油と精製された精製油があり、後者には、液化石油ガス（LPG）・ガソリン・灯油・軽油・重油等々があるも、原則として、「石油」と総称する。
h 「天然ガス」には、通常の油田・ガス田から生産される従来型のガスのほかに、シェールガスやメタンハイドレードなどのような在来型とは異なる地層から生産される非在来型のガスもあるが、原則として、「天然ガス」と総称する。（日本ガス協会「天然ガスの種類」、< http://www.gas.or.jp/user/market/type >）
i たとえば、「原発（安全性）」ないし「（完全）雇用」のような表記は、原則として、「原発」and/or「原発安全性」を意味し、同様に、「完全雇用」and/or「雇用」を意味する。ただし、「自然エネルギー（再生可能エネルギー）」

のように、名詞を並記する表記、あるいは、「低（弱）放射性」のような表記のばあいには、（　　　）内は単なる言い換えであったり、また、説明を付け加えるための表記のばあいもある。

j　「原発」という表記は「原子力発電所」、または、「原子力発電」を意味する。

k　キリスト教民主同盟（CDU）とキリスト教社会同盟（CSU）は別個の政党であるが、連邦議会や連邦参議院で一つの議員団（CDU/CSU）を構成しているばあい、一つの政党として扱う。

l　註記は原則として当該頁の下部にあり、各章毎の通し番号とする。

m　ドイツの法令条文はライヒ（ナチス期）官報（Reichsgesetzblatt）ないしドイツ連邦共和国官報（Bundesgesetzblatt）掲載のものである。

n　典拠として挙げられる日刊紙・週刊誌等の定期刊行物には、インターネット版とペイパー版の双方が含まれているが、煩雑を避けるために、原則として、その区別は記されない。

欧文略語

ADELE ... Adiabatic Compressed-Air Energy Storage for Electricity Supply
AEC ... Atomic Energy Commission
BDI ... Bundesverband der Deutschen Industrie
BEIR ... Biological Effects of Ionizing Radiation
BfS ... Bundesamt für Strahlenschutz
BP ... British Petroleum
BVerfG ... Bundesverfassungsgericht
BVerwG ... Bundesverwaltungsgericht
BWS ... Bruttowertschöpfung
CCS ... Carbon Dioxide Capture and Storage
CHP ... Combined Heat and Power
COGÉMA ... Compagnie Générale des Matières Nucléares
COP ... Conference of Parties
DAtF ... Deutsches Atomforum
DDREF ... Dose and Dose-Rate Effectiveness Factor
EEG ... Erneuerbare Energien-Gesetz
EMAS ... Eco-Management and Audit Scheme
EnBW ... Energie Baden-Württemberg
EnWG ... Energiewirtschaftsgesetz
EPR ... European Pressurized Reactor
EUA ... European Emission Allowance
EVU ... Energieversorgungsunternehmen
GHG ... Greenhouse Gas
GW ... Gigawatt
GWh ... Gigawatt-hour
HPS ... Health Physics Society
ICRP ... International Commission on Radiological Protection
kW ... Kilowatt
kWh ... Kilowatt-hour

KWK	Kraft-Wärme-Kopplung
LCOE	Levelized Cost of Electricity
LNT	Linear No-Threshold
MW	Megawatt
MWh	Megawatt-hour
PJ	Petajoule
Q	Quintillion
RNE	Rat für Nachhaltige Entwicklung
RSK	Reaktor-Sicherheitskommission
RWE	Rheinisch-Westfälisches Elektrizitätswerk
SCOE	Society's Cost of Electricity
STOA	Science and Technology Options Assessment
StromEinspG	Stromeinspeisungsgesetz
TW	Terawatt
TWh	Terawatt-hour
UNSCEAR	United Nations Scientific Committee on the Effects of Atomic Radiation
VDEW	Verband der Elektrizitätswirtschaft（電力事業者連盟）
VDEW	Vereinigung Deutscher Elektrizitätswerke（ドイツ発電所連盟）
VEBA	Vereinigte Elektrizitäts- und Bergwerks-Aktiengesellschaft
VIK	Verband der Industriellen Energie- und Kraftwirtschaft
VKU	Verband Kommunaler Unternehmen
VZ	Verbraucherzentrale
VZBV	Verbraucherzentrale Bundesverband
VZNRW	Verbraucherzentrale Nordrhein-Westfalen
WNA	World Nuclear Association

第1篇　人類社会とエネルギー

序　章　何が問題か ─ エネルギーと環境と経済社会

　　"世界の大多数の人びとのばあい、その関心事は家族や友人にかかわる問題に限られており、それも近々のことにとどまるが、もっと先までの期間を見通しながら都市や国家のような広範囲な問題に関心をもつ者もいる。しかし、遠い将来に亙る世界全体の問題に関心を懐く人びとは、きわめて僅かしかいない。"

　　　　　　　　　　　　　　　　　　『成長の限界』　1972 年 03 月

第 1 節　経済成長と将来世界

　歴史上、公表後間もなくから世界的に多大な反響を呼んだ学術的研究はさほど多くはないが、ローマ・クラブ[(1)]委託の米国マサチューセッツ工科大学（MIT）

---

(1)　ローマ・クラブは、1968 年 04 月、イタリアのフィアット社・オリヴェッティ社経営幹部アウレーリオ・ペッチェイ（Aurelio Peccei）と経済協力開発機構（OECD）科学総局長アレクサンダー・キング（Alexander King）のイニシアティヴで 25 ヵ国の経済界指導層や研究者等約 70 名によって創設されている。クラブの出発点は人類の将来に対する関心と懸念にあり、その活動の根底には、"人類はすでに転換点に達しており、これまでのような一面的な物質的成長過程から脱却しなければならない" という基本認識がある。Patrick Kupper, "Weltuntergangs-Version aus dem Computer". Zur Geschichte der Studie "Die Grenzen des Wachstums" von 1972, in: Jens Hohensee und Frank Uekötter (Hrsg.), *Wird Kassandra heiser? Die Geschichte falscher Öko-Alarme,* Stuttgart

研究チームの報告書『成長の限界』(1972年03月公刊)[2]はそのようななかに紛れも無く数えられる1例である。ローマ・クラブが委託した課題は、"もしも、世界が今日のように経済成長［つまり、生産の量的拡大］を追求しつづけるならば、将来世界はどんな事態に陥るであろうか"という設問に答えることであったが、MIT研究チームは20世紀70年間の工業生産高、世界人口、食糧生産、再生不可能資源の消費、および、地球環境汚染という5つの要因の幾何級数的な増大という現実から出発して2100年にいたる長期的な世界の趨勢を調べることを企図した。そして、そのために、5要因のデータを基に世界分析モデルを作成し、それら要因間の相互作用関係を三様のシナリオを描きながらコンピュータで解析している（システム・ダイナミクス分析）。第一に、将来も過去70年間に行われた自然界の扱い方や経済的社会的関係の構築に何等大きな変革策も講じられず、'ビジネス・アズ・ユージュアル'に"これまでどおりの道（Standard Run）"が歩まれるというシナリオであり、次いで、前記5要因の増大に伴う諸問題に対しては、単に技術力だけで対応して成長を持続させるという"総合的な技術（Comprehensive Technology）アプローチ"、最後に、技術力による解決法と計画的な社会的政策を合わせ講ずることで諸問題に対応し、そうすることによって均衡を確立するという"世界の安定化（Stabilized World）"シナリオであ

　　　　2004, S. 98. 日本からは、発足時、経済団体連合会会長植村甲午朗や大来佐武郎日本経済研究センター理事長等4名が同クラブ・メンバーとして参加し、1972年01月には、日本の代表的な主要会社長等6名が参加したが、そのなかには、東京電力・関西電力の両会長も含まれていた。安川第五郎「ローマ・クラブについて」次註邦語訳書、198頁。

(2)　Donella H. Meadows, Dennis L. Meadows, Jørgen Randers, and William W. Behrens Ⅲ, *The Limits to Growth. A Report for the Club of Rome's Project on the Predicament of Mankind*, New York 1972. ドネラ・H・メドウズ／デニス・L・メドウズ／ジャーガン・ラーンダズ／ウイリアム・W・ベアランズ三世『成長の限界　ローマ・クラブ「人類の危機」レポート』、大来佐武郎監訳、ダイアモンド社1972年。なお、報告書は公刊の前年夏に草案が一旦ローマ・クラブに提出され、そこで議論されている。Meadows et al., *The Limits to Growth*, p. 186. 『成長の限界』、173頁。

図0-1 『成長の限界』における三つのシナリオ

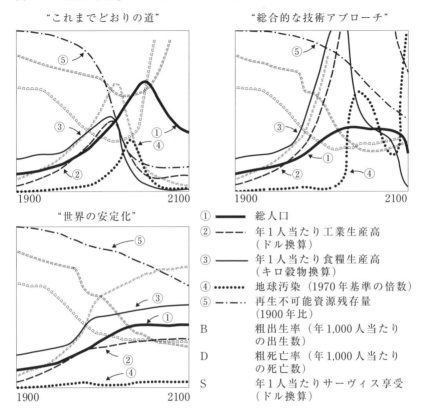

① ——— 総人口
② ----- 年1人当たり工業生産高（ドル換算）
③ ——— 年1人当たり食糧生産高（キロ穀物換算）
④ .... 地球汚染（1970年基準の倍数）
⑤ —·—·— 再生不可能資源残存量（1900年比）
B 粗出生率（年1,000人当たりの出生数）
D 粗死亡率（年1,000人当たりの死亡数）
S 年1人当たりサーヴィス享受（ドル換算）

る（図0-1を参照）[3]。

MIT研究チームの編成は、コンピュータを用いたシステム分析の先駆者ジェイ・W・フォレスター（Jay W. Forrester）教授の門下生デニス・L・メドウズ（Dennis L. Meadows）を中心に6ヵ国の研究者17名から成り、その研究は西ドイツのフォルクスヴァーゲン財団から多額の財政支援を受けながら1970年秋から1年半に亙って行われたが、その結果として、次のような将来像が提示される

---

[3] Meadows et al., *The Limits to Growth*, pp. 123-127, 140-142, 167-170. 『成長の限界』、105-109、121-124、149-152頁。

にいたっている。まず、"これまでどおりの道"を辿るばあい、2020年くらいまでは従前どおり経済成長は持続されるも、その時期には、すでに再生不可能資源の減少、および、大気圏中の二酸化炭素（CO_2）濃度増大に因る大気温度上昇等々の地球環境悪化のために工業生産・食糧生産・サーヴィス享受は急速に低下しはじめ、つづいて、人口も減少しながら、世界システムは21世紀の何時の日か「成長し過ぎの結果として崩壊する。」また、"総合的な技術アプローチ"に頼るばあいにも、その結果は同様である。たしかに、このシナリオでは、技術の進歩が再生不可能資源の採掘・利用や地球環境汚染管理、あるいは、食糧生産等の課題対応策で効力を有し、成長持続の期間も長くなると想定されている。しかし、再生不可能資源の不足化や地球環境汚染、そして、土壌劣化と食糧生産高低減等の諸問題は技術によってもやはり解決され得ないとみなされるから、成長持続も長くはつづかず、けっきょくは、「成長は2100年以前に止まってしまい」、「世界システムは崩壊にいたらざるを得ない。」MIT研究チームが強調するところ、技術は正（プラス）の作用を及ぼすだけではなく、逆に、「技術の副作用」が社会環境と自然環境に負（マイナス）の変質を惹き起こす事態[4]も考えられなければならない。それゆえに、いつの日か突然の成長低下にいたる事態を待つよりも「将来に亙る生態的・経済的な安定」を得ようと望むならば、研究チームは提言する、世界は現在のような経済成長追求の過程、"これまでどおりの道"を選好することなく、早急に「計画的な成長抑制」に取り掛かり、なかんずく、人口と工業生産高の増大を計画的に抑制し、かつ、「地球上すべての人びとの基本的な物質的必要物が満たされて、個々の人間的潜在力が実現される」ようにするために、「持続的で環境を保全できる（ecological）世界的な（global）均衡」を樹立しなければならない、すなわち、「もっと平等に世界の富を分配しなければならない。」[5]

　ローマ・クラブとMIT研究チームの目的は、世界がかかえる懸案事項を明らかにし、それに対処するための議論を促すことにあったが、果たして、研究結果

---

(4) Meadows et al., *The Limits to Growth*, pp. 145-155. 『成長の限界』、127-138頁。

(5) *Ibid.*, pp. 21, 23-24, 158-170, 178-180. 『成長の限界』、8、11-12、142-153、162-165頁。

序 章 何が問題か —— エネルギーと環境と経済社会 23

の公刊はきわめて大きな世界的関心を惹き起こした。原書の英語版公刊につづいて 37 の異なる言語版が刊行され、世界全体の販売総部数も 200 万から 1,000 万を越えたと見られている(6)。このような出版と販売情況からは、当時、多くの人びとが懐きはじめた将来世界にかんする懸念や疑念に答える研究として歓迎されたことがうかがえよう。経済学研究者等のあいだでは、しかし、批判的・否定的な論評が多かった。そして、そのばあい、批判や否定の論拠が研究チームの研究法に求められるとともに、結論的な提言自体に置かれていたことは特徴的である。

　MIT 研究チームの研究は、同チームが予期したとおり、入力データの不完全性や分析基盤要因の狭隘性を批判され、果ては、コンピュータによる世界モデル分析は現実を反映しない非科学的でナンセンスな方法と一蹴されている(7)。このような激しい反発も、しかし、たんに研究法に起因するわけでは全くない。それは、ハーヴァード大学教授サイモン・S・クズネッツが研究チームの研究を直接検討していないと断りながら、直ちに「誤って単純化された結論」と攻撃し、あるいは、トマス・マルサス（Thomas Malthus）の『人口原理論』(1798 年初版) 同様に技術的な解決可能性を考えない間違った予測 (MIT 教授ポール・A・サムエルソン) と貶められ(8)、さらには、「≪ゼロ成長≫という黙示録」(カリフォ

---

(6) 販売部数については相当異なる数が挙げられているが、さしあたり、次を参照。Kupper, "Weltuntergangs-Version aus dem Computer"; Nils Freytag, "Eine Bombe im Taschenbuchformat"? Die "Grenzen des Wachstums" und die öffentliche Resonanz, in: *Zeithistorische Forschungen*, 3/2006, < http://www.zeithistorische-forschungen.de/16126041-Freytag-3-2006 >. 大来佐武郎「監訳者はしがき」『成長の限界』、4 頁。

(7) Mankind Warned of Perils in Growth, in: *The New York Times*, 27. 02. 1972; *ibid.*, 04. 03. 1972; To Grow or not to Grow, in: *Newsweek*, 13. 03. 1972, pp. 44-45; So geht die Welt zugrunde, in: *Die Zeit*, Nr. 11, 17. 03. 1972.

(8) サムエルソンが言うところ、「マルサスは産業革命の奇蹟を予見しなかったし、そのような産業革命の奇蹟はいまもなお終わってはいない。」したがって、MIT 研究チームが取り扱う諸問題は「産業革命の奇蹟」によって解決されると主張されている。Kupper, "Weltuntergangs-Version aus dem Computer"; Freytag,

ルニア大学教授ハンス・ローゼンバーグ）と難じられた[9]ように、「成長（工業生産拡大）の抑制」という提言に対する嫌悪感の発露であり、先進国の「成長の抑制」による「世界的な均衡」樹立論に対する拒絶感の表出にほかならなかった。世界的な高度成長の当時、大多数の者にとって、これもまた MIT 研究チームが予期したことであったが、資源不足化や自然環境悪化の問題は「新技術」の開発で解消され得るし、社会環境変質の問題は当然視され、黙認されてしまう。肝要な点は、とにかく経済を成長させることである。「成長のない経済と世界的な富の平等化は想像しがたいことである。」（イェール大学教授ヘンリィ・C・ウォリク）[10]

かつて、ジョン・ステュアート・ミル（John Stuart Mill）は、イギリス資本主義隆盛の最中（さなか）、後発資本主義国ドイツのカール・マルクス（Karl Marx）とフリードリヒ・エンゲルス（Friedrich Engels）がブリュッセルで『共産党宣言』を公表した 1848 年、限りある世界にあって「際限の無い富と人口の増大は望ましくないし、［いかなる努力を傾けようとも］有り得ない」がゆえに、「世界の後進国であるならば、そこでだけは生産拡大が依然重要な目的となる」としても、「もっとも進んだ国々」は「富と人口が定常状態（stationary state）にある」ような社会、つまり、量的増大は無くも、「もっと良い分配」が行われる社会の実現、生きるための質的な社会環境向上を追求するような社会実現を目差すべき必要性を訴えていた[11]。ミルのばあいの問題関心は、たしかに、生態的・経済的

"Eine Bombe im Taschenbuchformat"?

(9) Mankind Warned of Perils in Growth; Joachim Radkau, *Die Ära der Ökologie. Eine Weltgeschichte*, Bonn 2011, S. 487.

(10) Henry C. Wallich, More on Growth, in: *Newsweek*, 13. 03. 1972, p. 51.

(11) ミルが望ましいと描く社会環境は、自然な緑の大地が残りながら、「精神的な文化」が花開き、「倫理的社会的な進歩」の余地が大きい状態であり、「人間が社会的な上昇に没頭するのではなく、生きる術（すべ）を向上させる機会が多い」社会である。John Stuart Mill, *Principles of Political Economy with Some of Their Applications to Social Philosophy*, Book Ⅳ, Chap. Ⅳ, London 1848, pp. 306, 310-312. ジョン・スチュアート・ミル『経済学原理 4』、戸田正雄訳、春秋社 1948

な安定崩壊懸念に発するというよりも、「私利のみを追求する商業文明の資本主義」は、成長による個人の利益増大を目差すなかで、自由な社会を崩壊に導くという確信に基づきながら、自由な社会を保全する道を考究することにあった[12]が、人間社会が辿り着く将来を展望し、自然的・社会的な"破局"を避けて質的な社会の向上を追求するよう提言する点でミルとMIT研究チームに変わるところはない。だが、ミルの考えが、当時、容れられなかったように、MIT研究チームの提言も結局は等閑にされてしまうことになる。ミルの提言もMIT研究チームのそれも双方ともに激しい"経済成長論議"を惹き起こし、爾後の学術的研究で新領域が切り開かれる契機となり、後者（MIT研究チームの提言）のばあいには、環境保全運動を大きくする材料にもなっていくとしても、「成長」を追求しつづける経済社会の歩みに変容を生み出すには全くいたらなかった。換言するならば、ミルの「定常状態」論も120年余を経て提示されたMIT研究チームの「計画的な成長抑制」主張もマルクス流の"生産拡大"論に抗し得ず、「成長」に伴う諸問題、取り分け、工業化のコロラリィとしての社会環境変質と自然環境悪化、および、均衡を欠く富の分配の問題は深刻さを増幅させながら先送りにされたわけである。

　このような事態の根源は、詰まるところ、世界秩序の変容と改変をめぐる各国間の角逐、なかんずく、先進国と途上国間の角逐に見出される。『ニューヨークタイムズ』紙コラムニストのアンソニィ・ルイス（Anthony Lewis）は、MIT研究チームの報告書公表当時、経済学研究者たちの「経済成長こそが平等にいたる道」という主張を「見え透いた欺瞞」と断じながら、将来、先進諸国（富裕層）が現存する富の分配を変革することも無く、環境保全の必要性を指摘するこ

　　年、87、92-94頁。
(12) ミルの「定常状態」論は「アトム化された個人」同士が営利を競うだけの社会から"新しい社会"、「自由と平等を両立させながら」「社会としての共同性を備えた産業社会（Industrial Republic）」へという弁証法的転換を生み出すための方策であり、それによって、自由を保全するための最後の方策であるという解釈について、Michael B. Levy, Mill's Stationary State & the Transcendance of Liberalism, in: *Polity*, vol. 14 (Winter 1981), pp. 273-293.

とで、成長抑制だけを主張する事態の発生、したがって、歴史的な不平等が環境保全を楯に固定化される危険性を懸念していた[13]が、今日にいたるまでの経済成長と環境保全をめぐる国際交渉を見るならば、ルイスの懸念は事態の本質を大略的確にとらえていたことが分かる。そのような国際交渉は、1950年代から1960年代に先進諸国各地で環境悪化が顕在化した後に、スウェーデンの提唱に基づいて1972年06月に開かれた国際連合（国連）人間環境会議（ストックホルム人間環境会議）を嚆矢とするが、それ以来、事実、経済成長と環境保全をテーマとする国際交渉はつねに経済的な優位を保持しようとする先進国（富裕層）と"追い付く"ことを目差す途上国間の対立舞台となり、実質的な成果を得ることなく終わっている。ここに、今日にいたる問題の核心のひとつがあるから、国際的な経済と環境をめぐる交渉の実相を明らかにしておこう。

　環境問題の論議が、半面では、経済成長の量と質のそれであることは言うまでもなく、環境問題が論じられるばあいも、先進国であれ途上国であれ、各国の主たる関心は環境保全よりも経済成長の量的拡大にあり、成長に負担を掛ける環境保全措置施行は忌避される。取り分け、途上諸国は自らが世界秩序のなかで劣位不利な立場にあるがゆえに秩序変革を求めて成長推進を追求し、ストックホルムの人間環境会議でも成長優先を固執した。その結果、国連人間環境宣言では、「人間環境の保護と改善」は「全世界すべての民族の緊急要請であり、すべての政府の義務である」と謳われてはいても、優先されるのは経済成長であり、環境保全は副次的な課題と位置付けられるにすぎなくなる。「途上諸国では、環境問題発生の原因はほとんど低開発にある。それゆえに」、同宣言は強調する、「途上諸国の努力は、自らの優先事項と環境保護改善を考えながらも、開発に向けられなければならない。」[14]

　かかる会議の結末は、国連貿易開発会議（UNCTAD）統計で当時（1972年）途上諸国全体の国内総生産（GDP）が先進諸国のそれの23パーセントにとどまり、人口数の相違ゆえに1人当たりで見てみると、0.07パーセントにすぎない情

---

(13) Anthony Lewis, Ecology and Politics: II, in: *The New York Times*, 06. 03. 1972.

(14) United Nations Environment Programme, Declaration of the United Nations Conference on the Human Environment, 16 June 1972.

況⁽¹⁵⁾を考慮するならば、不可避当然であろうし、かつ、「適切な食糧・衣服・住居・教育・健康・衛生を奪われた」人びとに「真当な人間らしい生活」を可能にするという人間環境宣言の目的⁽¹⁶⁾に則している。したがって、問題は別にある。それは、一方で、先進工業国が自らと途上諸国間における生活水準の隔たりを縮小するという責任、ローマ・クラブとMIT研究チーム、そして、国連人間環境宣言における公準を顧みないことである。かかる責任は、ローマ・クラブ常任委員会メンバーの大来佐武郎によるならば、先進国は自らの「経済成長を減速させ」て「発展途上国の成長率」の引き上げに努めることを意味する⁽¹⁷⁾が、先進国は自らの成長追求に終始し、「世界諸国民間の絶対的な隔たりを容赦なく拡大しつづける今日の成長過程」⁽¹⁸⁾を歩んでいる。

それゆえに、他方で、勢いローマ・クラブとMIT研究チームが懸念したとおりの事態、すなわち、途上諸国は"計画的な成長抑制"論を"先進国による途上国の開発抑制"論と解釈し、自らも汚染の拡大に懸念を覚えないわけではないとしても、対抗的に、"平等な地位を確立し、貧困を解消するための経済成長推進"論を主張する事態が生じざるを得なかった。「結論として言えるところ、[量の拡大という意味の]経済成長(crecimiento económico)は必ずしも汚染の拡大と結びつくものではない。積極的な汚染抑制(control)政策が講じられるなら、汚染は手ごろな費用で減少され得るものである。事実、(もっと後のことと思われる大気温度[上昇]の問題を別にするならば)、今日、あらゆる態様の汚染が

---

(15) United Nations Conference on Trade and Development, World Population, annual, 1950-2050, < http: //unctadstat. unctad. org/TableViewer/tableView. aspx >; idem, Nominal and real GDP, total and per capita, annual, 1972-2012, < http://unctadstat.unctad.org/TableViewer/tableView.aspx >

(16) United Nations Environment Programme, Declaration of the United Nations Conference on the Human Environment, 16 June 1972.

(17) 大来「監訳者はしがき」、2頁。

(18) Meadows et al., *The Limits to Growth*, pp. 43-44. 『成長の限界』、30頁。現存する不平等は成長とともにますます大きくなるという指摘は『成長の限界』では繰り返し行われている。

抑制可能であり」、しかも、「現在、汚染抑制研究は熱烈に行われているから、汚染抑制の可能性は将来いっそう高まるし、同時に、汚染減少費用も低下するであろう。」[19] MIT 研究チームの研究に触発され、アルゼンチンのバリロチェ財団のもと、ラテンアメリカ諸国が追求するべき世界秩序論、「後進性と窮乏から解放された世界」像の提示を企図して[20] アミルカル・O・エレラ（Amílcar O. Herrera）を中心に研究チームが編成され、同チームが研究報告書（『破局か、それとも、新しい社会か？ ラテンアメリカの世界モデル』）（『バリロチェ・レポート』）を発表する（1976 年 09 月）や、そこには、このような新技術開発に基づく"際限なき成長可能"論が展開されていた。

　無論、『バリロチェ・レポート』の本来の主張点は技術礼賛にあるのではない。「現代社会が直面する一番重要な問題は自然界にかかわること（fisico）ではなく、社会的・政治的な問題であり、それらの問題は、世界中どこであっても、国際社会と国内における不平等な力（パワー）の配分（desigual distribución del poder）に根をもっている。その結果、社会は抑圧的で疎外的となり、大部分の人びとは搾取される立場に置かれている。自然環境の悪化も」、同レポートが説くところ、「人類進歩の不可避的な結果ではなく、社会体制が大部分破壊的な価値に基づいて築かれている結果である。」それゆえに、解決の道は「先進国が今

---

(19) Amílcar O. Herrera et al., *¿Catastrofe o Nueva Sociedad? Modelo Mundial Latinoamericano 30 Años Depués*, ［Primera Edición, Buenos Aires 1977］, Segunda Edición, Buenos Aires 2004, pág. 79. スペイン語原書からの訳書ではなく、初版英語版からの邦語訳として、A・O・エレラ／H・D・スコルニク他『新しい社会の創造　ラテン・アメリカから見た世界モデル』、茅陽一、大西昭、鈴木胖、石谷久訳、ダイヤモンド社 1976 年、57 頁。『バリロチェ・レポート』にかんする論考としては、Walter Adolf Jöhr, Das Bariloche-Modell. Ein lateinamerikanishes Weltmodell, in: *Schweizerische Zeitschrift für Volkswirtschaft und Statistik*, 117. Jg., H. 2, Juni 1981, S. 109-174.

(20) Amilear Herrera, Preface, in: Gerhart Bruckmann (ed.), Latin American World Model. Proceedings of the Second IIASA Symposium on Global Modelling, October 7-10, 1974, p. iii, < http://webarchive.iiasa.ac.at/Admin/PUB/Documents/CP-76-008.pdf >.

日直面させられているような危険を避けて発展し得る」"新しい社会"の樹立、現存する社会主義国家とは異なる「社会主義的な社会」の樹立と世界秩序の変革に求められなければならない[21]。これが同レポートの核心論点であり、生産と消費の拡大追求という経済の現状に問題性を見ることでは、MIT研究報告書と変わらない。

したがって、『バリロチェ・レポート』の技術的な解決論は不均衡な世界経済と途上国の窮乏という現状ゆえの過渡的な手段にすぎないと言えるであろうが、そうであるとしても、途上国と先進国が同じ論理に拠って経済成長を競い合うことに変わりはなく、環境保全措置の施行は経済成長の函数となってしまう、すなわち、環境保全措置の施行は経済成長が達成されることを前提的な要件とする。このようにして、世界は成長追求の過程、MIT研究チームのデータ解析結果が"破局"にいたることを示す過程を辿ることになるわけである。

かかる趨勢に対しては、たとえば、夙に国連環境計画（UNEP）とUNCTAD共催のココヨク（メキシコ）会議が「開発の目的は財（things）の開発ではなく、人間の開発であり」、「すべての人びとの基本的な欲求を満たすことである」と強調するとともに、同時に、「生命圏［つまり、地球自然環境］の負荷能力にも限界がある」ゆえに、「世界の人口数に占める割合いに全く不釣り合いな大きな負荷を生命圏に掛ける国々」は「自らと他者に対して環境問題を惹き起こしている」と指摘して、途上諸国と先進諸国双方の開発論に警鐘を鳴らしていた（「ココヨク宣言」1974年10月）（資料Iを参照）。そのばあい、同宣言が「少数の富者から大多数の貧者への滴下（trickle down）」という先進諸国特有の一方的な論を批判しながら、「真の経済成長とは国際社会と国内における［富の］分配割合いを改善することであり」、各国（途上諸国）の力を強化して各国（途上諸国）の「自国頼み（self-reliance）」を可能にすることであると謳う件（くだり）は留意されるべき重要点である。このような同時期の「従属論（dependency theory）」を彷彿させる主張によって、明らかに、先進諸国は経済的な均衡樹立に努めるこ

---

(21) Herrera et al., *¿Catastrofe o Nueva Sociedad?*, págs. 46, 81 et passim. エレラ／スコルニク他『新しい社会の創造』、8-9、62頁、および、その他の頁。

とを求められている。

　しかし、ココヨク宣言の開発に関する部分を起草したヨハン・ガルトング（Johan Galtung）が既存の世界秩序変革には「国際的なパワー構造が抵抗するであろう」と予測したとおり、同宣言は先進諸国の反発を買うことになった。アメリカ国務長官ヘンリィ・A・キッシンジャー（Henry A. Kissinger）からはUNEP総局長モリス・ストロング（Maurice Strong）とUNCTAD事務総長ガマニ・コレア（Gamani Corea）のもとに同宣言全面拒絶の長電文が送りつけられている[22]。そして、また、途上諸国自身も開発を工業生産量の増大と同一視しつづけるから、そのような情況[23]にあっては、ココヨク宣言が効を奏する余地は見当たらずに終わるほかなかった。同宣言草案の大部分の起草者バーバラ・

---

(22) The Cocoyoc Declaration（23. October 1974），< http://www.juerg-buergi.ch/Archiv/EntwicklungspolitikA/EntwicklungspolitikA/assets/COCOYOC_%20DECLARATION_1974.pdf >; Aurélien Bernier, À la conférence de Cocoyoc, le Sud liait écologie et égalité, in: Le Monde diplomatique, décembre 2011, pp. 20-21; The Cocoyoc Declaration, Johan Galtung – Transcend Media Service, 29 March 2010, < https://www.transcend.org/tms/?p = 3902 >.

(23) ヴィリィ・ブラント（Willy Brandt）は世界的な影響力をもつ政治指導者たちのなかで開発を工業生産量の増大という意味の経済成長と同一視することに異議を唱えた数少ない1人であるが、いわゆる「南北問題」を論じた独立の国際開発委員会（『ブラント委員会』）の報告書が公表される（1980年03月）とき、同委員会の議長として次のような開発論を序文に記している。「開発の焦点は人間に当てられるべきであり」、「開発を成長と取り違えるという久しく根付いている見解は捨て去られなければならない。開発の第一の目的は国内の生産力と人的潜在能力全体を用いて自己実現を果たし、創造的なパートナーシップを築くことである。」しかるに、「北における成長イデオロギーは（北の西側諸国だけの話ではないが）成長の質に余りにも関心を払ってきていない。」Willy Brandt, A Plea for Change: Peace, Justice, Jobs, in: North-South: A Programme for Survival. The Report of the Independent Commission on International Development Issues, London 1980, pp. 23-24. ヴィリー・ブラント「変革への訴え ─ 平和、公正、そして、われわれの責務」『南と北　生存のための戦略　ブラント委員会報告』、森治樹監訳、日本経済新聞社1980年、32-33頁。しかし、ブラント

ウォード (Barbara Ward) が楽観的に俟つところによれば、人間は「力 (power) と富 [の追求]、そして、[他者に対する] 敵意を活力源に国際社会を築いてきた」が、経済成長と人口増加に伴う環境悪化や技術的発展に伴う戦争災害の激甚化等々多くの共通な歴史的経験を重ねるなかで「生き残るために」人類としての「同胞」意識を強めざるを得なくなり、力の点でも富の点でもイデオロギーの点でも不均等な世界各国間の関係も対立と離間の情況から協調的なそれへと変容し、いずれ「力や富やイデオロギーの不釣り合いも縮小されてくる。」[24] だが、現実の世界では各国間の力と富とイデオロギーの不均衡は維持され、拡大しており、それゆえに、各国間の経済的な競合としての生産・消費も量的拡大の一途をたどっている。

その結果、では、何が生じているであろう。MIT 研究チームの研究は、公表当時、経済学研究者たちの多くに一蹴されたとおり、"非科学的でナンセンス" なものと判明しつつあるのであろうか。それとも、世界は"これまでどおりの道"が辿り着く情況に向かって歩んでいるのであろうか。2008 年 06 月、この点にかんして、きわめて興味深い研究結果が発表されている。

オーストラリア国立科学工業研究機構 (CSIRO) のグラハム・M・ターナーは世界で最初に MIT 研究チームによる世界モデル解析結果の検証研究に取り組んで、1970 年から 2000 年にいたる 30 年間のデータを MIT 研究チームの解析結果と比較しているが、彼が 2008 年に発表した検証研究の結果によるならば、世界は過去 30 年間もやはり"破局"に向かう道を歩んでいた。「1970-2000 年間に観察された歴史的なデータ[つまり、現実の世界]が示すところ、[今日の世界の]情況は『成長の限界』が"これまでどおりの道"シナリオについて行った解析結果、今世紀 [21 世紀] 半ば前に世界は破滅にいたるという解析結果とほとんどすべての個別要因において極めて緊密に合致していた。」それに較べて、ターナー曰く、"総合的な技術アプローチ"のシナリオのばあい、「1 人当たりの

の呼びかけはあっても、趨勢は変わらず、その後の「ブルントラント委員会」において開発が論議されるときも開発はやはり成長、それも、工業生産量の増大と同一視されたままである。Radkau, *Die Ära der Ökologie*, S. 549.

(24) Barbara Ward, *Spaceship Earth*, New York 1966, pp. 15-22 et passim.

図 0-2 『成長の限界』における個々の要因解析結果と 1970-2000 年の 30 年間のデータ比較分析結果　正規化平均平方根偏差（RMSD）グラハム・M・ターナー 2008 年 06 月

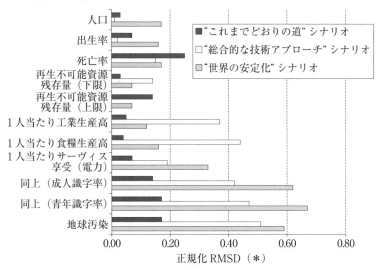

（＊）正規化 RMSD 値が小さいほど『成長の限界』における要因解析結果、したがって、シナリオが予測する結末に近づき、逆に、その値が大きいほど遠ざかる。

食糧生産高・工業生産高とサーヴィス享受、そして、地球環境汚染の増大率予測は余りにも楽観的」にすぎたし、"世界の安定化" シナリオも現実世界の傾向から乖離した予測であった（図 0-2 を参照）[25]。言葉を換えて言うならば、技術的な問題解決法（のみ）ではさほどに効果的でないことが判明している。それゆえに、ターナーの結論は、"破局" を避けようとするならば、"これまでどおりの道" の歩みから離れるために、消費行動の変革が不可欠であるということになり、それは、また、生産の量的拡大追求政策修正を求めることにほかならない。「『成長の限界』と［直近 30 年間の］データ比較から結論されることであるが、もしも、技術的な進展を図りながらも消費行為を実質的、かつ、急速に低減する

---

[25] Graham M. Turner, A Comparison of The Limits to Growth with 30 Years of Reality, in: *Global Environmental Change,* vol. 18, 2008, p. 409.

ことが行われないかぎり、グローバル・システムは非持続的な軌道に入ったままである。」[26]。

　このようなターナーの検証研究も、なるほど、地球システムが現時点で辿る傾向を示すにすぎないが、それでも、現時点における問題の所在は明瞭であり、したがって、対応策も講じられ得る。事実、周知のごとく、地球環境の汚染（悪化）は経済成長抑制の原因となるのみならず、人間の生存自体を危うくし得るがゆえに、環境悪化現象の一面である地球温暖化対策が20世紀末以降重要な国際的取り組み対象と位置付けられている。しかし、各国が先進国も途上国も経済成長を優先し、地球温暖化対策が成長競合の犠牲にされる情況は依然変わることなく、むしろ、いっそう強まるようになっている。1997年末、第3回国連気候変動枠組み条約締約国会議（COP）において、各国は温室効果ガス（GHG）排出量削減義務（京都議定書）を辛うじて受け合ったが、その達成期間満了（2012年末）後のGHG排出量削減策については長い年月論議を続けるも合意に達することはなく、けっきょくは、京都議定書GHG排出量削減義務の延長に落ち着くだけであり、あまつさえ、その延長も、2012年12月、わずかにほとんど欧州諸国のみの37ヵ国（合わせても全世界GHG排出量の15パーセントにも満たない国々）[27]に受け容れられるにすぎなかった。まさしく、かかる事態に国際社会の実相は何等変わっていないのみならず、反対に、成長競合を激化させつつあることが如実に示されている。

　そして、経済成長競合の結果として、言うまでもなく、地球温暖化の危険性は絶えず高まらざるを得ない。2013年05月09日、アメリカ商務省海洋大気圏局（NOAA）が1958年以来ハワイ島マウナロア観測所で行う大気圏中二酸化炭素

---

(26)　Ibid., pp. 402-410.

(27)　37ヵ国はEU加盟27ヵ国と欧州8ヵ国（ノルウェイ、リヒテンシュタイン、モナコ、スイス、クロアティア、アイスランド、ベラルーシュ、ウクライナ）、および、カザフスタンとオーストラリアである。Cf. Bundesministerium für Umwelt, Naturschutz und Reaktorsicherheit, Kyoto-Protokoll, < http://www.bmu. de/themen/klima-energie/klimaschutz/internationale-klimapolitik/kyoto-protokoll >.

（CO_2）濃度の測定値、世界の指標となる CO_2 濃度測定値が測定史上初めて 400ppm を越えたという NOAA 発表[28]は、日本では経済成長論議に圧されて話題にもならなかった[29]としても、重大な意味を有している。もしも、大気圏中の CO_2 濃度が現在の増加率[30]で増加すると仮定するならば、国際気候変動パネル（IPCC）第四次アセスメント報告書案（2007 年 05 月公表）が 2100 年における気温上昇を 2℃ 未満にとどめるための許容上限とみなす 445ppm[31]は早くも 2035 年に越えられてしまうことになる。「成長に自ら制限を設けながら、その枠内で生きようとするほうが良いのか、それとも、自然界の制約は技術の飛躍的な進展で次々と克服され得ると期待しながら、ずっと成長をつづけようとすることが望ましいか。人間社会は過去数百年間第二のコース［つまり、後者］に従って成功してきたがゆえに、第一の選択肢［つまり、前者］を大方忘れてしまっている。」[32] 40 余年前、MIT 研究チームはこのように語りながら、「第二のコース」を歩んだ後に何時の日か測り知れない膨大な環境回復費用を負担する羽目に陥るよりも「計画的な成長抑制」の道を選択するよう提言していたが、その後生起している気象現象や科学的研究の成果[33]等を踏まえるならば、もはや経済成長優

(28) U. S. Department of Commerce/NOAA, CO_2 at NOAA's Mauna Loa Observatory reaches new milestone: Tops 400 ppm, 10. 05. 2013, < http://www.esrl.noaa.gov/gmd/news/7074.html >.

(29) 主要な全国的日刊紙のなかでは、わずかに『朝日新聞』と『毎日新聞』がマウナロア観測所において CO_2 濃度が 400ppm に達する事態の重大性に幾分言及するくらいであった。『朝日新聞』、夕刊、2013 年 05 月 22 日；『毎日新聞』、朝刊、2013 年 05 月 31 日。

(30) NOAA の統計に基づいて計算すると、2001-2012 年間の CO_2 濃度は毎年平均で 2.0725ppm 増加したが、1991-2000 年の 10 年間は年平均 1.541ppm の増加であったことが分かる。したがって、2013 年からの増加率は高まることが考えられよう。Cf. < ftp://ftp.cmdl.noaa.gov/ccg/co2/trends/co2_gr_mlo.txt >.

(31) IPCC, 2007: Summary for Policymakers, in: Climate Change 2007: Mitigation. Contribution of Working Group Ⅲ to the Report of the Intergovernmental Panel on Climate Change, Cambridge, U. K. /New York.

(32) Meadows et al., *The Limits to Growth,* pp. 151-153.『成長の限界』、135 頁。

先を固執して地球環境保全措置施行を経済成長の函数と位置付けることは許されないであろう。

　地球が有限であるかぎり、各国間の成長競合を誘発する世界的な不均衡は是正されなければならないであろうし、そのための国際協調を深める点で、先進国の責任と役割りは重大である。無論、『バリロチェ・レポート』が、前述のように、汚染の発生は"新しい社会"の樹立によって防止され得ると受け合っていたとしても、現実には、途上国も地球環境汚染の発生源となっている点で先進国と変わらない。だから、途上国も応分の責任を負い、役割りを果たさなければならないが、そうであるとしても、先進国のイニシアティヴが発揮されないかぎり、世界的な環境保全は遅きに失しかねない情況にある。かつて、ローマ・クラブから「成長症候群を喧伝し、依然、その源となっている」[34]とみなされた先進国、あるいは、「ココヨク宣言」で過剰な生産・消費によって地球環境を過大に悪化させていると批判された[35]先進国、そして、国際開発委員会（「ブラント委員会」）議長のヴィリィ・ブラントから途上国側の世界秩序変革要求に応えるよう要請された[36]先進国は、いまでは世界秩序の変革を嚮導するような任を担えるようになっているであろうか。いわゆる「リーマン・ショック」以来、従前にも増して経済成長追求に注力する先進国は、果たして、地球環境と調和する経済社会の建設に向かい、経済の量的拡大努力を生活（環境）の質的向上に向けることに成功するであろうか。"ファウストさん、あなたは、地球環境と世界秩序について、どんな考えをもっているのですか？"現代のグレートヒェンはこのように久しく問いつづけている。それが問題である。

---

(33) アメリカ・オーストラリア・カナダの研究者たちが過去20年間（1991-2011年）の4,000篇以上の気候変動にかんする研究を調査したところ、ほとんどすべて（97パーセント以上）の研究は気候変動が人為的な現象、つまり、経済活動等の結果である点で一致すると報道されている。*Berliner Morgenpost*, 16. 05. 2013.

(34) The Executive Committee of The Club of Rome, Commentary, in: Meadows et al., *The Limits to Growth,* p. 194.『成長の限界』、182頁。

(35) The Cocoyoc Declaration (23. October 1974).

(36) Brandt, A Plea for Change, p. 11. ブラント「変革への訴え」、14-15頁。

第2節　エネルギー供給体制

　前節で確認されたように、現代世界において、従前どおりの経済成長を追求することは短期的には人間社会に利益をもたらすとしても、中長期的には、すでに人間社会の"破局"につながる危険性をはらんでいる。そして、そのような危険な情況は間違いなく成長推進基盤をなすエネルギーの膨大な消費と表裏一体になっているとするならば、"破局"を避けようとするかぎり、エネルギー利用の態様が考えられなければならない問題のひとつである。如何なる資源をエネルギー資源とし、どのようにエネルギーを利用し、そして、どのくらいのエネルギーを消費するか。エネルギーの将来像を描こうとするならば、このような諸問題が考えられなければならない。

　だが、これまでの経済成長追求社会では、経費節減の観点からエネルギー利用効率の改善が追求されることはあっても、エネルギーの消費量については、"需要に応じて供給する"ことしか念頭に置かれていない。あまつさえ、"供給に応じて需要をつくり出す"ことも行われている。たとえば、アメリカのスタンダード石油会社が石油ランプを有しない19世紀の貧しい中国農民層に石油ランプをほとんど無料で配布して、自社灯油の販売量を拡大した[37]（「ロックフェラー・システム」と称される商法）ように、あるいは、第一次世界大戦期に、ドイツの電力会社が各家庭にほとんど無料で電気器具を配布して、電気の販売量を拡大しようとしていた[38]ように、生活水準向上の結果としてエネルギー需要が自ずから増大するだけではなく、エネルギー供給事業者が人為的に需要をつくり出すという事態も進展していた。それゆえに、世界的なエネルギー資源の消費は一貫して上昇し、その結果、第二次世界大戦後は、化石燃料資源枯渇懸念を論拠にして

---

(37) Jules Abels, *The Rockefeller Millions. The Story of the World's Most Stupendous Fortune*, London 1967, p. 162. ジュールズ・エイベルズ『ロックフェッラー ― 石油トラストの興亡』、現代経営研究会訳1969年、177-178頁。

(38) Wolfgang Zängl, *Deutschlands Strom. Die Politik der Elektrizierung von 1866 bis heute*, Frankfurt am Main 1989, S. 92f.

エネルギー資源としての核エネルギーの比重が次第に高められ、伝統的な化石燃料利用とともに"原子力時代"への道も開かれて、今日にいたっている。では、かかるエネルギー利用の現状には如何なる問題が伏在するであろうか。この節では、今日のエネルギー利用における"原子力時代"の出現と問題性（problematique）、および、"原子力時代"の問題性に直面し、そこから脱して新しいエネルギー供給体制を樹立しようとする動きについて見てみよう。

第1項　"原子力時代"

　人間のエネルギー利用はプロメテウスが神の国のゼウスから火を盗み、人間に与えたことにはじまるとは良く言われるが、エドワード・テラー（Edward Teller）が解釈するところ、かかるギリシア神話のなかにエネルギー利用の問題性が示されている。すなわち、人間が火＝エネルギーを利用することは「罪」であり、プロメテウスがゼウスから残虐な刑罰を科されたごとく、人間はエネルギーを消費することで、それも、経済活動拡大（成長）追求のなかで次第に消費量を増大させることで多くの困難に遭遇することにならざるを得ない。「プロメテウスとともに」、テラーは言う、「［環境が損なわれない］天国は失われている。」[39] 早くも13世紀後半のロンドン（イングランド）では、事実、石灰窯や鍛冶工場の燃料として石炭が利用されはじめていたために「大気汚染が深刻になり、市内には、住民や同地を頻繁に往来する人びとの健康が危険にさらされる」地区も出てきている。それゆえに、市民の苦情で設置された王立調査委員会が環境汚染を調査したり、鍛冶職人組合が夜間の作業を自粛したりしたが、ついに、14世紀初めには窯の燃料として石炭を利用することは勅令で禁止される事態にいたっていた[40]。他方で、だが、早くから主要な燃料源になっていた木材や木

---

(39)　Edward Teller, *Energie für ein neues Jahrtausend. Eine Geschichte über die Energie von ihren Anfängen vor 15 Milliarden Jahren bis zu ihrem heutigen Zustand der Adoleszend: unruhig, verheißungsvoll, schwierig und hilfsbedürftig,* Berlin/Frankfurt am Main/Wien 1981, S. 71f.

(40)　William H. Te Brake, Air Pollution and Fuel Crises in Preindustrial London,

炭は消費量の増大とともに次第に不足気味になり、16世紀には、都市貧困層の家庭用燃料入手困難や各種製造業の消費量制限（「燃料危機」）が惹き起こされて大きな社会問題化した[41]。その結果、16世紀末からは石炭が燃料として多量に消費されることになり[42]、17世紀のロンドンは再び大気汚染の都市となっている[43]。

　このように、イングランドの歴史が示すところ、エネルギーの利用は環境悪化と結びつきがちであり、また、主要なエネルギー源として使われる資源も、その再生が消費量を下回ったり再生不可能であるかぎり、不足化する事態は避けられない。そのばあい、そして、経済の量的拡大（成長）に相応して環境悪化も資源不足化も深刻化することは言うまでもない。しかも、工業先進国のイングランドに生じた情況は、その後、世界各国が順次産業革命をすすめることで世界各地に生じるから、地球環境の悪化が進行し、早晩、世界的なエネルギー資源の不足化に遭遇する事態も懸念されざるを得なくなる。したがって、かかる世界的な動きを念頭に置くならば、第二次世界大戦時に軍事目的で開発された原子力がやがて民生用のエネルギー資源としても利用できるようになると、それがエネルギー消費に不可避的に付随してくる二つの難題、環境汚染と資源不足化を合わせ解決する切り札と位置付けられることも何等不自然ではなかった。

　「おそらく、確実なことですが、世界のエネルギー消費量がこのまま増大するならば、これら総量100Q（クインティリオン）（1Qは10^{18}イギリス熱量単位

　　　　1250-1650, in: *Technology and Culture*, vol. 16, no. 3, July 1975, pp. 339-340.

(41)　当時、イングランドの各地において、都市貧困層は木材窃盗や森林荒らしを働いており、職人層は燃料を多量に使うがゆえに「燃料危機」の張本人とみなされて木材・木炭の消費量を法令で制限される事態に陥っている。Alan D. Dyer, Wood and Coal: A Change of Fuel, in: *History Today*, vol. 25, no. 9, 1976, pp. 599-602.

(42)　前註の研究によると、イングランドにおける石炭採掘高は推計で1540年代の年5万トンから1680年代には少なくとも年100万トンに増加している。Ibid., p. 603.

(43)　Te Brake, Air Pollution and Fuel Crises in Preindustrial London, p. 342.

（BTU）で、およそ330億トンの石炭燃焼に相当する）未満と推計される埋蔵エネルギー資源は100年も経たないうちに使い果たされるでしょう。」[44] それゆえに、「もしも、我れらの文明の光が消えてしまうべきでないならば、新しいエネルギー資源を見つけることが絶対的な必要事であり」、そのような新しいエネルギー資源はほかならない原子力です。しかも、核分裂によるエネルギー生産は「原子力の初期（primitive）段階」にすぎません。「私は躊躇なく言いますが、核融合によるエネルギー生産の制御方法が20年以内に案出されるでしょう。そして、そのときは」、1955年08月、ジュネーヴの国連本部に集まった米英ソ3核保有国を含む73ヵ国からの各国代表団（参加者は総数1,400名に及び、そのほとんどは学術研究者・技術者たち）を前にして国連主催の「原子力平和利用国際会議」議長ホミ・J・バーバー（Homi J. Bhabha）は、2000年の世界人口が50億に達するという予測に基づきながら、人類史の第三期、人間が燃料調達不安から解放されるという薔薇色の将来、"原子力時代"の幕開きを宣言する、「世界のエネルギー問題は真実永久に解決され、燃料は大洋に重水素があるがごとくに豊富になるでしょう。」[45]

　ここに、化石燃料資源枯渇論を論拠にして"原子力時代"に突入する世界の起点を確認できるが、原子力の平和利用そのものは、アメリカ原子力委員会（AEC）（現、エネルギー省）委員長ルイス・ストラウス（Lewis Strauss）が「原子力平和利用国際会議」はアメリカの要請に応えるものとして開かれていると語る[46]

---

(44) 『アメリカナ百科事典』によると、1Qは 2.93×10^{14} kWhに相当し、太陽光のばあい、年に約2,400Qの熱と光を地表に注いでいる。*The Encyclopedia Americana,* international edition, vol. 23, Danbury/Conn. 1987, p. 48. ただし、ハンス・ミヒャエーリス『原子力ハンドブック』も示すように、1Qは360億トン石炭換算に相当する。Hans Michaelis, *Handbuch der Kernenergie,* Bd. 1, München 1982, S. 114, 115.

(45) Opening Presidential Address, in: *Proceedings of the International Conference on the Peaceful Uses of Atomic Energy held in Geneva 8 August – 20 August 1955,* United Nations, New York 1956, vol. 16, Record of the Conference, pp. 31, 32, 33.

(46) The Geneva Conference-How it began, <http://www.iaea.org/Publications/Mag

ように、アメリカの世界政策の一環として始まっている。したがって、同会議開催を求めた核保有国アメリカの意図を知ることが原子力の平和利用の意味、原子力の平和利用と原子力の軍事利用の関係を知ることにほかならない。ここで、この問題に触れておこう。

　第二次世界大戦後のアメリカ歴代政権にとって、核兵器はアメリカの世界的な優位を保障する核心的な柱であり、国家安全保障政策の中心にある。だが、ソ連邦の原爆保有によってアメリカの核独占が破られたのみならず、1950年代に入ると、米ソ間の核兵器開発競争は水素爆弾（水爆）開発へとすすんだから、国際的にもアメリカ国民のあいだにも核兵器に対する恐れの念が強まった。それゆえに、アメリカの核兵器開発をスムーズに進展させるためには、その不可欠性を人びとに確信させ、"核に対する恐れ"の念を宥めなければならないし、併行的に、国際的な核兵器の拡散（新たな核保有国の出現）防止も行われなければならないであろう。

　最初の水爆実験（1952年11月）の直後に登場し、その後も同実験を続行するドワイト・D・アイゼンハワー（Dwight D. Eisenhower）政権は、かかる考えに基づいて、あらゆるマス・メディアを動員しながらアメリカの核兵器不可欠論を国民に納得させようと一大キャンペーンを張ることになった[47]。いわゆる「率直作戦（Candor Operation）」[48]であり、そのなかで、「自由世界」に対するソ連邦と共産主義の脅威が最大限に誇張強調されることになる。同時に、だが、同政権は人びとの反ソ反共恐怖心を煽ることで核兵器開発を支持させるだけではなく、軍事利用ではない原子力の"夢"を見させながら"核に対する恐れ"を"核に対する熱狂"に昇華させる策も忘れない。それが、国連総会におけるアイゼンハワー演説「原子力の平和利用」（1953年12月）（資料IIを参照）にほかならな

---

　　　azines/Bulletin/Bull063/06305100303.pdf >.
(47)　Stephanie Cooke, *In Mortal Hands. A Cautionary History of the Nuclear Age*, New York 2010, pp. 109-110. ステファニー・クック『原子力　その隠蔽された真実』、藤井留美訳、飛鳥新社 2011 年、106-108 頁。
(48)　「率直作戦」については、Ira Chernus, *Eisenhower's Atoms for Peace*, College Station 2002, chapters 2-3.

い。「この［原子力］兵器を兵士たちの手から奪い取る［だけでは］充分ではありません。それ［原子力］は、そこから軍事的な装いを剥ぎ取って、平和のために応用する術を知る人びと［つまり、原子力研究の専門家たち］の手に委ねられなければなりません。」そうするならば、アイゼンハワーが言うところ、原子力は「全般的で効果的な、そして、経済的な利用」に供されますから、「人類に恐怖と死」をもたらすものではなくなって、「人類の平和と生（life）」の向上に貢献するという希望を懐かせるものとなるでしょう(49)。

したがって、原子力の平和利用はアメリカの核兵器開発容認の報奨であり、同時に、非核保有国にとっては、自国の核兵器開発放棄の報奨にほかならない。そして、果たせるかな、非核保有国の多くはアメリカによる原子力の平和利用提唱を好機と考えて、さまざまな多くの科学的な技術的な未解明・未達成な点があるとしても、それに捕らわれることもなく、原子力の平和利用（民生用のエネルギー資源化）に邁進する。そのばあい、研究者・技術者たちが原子力利用推進の先頭に立ったことはジュネーヴの「原子力平和利用国際会議」に示されたとおりであるが、同会議における研究者・技術者たちは二つの問題を等閑にすることでアイゼンハワー米政権の思惑通りに振舞っていた。ひとつは、原子力の軍事利用と民生利用の原理的な一体性について口を拭った(50)ことであり、他は原子力以外の

---

(49) Address delivered by the President of the United States before the General Assembly of the United Nations in New York City, Tuesday Afternoon, December 8, 1953, < http://www.eisenhower.archives.gov/research/online_documents/atoms-for-peace/Binder13.pdf >.

(50) 各国政府の原子力兵器開発に強く反対する原子力研究者のばあい、当初は、原子力の民生利用を支持しながらも、後に、反対するように転ずる者もいるが、フランスの若い原子物理学研究者シャルル=ノエル・マルタン（Charles-Noël Martin）は、すでに「原子力平和利用国際会議」開催当時、同会議の原子力研究者たちが軍事利用と民生利用の原理的一体性に言及しなかったことを批判している。「過去、原爆製造研究に携わっており、いまも携わり、そして、［ジュネーヴから］帰国するや否や、なお、携わりつづけるであろう彼ら［原子力研究者］の多くは［会議で］原爆をタブー視」したが、マルタンにすれば、それは「彼らが完全に誠実（sincérité）でなかった」ことを意味している。Charles-

エネルギー資源開発に目もくれなかったことである。いずれも、原子力の平和利用という会議開催の趣旨からすれば、特段の問題でもないように思われるであろうが、後者の問題は国連の会議開催意思を蔑ろにすることにほかならなかった。

そもそも、国連が、1955年08月、ジュネーヴに国際会議を開くとき、将来のエネルギー資源として原子力のみが考えられていたわけでは決してない。なるほど、国連経済社会問題局は、燃料不足打開策として原子力利用は経済的と説きながら、途上諸国に推奨し、公表されたばかりのイギリス白書「原子力計画」(1955年) に謳われる"廉価な原子力"論を論拠にして、「原子力の登場は新時代を画する」と主張した[51]が、同局が考えるところ、自然エネルギー資源の可能性も重要視されなければならない問題である。「将来、世界のエネルギー需要を満たすエネルギー資源としては、さまざまなものが考えられる。原子力は、そのなかのひとつにすぎない。他の大きな可能性を期待させる資源は太陽光であ」り、「次いで、風力があ」り、「三つ目の潜在的なエネルギー資源が潮力である。」[52]「原子力平和利用国際会議」開催に先立って配付された国連の会議資料には、このように、議論テーマの重点が設定されていた。だから、ジュネーヴに集まった研究者・技術者のなかには、わずかながらも、実際、太陽光等非伝統的な自然エネルギー資源利用の重要性を指摘する者もあった[53]。しかし、それら

Noël Martin, *L'atom. Maître du monde*, 2er édition mise ā jour et augumentée, sans lieu et date, [1er èdition 1956], p. 70.

(51) The Department of Economic and Social Affairs, United Nations, Some Economic Implications of Nuclear Power for Under-Developed Countries, in: *Proceedings of the International Conference on the Peaceful Uses of Atomic Energy held in Geneva 8 August - 20 August 1955*, United Nations, New York 1956, vol. 1, The World's Requirements for Energy, pp. 341-345.

(52) United Nations, Background on the International Conference on the Peacefull Uses of Atomic Energy (Geneva August 8-20, 1955). United Nations Review 2, no. 1 (July 1955), cited in: Wolfgang D. Müller, *Geschichte der Kernenergie in der Bundesrepublik Deutschland. Anfänge und Weichenstellungen*, Stuttgart 1990, S. 334.

は重視されることもなく、会議の関心は専ら原子力利用に向けられてしまっている。かかる事態に当時の"原子力に対する熱狂"が鮮明に示されており、同時に、また、会議開催中、ジュネーヴ市内で原子力先進国の私企業や国家的機関による原子力の商用展示会が開かれていた[54]ことを合わせ考えれば、すでに、ジュネーヴの光景から、研究者と政府・産業界の一体的な関係を見てとることが容易であろう。

　このような"原子力時代"突入の経緯(いきさつ)から明らかなように、原子力利用の問題性は、第一に、科学的・技術的な未熟性・不確実性を基盤に始まっているところにある。先の「原子力平和利用国際会議」で（核保有国が独占するウラン濃縮を除いて）さまざまなすすんだ研究・技術を公表した参加者たちも、原子炉安全性の確保から放射性物質の危険に対する生命体保護（放射線被曝防護）、そして、核燃料廃棄物貯蔵の方法等に亙る多様で困難な諸課題が、依然、残されていることを認識しながらも、それらは"いずれ、解決される"と楽観的に可能性の存在（possibility）を確信することで済ませている。同様に、原子力平和利用の拡大にとって極めて大きな意味をもつ原子エネルギーの生産価格についても、"いずれ、価格は低下する"論で終わっていた。国連自身が、すでに会議資料のなかで、原子力利用に付随する多くの特殊設備要件の存在ゆえに"原子力の経済性"判定を不可能とみなしていた[55]が、当時、その問題が検討される余地は全く存

---

(53) Freddy Ba Hli; Unconventional Sources of Power, in: *Proceedings of the International Conference on the Peaceful Uses of Atomic Energy held in Geneva 8 August – 20 August 1955*, United Nations, New York 1956, vol. 1, The World's Requirements for Energy: The Role of Nuclear Energy, pp. 71-76; Farrington Daniels, Alternative Energy Sources (Unconventional Types), in: *ibid.*, pp. 77-84.

(54) Martin, *L'atome. Maître du monde*, p. 71.

(55) 国連が言うところ、原子エネルギーの生産価格算定は燃料資源費用と原子力システムの運転費用に次のような諸費用を加えて行われなければならない。原子炉自体の建設費・非在来型ポンプ費・放射性廃棄物除去費・放射線量測定機・使用済み核燃料の再処理と原子炉再投入費等々。「大きな原子力発電所建設の例は無いし、とくに、在来型発電所では必要とされない特殊要件が原子力発電所にはきわめて多いがゆえに」、国連は言う、「原子力の経済性を精確に知ること

在していなかった。それゆえに、今日における原子力平和利用の問題性は、1955年に将来解決可能とみなされた諸課題は実際に解決されているかどうかである。あるいは、エネルギー資源としての原子力利用は本当に経済的にも環境保全の面でも有益か否かである。

およそ60年に亙る原子力の平和（民生）利用の歴史が示すところ、技術的な諸課題の解決が想定されたとおりに進捗していないことは論を俟たないであろう。それは、当時、核エネルギーの民生利用範囲が電力生産にとどまることなく、自動車・鉄道・船舶・航空機等多岐に及ぶと喧伝されたにもかかわらず、けっきょくは、発電（原発）のみに縮減された現実に如実に示されている。核燃料廃棄物の貯蔵についても、未だ確実な貯蔵方法も貯蔵地域も定まらないし、バーバーが「原子力平和利用国際会議」で楽観的に予測した"原子力時代"の核融合段階突入は未だ実現見通しも立たない情況にある。そして、何よりも、これまでに生起した少なからぬ原発の故障や事故から分かるごとく、現存原子炉安全性も未だ確保されてはいない。さらに、大きな事故による環境汚染は原状回復を極めて長期に亙り不可能にするほど甚大であり、放射性物質が生命体に及ぼす長期的な影響も未だ明らかではない。無論、人間の低線量被曝に因る健康被害の詳細は不明なままにとどまっている（第1章の補論を参照）。

それでもなお、電力生産に原子力が選好される主たる論拠が二つあり、それが"廉価な原子力"論、および、CO_2等GHGを排出しないという"クリーンなエネルギー資源"論であることは旧聞に属する。前者は、当初、前述のとおり、将来予測にすぎなかったが、原発稼働開始後は既成事実であるかのように主張されており、後者の"クリーン"論は、当初、言及されることもなかったが、地球環境汚染実態の深刻な情況が表面化するとともに、大きな利点として喧伝されている。しかし、これらの説は燃料サイクル、すなわち、発電所建設と地中の燃料資源採掘に始まって燃料廃棄物管理と発電所解体にいたるまでの一連の過程のなかの発電過程だけを考慮するものであるから、原子力利用を正当化し得るほどの根

は不可能である。」United Nations, Background, cited in: Müller, *Geschichte der Kernenergie in der Bundesrepublik Deutschland*, S. 347.

表0-1 発電資源の発電費比較 単位 セント／kWh
(稼働期間40年 設備利用率85パーセント)

年＼資源	原子力	石炭	天然ガス (手頃なガス価格)	天然ガス (高いガス価格)
2003	6.7	4.2	4.1	5.1（＊）
2009	8.4	6.2	6.5	

（＊）改良型ガス発電

拠となるかは疑わしく、それを否定するような研究も多多存在する。だから、ここで、二つの正当化論に対する駁論を紹介しておこう。

まず、"廉価な原子力"論について。かかる主張は、国際原子力機構（IAEA）由来の通説によるならば、アメリカAEC委員長ルイス・ストラウスの予測、「我らの子供たちは［検針器で］計れないほどに安い［つまり、無料のように廉価な］電力を享受すると思う」という発言（1954年09月）[56]に始まり、爾後、絶えず繰り返されているが、発電費の実態は異なっている。たとえば、MITの『原子力の将来研究』（2003年公表）によると、アメリカが目差すような規制されない電力市場においては、原発は、たとい、燃料費が安いとしても、資金借り入れ費と発電所建設費や建設期間や運転・保守費を考えるならば、石炭や天然ガス燃料発電に対して価格競争力を有するものではない（表0-1を参照）[57]。たしかに、発電所の建設費と建設期間が圧縮され、運転・保守費も低減されるならば、あるいは、CO_2等排出に対する対策費を考えるならば、原発の価格競争力は上昇し得るが、実際には、建設費や建設期間は圧縮されないし、運転・保守費も低減されることはない。それゆえに、『原子力の将来研究』2009年版でも、原発の価格競争力は基本的に2003年版と同様に小さいと指摘されるように、原発の価格は他の資源に比して高価なままにとどまっている。

---

(56) David Fischer, History of the Intrnational Atomic Energy Agency: the First Forty Years, Wien 1997, p. 32.

(57) The Future of Nuclear Power. An Interdisciplinary MIT Study, 2003, pp. 39-44; Update of the MIT 2003 Future of Nuclear Power. An Interdisciplinary MIT Study, 2009, p. 6.

しかも、原発で起こりがちな低設備利用率を考慮するばあいには、原発の価格競争力はますます低下することにならざるを得ないが、MIT 算出の原発の発電費は国際的には高い設備利用率、投資キャッシュフローのモデルとして使われる高設備利用率（85 パーセント）を想定して行われたものである[58]（表 0-1 を参照）以上、現実には、大方のばあい、原子力の価格競争力は表 0-1 よりももっと劣りがちである。さらに、MIT の『原子力の将来研究』が考慮に入れない直接的・間接的な公的補助費や外部的費用、つまり、大きな事故による生命体と財と環境の損傷に対する補償・回復費を加え[59]、原子炉解体と数千年数万年に互る核燃料廃棄物貯蔵・管理の費用も価格に算入するならば、見かけ上ではない真の価格が現れて、原発の価格競争力は消滅してしまう。果たして、MIT の研究の場合でさえ、「発電所の建設費と運転費、そして、［原子力］利用規制の不定性

---

[58] Yangbo Du and John E. Parsons, Capacity Factor Risk at Nuclear Power Plants, November 2010, Revision January 2012, Center for Energy and Environment Policy Research MIT, p. 3.

[59] かつて（1992 年）、ドイツ連邦経済省の委託を受けて、ドイツのハンス-ユルゲン・エーヴァースとクラウス・レニングス（両者とも、ミュンスター大学）は、"ドイツにおいて発電容量（定格出力）1,300 メガワット（MW）級の原子炉 1 基がメルトダウンを伴う大事故を起こした" ときに惹き起こされる損害の大きさを研究しているが、その研究結果によれば、損害総額は 10 兆 7,000 億マルクと算定され、それは、同年の連邦政府歳出の 25 倍に相当し、国内総生産（GDP）の約 3.5 倍に達する額であった。そのような額は、無論、原発事業者が支払う僅かな損害補償の保険料では賄われ得ず、ほとんどすべて政府支出に頼るほかない、すなわち、国民負担になる。Hans-Jürgen Ewers und Klaus Rennings, Abschätzung der Schäden durch einen sogenannten "Super-Gau", 1992, < http://www.zukunftslobby.de/Tacheles/prognstu.html >. 東京電力福島第一原発事故後の今日では、エーヴァースとレニングスの算定額には、少なくとも、さらに 20 パーセント分加算される必要があり、その結果、損害総額は 6 兆ユーロに相当すると見る研究として、Peter Hennicke und Paul J. J. Welfens, *Energiewende nach Fukushima. Deutscher Sonderweg oder weltweites Vorbild?*, München 2012, S. 86f. 原発事故による損害補償問題については、終章も参照。

［つまり、規制強化に向かう動き］を考えるならば」、天然ガスや石炭資源を入手できる地域において投資者たちが原発に投資することは「極度に有りそうもない」と結論され、「原発を経済的と思える国」があるとするならば、『原子力の将来研究』が主張するところ、それは「国有企業が費用高騰の危険を消費者に転嫁できる国」、すなわち、電力市場が規制されている国か、あるいは、「高い石炭やガスの価格に直面する国」に限られる[60]。

また、CO_2 等 GHG を排出しないと称される"クリーン"論については、アルフレート・フォス（ドイツのシュトゥットガルト大学教授）が発電所建設と地下資源採掘から発電にいたるまでの過程について指摘するところ、原発の CO_2 排出量はほぼ風力発電のそれと同等であるものの、二酸化硫黄（SO_2）や酸化窒素（NO_X）や塵芥の排出量について見るならば、原発のほうが風力発電のばあいよりも遥かに多いことになる（表0-2を参照）[61]。同様の原発の GHG 排出量にかんする情況はオーストラリアのシドニィ大学総合持続性分析センター（ISA）の研究においても指摘され、原発の GHG 排出量は風力発電や水力発電のばあいよりも 3-4 倍も多いと見られており（表0-3を参照）[62]、オランダのヤン・ウィレム・ストルム・ファン・レーウェンもフィリップ・スミス（オランダのフローニンゲン大学教授）と行った共同研究で原発の CO_2 排出量を風力発電のばあいよりも数倍多いと算出している（表0-4を参照）[63]。

---

(60) The Future of Nuclear Power, 2003, pp. 40-41.

(61) Alfred Voß, Leitbilder und Wege einer umwelt- und klimaverträglichen Energieversorgung, in: Hans Günter Brauch (Hrsg.), *Energiepolitik. Technische Entwicklungen, politische Strategien, Handlungskonzepte zu erneuerbaren Energien und zur rationellen Energienutzung*, Berlin/Heidelberg 1997, S. 71.

(62) ISA, The University of Sydney, Life-Cycle Energy Balance and Greenhouse Gas Emissions of Nuclear Energy in Australia, 3 November 2006, p. 8.

(63) Jan Willem Storm van Leeuwen, CO_2 Emissions from Nuclear Power, in: Frank Barnaby and James Kemp (eds.), Secure Energy? Civil Nuclear Power, Security and Global Warming, March 2007, pp. 40-42, < http://www.oxfordresearchgroup.org.uk >.

表 0-2　発電資源の GHG 排出量比較（フォス）　　　　　　　　単位　kg/GWh

資源 GHG	風力 (4.5m/s)	風力 (6.5m/s)	太陽光（アモル ファス系））	石炭	原子力
CO_2	16,300 〜35,700	8,100 〜18,100	206,000 〜265,000	878,400 〜881,300	18,400 〜25,400
SO_2	16.3〜34.9	8.1〜17.7	170〜220	704〜709	33〜50
NO_X	24.1〜50.7	12.0〜25.8	210〜270	717〜721	64〜96
塵芥	3.0〜6.3	1.5〜3.2	20〜30	150	6〜8

表 0-3　発電資源の GHG 排出量比較（シドニィ大学）　　　単位　CO_2換算　g/kWh

原子力 (*) (軽水炉)	石炭 (**)	天然ガス (***)	風力	太陽光	水力 (流水)
60	863	577	21	106	15
(10〜130)	(774〜1046)	(491〜655)	(13〜40)	(53〜217)	(6.5〜44)

下段（　）内の数値はさまざまな他の研究の算出による排出量
(*)　　ウラン含有率 0.15 パーセントの原鉱使用
(**)　　超臨界圧石炭火力発電
(***)　コンバインドサイクルガス発電

表 0-4　発電資源の CO_2 排出量比較（ストルム・ファン・レーウェン）　単位　g/kWh

石炭	天然ガス (*)	バイオマス	風力	原子力 (**)	原子力(OECD) (***)
755	385	29〜62	11〜37	84〜122	11〜22

(*)　　コンバインドガス発電
(**)　　稼働期間 35 年　負荷率 85 パーセント　ウラン含有率 0.15 パーセントの原鉱使用
(***)　OECD 原子力局算出[64]

　言うまでもなく、発電資源の発電費や GHG 排出量研究は算出要因次第で大きく異なる情況を描き得るが、上記のような学術研究の成果を考慮に入れるならば、少なくとも、原発選好の経済的利点はなくなるし、環境保全上、原発が他に優れて有益であるとも言いがたい。反対に、原子力の発電利用は巨大な危険性を

---

[64]　Cf. HM Government, Department of Trade and Industry, The Energy Challenge. Energy Review Report 2006, July 2006, p. 116.

はらんでおり、かつ、60年の歩みのなかで世界が体験しているように、絶対に安全な原子炉も建設され得ていないし、完璧な原子炉安全運転操作も行われ得ていない。そして、ウラン鉱石も有限であり、核燃料廃棄物は蓄積されつづける一方である現実に直面させられている以上、21世紀のエネルギー構想がさまざまに論議され、そのなかで、風力や太陽光等再生可能エネルギー資源の利用を積極的に推進し、原子力の発電利用からの撤退(「脱原発」)を図ることが主張される状況は極めて自然である。そのような従来型エネルギー供給体制の根本的な変革は、大きな危険回避とともに、すでに明らかなように、電力価格でも環境保全上も有益であるから、追求するに値するが、果たして、実現されるであろうか。世界のエネルギー政策は岐路に立っている。

第2項 新しいエネルギー供給体制の追求

経済自由主義を標榜する資本主義社会にあっても、経済界と政府の相互依存関係は明らかであり、取り分け、強い政治的な影響力を有する産業界であれば、それらの産業界は自らの利益保全のための政策を政府に講じさせることも出来る。たとえば、アメリカのジョセフ・E・スティグリッツ(コロンビア大学教授)はバラク・オバマ(Barack Obama)米大統領の「銀行救済策」を批判して次のように語っている。「オバマは大銀行の政治的な圧力と脅しに屈してしまった。その結果、オバマ政権が救済したのは銀行ではなくて、同政権は銀行経営者と株主を救済している。」このばあい、スティグリッツが問題視することは「銀行救済策」の政策目的と結果の関係である。元来、オバマ政権の「銀行救済策」では、スティグリッツが強調したい点であるが、"リーマン・ショック"を惹き起こすにいたった従前の金融システムを改革し、金融危機の再来を防止できるような新システム樹立のために大規模な政府予算が投入されたはずであるが、実際には、従前の金融システムを復活させただけに終わっている。換言するならば、したがって、「[危機に因る銀行業界の]損失は社会化され[つまり、納税者の負担にされ]、利益は私有化されている」わけであり、かかる経済社会は、彼が命名するところ、「企業福祉主義(Corporate Welfarism)」に立脚する「代用資本主義

(Ersatz Capitalism)」にほかならない。「アメリカ的な特質の社会主義（Socialism of American Characteristics）」と呼ぶものもいるが、スティグリッツは喝破する、社会的な利益擁護を図るのではなく、銀行経営者と株主の特殊利益を図ろうとする以上、社会主義ではあり得ない[65]。

「代用資本主義」というスティグリッツの捉え方は市場競争を原理的に奉ずるアメリカ的なものであり、世界の資本主義の現実を見るならば、むしろ、アメリカも途上国型の"国営資本主義（国家資本主義）"に近づいたと言うべきであろうが、ともあれ、スティグリッツが言う「代用資本主義」の核心問題は、詰まるところ、政府の政策は当該産業界の意向に沿って策定されるということである。では、エネルギー産業界、なかんずく、原子力発電所を有する電力業界のばあいは、どんな情況であろうか。そこでは、政策策定はどのように行われているであろうか。

「エネルギー政策の策定は、[1973-1974年の石油価格ショックと供給の不確実性を経験したのちも、] 依然、1950年代から1960年代へと受け継がれた三つの特質に支配されている。すなわち、政策決定のルールと基準は専ら供給側の観点から定められ、供給側の戦略は、ひじょうに複雑で資本集約的な技術を頼みにしながら、再生不可能資源の利用を固執し、そして、密室における政策決定過程はエネルギーの生産・販売事業者に支配されている。それゆえに、他のグループや別の観点は容易には政策決定過程に入り得ない。」かつて、1977年、アメリカのレオン・N・リンドバーグ（ウィスコン州マディソン大学教授）は7ヵ国（イギリス・カナダ・フランス・ハンガリー・インド・スウェーデン・アメリカ）のエネルギー政策にかんする国際共同研究を統轄し、その結果、各国の多様な政策策定過程にもかかわらず、共通点があることに注目して、このように、「エネルギー政策はエネルギーを生産し供給する側の意思に沿って策定される」と定式化している[66]。そのばあい、リンドバーグが確認するところ、「エネルギーを生産

---

(65) Joseph E. Stiglitz, America's Socialism for the Rich, 06. 06. 2009, < http://www.bepress.com/ev >.

(66) Leon N. Lindberg, Comparing Energy Policies: Political Constraints and the Energy Syndrome, in: idem (ed.), *The Energy Syndrome. Comparing Responses*

し供給する側」に属する人びとは「込み入って、保守的な官僚層」と「産業テクノクラート層」であり、さらに、「それらの上に位置しつつ社会を支配している層、マルクスの分析では"階級"と呼ばれ」、「産業界と政界の共生関係」を築いている階層である。かかる階層によって政策は策定され、かつ、彼らの"文化的な支配力 (cultural hegemony)"によって、エネルギーにかんする人びとの意識も影響されることになる。その結果、産業界と政府が求めるように、エネルギーの消費量は増大しつづけるし、また、異なる新しいエネルギー政策の推進、部分的なエネルギー政策の転換でさえも、産業界の抵抗に逢うならば、行われがたくならざるを得ない[67]。紛れもなく、したがって、7ヵ国の分析結果によるならば、エネルギー政策はエネルギー産業界の意向に沿って策定されている。

新しいエネルギー政策の推進が必ずしもスムーズに進展しないことは、リンドバーグの確認を俟つまでもなく、かつても今日も変わらない。かつての例をひとつ挙げるならば、第二次世界大戦直後、アメリカで計画された石炭液化・ガス化による合成燃料推進策は短期間で頓挫している。戦後直ぐのアメリカにおいては、ハリィ・S・トルーマン (Harry S. Truman) 民主党政権のもとで、石炭液化・ガス化事業に多額の資金支援が行われ、将来の燃料消費量大幅増加に備えるとともに輸入石油依存率を低減し、エネルギー資源の国内自給率を向上することが目差された。かかる政策に対して、石油業界は合成燃料は非経済的と合成燃料推進に反対する論陣を張ったが、実証設備 (デモンストレイション・プラント) では実際に石油よりも遥かに廉価な合成燃料生産が可能になっている。それにもかかわらず、だが、1953年01月登場の共和党アイゼンハワー政権は石油業界の言い分に同調し、石炭液化・ガス化事業に対する資金支援を停止してしまうから、それとともに、合成燃料事業はすべて挫折することになった。爾来、アメリカ石油業界は中東諸国とベネズエラからの比較的安い石油輸入に対する依存率を高め、輸入石油の割合いが20年間 (1953-1973年) に1パーセント未満から29パーセント以上に達したところで「石油価格ショック」を迎えている。そのとき

to the Energy Crisis, Lexington/ Toronto 1977, p. 325. 研究対象各国のエネルギー政策はそれぞれの国内研究者によって分析されている。

(67) Ibid, pp. 325-356.

にいたって、やっと、再び、合成燃料が政府の目にとまることになっている(68)。

今日、将来のエネルギー供給体制をめぐる議論が原子力の発電利用と再生可能エネルギーを軸にして展開されることは、世界各国共通である。そのばあい、再生可能エネルギー利用を積極的に拡張しようとする試みは、積極性の度合いには差があるものの、各国に見られるが、原発にかんする見解は分かれている。大略を述べるならば、一方で、『バリロチェ・レポート』が原子力の発電利用に多大で永遠のエネルギー供給源を見ていた(69)ままに、途上国のなかには、今日、原発を増設ないし新規建設しようとする国もある。他方で、だが、先進国(70)の情況は異なっており、日本のような例外の国はあるものの、他のアメリカや西欧諸国では、すでに1990年代から原発建設は事実上停止状態に陥っている（表0-5を参照）(71)。その原因が断続的につづいている原発（関連施設）事故にあること

---

(68) Arnold Krammer, An Attempt at Transition: The Bureau of Mines Synthetic Fuel Project at Louisiana, Missouri, in: Lewis J. Perelman, August W. Giebelhaus, and Michael D. Yokell (eds.), *Energy Transition. Long-Term Perspectives*, Boulder 1981, pp. 70-99.

(69) Herrera et al., *¿Catastrofe o Nueva Sociedad?*, págs. 76-78. エレラ／スコルニク他『新しい社会の創造』、52-54頁。

(70) 先進国のなかでは、ノルウェイやオーストラリアは原発建設に着手していない数少ない例に属するが、オーストラリアでは、自由党のジョン・W・ハワード (John W. Howard) 内閣時、2006年、首相府からの諮問を受けて原発建設の適否が研究されている。その研究結果によると、原子炉の安全性は今後も向上することが見込まれるとともに、GHG排出量の削減は、原発建設だけではオーストラリアの目標を達成できなくも、原発によって「かなり」削減されるであろうと見なされた。しかし、将来は核燃料廃棄物貯蔵の問題が生じるし、さらに、原発建設費は「新型石炭火力発電所建設よりも20-50パーセント高く付くがゆえに、民間投資者が原発に投資するためには、何等かの政府支援が必要であろう」と思われると判断されて、原発建設は見送られている。Australian Government, Department of the Prime Minister and Cabinet, Uranium Mining, Processing and Nuclear Energy Review – Opportunities for Australia?, December 2006.

(71) Mycle Schneider and Antony Froggatt et al., The World Nuclear Industry Status

表 0-5 稼働可能原発と建設中の原発　国際原子力機構（IAEA）　原子炉基数

年月 \ 国	アメリカ	イギリス	フランス	ドイツ	日本	インド
1992.04						
稼働可能	111	37	56	21	42	7
建設中	3	1	5	0	10	7
2004.10						
稼働可能	104	23	59	18	54	14
建設中	0	0	0	0	2	8
2009.08						
稼働可能	104	19	58	17	53	17
建設中（*）	1	0	1	0	2	6

（*）2009 年 05 月

は言うまでもない。大きな事故だけに限っても、"原子力時代"開幕からの 30 年間にソ連邦のキシュティム核燃料工場事故（1957 年 09 月）やイギリスのウィンズケール（現、セラフィールド）核燃料再処理施設の事故（1957 年 10 月）、そして、アメリカのスリーマイル島原発事故（1979 年 03 月）やソ連邦のチェルノブイリ原発事故（1986 年 04 月）等が数えられ、それらの事故が原発の社会的受容性を次第に低減させ、あるいは、原発安全性基準を強化させたりしながら原発建設費高騰を惹き起こすため、米欧諸国では原発建設は容易には行われ得ない。その結果、増設無しの原子炉基数は廃炉のたびに減少するから、新規建設の代替策として、既存原発の稼働年限引き延ばしが行われ、それが、また、原発安全性に対する人びとの不安を強めて社会的受容性をいっそう低減させるという悪循環が生じている。

Report 1992, London/Paris/Washington, May 1992, p. 21; Mycle Schneider and Antony Froggatt, The World Nuclear Industry Status Report 2004, Brussels, December 2004, p. 10; Mycle Schneider, Steve Thomas, Antony Froggatt, and Doug Koplow, The World Nuclear Industry Status Report 2009, Paris, August 2009, p. 114.

このように、アメリカや西欧諸国では"原子力時代"は行き詰まり、後者のなかには早くも1970年代や1980年代に、オーストリアやデンマーク、そして、イタリアのように（第1章第3節）、原子力利用の巨大な危険性を論拠にして実際に「脱原発」を実現した国も存在する。したがって、新たに大きな原発事故が発生するならば、それは原発の危険性を重ねて実証するものと解釈され、他の国でも「脱原発」が選択され得るであろうが、2011年03月11日、東京電力福島第一原発で発生した事故は、そのような契機を西欧諸国に与えることになった。ドイツ政府は逸早く同年3月中に事実上「脱原発（Atomausstieg）」を確定し、つづいて、スイス政府も2034年までの「脱原発」を決定した[72]が、さらに、ベルギー政府は「2003年の脱原発法」に基づいて2025年までに「脱原発」を行うことを再確認している[73]。また、イタリアでは、シルヴィオ・ベルルスコーニ（Silvio Berlusconi）を首班とする政府は新規原発建設を企図していたが、その政府法案は国民投票で否決されている[74]。そして、いずれのばあいにも、「脱原

---

[72] Die Bundesbehörden der Schweizerischen Eidgenossenschaft, Bundesrat beschließt im Rahmen der neuen Energiestrategie schrittweisen Ausstieg aus der Kernenergie, Bern, 25. 05. 2011.

[73] ベルギーでは、2011年の「脱原発」決定に先立って、2003年に、2015年から2025年にかけて段階的に全原子炉7基の稼働を停止することが決定されていた。だが、2009年10月、ひとたびは閣議で10年間の稼働期間延長が決定されるも、その稼働期間延長は6ヵ月後の政府瓦解によって沙汰止みになり、爾来、その閣議決定をめぐる各党間の争いが繰り返され、「2003年脱原発法」の行方自体が危うくなったとみなされていた。Le Soir, 29. 10. 2011; die tageszeitung, 30. 10. 2011. したがって、2011年の決定は2003年の「脱原発法」を施行するという確認にほかならないが、ひとつ異なる点として、2011年の決定では、2025年における最終的な原子炉稼働停止は「エネルギー供給の情況を考慮して行われる」という付帯条件が新たに付されている。

[74] Referendum 2011: quesito sul nucleare. Nuove centrali per la produzione di energia nucleare. Abrogazione parziale di norme, < http://referendum.2011.info/nucleare.html >. ベルルスコーニは、2005年にも、当時の首相として原発の再稼働を企図していたが、それは、下院選挙で下野させられたために未達成

発」はエネルギー生産における自然エネルギー（再生可能エネルギー）資源利用の拡大追求と表裏一体をなすように、人間にとっても自然環境にとっても、危険の小さな資源の利用へ向かう歩みをすすめることが「脱原発」の目的である。これを要するに、「脱原発」は、先進国で原子力の発電利用が社会的受容性を失ったときに選択される新エネルギー政策である。

　他方で、だが、原発の危険にかんする認識は「脱原発」国と同様であるとしても、依然、原発を固執する先進国も少なくない。その理由は、軍事利用にかかわることもあろうが、基本的には、経済利益にかかわっている。国民経済成長という全体的な観点からにせよ、あるいは、原発事業者や原発所在地地域の特殊利益という観点からにせよ、原子力の発電利用を成長促進や既得経済利益保全の観点から不可欠視する考えは極めて深く根付いている。そして、それは、一般的な傾向として見るならば、経済的な成長を追求すればするほど強固である。それだけに、高度に発達した経済大国ドイツの「脱原発」確定、それも、2022年末までに原子力の発電利用を放棄して、再生可能エネルギー資源中心のエネルギー供給体制を樹立する（「エネルギー転換」）という明確で根本的なエネルギー政策転換は衝撃的であり、世界各国、なかんずく、日本の人びとの耳目を引かざるを得なかった。日本を含む先進国の多くが、依然、原子力をエネルギー政策の中心に据えた20世紀型のエネルギー政策にとどまっている今日、ドイツの新しい政策が進展するならば、20世紀のエネルギー政策が陥っている隘路から脱出する道が示されるかも知れない。ドイツのエネルギー政策の行方が注視される所以である。

第3節　本書の課題と分析視角と構成

　エネルギー政策とは何か。「エネルギー政策は、エネルギー資源に対する供給者と需要者の対応を規律付け、調整するという統治行為の総体である。」[75] 西ド

　　　に終わっていた。その後、首相として返り咲くや、彼は2009年07月の法案で原子炉4基の新規建設を実現しようとしていた。

(75)　Jens Hohensee, Vorwort, in: idem und Michael Salewski (Hrsg.), *Energie - Politik –*

イツ経済省で長年エネルギー政策を担当したウルリヒ・エンゲルマン（Ulrich Engelmann）はこのようにエネルギー政策を定義したが、かかる定義からも明らかなように、エネルギーの生産と消費の動向は市場におけるエネルギー資源の需要供給に委ねられるだけではなく、政府によって嚮導される面をもち、その側面は、エネルギーが社会と経済に及ぼす影響力の巨大さゆえに、他分野の政策におけるよりも大きなものとなり得る。では、そのようなエネルギー政策にかんして、ドイツのばあい、「エネルギー資源に対する政府の統治行為」は一体どのように行われていたのであろうか。そして、2011年3月11日の原発事故現場の福島県から遠く離れたドイツでは、エネルギー政策の大転換はどのような過程を経て、不可欠とみなされるようになり、決定されたのであろうか。

　リンドバーグの定式によれば、すでに述べたごとく、「エネルギー政策はエネルギーを生産し供給する側の意思に沿って策定され」、かつ、エネルギー産業界は自らの意向を政府に受け容れさせることも出来るが、同定式に謳われるような情況が（西）ドイツにも存在したことは言うまでもない。「原子力政策については、政府与党・野党とともに労働組合・学者・技術者・事業経営者・銀行幹部たちが珍しく協調し合う場としての"原子力協議会（Nuklearrat）"が存在し、国家的な原子力産業の目標はそこで極めて秘密裏に定められている。かかる事実は、たしかに、透明性に欠けるがゆえに、民主主義の観点からは気味が悪い。言うならば、内内の代議制民主主義（diskrete Demokratie durch Delegation）である」が、「エネルギー供給は将来国家的な問題のナンバーワンとなるであろうことを考えるならば」、「許容されることである。」[76] キリスト教民主同盟／社会

　　　　　Geschichte. Nationale und internationale Energiepolitik seit 1945, Historische Mitteilungen, Beiheft 5, Stuttgart 1993, S. 7. エンゲルマンの定義は、今日、研究者からエネルギー政策の定義のように受け容れられている。たとえば、Hans Michaelis, *Handbuch der Kernenergie*, München 1982, Bd. 1, S. 173.

(76)　Robert Held, Welt-Nuklearrat, in: *Frankfurter Allgemeine Zeitung*, 28. 06. 1977. 通称「原子力協議会」の正式名称は「原子力の平和利用協議会」であり、1977年02月16日、シュミット政府によって設置されている。コール政府の説明によると、同協議会は1979年11月13日の会議を最後に爾後開かれていない。

同盟（CDU/CSU）寄りの『フランクフルターアルゲマイネ』紙編集主筆ローベルト・ヘルト（Robert Held）は、1977年06月、このように、原子力政策策定過程における「原子力協議会」の存在に触れ、「内内の(うちうちの)」決定を肯定していたが、それから約10年後の連邦議会においては、ハーナウ近郊の核燃料製造工場が原子力法第7条の規定に基づく認可を得ることなく10年余のあいだ操業しつづけていることが問題となった[77]とき、社会民主党（SPD）議員ハーラルト・B・シェーファー（Harald B. Schäfer）が無認可核燃料製造工場操業のひとつの原因を「行政府［つまり、連邦政府と州政府］・政界・産業界の三者同盟にほかならない原子力ムラ（nukleare community）」の黙認に帰して批判している[78]。シェーファー自身は、すでに1980年にも、連邦議会の原子力政策調査委員会委員としての審議経験から、「原子力政策は、経済界と科学研究学界から成る原子力ムラによって偏に原子力利用拡大の観点から決定され、原子力利用に懐疑的・否定的な人びとの評言は、何であれ検討されることもなく、葬り去られてしまう」旨を語っていた[79]。

Deutscher Bundestag, 10. Wahlperiode 1983, Drucksache 10/5772, 25. 06.1986, Antwort der Bundesregierung auf die Große Anfrage der Abgeordneten Schilly, Schulte (Menden) und der Fraktion Die Grünen, S. 22.

(77) これは、1975年12月に操業認可を申請したハーナウ近郊の核燃料製造工場、アルファ化学・冶金会社（Alkem）と合同原子炉燃料会社（RBU）が認可を受けないまま操業していたため、ヘッセン州検察によってAlkemとRBU、および、両社の親会社である核化学・冶金会社（Nukem）の幹部たちと当該官庁が捜査対象とされ、さらに、事の性質上、政府与党の関与が取り沙汰されたという問題である。Cf. Idem, Drucksache 10/5160, 07. 03. 1986, Große Anfrage der Abgeordneten Schilly, Schulte (Menden) und der Fraktion Die Grünen, Illegale Plutoniumverarbeitung in Hanau.

(78) Idem, *Verhandlungen des Deutschen Bundestages,* Stenographischer Bericht, 244. Sitzung, Bonn, Freitag, den 7. November 1986, S. 18889.

(79) シェーファーは、1980年、自らが参加した委員会の報告書（同年06月発表）に次のような「個人的な見解」を付け加えている。「［委員会の］活動を始めるや、私が直(じき)に気付かされたことであるが、西ドイツには経済界と科学研究学界に原

このような原子力政策の策定過程を考えるならば、「原子力協議会」や「原子力ムラ」の存在を肯定的に見るにせよ批判的にとらえるにせよ、原子力政策策定に対するエネルギー産業界（電力業界）の影響力は明らかと言うほかない。

また、原発の安全性を判断する場としての司法界に目を転じてみると、1970年代、連邦行政裁判所（BVerwG）等一部の行政裁判所は、原子力利用の推進よりも国民の安全を優先する観点に立ち、厳格な原発安全性を求める判断を下すことで原子力利用の推進を困難にするような役割りを演じていた[80]。だが、そのような判決は原子炉安全委員会（RSK）や連邦政府からの批判を浴び、けっきょくは、連邦憲法裁判所（BVerfG）の判断によって、原子力利用不可欠論の

子力ムラ（nukleare community）が存在し、議論の余地ある原子力の疑わしい点や、あるいは、原子力利用に不都合な（kernenergiekritisch）問題は率直、かつ、公に検討されないようにされてしまうし、原子力利用に懐疑的・否定的な人びとの評言は科学的な真摯さにも信頼性にも欠けるとして片付けられて終わりである。」反対に、「［原子力利用に積極的な評言は、］詳細に見てみると、たんなる憶測や希望にすぎない論であるとしても、確かなこととされている。例を挙げるならば、核廃棄物の処理問題や機器操作における人間・機械相互作用問題がそうであり、あるいは、プルトニウム問題についても同様である。科学的な問題に対する様ざまな科学的な委員会の判断も、現実の情況［つまり、政治的・経済的な要請］に求められるならば、急に判断を変えてしまっている。たとえば、原子炉圧力容器破裂防護（Berstschutz）のばあいがそうである。このような［政策決定過程の］問題に目が向けられなければならない。」Idem, 8. Wahlperiode 1976, Drucksache 8/4341, 27. 06. 1980, Bericht der Enquete-Kommission „Zukünftige Kernenergie-Politik", S. 61f. ここで、シェーファーが言及している委員会は、アメリカのスリーマイル島原発事故直後、連邦議会で開かれた「将来の原子力政策にかんする調査委員会」であり、そこでは、与野党議員7名と非議員の研究者・各種団体代表8名で構成される15名の委員たちが原発拡大継続から「脱原発」に亙る政策選択肢を調査検討していた。同委員会は、議会会期末の1980年06月、暫定的な結論を発表し、12名の共同勧告案として、原発拡大も将来の「脱原発」も選択肢として残しておき、最終的な決定を先送りすることが適切と主張した。Ibid., S. 99-101. それに対して、だが、CDU/CSU議員の3名は経済成長を図る観点から「1990年までは毎年約2基の

観点から、「生命と身体的損傷不受忍の権利」（基本法［憲法］第2条第2項）という自由権の保護さえも専ら立法者の裁量に委ねられてしまっている。1978年08月、BVerfGが言うところ、原子力利用には、どんなに科学的・技術的に安全性を高めようとも、それでも避けられない危険が伴っている、すなわち、科学的・技術的な知識にとって「未知なる危険（Restrisiko）」が残っている。だが、そのような危険が起こることで、「生命と身体的損傷不受忍の権利」が侵害されるとしても、国民はそのような侵害を「［技術利用の］社会に固有な（sozialadäquat）負担として」受忍しなければならない[81]。

したがって、原子力の発電利用放棄（「脱原発」）という極めて大きな政策転換

原発を増設する」という少数派の勧告案を提示している。Ibid., S. 102f.

(80) 知られるように、BVerwG は、1972年03月、原子力法の「法の目的」に謳われる「生命、健康、財の保護」は「原子力の平和利用促進」という目的に無条件に優先するという解釈を示しており、それを受けて、フライブルクの行政裁判所は、1977年03月、原子炉圧力容器破裂のばあいも、放射性物質の外部飛散を防げるだけの安全装置を求める判決を下して、建設計画中のヴィール原発を建設放棄に追い込んでいた。Joachim Radkau, Eine kurze Geschichte der deutschen Antiatomkraftbewegung, in: Bundeszentrale für politische Bildung, *Ende des Atomzeitalters? Von Fukushima in die Energiewende*, Bonn 2012, S. 111-113. ヨアヒム・ラートカウ『ドイツ反原発運動小史 原子力産業・核エネルギー・公共性』、海老根剛／森田直子訳、みすず書房2012年、15-17頁。原発の安全性基準に対する司法界のかかわりについては、詳しくは、Bürgerinitiative Umweltschutz e.V., Atomkraftwerke – Unsicher und grundrechtswidrig. Ein Bericht über Kernschmelzgefahr und Grundrechtsbeeinträchtigungen, Teil 1, < http://www.biu-hannover.de/atom/unsicher/teil1.htm >.

(81) 連邦憲法裁判所は、原発の安全性判断は唯一立法者によって下されるものであり、司法官が出る幕は無いと断じながら、基本法（憲法）の基本権保護規定に対する政府与党意思の優越性を肯定した。「立法者が技術的設備の導入と稼働を認可するならば、稼働によって基本権が侵害されるような事故も起こり得るが、そのような事態が絶対に起こらないようにすることを立法者に［立法者の国民］保護義務として求めるとするならば、それは人間の認識能力限界を認めないことであり、あらゆる国家的な技術利用を広く禁ずることになるであろう。社会

の実相を明らかにするためには、政策策定過程における政府とエネルギー産業界の関係が解明され、同時に、エネルギー産業界と政府それぞれの政策転換過程が問われなければならない。さらに、加えて、そのばあい、政府とエネルギー産業界の政策転換はどのような社会的情況（社会運動の動静や国内輿論の傾向、あるいは、選挙投票行動等）に対応せざるを得なかった結果であるかという問題も分析されなければならないであろう。視点を変えて見るならば、原子力利用に反対する国民意思が政界、そして、経済界に「内内の」原子力政策策定を断念させるほどに強化されるという問題である。そして、「脱原発」が確定されるばあい、供給されるべきエネルギーの確保については、どんな構想が描かれており、そのなかで再生可能エネルギーは如何にしてエネルギー供給体制の中心になり得るのかという点も明らかにされる必要がある。

かかる問題に注目しながら、主に政界や経済界の資料、そして、日刊紙・週刊誌等の情報に基いて、ドイツのエネルギー政策転換を生み出すにいたる第二次世界大戦後の政治的・経済的・法制的・社会的なプロセスを分析し、将来エネルギー構想の全体像を明らかにすること、それが本書の課題である。

次いで、本書の構成について。本書では、最初に、世界的なエネルギー利用の歴史を明らかにし、それによって、東京電力福島第一原発事故を契機に追求されるドイツの「エネルギー転換」に含意される世界史的な意義を明らかにする（第1章）。そのうえで、ドイツのエネルギー政策を基幹エネルギー資源の変遷という観点から見ていくが、西ドイツのばあい、国内産石炭利用の重視と国外からの原油輸入の不安定性解消策として原子力利用を積極的に進めることがエネルギー政策の特質をなしつづけた。だが、それによって、一方では、環境悪化という問題が生み出され、他方では、原子力利用に反対する社会運動が強まることにな

秩序形成のためには、それ［つまり、国民の自由権保護のための安全確保］は実際的な理性に基づく判断で良しとしなければならない。この実際的な理性［による判断という］閾の彼方の不確かさは避けようがない。そして、避けられないのであるから、［技術利用の］社会に固有な（sozialadäquat）負担として市民すべてによって受け容れられなければならない。」Bundesverfassungsgericht, Beschluß des Zweiten Senats vom 8. August 1978-2 BvL 8/77-.

る。別けても、ソ連邦のチェルノブイリ原発事故がドイツ社会に及ぼした影響は極めて大きく、原発反対の輿論がいっそう高まるとともに、二大政党の一つSPDが原子力利用の放棄を党大会で決議するにいたっている。そのために、原子力事業は、社会的にも政治的にも、大きな困難に直面させられることになった。そのような情況のもと、西ドイツ期の末期には、環境保全策として、あるいは、環境保全を図るとともに原子力に代わるエネルギー資源として再生可能エネルギー資源の利用拡大を求める主張が与野党内に広まった。したがって、「エネルギー転換」の萌芽はすでに当時生まれていると言えるから、後年の政策転換を理解するためには、西ドイツのエネルギー政策が検討されなければならない（第2章）。

1990年の東西ドイツ統一に始まる20世紀最後の10年間は、いわゆる"地球サミット"が開催され、気候変動枠組み条約が締結されたように、世界的にもドイツ国内でも、"地球環境の危機"意識が高まる時期であり、ドイツでも、再生可能エネルギー利用拡大の法整備が行われる。それと同時に、また、原子力の発電利用については、原子力事業者が「脱原発」計画を構想するという極めて興味深い動きが生じており、それが基本的には東京電力福島第一原発事故時までの「脱原発」政策となっている。第3章では、ドイツ最初の再生可能エネルギー拡大法の導入と問題点が分析され、原子力事業者による「脱原発」構想が検討される。かかる動きは、その後、20世紀末の連邦議会選挙の結果、SPDと「緑の党」による「赤－緑」連立政府が成立すると、基本的に継承され、拡大されることになり、連邦政府とエネルギー産業界（経済界）間の協力が行われながら、再生可能エネルギーを中心とし、原子力利用は放棄されるという「エネルギー転換」へ向かう歩みが歩み始められている。このような歩みが踏み出されるにいたる過程を分析することが、第4章の内容である。

しかし、「エネルギー転換」の推進にかんしては、政治的・経済的に未だ広範な推進基盤は必ずしも形成されていなかったから、やがて、経済界寄りの性格が強いCDU/CSUと自由民主党（FDP）の連立政府が復活するや、「エネルギー転換」へ向かう歩みは経済的な必要性を論拠にして事実上停止されるが、東京電力福島第一原発事故の報とともに、それも束の間の幕間劇（インテルメッツォ）と

して終わり、「エネルギー転換」を求める圧倒的な国民多数の意思に拠りながら、ドイツ連邦政府は政界主導で「エネルギー転換」へ向けて改めて、しかも、急速な歩みを歩み始めている。では、そのような転換は何故必要視され、かつ、可能となったのであろうか。かかる問題について、第5章では政治的・社会的な要因を分析し、つづく第6章においては経済界（エネルギー産業界）の動向を明らかにする。そして、最後に、世界的なエネルギー政策史におけるドイツの「エネルギー転換」の意義について考えてみたい。化石燃料と原子力利用という20世紀型のエネルギー供給体制が隘路に嵌まり込み、気候変動が人類の将来を脅かしている今日、世界各国、取り分け、先進諸国は如何なるエネルギー供給体制を選択するのか。ドイツの「エネルギー転換」に一つの将来像を見ることが出来る。（終章）。

　また、資料として、日本では（ほとんど）知られていない文書を紹介する。本文中でも、資料の一部については言及されるが、資料そのものが本書の重要な一部を成しており、本文に劣らぬ重要性を有するものである。

　ドイツのエネルギー政策と環境政策を包括的に扱う類書が（ほとんど）存在しない（個別的な問題の研究については、参考文献を参照）なか、本書の意義も小さくはないと言えるであろう。

第1章　エネルギーの歴史

　　　　"機敏な2本足は火を使うことで人間となり、エネルギーのおかげ
　　　で氷河期をうまく通り抜けてきた。その後、エネルギーの消費量が増
　　　すにつれて、文明社会が出現してくるが、世界の一部におけるエネル
　　　ギー消費量の大幅な増大は産業革命とともに生じており、それに付随
　　　して、石炭・[環境]汚染・電力・石油そして石油不足[という事象]
　　　も生じている。それゆえに、多くの問題が惹き起こされているが、お
　　　そらくは、いくつかの解答も用意されている。"

　　　　　　　　　　　　　　　　　　　　エドワード・テラー
　　　　　　　　　　　　　　　　　『来る千年紀のエネルギー』　1979年

　原子力研究者エドワード・テラー（Edward Teller）が「機敏な2本足は火を
使うことで人間となり、エネルギーのおかげで氷河期をうまく通り抜けてき」て
おり、エネルギーの利用によって文明社会を築き上げたと指摘するように、エネ
ルギー利用は文明興隆の決定的な基盤を成しているものの、エネルギーを消費す
ることで、人類社会は絶えず様ざまな問題をかかえることを余儀なくされてき
た。取り分け、欧米諸国に始まる産業革命は、大規模かつ急速に化石燃料を消費
することによって、利用可能な資源の枯渇懸念を惹き起こし、自然環境を人類生
存に不適切にし得るほどに悪化させつつある。それゆえに、テラーもまた"これ
までどおりにやって行く"ことは許されないと考えて、さまざまな提言を行って
いた。曰く、エネルギーを節約するように労働し、エネルギー価格上昇に対する
抑制的な規制は撤廃されて、価格の上昇でエネルギー消費量を減少させる必要が
ある。あるいは、また、曰く、電力生産の効率向上も不可欠である。テラーに
とって決定的な重要事は、だが、原子力利用の大幅拡大であった。「世界全体の
エネルギー消費量は増大の一途を辿りつつある」が、「それに対しては、我れわ

れの切り札は原子力であり」、原発を建設できる先進国のばあいには、自らの消費エネルギーを「可能なかぎり原子力で」賄って、他の資源利用余地を途上国に残すことが「理性的な」エネルギー政策である(1)。

「マンハッタン計画」に参画し、その後、「水爆の父」と称されたテラーにしてみれば、原子力利用は軍事用でも民生用でも最善の策であり、それゆえに、世界が歩み続けるべきエネルギー政策の道も、将来に亘って、原子力利用の拡大にほかならない(2)。しかし、テラーの予測と異なって、すでに触れたごとく、世界のエネルギー政策は必ずしも原発拡大の方向へすすむことはなく、将来方向性を模索する情況に陥っている。では、21世紀のエネルギー政策は奈辺に向かうであろうか。本章では、このような問題を考えるために、先ず、エネルギーの歴史を振り返っておきたい。

第1節　自然エネルギー（再生可能エネルギー）の時代

人類が所与の自然環境のなかで環境順応的（受動的）に生きるにとどまって、山林平原における狩猟・採取や河川海浜での魚介捕獲に甘んずるかぎり、自然界において、人類も他の動物と同様な存在にすぎなかった。人類は、たしかに、早くから道具を用いる点で際立つが、自らの筋力と太陽熱のほかに利用し得る力も熱も無かったから、人類もまた基礎代謝を維持するために植物を食糧とし、他の

---

(1) Edward Teller, *Energie für ein neues Jahrtausend. Eine Geschichte über die Energie von ihren Anfängen vor 15 Milliarden Jahren bis zu ihrem heutigen Zustand der Adoleszend: unruhig, verheißungsvoll, schwierig und hilfsbedürftig*, Berlin/Frankfurt am Main/Wien 1981, S. 71, 315-335. 原書は、Edward Teller, *Energy from Heaven and Earth*, San Francisco/London 1979 である。

(2) テラーが2000年に言うところ、チェルノブイリ原発事故が起こっているとしても、原子力利用によるエネルギー生産は他の資源利用によるよりも相変わらず安全である。" Lauter, bitte!". Interview mit Edward Teller, [07. 2000], < http://www.sueddeutsche.de/politik/2.220/interview-mit-edward-teller-lauter-bitte-1.746128 >.

動物を犠牲にして食することはあっても、自然環境に変更を加えるような存在ではなかった。約100万年前に、人類が"プロメテウスの火"を手にしたことは、だが、自然環境と人類の関係を決定的に変える端緒になった。太陽熱とは別に新たに得られた熱エネルギーは、料理に利用されるならば、従来食糧になり得なかった動植物（の部位）を食糧に変え得るし、暖をとることに使われるときには、それまでは寒さゆえに避けられていた地を新たな生活空間に変えることも可能となる。事実、また、人類は火を用いて森を焼き払い、その後、同所に芽吹く若草を狩猟の囮に使うことで生活空間を広げている(3)。このような事実からも、人類は最早自らを自然環境の一部と見なす状態から脱し、自然環境を自らの生存に役立たせるために変更しようとする能動的な"自然改変者"に変わりつつある姿を見ることが出来るであろう。

　その後、3万年前頃までには、今日の人間につながる現生人類（以下、人間）が世界中に生存していたと見られているが、その活動は次第に多様化し、世界史上農耕社会と呼ばれる約1万年前からの時代（新石器時代）に突入していった。それとともに、エネルギーの消費量も、少しずつではあるが、増大する。いま、この点をデンマークの環境研究者ベント・セレンセンの研究から見てみると、デンマークにおけるエネルギー消費量は次のように増大したと推計されている（表1-1を参照）(4)。

　表1-1に示されるエネルギー推計消費量は、5,000年前頃（石器時代後期）から紀元900年頃（ヴァイキング時代）にいたる時期におけるデンマークの成人1

---

(3) Ökosystem Erde, Eine kleine Geschichte des menschlichen Energieverbrauchs, <http://www.oekosystem-erde.de/html/energiegeschichte.html >; idem, Jäger und Sammler und ihre Umwelt, < http://www.oekosystem-erde.de/html/ homo_sapiens_-_umwelt.html >.

(4) Bent Sørensen, *A History of Energy. Northern Europe from the Stone Age to the Present Day*, Abingdon/New York 2012, pp. 196-209 より筆者作成。なお、ここでセレンセンが用いる「エネルギー消費（energy use）量」は一次エネルギー（自然界に存在する状態の資源に含まれるエネルギー）の消費量に等しく、必ずしも最終消費エネルギー量と同じではない。

表1-1 デンマークにおける成人1人当たりのエネルギー推計消費量：石器時代後期からヴァイキング時代

単位 W（ワット）

活動目的＼時代	5,000年前頃（石器時代後期）	3,000年前頃（青銅器時代）	2,000年前頃（鉄器時代中期）	紀元600年頃（鉄器時代後期）	紀元900年頃（ヴァイキング時代）
生存環境維持	268	313	353	356	360
食糧獲得・料理	102	124	138	149	144
安全確保・生活圏拡大	5	7	13	21	36
健康維持	20	27	30	29	29
社交・娯楽	2	2.2	8.2	9.7	14.9
建設・製作・交易	25	36	71	88	106
採鉱・資材調達	17	29	78	89	106
合計	439	538.2	691.2	741.7	795.9

人当たりのそれであり、各時代の住居について見るならば、当初、1人当たりの居住面積は6平方メートルから8平方メートルにすぎないが、鉄器時代には12平方メートルへと拡大し、紀元後のそれは13平方メートルから15平方メートルへ拡大されている。そのばあい、「生存環境維持」（基礎代謝と住居建築・暖房・灯火から成り、基礎代謝のための必要エネルギー量は不変とする）用のエネルギー消費量は、約6,000年間という経過年数を考えるならば、僅かずつの増加にとどまるし、狩猟・採取・魚介捕獲や農耕と料理から成る「食糧獲得・料理」用、そして、「健康維持」用のエネルギー消費量も同様である。だから、住居の拡大に応じて、日常的な生活のためのエネルギー消費量は少し増大していても、その生活には、さほど質的な変化は生じていないと思われる。それに対して、だが、「建設・製作・交易」と「採鉱・資材調達」用のエネルギー消費量は増大しつつあるという事実からは、デンマークの人間が徐々に手工業的生活を始めつつあることが分かり、さらに、「安全確保・生活圏拡大」用と「社交・娯楽」用のエネルギー消費量増加によって、集団間における接触も増大し、それとともに、軋轢も生じつつあるであろうし、おそらくは、争いに備えて武器の製作も増しつつあったであろうことがうかがえる。ともあれ、このように、人間の社会的な活

表1-2 デンマークにおける成人1人当たりのエネルギー推計消費量:ルネサンス期から18世紀末

単位 W(ワット)

活動目的＼時代	1,200年頃	1,350年頃	1,500年頃	1,650年頃	1,800年頃
生存環境維持	345	345	345	350	387
食糧獲得・料理	162	143	159	172	168
安全確保・生活圏拡大	41	33	20	33	29
健康維持	29	29	29.1	26.3	28
社交・娯楽	16	16.2	16.2	23.4	18.8
建設・製作・交易	152	127	172	195	220
採鉱・資材調達	124	115	134	125	101
合計	869	808.2(*)	875	925	952

(*) 1350年頃における「エネルギー推計消費量」の減少は当時流行していたペストに因る。人口の約30パーセントが死亡し、多くの耕作地や村落が荒廃したようである[5]。

動量とエネルギー消費量は相互に正比例の関係にあり、エネルギー消費量の増大は歴史的に不可避である。

では、その後の推移を知るために、さらに、セレンセンの研究を参照してみよう。彼によると、15世紀末から18世紀末までの時期にあっても、デンマークにおける成人1人当たりのエネルギー消費量は、「建設・製作・交易」用の消費量は比較的増加率が大きいが、全体として見るならば、未だ緩慢な増加(300年間で1.09倍)に留まっている(表1-2を参照)[6]。人口の増加を考慮するならば、しかし、情況は異なってくる。いま、人口増加について、コリン・マクイーヴディとリチャード・ジョーンズの研究を見てみると、1,500年のデンマーク人口は60万人であるが、1,800年には100万人に達し(300年間に1.67倍に増加)、それ以降は増加の速度が上昇して19世紀末には250万人になっている(100年間で2.50倍)[7]。それゆえに、1人当たりのエネルギー消費量は緩やかな増加で

---

(5) *Ibid.*, p. 231.

(6) *Ibid.*, pp. 242-249, 321-322 より筆者作成。

(7) Colin McEvedy and Richard Jones, *Atlas of World Population History*, Harmondsworth 1978, pp. 52-53. デンマークの人口について、セレンセンはもう少し少なく

あっても、1人当たりの消費量に人口数を乗じてデンマーク全体でみるならば、1,500年からの300年間にエネルギー消費量は1.82倍に増えており、1,900年の1人当たりのエネルギー消費量は1,201W（ワット）である[8]からして、19世紀100年間のエネルギー消費量は3.15倍にも増加した。

同様なことは、無論、世界全体のエネルギー消費量についても当てはまる。世界の人口は、先のマクイーヴディとジョーンズの研究によれば、1,500年からの300年間に2.12倍に増えており、1,900年には16億2,500万人に達していた[9]が、その間に、なかんずく、1,800年以降、世界全体のエネルギー消費量が大きく増加したことは、入手し得る統計データが無いために数値を精確に示すことはできないが、間違いないであろう。そもそも、エネルギーという概念は古代ギリシア以来"精神的な力（エネルゲイア）"というような意味で用いられてきたが、それが、19世紀になって、初めて現代のように、"仕事能力（仕事をする力）"、ないしは、"熱発生能力"の意味でも使われるようになった[10]ことは、エネルギーが社会的に極めて重要な位置を占めはじめる情況を良く物語る。

顧みるならば、人間は早くから自らの筋力以外に牛馬等家畜の筋力を用い、さ

　　　みる。Sørensen, *A History of Energy*, p. 238.

(8)　*Ibid.*, p. 375.

(9)　McEvedy and Jones, *Atlas of World Population History*, pp. 342-351. 当時の人口数については、これと異なる数値も示されている。たとえば、フェルナン・ブローデルは、1900年の世界人口について、15億3,000万人や16億800万人と見る研究もあることを紹介している。Fernand Braudel, *Civilisation matérielle et capitalisme(XV-XVIII siècle)*, tome I, Paris 1967, p. 26.

(10)　Cf., Udo Leuschner, Vom göttlichen Geist zur physikalischen Kraft. Wie der Begriff "Energie" entstanden ist und sich verändert hat, < http://www.udo-leuschner.de/energie/SB102-02.html >. ただし、"仕事能力"という意味のエネルギー用法が一般化するには19世紀末から20世紀初めまで待たなければならない。Dieter Freude und Randall Snurr, Energie-Grundlagen, Historische Entwicklung des Begriffs "Energie", < http://www.energie-grundlagen.de/01.html >. 現代のエネルギー定義については、S. C. Bhattacharyya, *Energy Economics. Concepts, Issues, Markets and Governance*, New York 2011, pp. 9-10.

らに、多種多様なエネルギー資源を利用している。そして、そのばあい、かつては、それらがほとんど自然界の再生可能エネルギー資源であったことは、今日の人びとが忘れがちなことかも知れないが、再生可能エネルギー論議が活発な今日、充分留意されるべき点であろう。

いま、エネルギーを形態別に分けてみると、力学エネルギーの資源としては畜力が用いられ、それによる車曳きや犂引きが行われたり、畜力で歯車を駆動しながら刃物を研磨したり製粉したりすることが行われている。だが、この点で、自然エネルギー資源として代表的な事例は、周知のごとく、水の力と風の力であった[11]。水力の利用例としては、すでに紀元前7世紀に揚水用水車が登場している。その後、しかし、特定の人間（奴隷）が"生ける道具"として利用され得た時代には、水車利用の普及はすすむこともなく、それゆえに、また、水車の技術的な進展も見られなかったが、8世紀に入ってからは、水車は人間や家畜の筋力とともに一般的な駆動力源となっている。さらに、潮の干満による水位差を水車の動力源として利用することも15世紀以来計画され、一部の国々（フランスやカナダ）で実現されている。他方、風力の利用については、早くも紀元前3,000年代にはナイル河を帆船が航行しているが、風車の登場はずっと後のことになる。その理由は、水車のばあいと同様に、人間の筋力が頼みとされ、技術的な進展もなかったことにある。それでも、だが、8世紀から9世紀になると最初の風車がペルシアの高原に建ちはじめ、12世紀には北欧・中欧にも建っているが、欧州全体に風車建設が拡大する状況は15世紀に入ってのことであった[12]。

熱エネルギーに関しては、太陽が最初で最大のエネルギー資源であり、人間は暖をとり、採光するという受動的な太陽熱・太陽光の利用を行っている。その後は、だが、火の使用が始まるとともに、木材が燃料として使われて「再生可能エ

---

(11) 牛馬等家畜の利用や水車と風車の技術的な発展については、Jochim Varchmin, Die unerschöpflichen Energien: Mensch und Tier, Wasser und Wind, in: idem und Joachim Radkau, *Kraft, Energie und Arbeit. Energie und Gesellschaft*, Reinbek bei Hamburg 1981, S. 15-77.

(12) Danyel Reiche, Geschichte der Energie, in: idem (Hrsg.), *Grundlagen der Energiepolitik*, Frankfurt am Main 2005, S. 11-16.

ネルギー時代の基幹エネルギー資源」となり、大略「19世紀半ばにいたるまで、木材は最も重要な熱生産用の再生可能な資源であった。」(13)

このように、人間は極めて長いあいだ再生可能エネルギー資源を頼みに生活していたが、再生可能エネルギー資源には二つの難点がある。ひとつは、エネルギー利用設備の立地制約であり、他の難点は、再生管理が必ずしも容易ではないことにある(14)。たとえば、水車や風車の建設は河川沿い、あるいは、湖沼の存在という立地条件を満たさなければならないし、また、風力や太陽熱の利用は日々の気象に左右され、水力の利用でさえも、週や月単位の気温や雨量に影響され得ることになる。さらに、木材の利用についても制約がある。たとい、豊かな森や林に恵まれているばあいであっても、樹木の再生は、自然生育による再生であれ植林による再生であれ、必ずしも人間の期待通りに再生されるとは限らない。しかも、木材は熱エネルギーという形態のほかにも住居建築・車両船舶建造や家具・機械・工具・農具の製造等々多面に亙って利用されることもあり、早くもイングランドとスコットランド（以下、たんにイギリスと表記）が16世紀後半に経験しているように、人口の増加(15)と相俟って、木材消費の増加が樹木の

---

(13) Ibid., S. 12. 無論、木材が重要なエネルギー資源でありつづける期間は森林地帯や経済構造の情況に応じて大きく異なる。たとえば、1970年代半ばにおいても、インド農村地域では、木材は、依然、最重要なエネルギー資源であり、人間と家畜の筋力以外では、木材がエネルギー資源の53パーセントを占めており、木材に牛糞と葉菜廃棄物を加えるならば、これら3種のバイオ資源が86パーセントに達していた。Cf. Jean-Claude Debeir, Jean-Paul Deléage and Daniel Hémery, *In the Servitude of Power. Energy and civilization*, London 1991, p. 155.

(14) Cf., Reiche, Geschichte der Energie, S. 14.

(15) イギリスの人口は14世紀に4度発生したペストの流行で大幅に減少したのち、緩やかに増加しつつあったが、16世紀後半の50年間には急激に増加（約280万人から370万人超）した。ロンドンの人口については、1534年の6万人が1605年には22万4,275人に増加（約3.7倍）したという推計値もある。William H. Te Brake, Air Pollution and Fuel Crises in Preindustrial London, 1250-1650, in: *Technology and Culture*, vol. 16, no. 3, July 1975, pp. 356-357; J. U. Nef, *The Rise of the British Coal Industry*, vol. 1, London 1932, p. 163, n. 7.

生育(供給)ペースを上回り、そのために、「基幹エネルギー資源」としての木材の不足が発生し、それとともに、また、木材価格の高騰が惹き起こされることになる[16]。それでも、なお、増大するエネルギー需要を満たそうとするならば、エネルギー資源の不足は打開され、もっと廉価なエネルギー資源が供給されなければならない。かかる論理に基づいて、新しいエネルギー資源が探求され、それが需要の増大に応えられるならば、基幹エネルギー資源化することになる。すなわち、人類史上最初のエネルギー転換である。

第2節　化石燃料の時代

第1項　石炭の時代

木材に代わって新しい熱エネルギー資源が中心的な役割りを演ずる情況は、他国に先んじてイギリスに現出し、化石燃料の石炭が多用されて新たな主要エネルギー資源となっていった。石炭は、たしかに、決して"新しい"資源ではない。欧州では、イギリスでも大陸諸国でも、12世紀から13世紀には、木材とともに家庭における暖房や料理用の燃料として、および、手工業用燃料として広く使われていた[17]。そのばあい、石炭は燃焼に伴う悪臭や煤煙を木材よりも多量に出して大気汚染を深刻化させ、また、暖炉や竈(かまど)で使われると、それらの給排気装

---

(16) 需要(消費)増加と供給不足が木材価格の高騰を惹き起こすことは言うまでも無いことであり、薪の価格も、すでに1280年からの50年間に50パーセント上昇し、1540年からの100年間には、他の商品の価格上昇が291パーセントであるのに対して、780パーセントも上昇している。John Hatcher, *The History of the British Coal Industry*, vol. 1, Before 1700: Towards the Age of Coal, Oxford 1993, p. 21; Nef, *The Rise of the British Coal Industry*, vol. 1, p. 158.

(17) Jochim Varchmin, Kohle: Totes Gestein mit lebendigen Wirkungen, in: idem und Radkau, *Kraft, Energie und Arbeit*, S. 78-83; Te Brake, Air Pollution and Fuel Crises in Preindustrial London, pp. 337-358.

置の不備不良が家屋内における健康被害の原因となっていた。だが、木材よりも廉価であるがゆえに使われつづけ、さらに、生活に快適さを求める世相に応じて、15世紀後半からは改良された暖炉が次第に普及する[18]ことで、石炭利用も増えていった。そして、16世紀半ば（宗教改革期）以来、石炭等鉱物資源の所有権が教会から国王へ移されていくと、それによって、石炭の商業利用が容易になって加速され[19]、"石炭時代"への道が開かれてくる。「石炭がここブリテン島では一般的な燃料になっている。」ジョン・ストー（John Stow）創刊の『年代記（Annales）』（ロンドン）には早くも1612年の項目に斯く記されている[20]が、イギリス国家石炭委員会支援の詳細な研究（『イギリス石炭鉱業史』全5巻1984-1993年）の結果によっても、17世紀後半には、石炭は熱エネルギー資源として木材よりも遥かに多量使われており、イギリスの熱エネルギーの大部分は石炭によって賄われていたと見られている[21]。

　その後、18世紀後半には、イギリスはニューカースルの鉱山を中心に大規模に石炭を採掘し、消費するようになり、"石炭時代"に突入していった。この時期の50年間には人口は約2倍に増加し、また、都市化と工業化も進展していった。だから、石炭に対する需要も家庭と工場の双方から大きくならざるを得ないが、とくに、1人当たりの消費量と鉄鋼業の消費量が肥大化していることが注目に値する。いま、1人当たりの石炭消費量について、1700年と1830年を較べると、1700年の0.5トン弱から130年後には約2.0トンへと4倍に増大し、この間の人口増加の2.5倍以上に増えている[22]。そして、鉄鋼業における消費量は18世紀半ばからの50年間で90倍に増大し、その後の30年間でも、さらに3倍以

---

(18) Ibid.; Hatcher, *The History of the British Coal Industry*, vol. 1, pp. 409-418.

(19) Nef, *The Rise of the British Coal Industry*, vol. 1, pp. 133-156.

(20) *Annales*, 1612, cited in: Hatcher, *The History of the British Coal Industry*, vol. 1, p. 5.

(21) *Ibid.*, p. 549.

(22) Michael W. Flinn (with the Assistance of David Stoker), *The History of the British Coal Industry*, vol. 2, 1700-1930: The Industrial Revolution, Oxford 1984, pp. 28, 448, 456.

表1-3 イギリスにおける石炭推計消費量と消費分野別の割合 1700-1830年

単位 1,000トン

年 消費分野	1700 消費量	%	1750 消費量	%	1775 消費量	%	1800 消費量	%	1830 消費量	%
輸出										
アイルランド	40	1.3	100	1.9	190	2.1	400	2.7	750	2.5
他	100	3.4	300	5.7	230	2.6	100	0.7	500	1.6
工業										
鉄鋼	−	−	20	0.4	200	2.3	1,800	12	5,635	18.6
銅	30	1.0	50	1.0	80	0.9	150	1.0	240	0.8
塩	250	8.4	300	5.7	310	3.5	325	2.2	350	1.2
ガス	−	−	−	−	−	−	−	−	500	1.6
他	890	29.8	1,700	32.5	3,160	35.7	5,315	35.3	7,250	23.9
その他										
採炭所	55	1.8	130	2.5	250	2.8	560	3.7	1,500	4.9
粉炭	200	5.7	410	7.8	670	7.6	1,045	6.9	2,150	7.0
家庭	1,420	47.6	2,220	42.5	3,760	42.5	5,350	35.5	11,500	37.9
合計	2,985		5,230		8,850		15,045		30,375	

上増えている（表1-3を参照）[23]。これは、鉄鋼業における熔解・鍛造の工程が18世紀半ばまではほとんど木炭を使って行われ、石炭は使われていなかったのに対して、同世紀の後半からは、そのような工程でも、石炭が主要な熱エネルギー資源になったためである[24]。かかる情況から判断するならば、したがって、紛れも無く、イギリスは18世紀末に石炭を多用する"石炭時代"に入ったと言えるであろう。

　イギリスにおける18世紀から19世紀初めの石炭消費量急増が新技術の開発応用に負っていたことは、論を俟たない。先の『イギリス石炭鉱業史』にも、産業

---

(23) *Ibid*., p. 252.

(24) *Ibid*., pp. 239-241.

界における石炭消費増加の主要要因として、鉄鋼業・ガス工業における消費量増大とともに蒸気機関の出現が記されている[25]。

ここで、新技術の代表的な事例に幾分触れておこう[26]。この点で、画期的な進展は蒸気の力（蒸気圧）の力学エネルギー的利用であり、それはトマス・セイヴァリィ（Thomas Savery）が17世紀末に気圧と蒸気圧を利用するポンプを考案したことで始まった。翌世紀初めには、次いで、トマス・ニューカメン（Thomas Newcomen）がセイヴァリィの原理を応用して実用的な蒸気ポンプを製作し、採炭現場に導入した（1712年）が、それは採炭作業の容易化・拡大化と低コスト化の端緒となっている。当時、石炭採掘の大問題のひとつは、坑内水の排出（排水）であり、その解決策が見出されないかぎり、採炭量の増大も見込めなかった。だが、蒸気ポンプは従来からの風力・水力・馬力（ばりょく）に拠るよりも排水力に優れていたから、坑内作業は容易化され、地下深い炭層（イギリスの埋蔵石炭は大部分地下深くにあった）まで掘りすすみ得るようになる。また、当時、最大の排水用駆動力源であった馬力（ばりょく）よりも低コストで使えたため、さまざまな難点がありながらも、蒸気ポンプの利用は広がっていった。

他方、17世紀末のドゥニ・パパン（Denis Papin）やセイヴァリィに始まる蒸気機関構想も18世紀後半にジェイムズ・ワット（James Watt）によって実用化され、その用途も坑内水の排水以外にも坑外への石炭搬出や坑内換気に使われるとともに、繊維工業のような他の産業でも、当初は大規模工場に限られながらも、徐々に駆動力源として使われるようになっていった。さらに、19世紀に入ると、蒸気機関が蒸気機関車・蒸気船の駆動力源に使われたことは重大な意味をもっている。そのような運輸手段の登場は石炭等物資の大量輸送を容易化するし、鉱山から遠隔の地に建つ工場でも石炭利用を可能にするからである。すなわち、自然エネルギー利用のばあいには不可避な立地制約からの完全な解放である。それゆえに、イギリスにおける石炭消費量は、19世紀に入ると、ガス灯が普及して石炭ガスが燃料に使われることも加わって、増加しつづけていった（図

---

(25) *Ibid.*, pp. 239-247.

(26) 以下、詳細については、*Ibid.*, chapters 3-5, 7; Varchmin, Kohle, S. 83-126.

図 1-1　イギリスにおける石炭推計産出高　1830-1913 年　　　単位　1,000 トン

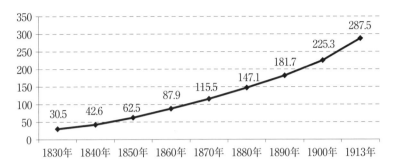

1-1 を参照)(27)。そして、イギリス同様の主要エネルギー資源の転換過程、"木材から石炭へ"の転換過程は、各国で木材の不足が進行するとともに順次辿られる（表 1-4 を参照）(28) から、世紀転換期には世界的な"石炭時代"が到来することになった。ある研究によると、世界全体の一次エネルギー需要は 1850 年には未だ 90 パーセント弱が「伝統的な再生可能エネルギー資源」で賄われ、石炭が占める割合は 10 パーセント強にとどまっていたが、19 世紀後半のあいだに両者の割合は次第に接近し、遂に同世紀末には石炭の割合が上回り、第一次世界大戦直前には、石炭はエネルギー需要の約 3 分の 2 を賄うまでにいたっている(29)。

---

(27) Roy Church (with the Assistance of Alan Hall and John Kanefsky), *The History of the British Coal Industry*, vol. 3, 1830-1913: Victorian Pre-eminence, Oxford 1986, p. 86 より筆者作成。

(28) *Ibid.*, p. 773 より筆者作成。イギリス以外の国における主要エネルギー資源の転換については、たとえば、ドイツのばあい、工業化が始まっても、19 世紀半ばまで力学エネルギー資源としては主に水力が、そして、主要な燃料としては木材と木炭が使われていたという指摘がある。Joachim Radkau, *Technik in Deutschland. Vom 18. Jahrhundert bis zur Gegenwart*, Frankfurt am Main 1989, S. 59.

(29) Nebojša Nakićenović, Arnulf Grübler, and Alan McDonald, *Global Energy Perspectives*, Cambridge 1998, pp. 12, 13, fig. 3.1. エネルギー・環境問題にかんする論考のばあい、よく参照されるヴァクラフ・スミルの研究においても、類似の

表1-4　主要石炭産出国における推計産出高　1830-1913年　　　　　単位　100万トン

年 \ 国	イギリス	アメリカ	フランス	ドイツ	ベルギー	ロシア	オーストリア
1830	30.5	0.8	1.8	1.8	2.3		0.2
1840	42.6	2.2	3.0	3.8	3.9		0.5
1850	62.5	7.5	4.4	6.8	5.7		0.9
1860	87.9	17.9	8.2	16.5	9.5	0.3	3.6
1870	115.5	36.1	13.1	33.5	13.5	0.7	8.2
1880	147.1	70.9	19.1	58.2	16.6	3.2	15.9
1890	181.7	140.9	25.7	87.8	20.0	5.9	27.1
1900	225.3	240.8	32.9	147.2	23.1	15.9	38.4
1913	287.4	508.9	40.2	273.0	24.0	35.5	53.3

（※）フランス、ドイツ、ロシア、オーストリアの数値は褐炭を含む

第2項　石油の時代

　このように、"石炭時代"の現出は従来の主要エネルギー資源（木材）の供給不足と価格高騰によって準備され、新技術の開発と応用によって促進されたが、すでに19世紀後半には"石炭時代"に変容をもたらす萌芽が技術的なレヴェルにおいて生まれていた。

　石炭の消費量増加過程を想起するならば、石炭は当初の加熱用のエネルギー資源から蒸気機関の燃料となって消費量を急増させていたが、同様に、新技術として発電機や内燃機関が登場すると、なかんずく、内燃機関が自動車をはじめとする輸送機関に駆動力源として搭載されるようになると、石油の消費量が急増することになる。

　知られるように、石油工業の黎明はアメリカ合衆国のペンシルヴァニア州タイ

傾向が指摘されている。Vaclav Smil, *Energy Transitions. History, Requirements, Prospects,* Santa Barbara 2010, p. 155, Appendix.

表1-5 世界の燃料別二酸化炭素（CO_2）推計排出量　1860-1913年

単位　100万メートルトン炭素（*）

燃料＼年	1860	1865	1870	1875	1880	1885 (**)	1890	1895	1900	1913 (**)
全体	91	119	147	188	236	277	356	406	534	943
固体燃料	91	119	146	187	233	273	345	393	515	895
液体燃料	0	0	1	1	3	4	8	11	16	41
ガス	0	0	0	0	0	1	3	2	3	8

（*）この単位に3.667を乗ずると、二酸化炭素（CO_2）量になる。
（**）この年の三つの燃料別推計排出量を合計すると、全体排出量に合わないが、統計資料のママである。

タスヴィルで多量の石油埋蔵鉱床が発見された（1859年）ときに告げられるが、当初の主な用途は灯火燃料（石油ランプ）であり、それも、小都市や農村地方で用いられるにとどまっており、大都市ではガス灯が主であった。その後、石油ランプの世界的な普及、そして、潤滑油や洗剤といった石油精製製品の利用拡大もあって、アメリカ国内の石油産出高は急増している[30]。それでも、しかし、20世紀の初めまでは、世界全体を見るならば、石油消費量は比較的低度なレヴェルにとどまっており、石炭が主要なエネルギー資源でありつづけていた。当時、未だ"石炭時代"に有意味な変容が生じていなかったことは、今日、アメリカ・エネルギー省のオークリジ国立研究所が発表する世界の燃料別二酸化炭素（CO_2）推計排出量統計からも読み取れる（表1-5を参照）[31]。

---

(30) アメリカ国内における石油産出高は、1859年には僅か2,000バレル（1バレル＝42ガロン）であったが、その後、約562万バレル（1870年）から約2,629万バレル（1880年）へ増加し、さらに、約4,582万バレル（1890年）から約6,362万バレル（1900年）へと40年ほどのあいだに3万倍以上に増加した。Charles A. Whiteshot, *The Oil-Well Driller, A History of the World's Greatest Enterprise, the Oil Industry,* Mannington 1905, pp. 800-801.

(31) Oak Ridge National Laboratory, Global CO^2 Emissions from Fossil-Fuel Burning, Cement Manufacture, and Gas Flaring: 1751-2009, < http://cdiac.ornl.gov/ftp/ndp030/global.1751_2009.ems >.

表1-6　アメリカと欧州における登録自動車台数　1900-1938年　　　単位　1,000台

国＼年	1900	1905	1913	1930	1938
アメリカ	8	79	1,258	26,532	29,443
欧州全体	-	-	-	5,812	8,381
イギリス	-	32	208	1,524	2,422
フランス	-	22	125	1,460	2,252
ドイツ	-	27	93	679	1,816

表1-7　世界の石油燃料船舶　1914-1922年

国＼年	1914		1920		1922	
	隻数	トン数	隻数	トン数	隻数	トン数
アメリカ	237	656,364	1,326	6,059,273	1,790	8,857,087
イギリス	121	558,743	338	1,822,444	601	3,460,428
オランダ	42	90,632	92	250,460	153	592,578
フランス	4	15,388	21	73,836	57	245,761
イタリア	3	2,092	33	106,471	56	192,256
ノルウェイ	7	33,963	97	338,737	175	668,819
世界	501	1,721,747	2,021	9,039,247	3,110	15,004,543

　19世紀後半に、だが、ジャン・J・E・ルノアール（Jean J. E. Lenoir）のガスモーター開発（1860年）を嚆矢に種々の内燃機関の研究開発がすすめられ、それが実用化される20世紀に入るとともに、石油をめぐる情況は大きく変わってくる。アメリカでT型フォード車の生産が開始され（1908年）、その後、欧州でも自動車が普及しはじめてき（表1-6を参照）[32]、さらに、石油燃料の船舶が急増する（表1-7を参照）[33]という"輸送の動力化（モータリゼイション）"が進行するや、石油精製製品のガソリンは自動車・船舶燃料としてエネルギー市場で枢要な位置を占めるようになってきた。

---

(32) Debeir, Deléage and Hémery, *In the Servitude of Power*, p. 125.

(33) Lewis J. Perelman, August W. Giebelhaus, and Michael D. Yokell (eds.), *Energy Transitions. Long-Term Perspectives*, Boulder 1981, p. 21, Table 5.

また、ヴェルナー・ジーメンス（Werner Siemens）等による発電機の研究開発は、石油利用の拡大だけではなく、エネルギー全体の消費量増大をもたらすことになる。電力という二次エネルギーも、当初は、その主要な用途は石油と同様に灯火（ランプ）用であったが、19世紀後半の発電所建設と電気モーターの実用化とともに電力需要は増大し、同時に、発電用の主要資源も次第に水力から化石燃料（石炭・褐炭や石油や天然ガス）へ移っていった。資料不在のため、19世紀末から20世紀初めの統計資料を示すことはできないが、国際連合（国連）が発表する1929年からの「世界エネルギー統計」を見るならば、20世紀前半のあいだに、世界の商用エネルギー資源（市場取引の対象となるエネルギー資源であり、総エネルギー資源より幾分少ない）の消費量に占める液体燃料（石油）の割合は次第に増大し、1950年には固体燃料（石炭・褐炭）の62.3パーセントに対して25.2パーセントに達している（図1-2を参照）[34]）。かかる石油多用化の傾向は、とくに、アメリカ合衆国で顕著であり、同国では、すでに1905年に石油消費量は石炭消費量の6パーセントに達し、1915年には10パーセントを越えている[35]。その後、国連統計を見るならば、アメリカのエネルギー消費量に占める液体燃料（石油）の割合は、1937年に、固体燃料（石炭・褐炭）がエネルギー消費量に占める割合の44.9パーセントに達しており、1950年には固

---

(34) Statistical Office of the United Nations, Department of Economic Affairs, *Statistical Papers,* Series J, no. 1, World Energy Supplies in Selected Years 1929-1950, New York 1952, pp. 42, 58-59 より筆者作成。

　　なお、ここで、国連の「世界エネルギー統計」におけるエネルギー消費量について触れておくと、それは、"国内で生産され消費される一次エネルギー資源＋（プラス）一次・二次エネルギー資源の純輸入－（マイナス）一次・二次エネルギー資源の純貯蓄"として算出されるエネルギー資源の見かけ上の消費（apparent consumption）量を指している。また、液体燃料のばあいには、精製品の国内生産量と純輸入量から備蓄用に回される分を差し引いた量の消費を意味している。各国の消費量としては、海外輸漕に使われる量は除かれる。*Ibid.,* pp. 105, 106.

(35) Cf. Sam Schurr and Bruce Netschert, *Energy in the American Economy, 1850-1975,* Baltimore 1960, p. 36, 145.

図1-2 世界とアメリカと欧州の商用エネルギー消費量 1929-1950年

単位 100万メートルトン石炭換算

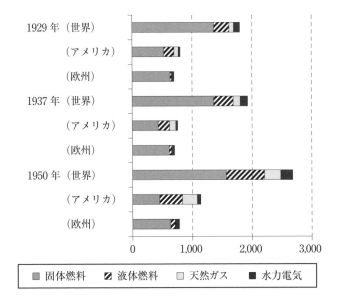

体燃料割合いの84.7パーセントまで接近して、エネルギー消費量全体の33.5パーセントに達している（図1-2を参照）。したがって、アメリカのばあい、石油が石炭に並ぶ重要なエネルギー源の位置を占める"石炭・石油時代"に早くも20世紀前半に入りつつあったと言えるが、その後、1952年には、同国は液体燃料のエネルギー消費量が固体燃料のそれを上回る"石油時代"に突入することになっていった[36]。

アメリカ合衆国が逸早く辿った道は、第二次世界大戦後の世界が歩む道であり、各国とも早晩"石油時代"に向かうことになる。事実、国連の統計によると、世界のエネルギー消費量に占める固体燃料（石炭・褐炭）と液体燃料（石

---

(36) Statistical Office of the United Nations, Department of Economic Affairs, *Statistical Papers*, Series J, no. 2, World Energy Supplies 1951-1954, New York 1957, p. 38. 因みに、ラテンアメリカ諸国のばあいには、"石炭時代"は事実上存在せず、一足飛びに"石油時代"に入っている。*Ibid.*, Series J, no. 1, p. 34.

図 1-3　世界のエネルギー消費量　1950-1973 年　　単位　100 万メートルトン石炭換算

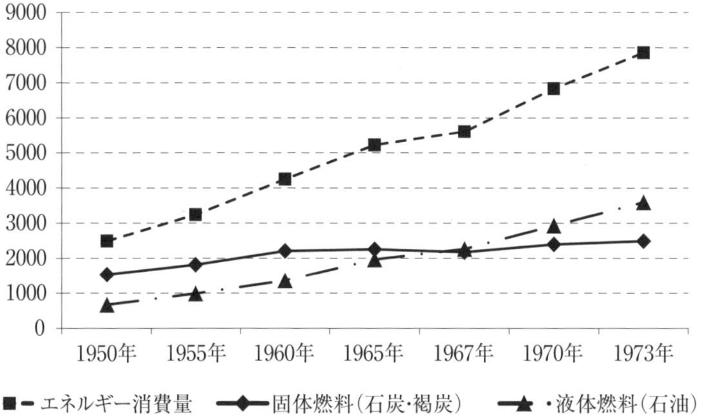

- ■ エネルギー消費量　　◆ 固体燃料（石炭・褐炭）　　▲ 液体燃料（石油）

油）それぞれの割合いは、1960 年には 52.0 パーセント対 32.1 パーセントになり、1967 年に初めて液体燃料の割合いは固体燃料のそれを上回ったが、1973 年には固体燃料が 31.7 パーセントで液体燃料は 45.8 パーセントというように液体燃料中心に変わっている（図 1-3 を参照）[37]。また、電力生産における利用資源割合いを見ても、国際エネルギー機構（IEA）の統計によると、1973 年には、石炭・褐炭の 38.3 パーセントに対して石油利用は 24.7 パーセントに増大している[38]。まさしく"石油時代"の黎明が告げられている。このような主要エネルギー資源の転換理由について、イギリス炭鉱業の盛衰を分析した『イギリス石炭鉱業史』は極めて簡潔に「費用、ないしは、使いやすさの点で勝るもの」が使われると説明した[39]が、"経済性"や"利便性"はエネルギーの生産者と消費者双方から最重要と見なされる面を指摘する点で、正鵠を射た説明である。

(37) *Ibid.*, Series J, no. 20, World Energy Supplies 1971-1975, New York 1977, p. 3 より筆者作成。

(38) International Energy Agency, *Key World Energy Statistics 2008*, p. 24.

(39) William Ashworth (with the Assistance of Mark Pegg), *The History of the British Coal Industry,* vol. 5, 1946-1982: The Nationalized Industry, Oxford 1986, p. 39.

第3節　原子力の時代

原子力の発電利用は、それに対して、石油が選好されたような合理性に基づく選択ではない。石油は廉価な市場価格[40]のゆえに電力事業者に選好されたが、そのような比較優位説は原子力には当てはまらない。いずれの国にあっても、原子力事業は政府の思惑で、それも、しばしば軍事利用目的を含む経済外的な観点から計画着手され、かつ、日本の『原子力白書』第1号にも「原子力開発の規模と速度を定めるには、国家予算が大きな役割［り］を果たしている」[41]と記されたごとく、政府が手厚い資金支援を与えながら育成していくほかなかった。そのような政府支援の結果として、先進諸国グループの経済協力開発機構（OECD）加盟諸国においては、1960年代後半からの10年間に多数の原発が発注され建設され始めたが、1970年代半ばからは新規原発の発注数は大きく減少し（図1-4を参照）[42]、それに応じて、原子力が電力生産量に占める割合は1980年代後半に20パーセント台に達するも、1990年代半ば以降からは停滞してしまう。しかも、この間に、1973-1974年の"石油価格ショック"を機に原発増設に突きすすむ国もあり[43]、また、1990年代半ばには、韓国や東欧諸国等原発

---

(40) 世界的に石油消費量が増大し、石炭・褐炭のそれを上回る1960年代、国際市場における石油価格は英米系の多国籍企業7社、いわゆる「7姉妹」（アメリカのエクソン、テクサコ、モービル、ガルフ、スタンダード石油カリフォルニア5社とロイヤルダッチシェル、および、ブリティッシュ石油の計7社）によってほぼ決定され得たため、石油価格は1970年代初めまで低い水準に保たれた。ブリティッシュ石油の統計によれば、1961年から1970年の石油価格は1.80ドル／バレルで不変であった。Reiche, Geschichte der Energie, in: idem(Hrsg.), *Grundlagen der Energiepolitik*, S. 18; Crude Oil Prices 1861-2010, in: BP Statistical Review of World Energy June 2011.

(41) 原子力委員会編『原子力白書』第1号、1957年、23頁。

(42) International Energy Agency, *World Energy Outlook 1982*, Paris 1982, p. 332.

(43) 日本では、"石油価格ショック"は石油供給危機を意味するかのような"石油危機"と言い換えられ、石油輸入量の激減が生じたかのごとく喧伝されて、それ

図1-4 発注ないし発注意思表示された原子炉の基数　1965-1981年

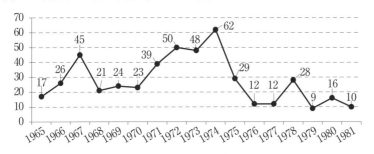

依存割合いの大きい諸国がOECDに新規加盟しているが、それによっても、事

ゆえの原子力利用拡大不可避論が主張されていた。たとえば、1973年12月10日、通商産業省は翌年第1四半期の石油輸入量は「当初計画の26パーセント以上の削減になる」という見通しを発表した。『朝日新聞』（朝刊）、1973年12月11日。そして、その翌日、国会（参議院予算委員会）では、田中角栄首相が、「石油問題がここまできたら、原子力発電というものがどんなに必要であるかという必要性に対しては、もう議論の余地がないところに至ったわけでございます。でありますから、原子力発電所はやらなければならないということでございます」と宣言している。かかる宣言は、このとき、原発建設推進という政府方針があるにもかかわらず、原発の安全性に不安を覚える建設地地域住民に原発受け容れの「メリットらしいメリットがほとんど与えられていない」がゆえに原発建設が予定通り進捗しないと指摘して、原発建設遅滞の問題を質した自民党議員、福井市の建設会社熊谷組会長であった熊谷太三郎議員に対する答弁のなかで行われており、田中首相は、原発建設推進のためには「安全性に対する政府責任」や「スピーディに許認可を与える」という問題もあるが、「最終的にはやっぱり地元にメリットを与えなきゃなりません」と結んでいる。参議院予算委員会議録、第72回第2号、昭和48年12月11日、148、153、154、160、165頁。これにより、翌年06月の「電源三法」成立へいたる歩みがはじまった。現実には、だが、国連統計によるならば、日本の石油輸入量の激減は生じていなかった。1973年は1970年代の日本の石油輸入量最高の年であり、翌年も前年輸入量の94.9パーセントが輸入されている。また、この時期最も石油輸入量が少なかった1975年にも、1973年の88.9パーセントの石油が輸入されている。Statistical Office of the United Nations, Department of Economic Affairs, *Statistical*

図1-5　OECD加盟諸国の電力生産量に占める原子力発電の割合い　1965-2010年

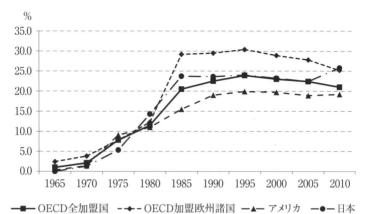

態に変化が生じることはなく、逆に、OECD加盟諸国の電力生産量に占める原発割合いは低下しつつある（図1-5を参照）[44]。

国際原子力機構（IAEA）が説明するところ、1970年代半ばからの原発発注・建設数の減少原因は「1973-1974年の石油価格上昇による景気後退で電力需要が停滞した」ことに帰されることになる。[45] だが、電力需要の停滞はほんの一時的であり、1970年代後半からは電力生産量は再び増大し、原子力発電量自体も増大の一途を辿っていた。したがって、原発発注・建設数の減少原因は他に求められなければならないであろう。「あらゆる問題のなかで最も重要なことは、フランス・ドイツ・日本では成功しているのに、何故、アメリカでは失敗したかである。」1985年02月、アメリカの経済誌『フォーブズ』誌上で同誌編集主幹ジェイムズ・クックは「アメリカでは短期的にも長期的にも原発は死滅した」と

　　　　Papers, Series J, no. 22, World Energy Supplies 1973-1978, New York 1979, p. 142. したがって、"石油価格ショック"は原発拡大不可避論の論拠となるものではなく、それを好機ととらえた人びとによって原発拡大に利用された面があると言わなければならない。

(44)　International Energy Agency, *Energie Statistics of OECD countries 1960-1979,* Paris 1980, および、同書各年版より筆者作成。

(45)　Idem, *World Energy Outlook 1982,* p. 332.

判断し、その原因を探ろうとした[46]。事実、アメリカでは、1973年秋以降、原発が発注され、かつ、完成にいたった例(ためし)はない[47]。かかる事態の原因は、クックが説明するところ、建設費高騰という情況に多くの原子力事業者が適切に対処し得なかった点にあるが、建設費高騰は、ひとつには、原発反対運動のために建設に要する年月が長期化する結果であり、もうひとつには、原発安全性基準が次第に強化されること、取り分け、大きな原発事故発生後の大幅な安全性基準強化の結果である。クックによると、アメリカ原子力産業フォーラム（AIF）会長カール・ウォルスク（Carl Walske）は「スリーマイル島［原発事故］後、［安全性基準にかんする］政策策定の秤(はかり)は事業者側から規制当局側に急速に傾いた」と嘆いたようであるが、このような規制強化が原発建設年月を長期化させるとともに、建設費高騰を惹き起こしている。図式化するならば、原発反対運動＋（プラス）原発安全性基準強化 → 原発建設年月長期化 → 建設費高騰となり、原発は建設費と投資危険度合いの点で最早化石燃料発電所と競い得なくなり、事業者も投資者も原発建設に消極的にならざるを得ないわけである。それゆえに、クックが結論するところ、もしも、アメリカでフランス流の原発建設プロセス、すなわち、政府が原発を設計建設し、調達備品価格統制さえ行いながら、原発建設計画開始後は国民的な関与を許さないシステムが可能であるならば、アメリカでも原発発注が中途撤回されることもなく、建設がすすみ得る。だが、クックが見るところ、「アメリカのような開かれた社会」では、そう出来るかは疑わしい[48]。

　ジェイムズ・クックの説明からは、原発事業の構造的な特質、すなわち、経済的には国家主導下の閉鎖的な独占市場でのみ原発事業は円滑に運営されるという特質が明らかになるが、他にも明らかになるところ、原発反対運動の展開と原発安全性基準の強化によって原発事業は制約され得ることになる。その点で、原発事業が閉鎖的な独占市場ですすめられる諸国では、安全性基準の強化もさほど原発事業を制約することにならないが、欧州諸国では、アメリカに次いで原発反対

---

(46)　James Cook, Nuclear Follies, in: *Forbes*, 11. 02. 1985, pp. 82-83.

(47)　Schneider, Thomas, Froggatt, and Koplow, The World Nuclear Industry Status Report 2009, pp. 91-92.

(48)　Cook, Nuclear Follies, pp. 83-100.

運動が大きくなっており、その結果、「脱原発」に踏み切る国も現れた。「大部分の国民が工業で生計を立てる国において、工場経営者層やテクノクラート層や進歩主義者たちには産業革命前の機械打ち毀し時代へ逆戻りと思える決定が、史上初めて下された。」[49] ドイツの週刊誌『シュピーゲル』は、1978年11月、オーストリアの原発国民投票結果をこのように報じたが、ここに、「脱原発」の嚆矢が射られている。この当時、オーストリアでは、強力な政権基盤を誇るブルーノ・クライスキ（Bruno Kreisky）首班社会民主党（SPÖ）政府が建設済み原発1基の稼働を開始しようとし、それを国民投票で国民に支持させることで原子力利用に弾みをつけようと考えていた。しかし、政府の意に反し、国民多数は環境保全、および、原発の軍事転用可能性排除の観点から反対した[50] ために、オーストリアでは原子力の発電利用は未完の計画に終わっている。

　オーストリアと同様に、イタリア国民も国民投票を梃子にしてチェルノブイリ原発事故を契機に「脱原発」を実現していた。チェルノブイリの原発事故はソ連邦外の地にも広範囲な放射能汚染を惹き起こすことで欧州各国民に大きな不安を覚えさせたが、イタリアでも原発反対気運は増幅され、環境保全の観点から「脱原発」を求める運動が大きくなった。その結果、まずは、国民投票で政府の原発増設計画が否定され、さらに、国民投票実施を受け容れた政府の思惑、原発増設を断念することで原発反対運動を躱そうとする思惑に反することには、既存原発自体も全廃される事態にまですすんでいる[51]。

---

(49) Sieg der Fackeln über das Atomzeitalter, in: *Der Spiegel,* Jg. 32, H. 45, 10. 11. 1978, S. 118.

(50) Bundesministerium für Inneres, Wahlen, Ergebnisse bisheriger Volksabstimmung, < http://www.bmi.gv.at/cms/BMI_wahlen/Volksabstimmung/Ergebnisse.aspx >; Stiftung Bruno Kreisky Archiv, Neue soziale Bewegungen, Anti-Zwentendorfbewegung, < http://www.erinnerungsort.at/thema7/u_thema1.htm >.

(51) さしあたり、Mycle Schneider and Antony Froggatt et al., The World Nuclear Industry Status Report 1992, p. 7; Netzwerk Regenbogen, Der italienische Atom-Ausstieg, < http://netzwerk-regenbogen.de/akwit2071108.html >.

これら両国と較べると、他方、デンマークのばあいは情況が異なった。デンマークでは、国内に原発は存在しなかったが、首都コペンハーゲン眼前に隣国スウェーデンの原発があるゆえに、早くから原発をめぐる論議が行われている。その後、だが、デンマークにおいても、"石油価格ショック"を機に電力会社は原発建設着手を企図したため、原発論議に加わる人びとはいっそう増加して、大衆的な原発反対運動の情報センターが組織され、かつ、原発建設を不必要化するように、国内では、風力発電導入も同時に進展した。かかる輿論情況を配慮してか、政府は原発導入を支持しながらも電力会社の原発建設計画に同意せず、その代わり、国民各層の原発論議展開を支援する道を選んでいる。その結果、原子力発電利用の利点とともに、大きな原発事故の危険度合いや環境保全の問題をめぐって 10 年以上に亙る原発論議が行われ、けっきょくは、1985 年 02 月、立法議会（一院制の議会）が原子力の発電利用不認可を決議した[52]ことで原発論議は決着する。だからして、デンマークの原子力発電計画は実験炉建設の段階で終結した。

このように、原子力の発電利用に対する反対運動の展開は原発事業の拡大を制約し得るが、その波及効果として、風力や太陽光等再生可能エネルギー資源の利用拡大が代替エネルギー源として促進されることになる。事実、デンマークのみならず、イタリアにおいても再生可能資源による発電量は 1990 年（38,410GWh）に対して 2011 年（88,009GWh）には 2.3 倍に達しており、発電総量に占める割合も同期間に 17.7 パーセントから 29.1 パーセントに増加している[53]。しかも、このような再生可能資源の発電利用増大は「脱原発国」に限られるものではない。それは OECD 加盟の欧州・米州諸国全体に当てはまる傾向であり、再生可能資源による発電総量は OECD 加盟欧州諸国では 2010 年以降原子力利用のそれを上回り、米州諸国でも 2011 年以来同様である[54]。したがって、エネルギーの歴史は、いまや、先進国においても[55]化石燃料時代から化石燃料・原子力の

---

(52) Sørensen, *A History of Energy*, pp. 393-410, 462-474.

(53) Cf. International Energy Agency, *Energy Statistics of OECD Countries*, 2013 edition, Paris 2013, p. II.343.

(54) Cf. *Ibid.*, pp. II.323, II.325.

併用時代を経て再生可能資源中心へいたる道に踏み出しつつあると言える。では、このような歩みはますます加速され、さらには、原子力の発電利用放棄に辿り着くのであろうか。それはひじょうに興味深いことであり、地球環境にとって極めて重要な問題であるが、詰まるところ、原発の将来は人びとの原発にかんする認識と判断に掛かっている。原子力利用の危険性と経済性、および、環境に対する原子力の影響をどのように認識し、そして、再生可能資源利用拡大の可能性を如何に判断するかに掛かっている。

いま、この点にかんする国際的な見解の変遷を見てみると、かつて、世界の人口も経済成長もエネルギー消費量も急速に増大しつづける1972年、国連人間環境会議（ストックホルム人間環境会議）非公式報告書は、「化石燃料供給が縮減するなかで世界の大量の将来電力需要を満たすためには、最も近い将来の代替エネルギー源はさまざまな型式の原子力であろう」と語りながら、原子力利用の必要性を認めていた。それでも、だが、同報告書は「宇宙に存在する最大のエネルギーを弄ぶ」原子力利用の危険度合いの大きさと原発安全確保の不確かさを考えて、「原子力利用の拡大に大きな関心をもつ人びとに原発安全性基準を定めさせてはならない」と警告しながら、根本的な問題提起を行っている。「原子力は［人間と環境に対する］危険を冒してまで開発するに値するであろうか。」[56]

その後、スリーマイル島原発事故を経験した後の国際的な開発問題報告書（「ブラント委員会報告書」）（1980年公表）では、20世紀のあいだは、枯渇し得る化石燃料にエネルギー源を頼らざるを得ないとしても、21世紀には「二つの無尽蔵なエネルギー源」、再生可能エネルギー資源の利用と新型式の原子力利用

---

(55) 途上国においては、従来から水力や地熱等再生可能エネルギー資源利用による発電割合いが大きく、原発の割合いは極めて小さい。

(56) Barbara Ward and René Dubos, *Only One Earth. The Care and Maintenance of a Small Planet,* New York 1972, pp. 129, 134, 135. バーバラ・ウォード／ルネ・デュボス『かけがえのない地球　人類が生き残るための戦い』、曽田長宗／坂本藤良監修、人類環境ワーキング・グループ／環境科学研究所共訳、日本総合出版機構1972年、202、209、210-211頁。この非公式報告書は国連人間環境会議事務局長の委託を受けて書かれている。

(すなわち、増殖炉と核融合)の時代へ転換しなければならないと主張されていた[57]。

このような再生可能資源＋(プラス)増殖炉と核融合という世界的な将来エネルギー構想も、だが、それから数年後の報告書においては、原子力利用にかんする部分は直ちにトーンダウンされている。「もしも、原子力発電が正当化され得るとするならば、それは今日原発が惹き起こしている未解決の問題に確固たる解決策が存在するばあいのみである。」[58]国連決議に基づいて1984年に設けられ、環境と開発問題を検討していた国際的な委員会(「ブルントラント委員会」)は、このように、チェルノブイリ原発事故の翌年に公表された報告書で、原発の危険性にいっそう大きな関心を払うよう各国政府に勧告している。それゆえに、最優先の課題は、「ブルントラント委員会報告書」が言うところ、ひとつには、原発の安全性強化であり、そのためには、国際的な原発規制体制を確立し、先の国連人間環境会議非公式報告書も指摘したごとく、原子炉査察の役割りを原子力推進の国際原子力機構(IAEA)から完全に分離しなければならない。

だが、原発安全の確保は、すでに「ブラント委員会報告書」も指摘していた[59]ことであるが、原子力の発電利用が多種多様な未解決の問題群をかかえつづけているがゆえに、容易ではない。むしろ、「ブルントラント委員会報告書」が主張するところ、「環境的に妥当であり、経済的に持続できる(viable)代替エネルギー源を研究開発することに最優先順位が与えられるべきであり」、かかる観点に立つならば、もうひとつの勧告は再生可能エネルギーの研究開発に全力で取り掛かるべきであるとなる。「再生可能エネルギーは、世界各地のいたると

---

(57) *North-South: A Programme for Survival. The Report of the Independent Commission on International Development Issues,* London 1980, p. 166.『南と北　生存のための戦略　ブラント委員会報告』、森治樹監訳、日本経済新聞社1980年、215頁。

(58) World Commission on Environment and Development, *Our Common Future,* Oxford 1987, p. 189. 環境と開発に関する世界委員会『地球の未来を守るために』、大来佐武郎監修、福武書店1987年、231頁。

(59) *North-South,* pp. 166-168.『南と北』、216-217頁。

ころにおいて、膨大な一次エネルギーを供給する潜在力を有しており、それは永遠に持続され、さらに、それは［先進国途上国を問わず］あらゆる国々で［太陽光・風力等］さまざまな形式で利用可能である。」しかも、独占的な電力市場で従来からのエネルギー資源利用に有利になるよう制度化された「差別的な価格政策」が正されるならば、再生可能エネルギーは、価格についても充分に他資源と競争し得るものである。それゆえに、「ブルントラント委員会報告書」は「再生可能エネルギーの潜在力活用に全力を傾けるべきである」と各国政府に勧告し、「再生可能エネルギーを21世紀の世界エネルギー体系の基盤とするべきである」という21世紀のエネルギー構想を提示している[60]。

　以上のようなエネルギーの歴史と国際的なエネルギー政策構想史を踏まえるならば、21世紀に入っている今日、増殖炉は未だ実用化の目処が立たないのみならず、先進諸国では事実上すでに放棄され、核融合技術成功の見通しも全く立っていない以上、しかも、人類は東京電力福島第一原発事故を経験した世界に生きている以上、「ブラント委員会報告書」が期待した「新型式の原子力利用」に固執するよりも、「再生可能エネルギーを21世紀の世界エネルギー体系の基盤とするべきである」と考えることは極めて自然であろう。そして、そのばあいは、「原子力の平和利用」というアイゼンハワー演説と「原子力平和利用国際会議」以来長いあいだ待望された人類史上第二のエネルギー転換、"枯渇し得るエネルギー資源から無尽蔵のエネルギー資源へ"という転換は原子力利用によってではなく、再生可能エネルギーによって行われるが、その実現可能性も今日では小さくはないと言えるであろう（終章を参照）。

補　論　放射線被曝と健康被害

　人類が原子力をエネルギー資源として利用することの問題性は、制御技術の未完性もさることながら、生命体に対する放射線被曝影響の不明にあり、それは

---

(60) World Commission on Environment and Development, *Our Common Future*, pp. 189, 192, 195-196. 環境と開発に関する世界委員会『地球の未来を守るために』、231、235、238-239頁。

ジュネーヴの「原子力平和利用国際会議」でも明確、かつ、強く意識されていた。「原子力の産業利用は夥しい量の放射性物質を生み出します」から、「放射性物質の大気中への流出許容問題については、極端な注意（extreme care）が払われなければならないでしょう。」そのばあい、「純粋に科学的な答えを与えなければならない問題があります。すなわち、放射線被曝に因る健康被害の問題です。生命体に対する放射線の直接的な影響はかなり良く知られています。たしかに、それでもやはり専門研究者の見解には幾分違いはありますが、安全とみなして許容される（tolerance）被曝量を規定することは可能です。［他方で、］しかし、間接的な影響の評価はそれよりも遥かに困難であり、取り分け、遺伝子に対する影響については良く知られておりません。」同会議議長ホミ・J・バーバー（Homi J. Bhabha）は、それゆえに、開会の辞のなかで、特に、遺伝子にかんする被曝影響解明の進展を心底期待せざるを得なかった。「放射線の照射によって人為的な突然変異が生ずることは分かっており、その方法で植物や作物の品種改良が行われるという利点もありますが、発生する突然変異の大部分は致死的であり、有害な変異です。」それゆえに、「［被曝影響の］問題は余りにも重大でありますから、われわれは如何なる危険を冒すことも出来ません。被曝量がほんの少しでも増すばあいに遺伝子に及ぶ広範な影響を疑問の余地なく解明することは否応なしの不可欠事です。」「科学者として、われわれが負う第一の義務は［客観的で徹底的な］事実の解明であり、この問題においては、人類に対するわれわれの責任は国家に対する忠誠を超越するものです。」[(61)]

　バーバー議長の解明要請があるとしても、無論、遺伝子に対する被曝影響の問題が同会議で「疑問の余地なく解明」されることは有り得ない。報告された研究は皆未だ個別的な実験結果にとどまっており、今後の研究課題の大きさが痛感されるのみであった。報告者のなかには、なるほど、留意されるべきことには、国際放射線被曝防護委員会（ICRP）議長のアーネスト・R・カーリング（Ernest R. Carling）のごとく、被曝に因る遺伝子突然変異を人類に対する有害なものと

---

(61) Opening Presidential Address, in: *Proceedings of the International Conference on the Peaceful Uses of Atomic Energy held in Geneva 8 August – 20 August 1955*, United Nations, New York 1956, vol. 16, Record of the Conference, p. 34.

見なすのではなく、逆に、被曝を"利益"と見なすべきと主張する者もいた。カーリング曰く、「非遺伝子研究者にとっては、突然変異により、アリストテレスやレオナルドやニュートンのような人物が1人生まれるならば、あるいは、ガウスやパストゥールやアインシュタインのような人物が1人生まれるならば、99人が精神的な欠陥をもって生まれるとしても、将来の人類全体にとって有益と思われる。」[62]

だが、そのような考えに対しては、スウェーデンやアメリカの研究者から「断固たる抗議」の表明や反論が行われ[63]、さらに、「生命体に対する放射線の諸影響」部会の最後にゲスト報告者として登壇した遺伝子突然変異の発見者ハーマン・ジョゼフ・マラー（Hermann Joseph Muller）（アメリカのインディアナ大学）もカーリングのような安易な"放射線被曝有益論"を戒める必要性を覚えざるを得なかったように、会議参加者たち多数のあいだには被曝影響を軽視するような気運は存在しなかった。マラー曰く、「人間も生殖細胞を放射線に当てることで長期的には利益を得ることになると考えるような危険な誤謬が犯されるべきではありません。人間の生殖細胞は人間の最も貴重で取り返しがつかないものです。それはすでに多くの変容を来しており、現在の生殖機能を考えるならば、変容に耐えられる限度ぎりぎりに達しているのです。そのような状態にある以上、人間が放射線を扱うさいの第一の関心事は、人間自身の防護でなければなりません。」[64] かかるマラーの言葉は会議参加研究者たち大方の考えの集約にほかならず、そのことは、バーバー議長の閉会の辞にも示された。「遺伝子に対する放射線の影響にかんする議論がはっきりと示しましたように、われわれには未だ確定的な結論を出すための根拠となる知識が有りません。だから、われわれはこの問題にかんする大規模な研究を一致協力して進めていき、将来の世代が有害な突然変異で苦しめられることは無くなったと確信できるまでに達しなければなりません。［原子力の産業利用を］恐れることはありませんが、この問題がすっかり研

---

(62) Ernest Rock Carling, Modes of Radiation Injury, in: *ibid.*, vol. 11, Biological Effects of Radiation, pp. 76-79.

(63) *Ibid.*, pp. 198 (A. Gustafsson), 198-199 (W. L. Russell).

(64) H. J. Muller, How Radiation Changes the Genetic Constitution, in: *ibid.*, p. 396.

究され、理解されるまでは、可能なかぎり、人びとを今日安全とみなされる被曝量の 10 分の 1 以上の量に曝さないことが賢明でしょう。」[65]

このように、「原子力平和利用国際会議」参加の研究者たちは放射線被曝防護における「最大限の用心」を不可欠とみなし、それに応じた安全性基準の設定を模索することになる。だが、そのばあい、マラーが強調したように、放射線が遺伝子に与える損傷は直接被曝に遇った被曝一世や二世のばあいに知覚できるほどに大きく発現することがないとしても、その後の世代に現れ得、かつ、僅かな被曝量に因る損傷も、被曝がつづくならば、後の世代には大きな被曝量に因る損傷レヴェルに拡大されて発現し得る[66]とするならば、原発稼働に由来する被曝影響の判断は極度に困難であり、被曝防護を図るための安全性基準設定も同様に困難である。取り分け、被曝の影響が短期的には知覚されにくい低線量のばあいがそうである。ジュネーヴの「原子力平和利用国際会議」の席上、マラーは「［被曝影響が］見えないもの、あるいは、知覚できないものを気にする必要はないという危険な誤信」に警告を発し、「遠い将来を見通す［被曝防護］政策を確立する」べき旨を訴えていた[67]が、そのような考えは、たとえば、各国の被曝防護政策策定において国際的な参照基準のひとつをなす ICRP にも基本的には、つまり、公式には受け継がれ、今日に至るまで、"被曝に安全なレヴェルは無い"、したがって、"被曝量がゼロでないかぎり、被曝防護の対象である" という想定が被曝防護の安全性基準として固執されている。かかる考えは、容易に推察できるように、低線量の被曝防護を "不要であり、過剰な防護" と見なす人びとから批判を被ることになりがちであるが、そして、事実、1990 年代に入る頃からは、低線量被曝防護に対する批判が強まり、それは、折りからのカーリングを彷彿させる "低線量被曝有益論" の台頭と相俟って、今日、ICRP 等の安全性基準にも影響を及ぼしている。以下、この問題を見てみよう。

放射線被曝の研究者たちのあいだでは、人間の健康に対する放射線被曝の影響について、人間は "被曝線量に直線的に相応する害を被り、放射線被曝が最早

---

(65) Closing Presidential Address, in: *ibid.*, vol. 16, Record of the Conference, p. 53.

(66) Muller, How Radiation Changes the Genetic Constitution, pp. 394-396.

(67) Ibid., p. 396.

有害ではなくなる被曝線量下限閾値は存在しない"という仮説、「無限界の直線的な被曝影響（LNT）」論が早くから広汎に受け容れられており、LNT論はICRPや国連原子放射線影響調査科学委員会（UNSCEAR）で被曝防護策策定のための基準として用いられてきた。このばあいも、だが、かつて、バーバーもジュネーヴで指摘していたことであるが、高線量の被曝については、それが惹き起こす健康被害をめぐる見解の対立は生じていないが、低線量のばあいは見解が分かれてきている。

　カリフォルニア大学バークレイ校教授ジョン・ウィリアム・ゴフマン（John William Gofman）が語るところ、彼は1960年代前半にアメリカ原子力委員会（AEC）から委託を受けて低線量放射線被曝が人間の健康に及ぼす影響を調査し始めていたが、すでに同年代末には、AECは低線量被曝による健康被害発生の可能性を認めようとせず、逆に、その無害性を証明しようと躍起になっていた[68]。このようなAECの動きは、放射線の医学的利用拡大のためという面もあるかも知れないが、たぶん、原子力の産業利用に対する規制強化懸念に発していたと考えて間違いない。

　同じ時期、すでに、被曝防護にかんするICRPの勧告[69]も変容しつつあり、被曝危険の受け容れ度合いは緩められる方向に動いている。ICRP自身は、1950年と1954年に発表した戦後初期の勧告では、健康に対する被曝危険の受け容れ度合いを"可能なかぎりの最低レヴェル（lowest possible level）"に設定することを勧めていたが、それは、1950年代末には、"実施できるかぎり低く（as low as practicable）"というように、基準実施のさいのさまざまな要請も考慮される余地を認めるようになっており、さらに、1966年には、下記のように変更している。「いかなる線量の被曝も幾らかの危険を含むものであることを考えて、委員会は次のような被曝危険受け容れ度合いの基準設定を勧告する。すなわち、不

---

(68)　John William Gofman, "There Is No Safe Threshold", in: Synapse, University of California San Francisco, vol. 38, no. 16, 20. 01. 1994.

(69)　ICRPの「勧告」は、第二次世界大戦終結後、1950年以来9回発表されている（2014年08月現在）が、そのうち、6回は1950－1960年代に発表されていた。< http://www.icrp.org/publications.asp >.

必要な被曝をすべて避けたうえで、基準によって生ずる経済的・社会的な結果を考慮に入れながら、容易に達成できる範囲内で低い（as low as is readily achievable, economic and social consequences being taken into account）」レヴェルの設定である。(70) したがって、被曝防護基準が設定されるさいには、それが経済や社会に及ぼす影響も考慮され得るわけであるから、かかる変更は重大な意味を有し得ると見なされなければならない。

その後、1977年のICRP勧告では、「経済的・社会的な要素を考慮に入れ」ながら、被曝危険受け容れ度合いの基準を「合理的に達成できるかぎりで低く（as low as reasonably achievable）維持する」（今日、ALARA原則と称され、アメリカをはじめとして各国で防護規準とされている）ように勧められ(71)、それが「電離放射線、あるいは、放射性核種を含む放射線源導入［つまり、原発の稼働等］の費用と利益の釣り合いを取る方法」であり、被曝防護の「最適化」を図る原則である(72)と位置付けられたから、ここに至り、被曝防護の安全性基準設定問題は決定的な転換点に達している。安全性基準の設定は最早「純粋に科学的な」判断に拠る問題ではなくなっており、いまや、「政治的な要因」も「利害関係者の要求」も考慮される道が開かれた(73)。「被曝防護システムは放射線の照射と影響にかんする科学の最新知識と価値判断を拠り所とし、価値判断は社会全体の（societal）期待と倫理観、そして、システム運営で得られた経験に基づいて下される。」(74) 実際、このように「利害関係者の要求」も含めて社会全体の"費用対利益"の観点から勧告を策定することが今日ICRPの指針となっている。

ICRPの1977年勧告が如何なる事態を意味し得るかについては、国際原子力機構（IAEA）の「核安全・環境保全局」員2名による論稿(75)に端的に示され

---

(70) R. H. Clarke and J. Valentin, The History of ICRP and Evolution of its Policies, paras. 44, 66, in: ICRP Publication 109, pp. 89, 93.

(71) Ibid., para. 74, in: ICRP Publication 109, p. 95.

(72) Ibid., para. 75, in: ICRP Publication 109, p. 95.

(73) Ibid., para. 99, in: ICRP Publication 109, p. 102.

(74) ICRP, ICRP Activities, The Work of ICRP, < http://www.icrp.org/page.asp?id = 3 >.

た。同論稿は社会的な"費用対利益"観点の導入を「放射線源配置の最良の方法」と位置付けながら、

　　　B［純利益］= V［総利益］-（P + X + Y）
　　　　P：基本的な電力生産費
　　　　X：規定の防護レヴェル達成費用
　　　　Y：防護レヴェル達成の下(もと)で発生する健康被害対処費用

という等式で被曝防護の「最適化」を説明している。したがって、この等式のばあい、B［純利益］の値を正［プラス］にし、かつ、可能なかぎり大きくすることが求められるであろうから、そして、同時に、被曝防護"費用"の縮減も望ましいことであろうから、そのためには、被曝防護対象範囲の縮減も試みられ得ると考えられるが、果たして、ICRPの勧告もそのような方向を辿って行く。まず第一に、1990年の勧告で「受け容れが望ましいわけではないとしても、受け容れることが合理的な危険」（"甘受される危険〔tolerable risk〕"）という範疇が設けられて、「受け容れられる危険」とともに被曝に因る健康被害危険の受け容れ範囲が定められ（図1-6を参照）[76]、次いで、世紀の転換期には、委員会議長ロジャー・H・クラーク（Roger H. Clarke）から"制御可能な被曝線量（Controllable Dose）"という考えの導入が提唱されている[77]。ここに、被曝防護レヴェルの緩和政策として低線量被曝を防護対象から外すこと、つまり、低線量被曝のばあいのLNT論適用の否定が準備されたと言えるが、実際に、そのような方向へ向かう歩みはさまざまな原子力関係の経済団体や学会によって歩まれている。

---

(75)　J. U. Ahmed and H. T. Daw, Cost-Benefit Analysis and Radiation Protection, in: *IAEA Bulletin,* vol. 22, no. 5/6, 1980, pp. 13-22.

(76)　Organization for Economic Cooperation and Development, Nuclear Energy Agency, Evolution of ICRP Recommendations 1977, 1990 and 2007. Changes in Underlying Science and Protection Policy and their Impact on European and UK Domestic Regulation, pp. 29-32; A Critical Review of the System of Radiation Protection. First Reflections of the OECD Nuclear Energy Agency's Committee on Radiation Protection and Public Health (CRPPH), May 2000, pp. 6-14.

(77)　Ibid., p. 2.

図 1-6　被曝に因る健康被害危険の受け容れ範囲

受け容れられない危険	被曝線量制限閾値設定のレヴェル
甘受される危険 ↑ 最適化後受け容れられる危険 ↓ 最適化せずに受け容れられる危険	単一放射線源危険受け容れの上限閾 些細な危険のレヴェル

　たとえば、世界原子力協会（WNA）のような原子力産業界の団体は、「年間100ミリシーヴェルト（mSv）［毎時約11.42マイクロシーヴェルト（μSv）］以下の放射線［被曝］のばあい、癌の危険や健康に対する直接的な影響を示す科学的根拠は手に入っていない」ことを論拠にして、放射線被曝防護対象とするべき被曝線量の下限閾値を設定し、その閾値以下の被曝防護を不必要と見なしつづけている。さらに、学会のなかにも同様の主張を行うところがあり、フランス科学アカデミーやアメリカ保健物理学会（HPS）がそうである。しかも、これらのばあいには、"低線量の放射線被曝がDNAや染色体を傷つけるとしても、それは修復され、逆に、修復メカニズムは免疫力を強めるがゆえに健康に良い"という「放射線ホルメシス」論、低線量被曝のばあいのLNT論適用を否認するアメリカ科学アカデミーの放射線生物学的影響調査科学諮問委員会（BEIR）も認めない[78]ような論が援用されることになる[79]。

---

(78)　Cf. Rudi H. Nussbaum and Wolfgang Köhnlein, Inconsistencies and Open Questions Regarding Low-Dose Health Effects of Ionizing Radiation, in: *Environmental Health Perspectives*, vol. 12, no. 8, August 1994, p. 657.

(79)　World Nuclear Association, Health Impacts. Chernobyl Accident Appendix 2 (Updated November 2009), < http://www.world-nuclear.org/info/Safety-and-Security/Safety-of-Planets/Appendices/Chernobyl-Accident---Appendix-2--Health-Impacts >; idem, Nuclear Radiation and Health Effects (Updated 28 June 2013), < http://www.world-nuclear.org/info/Safety-and-Security/Radiation-and-Health/Nuclear-Radiation-and-Health-Effects >; Looking Ahead. Issues Shaping the International Safety Agenda, in: *IAEA Bulletin*, vol. 40, no. 2, 1998, p. 31;

他方で、"低線量被曝の防護対象埒外論ないし無害論"に対しては、きわめて多数の反論がある。たとえば、ラディ・H・ナスボーム（ポートランド州立大学）とヴォルフガング・ケーンライン（ミュンスター大学）の共同研究[80]や著名な研究者15名の共同論稿[81]によって反証が挙げられており、また、今日 ICRP のばあいを含めて被曝に因る健康被害研究の国際的な参照基準とされ、かつ、低線量被曝のばあいの LNT 論適用否定論拠のひとつをなしているアメリカ政府系研究機関等による広島・長崎被爆生存者の健康被害研究法の問題点も指摘されている[82]。さらに、ハーヴァード大学疫学教授リチャード・モンソンからは「被曝が無害であったり、健康に有益であるというような被曝線量下限閾は存

Health Physics Society, Radiation Risk in Perspective. Position Statement of the Health Physics Society, Adopted: January 1996, Revised: August 2004, < http://www.hps.org/documents/radiationrisk.pdf >.

(80) Nussbaum and Köhnlein, Inconsistencies and Open Questions Regarding Low-Dose Health Effects of Ionizing Radiation, pp. 656-667; eidem, Health Consequences of Exposures to Ionizing Radiation from External and Internal Sources: Challenges to Radiation Protection Standards and Biomedical Research, in: *Medicine & Global Survival*, vol. 2, no. 4, 1995, pp. 198-213; eidem, False Alarm or Public Health Hazard?: Chronic Low-Dose External Radiation Exposure, in: *ibid.*, vol. 5, no. 1, January 1998, pp. 14-21.

(81) David J. Brenner et al., Cancer Risks Attributable to Low Doses of Ionizing Radiation: Assessing What We Really Know, in: *Proceedings of the National Academy of Sciences of the United States of America*, vol. 100, no. 24, 25. 11. 2003, pp. 13761-13766.

(82) いずれの国においても、概して、政府系研究機関は被爆（被曝）に因る健康被害を小さく見る傾向にあるが、たとえば、アメリカの「ロスアラモス国立研究所」の広島・長崎被爆生存者の健康被害研究では被曝に因る遺伝子変異の発生は認められていない。Los Alamos National Laboratory, William C. Inkret, Charles B. Meinhold, and John C. Taschner, Protection Standards, in: *Los Alamos Science*, vol. 23, 1995, p. 120. この問題については、さらに、次の論稿を参照。Rosalie Bertell, Limitations of the ICRP Recommendations for Worker and Public Protection from Ionizing Radiation, for Presentation at the STOA Workshop,

第 1 章　エネルギーの歴史　99

在しない」と批判され、世界保健機構（WHO）総裁マーガレット・チャン（Margaret Chan）も、東京電力福島第一原発事故直後には、「WHO の自立化を求めるイニシアティヴ」の医師や放射線生物学研究者たちに見解を求められるや、「放射線被曝が危険でなくなる下限閾値は存在しない」ことを認めている[83]。あるいは、さらに、日本を含む 15 カ国の原発労働者 40 万人以上にかんする低線量放射線被曝に因る癌死亡者調査結果も、事実、低線量でも被曝は有害であることを示している[84]。それゆえに、経済協力開発機構（OECD）原子力機関（NEA）の研究者や EC 委員会の研究報告書からも低線量被曝のばあいの LNT 論適用否定に慎重な考慮を求めたり、LNT 論適用否定の不適切性を指摘する見解が示されている[85]。これを要するに、低線量被曝に因る健康被害問題の解明は未だ不充分であり、低線量被曝に因る健康被害発生の可能性は残されたままである。

　それにもかかわらず、だが、低線量被曝を放射線被曝防護の埒外に置こうとする動きは強まっている。ICRP も、すでに 2007 年 03 月発表の勧告（現行勧告）において、LNT 仮説は依然低線量も含む「放射線照射による危険規制の最良の実践的立脚点」であるし、国連教育科学文化機関（UNESCO）の予防原則に適

　　　Survey and Evaluation of Criticism of Basic Safety Standards for the Protection of Workers and the Public against Ionizing Radiation, European Parliament, Brussels, 5 February 1998, < http://www.ccnr.org/radiation_standards.html >.

(83)　*Berliner Morgenpost*, 02. 07. 2005; *die tageszeitung*, 05. 05. 2011; WHO-Versagen im Umgang mit atomaren Katastrophen, 11. 05. 2011, < http://www.ippnw.de/index.php?id = 13&expand = 4513&cHash = 5736182bd7 >.

(84)　Risk of Cancer after Low Doses of Ionizing Radiation: Retrospective Cohort Study in 15 Countries, in: BMJ, doi:10.1136/bmj.38499.599861.EO (published 29 June 2005).

(85)　たとえば、A Critical Review of the System of Radiation Protection. First Reflections of the OECD Nuclear Energy Agency's Committee on Radiation Protection and Public Health (CRPPH); European Commission, Radiation Protection 144. Guidance on the Calculation, Presentation and Use of Collective Doses for Routine Discharges, by K. R. Smith et al., 2007.

合していると述べて同仮説を肯定的に評価しながらも、多数の人びとの低線量被曝、すなわち、「集団的な放射線被曝線量（Collective Dose）」（この考えは、正常稼働であっても放出される原発等の放射線から原発所在地地域住民全体が被る長期的な健康被害の評価などに用いられ、それによれば、たとえば、ある期間に10万人が、それぞれ、年間 50mSv の放射線被曝を被るばあいと 100 万人が、それぞれ、年間 5mSv の放射線被曝を被るばあいの集団的な健康被害危険度合いは同じであると評価される）については、年間 100mSv 以下のばあい、"費用対利益"の観点から、それに対する LNT 仮説適用を「不適切」で「逆効果」と断じている。「放射線被曝防護は、被曝に起因する［健康被害］結果を考えるだけではなく、他の危険、ならびに、［防護政策の］費用と利益も考慮されなければならない。」[86] かかる主張の具体的な内容を ICRP は詳(つまび)らかには語らないが、ともあれ、2007 年勧告では、低線量被曝であるならば、原発従業員たちが職業上被る放射線被曝影響や原発事故で地域住民が被る健康被害などが問題視されなくなる情況が生じ得る。そして、東京電力福島第一原発事故翌年の 2012 年 05 月になると、UNSCEAR も「低線量被曝の危険性評価は不確実である」ことを論拠にして見解の変更を行い、LNT 仮説を低線量被曝には適用しないよう「勧告する」にいたっている[87]。国際公衆保健問題研究所（IICPH）所長のロザリィ・バーテル（Rosalie Bertell）は、すでに 1998 年 02 月、欧州議会「科学・技術選定評価（STOA）」研究チームに提出した論稿で「UNSCEAR も原子力産業界と HPS の圧力に抗し得ず、早晩 LNT 論を放棄するであろう」旨を予測していた[88] が、彼女が予測したような事態が既に生じている。それが、今日、被曝防護基準設定にかんして国際機構が発表する勧告の情況である。

---

(86) Die Empfehlungen der Internationalen Strahlenschutzkommission (ICRP) von 2007. ICRP-Veröffentlichung 103, verabschiedet im März 2007, Art. 36, 205, 213, 220-221, 239-241.

(87) Report of the United Nations Scientific Committee on the Effects of Atomic Radiation, Fifty-ninth session (21-25 May 2012), A/67/46, para. 25.

(88) Bertell, Limitations of the ICRP Recommendations for Worker and Public Protection from Ionizing Radiation.

補論の最後に、ここで、2013年05月、国連人権理事会において、福島第一原発事故に因る放射線被曝問題をめぐって人権理事会の特別調査官アーナンド・グローヴァー（Anand Grover）と日本政府間に繰り広げられた議論の応酬を紹介しておこう。これも、また、今日、被曝防護にかんする見解が如何に大きく相違しているかを鮮明に示す出来事である。

グローヴァーは、前年11月、「可能な限り最高レヴェルの健康享受の権利（健康権）」という基本的人権尊重情況調査の目的で日本へ派遣されていたが、その報告において、汚染地域から避難中の住民が元の地域へ帰るための被曝線量基準がICRP勧告（2011年03月21日）[89]に基づいて年1mSvから20mSvに設定されることを問題視し、そのうえで、「健康に対する危険性と［経済的・社会的］利益を比較考量する」ことなく、人権尊重の観点から1mSv未満を基準とするよう勧告するにいたっている[90]。それに対して、日本政府が素気なく答えるところ、日本政府の対応はICRP勧告に従う対応であるからして、何の問題もなく、無論、経済的・社会的利益を考量して基準を設定することにも問題はない。反対に、グローヴァーの勧告は、多くの研究に基づいて低線量被曝と癌発症率上昇の因果的連関を指摘しながら、被曝線量1mSv未満を基準とするよう求めるが、その勧告には、日本政府にしてみれば、「科学的な根拠が欠けている。」それゆえに、グローヴァーの勧告は受け容れられないものにほかならなかった[91]。

かかる論争の核心点が長期的な低線量被曝に因る健康被害の判断に存すること

---

(89) ICRP, Fukushima Nuclear Power Plant Accident, March 21, 2011.

(90) United Nations, Human Rights Council, Twenty-third Session, Agenda Item 3, Report of the Special Rapporteur on the Right of Everyone to the Enjoyment of the Highest Attainable Standard of Physical and Mental Health, Anand Grover, Addendum, Mission to Japan (15-26 November 2012), 2 May 2013, A/HRC/23/41/Add.3, paras. 10, 78.

(91) Idem, Report of the Special Rapporteur on the Right of Everyone to the Enjoyment of the Highest Attainable Standard of Physical and Mental Health, Anand Grover, Addendum, Mission to Japan: Comments by the State on the Report of the Special Rapporteur, A/HRC/23/41/Add.5/Rev.1, pp. 4, 8.

は言うまでもない。一方に、低線量被曝の影響を小さく見る潮流があり、グローヴァーと日本政府の論争時にも、WHOの福島調査暫定報告書（2013年02月発表）は「年少者癌発症率の数パーセント上昇が認められる」としても「被曝による疾病発症率の上昇」は「分からないほどのレヴェルにとどまるであろう」と推定し[92]、UNSCEARの福島調査報告書（2013年10月発表）では、「[福島の]人びとの被曝線量は概して低く、あるいは、たいへん低いから、将来、被曝に因る健康被害［つまり、疾病］発症率が被曝者や被曝者子孫のあいだで認識されるほどに上昇する事態は予測され得ない」と報告されている[93]。他方で、WHOやUNSCEARの福島調査報告における判断に対しては、世界各地の医師・医学研究団体から多くの批判が提示されており[94]、被曝の長期的な健康影響が過小評価されるべきではないと主張されている。すでに2006年には、BEIRは低線量被曝に因る健康影響を幾分大きく見る方向へと判断修正していた[95]が、この点にかんしては、WHOの福島調査暫定報告書も慣例的な「線量・線量率効果係数（DDREF）」の適用、すなわち、低線量被曝の影響を小さく見る方法の適用について否定的な見解を有しており、依然LNT論を受け容れる観点から「何であれ危険性の過小評価を避けるためには」DDREF不適用が「賢明な選択」であると判断している[96]。（ちなみに、このとき、評価委員13名中、日本人委員2

---

(92) World Health Organization, Health Risk Assessment from the Nuclear Accident after the 2011 Great East Japan Earthquake and Tsunami based on an Preliminary Dose Estimation, [28. 02. 2013], pp. 92-95.

(93) United Nations, General Assembly, Official Records, Sixty-eighth Session, Supplement No. 46, Report of the United Nations Scientific Committee on the Effects of Atomic Radiation, [25. 10. 2013], A/68/46, para. 39.

(94) たとえば、Alex Rosen, Critical Analysis of the WHO's Health Risk Assessment of Fukushima Nuclear Catastrophe, March 1st 2013; Physicians for Social Responsibility, USA et al., Annotated Critique of United Nations Scientific Committee on the Effects of Atomic Radiation (UNSCEAR) October 2013 Fukushima Report to UN General Assembly, October 18th, 2013.

(95) Henry D. Royal, Effects of Low Level Radiation – What's New, in: Seminars in Nuclear Medicine, vol. 38, no. 5, September 2008, p. 396.

名、放射線医学総合研究所の明石真言と福島県立医科大学の丹羽太貫だけは低線量被曝に因る健康被害を小さく見る立場を固執している。実に、特徴的と言うべきであろう。）したがって、詰まるところ、アメリカ環境保全庁（EPA）が言う[97]ごとくに、低線量被曝に因る健康被害論議は「判断の問題」にとどまるものであるならば、最早、この問題は科学的な判断の領域から離れて"政治的社会的な決定"の問題、核物理学研究者アルヴィン・M・ワインバーグ（Alvin M. Weinberg）言うところの「トランスサイエンスの問題」と化している。端的に言うならば、経済的・社会的利益に対して被曝防護を絶対的に重視するか否かという問題であり、原子力の発電利用という個別的・特殊的利益に対して「健康権」享受という普遍的利益を擁護するか否かという問題である。（この問題については、巻末の「あとがき」も参照されたい。）

---

(96) World Health Organization, Health Risk Assessment from the Nuclear Accident after the 2011 Great East Japan Earthquake and Tsunami based on an Preliminary Dose Estimation, pp. 32, 94.

(97) U. S. Environmental Protection Agency, Office of Radiation and Indoor Air, Response to Comments. Amendments to the Public Health and Environmental Radiation Protection Standards for Yucca Mountain, Nevada, September 2008, p. 167.

第2篇　内内（うちうち）の代議制民主主義から直接的な民主主義へ
──「エネルギー転換」へいたるドイツの道

"当時も、そして、今日も、原子力の問題にかんする VEBA の考えは変わっていない。すなわち、何が我が国の将来に必要かを認識し決定するのは事業者（企業）ではなく、社会であり、社会を代表し指導する勢力が一致して決めなければならない。"

クラウス・ピルツ

1993 年 03 月 19 日

第2章　西ドイツのエネルギー政策と原子力発電

　　"長期間の理論的な検討によって、個人的に確信しますところ、経済的・文化的・科学的な目的に原子力を利用することは、原始的な人間による火の発見と同様に人類史を画する出来事です。そして、このように考えることは、また、多くの経験豊かな科学者たちに共有されています。われわれは、だから、いまや、極めて慎重かつ控え目にですが、とにかく、原子力強国（Atommacht）の列に加わって ― と言っても、無論、軍事的な原子力強国ではなく、原子力を平和目的に利用する原子力強国に加わってという意味でありますが ― 平等な権利を有する国の地位を占めなければなりませんし、そのために必要な最初の一歩を踏み出さなければなりません。"

フランツ-ヨーゼフ・シュトラウス

1955年10月21日

　この章では、東西ドイツ統一後のエネルギー政策転換を理解するために、まず、西ドイツのエネルギー政策を基幹エネルギー資源について考察し、次いで、エネルギー政策における環境と社会という要因の役割りについて見ていこう。かかる考察によって、エネルギー政策における原子力発電の位置付けも鮮明になってくる。

第1節　基幹エネルギー資源

　「エネルギーを生産し供給する側」に位置する政府（リンドバーグの定式）が産業界とともにエネルギー政策を策定するばあい、エネルギーの供給者と需要者の要求を勘案しつつ検討されるべき問題は、如何なる観点に立って、どんなエネ

ルギー資源を選好し、どのような資源構成を構想するかであり、かつ、それが実現されるよう関係事業者を嚮導することである。それによって、中心となるエネルギー資源（基幹エネルギー資源）は定まるし、付随的に生起する諸課題のゆえに、やがて、基幹エネルギーの交替も不可避となってくる。本節では、このような視角から、西ドイツのエネルギー政策史を検討する。

西ドイツのエネルギー政策は大略四つの局面に区分され得るような変遷を経てきている[1]。第一期は、第二次世界大戦後の経済復興期（1950-1960 年代初め）に当たり、この時期には、政府の財政支援を受けながら、国内産出の石炭・褐炭が基幹エネルギー資源としての地位を保っていた。当時、経済復興を内政上最大の国家的目標に据えていた西ドイツにすれば、増大する西ドイツのエネルギー需要を満たすに足る供給の確保（"エネルギー供給の確実性"）が喫緊な課題であり、国内の石油産出高は限られている[2] 以上、ルール地方に代表される埋蔵量豊富な国内炭田の採掘重視は極めて自然であった。「我れわれが完全に確信しておりますところ、石炭はドイツ経済の血液です。その血液を健康に保つことは、我れわれ自身の利益であり、かつ、我れわれの義務です。」[3] 連邦経済省次官ルートガー・ヴェストリク（Ludger Westrick）は、1956 年 02 月の連邦議会に

(1) 西ドイツのエネルギー政策史の時期区分として、Martin Czakainski, Energiepolitik in der Bundesrepublik Deutschland 1960 bis 1980 im Kontext der außenwirtschaftlichen und außenpolitischen Verflechtungen, in: Jens Hohensee und Michael Salewski (Hrsg.), *Energie - Politik - Geschichte. Nationale und internationale Energiepolitik seit 1945*, Historische Mitteilungen, Beiheft 5, Stuttgart 1993, S. 17-33; Helmut Düngen, Zwei Dekaden deutscher Energie- und Umweltpolitik: Leitbilder, Prinzipien und Konzepte, in: *ibid.*, S. 35-50.

(2) 国連統計によると、1955 年時点で、国内産石油は西ドイツのエネルギー生産総量の 2.5 パーセントを賄うにすぎない。Cf. Statistical Office of the United Nations, Department of Economic Affairs, *Statistical Papers*, Series J, no. 3, World Energy Supplies 1955-1958, New York 1960, p. 6.

(3) Deutscher Bundestag, 2. Wahlperiode 1953, *Verhandlungen des Deutschen Bundestages*, Stenographischer Bericht, 129. Sitzung, Bonn, Freitag, den 10. Februar 1956, S. 6733.

おいて、鉱夫の適切な賃上げを行うことで石炭採掘量の増加を図るよう求める野党社会民主党（SPD）と同賃上げによる石炭価格の上昇を懸念する与党キリスト教民主同盟／社会同盟（CDU/CSU）からの二つの質問に共に答えるさいに、このように、石炭を基幹エネルギー資源と位置付けながら、炭鉱業に対する支援継続の必要性、および、適度な石炭価格維持の不可欠性を強調していた。経済省が予測するところ、エネルギー需要が大きく増加するなかで、「石炭は、今後、他のエネルギー資源と競争するばあいにも、向こう数年間は我が国エネルギー産業の主たる担い手であるでしょうし、少なくとも、当面は、依然、そうであります。」[4] かかる予測のもと、政府支援が行われた結果として、戦間期同様に[5]、エネルギー消費量の粗全量を石炭・褐炭に頼る状態が戦後も基本的に変わることなく続くことになった。1950年代には、アメリカに次いで西欧諸国でもエネルギー消費量に占める液体燃料（石油）の割合が次第に大きくなり、反対に、固体燃料割合は小さくなりつつあるも、西ドイツが消費する一次エネルギーは同時期も従前のごとく石炭・褐炭由来を中心としつづけ、1955年の時点でも、エネルギー消費量に占める固体燃料の割合は86.6パーセント（石炭が71.7パーセントで、褐炭は14.9パーセント）に及んでいた[6]。

このような経済復興期のエネルギー政策は、CDUの連邦首相コンラート・

---

(4) *Ibid.*, S. 6734.

(5) Cf. Statistical Office of the United Nations, Department of Economic Affairs, *Statistical Papers*, Series J, no. 1, World Energy Supplies in Selected Years 1929-1950, New York 1952, pp. 62-63.

(6) Czakainski, Energiepolitik in der Bundesrepublik Deutschland 1960 bis 1980, S. 31, Tabelle 1. データの数値は調査機関により多少異なる。国連の「世界エネルギー統計」を見ると、1955年の西ドイツのエネルギー消費量に占める固体燃料割合は92.1パーセントで、西欧諸国全体のそれは78.2パーセントであり、液体燃料割合はそれぞれ6.7パーセントと18.2パーセントであった。Statistical Office of the United Nations, Department of Economic Affairs, *Statistical Papers*, Series J, no. 3, World Energy Supplies 1955-1958, New York 1960, pp. 3, 17. 国連の「世界エネルギー統計」に示されるエネルギー消費量の算出法については、第1章の註（34）を参照。

アーデナウアー (Konrad Adenauer) 自身の考えに基づくものであった。彼は、一方で、パレスティナにおいてイスラエル・アラブ間紛争をかかえる中東地域からの石油輸入[7]をきわめて不安定と見る[8]とともに、外国石油コンツェルンによる国際石油市場操作を危惧しており、他方では、大きな国内雇用源をなす炭鉱業[9]の閉山に伴う失職不安を社会的に危険と見なす[10]という政治的・社会的な考慮から、輸入石油依存のエネルギー供給体制を嫌って、可能なかぎりの国内自給体制構築を選好した[11]ようである。

アーデナウアー首相期の西ドイツにあっても、しかし、輸入エネルギー資源の増加は避けられず、国内資源に基づく自給体制も次第に崩れることになる。その転換点は1957年に見出され、そのときから、国際市場におけるエネルギー資源

---

[7] 国連統計によると、1950年代後半、西ドイツの石油輸入総量はフランスやイギリスのそれの30パーセントほどにすぎないが、中東地域からの輸入割合いは仏英両国同様に80パーセントを優に越えている。Statistical Office of the United Nations, Department of Economic Affairs, *Statistical Papers*, Series J, no. 3, pp. 96-99; *ibid.*, Series J, no. 5, World Energy Supplies 1957-1960, New York 1962, pp. 92 - 93.

[8] アーデナウアーはイスラエル・アラブ間紛争に起因する中東地域の動乱が同地域からの石油輸入を危うくするという考えを『回顧録』に繰り返し記しているが、その最初の記述として、Konrad Adenauer, *Erinnerungen 1955-1959*, Stuttgart 1967, S. 133-140.

[9] 1950年代半ば、炭鉱業における従業員数は70万を越え、ルール地方のばあいには、炭鉱業従業者数が最高であった1957年 (40万) には全職業従事者の30パーセント近くは炭鉱業で働いている。Gesamtverband Steinkohle e. V., 50 Jahre Statistik der Kohlenwirtschaft e. V., 2004, Übersichts 4-5; Klaus Tenfelde, Strukturwandel des Ruhrgebiets: Historische Aspekte, in: *Gewerkschaftliche Monatshefte*, 3/1988, S. 132, 134, 139.

[10] *Die Kabinettsprotokolle der Bundesregierung*, Bd. 11, 1958, bearbeitet von Ulrich Enders und Christoph Schwabe, München 2002, 45. Sitzung am Mittwoch, dem 3. Dezember 1958, S. 408-409.

[11] *Ibid.*, Bd. 16, 1963, bearbeitet von Ulrich Enders und Christoph Seemann, München 2006, 67. Sitzung am 7. März 1963, S. 147f.

の供給が不足状態から過剰状態に反転するなか、まず、従来割高であったアメリカ産の石炭が国際貨物運漕費の低下によって安価になり、ドイツ等欧州の市場に流れ込んだ(12)。その結果、度重なる価格引き上げで価格競争力を失いつつあった国内産の石炭販売量は停滞し、炭鉱業は苦境に立たされていく。このとき、アメリカ産の石炭輸入増加に対する防御策として、炭鉱業界の強い圧力で石炭輸入関税導入と輸入数量割当てという対抗措置も講じられた(13)が、炭鉱業の退潮が食い止められるまでにはいたらず、けっきょくは、輸入石炭量の増加によってではなく、石油消費量の急激な増加によって炭鉱業自体の命運は定められてしまう。

エネルギー供給の不足期には、外国産石油の輸入も、また、石炭の補完資源として政府支援のもとで奨励されていた（燃料油輸入関税と燃料油税の廃止が行われていた）(14)が、1957年以降は、折りからの石油価格の比較優位性(15)ゆえに、石油の輸入量・消費量は急速に増大している。かかる趨勢に対しては、政府は、炭鉱業の構造改革（合理化）を緩やかにすすめることで石油消費量の減少に対処するとともに、燃料油（軽油・重油）税の再徴収（1960年05月）で燃料油消費

(12) 1955年半ば、アメリカ産輸入石炭は国内産石炭よりもトン当たり約20マルク高価であった。しかし、1958年には、コークス炭の年平均価格はアメリカ産輸入炭のほうが国内産よりもトン当たり8マルク以上安価というように内外産炭の価格競争力は逆転している。*Ibid.*, Bd. 8, 1955, bearbeitet von Michael Hollmann und Kai von Jena, München 1997, 93. Kabinettssitzung am Mittwoch, den 27. Juli 1955, S. 461; Werner Abelshauser, *Der Ruhrkohlenbergbau seit 1945. Wiederaufbau, Krise, Anpassung,* München 1984, S. 89f.; Evelyn Kroker, Zur Entwicklung des Steinkohlenbergbaus an der Ruhr zwischen 1945 und 1980, in: Hohensee und Salewski (Hrsg.), *Energie - Politik - Geschichte,* S. 82f.

(13) Ibid., S. 83.

(14) Deutscher Bundestag, 2. Wahlperiode 1953, *Verhandlungen des Deutschen Bundestages,* 129. Sitzung, den 10. Februar 1956, S. 6734.

(15) 西ドイツの『シュピーゲル』誌によると、1960年初め、燃料油価格は石炭燃料価格よりもトン当たり20マルク以上も安かった。Durchhöcherlt, in: *Der Spiegel,* Jg. 14, H. 10, 02. 03. 1960, S. 20.

量の急増を抑え、社会的変動を緩和しようと試みている(16)。だが、そのような試みも燃料油の消費増大を抑制するような効力を有し得るものではなかった。石油の国際市場価格は 1960 年代を通して歴史的な安価安定状態にある(17) うえに、石油業界では競争が激しいから、燃料油税復活にもかかわらず、燃料油価格の低下は止むこともない(18)。その結果、アーデナウアー首相が退任し(19)、同首相のもとで 14 年間一貫して経済相を務めたルートヴィヒ・エーアハルト (Ludwig Erhard) が後任者として就任する 1963 年には、一次エネルギーとしての石油の消費量は 1955 年の 5.2 倍にも増加している。そして、市場経済の「競争原理」を重視するエーアハルト首相(20) のもとでも石炭消費量の減少抑制措置は講じら

(16) *Die Kabinettsprotokolle der Bundesregierung. Die Kabinettsausschuß für Wirtschaft,* Bd. 4, 1958-1961, bearbeitet von Uta Rössel, München 2008, 18. Sitzug am Mittwoch, den 9. September 1959, S. 212-222; *Die Kabinettsprotokolle der Bundesregierung,* Bd. 13, 1960, bearbeitet von Ralf Behrendt und Christoph Seemann, 94. Sitzung am 3. Februar 1960, S. 99f.; Falk Illing, *Energiepolitik in Deutschland. Die energiepolitischen Maßnahmen der Bundesregierung 1949-2013,* Baden-Baden 2012, S. 94.

(17) ブリティッシュ石油の歴史的統計資料によると、1961-1970 年の 10 年間、国際市場価格は 1 バレル当たり 1.8 米ドルで変動しなかった。BP Statistical Review of World Energy June 2013, Oil: Crude Oil Prices 1861-2012, < http://bp.com/statisticalreview >.

(18) Gert Jensen, Flüssiges contra schwarzes Gold, in: *Die Zeit,* Ausgabe 38, 15. 09. 1961.

(19) アーデナウアーはフランス大統領シャルル・ドゥゴール (Charles de Gaulle) と独仏間の友好条約 (エリゼ条約) を結んだ (1963 年 01 月 22 日) ことでアメリカから激しく批判され、そのために、連邦議会でも CDU/CSU 内でも少数派に陥った結果として、同年 10 月に退任している。アメリカにすれば、軍事力でも「欧州のアメリカからの自立」を追求するドゥゴール、イギリスを「余りにもアメリカと密接な国」と見なすがゆえにイギリスの欧州経済共同体 (EEC) 加盟を拒否したドゥゴールと「欧州の自立性強化」を企図して友好条約を結ぶアーデナウアーは、最早受け容れがたい人物であった。また、圧倒的に対米追従 (対米同調) を不可避当然視する西ドイツの政治指導者たちにとっても、同様で

図2-1　西ドイツの一次エネルギー消費量　1950-1973年

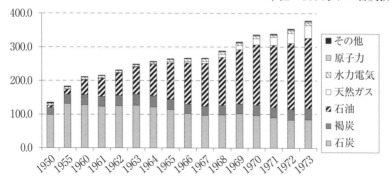

単位　100万トン石炭換算

れつづけた[21]が、事業者によるエネルギーの廉価な供給（"エネルギー供給の

あった。宮本光雄『国民国家と国家連邦　欧州国際統合の将来』、国際書院 2002年、75 頁註 (1); 宮本光雄『覇権と自立　世界秩序変動期における欧州とアメリカ』、国際書院 2011 年、42-48 頁。エーアハルト自身も、「アメリカを辱しめる」ことを恐れて、エリゼ条約締結を全面的に批判する見解を展開している。*Die Kabinettsprotokolle der Bundesregierung,* Bd. 16, 1963, Sondersitzung am 25. Januar 1963, S. 92.

(20) Cf. Ludwig Erhard, Regierungserklärung vom 18. Oktober 1963, in: Klaus Stüwe (Hrsg.), *Die großen Regierungserklärungen der deutschen Bundeskanzler von Adenauer bis Schröder,* Opladen 2002, S. 116, 118; idem, Regierungserklärung vom 10. Oktober 1965, in: *ibid.,* S. 131.

(21) たとえば、「発電における石炭利用奨励法」（通称、「第1次電力法」）（1965年08月）は、もっぱら石炭利用の火力発電所を新設する事業者に対しては、税優遇措置が講じられると謳っている（同法第1条）。Gesetz zur Förderung der Verwendung von Steinkohle vom 12. August 1965. さらに、翌年09月の「電力業界石炭利用確保法」（通称、「第2次電力法」）では、発電資源に占める石炭割合が 1970 年まで 50 パーセントを維持するための措置として、石油火力発電所から石炭火力発電所への転換を誘導する支援策が規定されていた。（同法第 1-2 条）。Gesetz zur Sicherung des Steinkohleneinsatzes in der Elektrizitätswirtschaft vom 5. September 1966.

経済性")選好は如何ともしがたかった。エーアハルト首相期に、石炭の消費量は石油の消費量とほぼ拮抗するまでに減少し、彼の退任（1966年12月）以降は、一次エネルギー消費量に占める石油の割合が石炭と褐炭合計のそれを上回るようになっている（"石油時代"の到来）（図2-1を参照）[22]。西ドイツのエネルギー政策史における第二の時期である。

このように、西ドイツのエネルギー政策はアーデナウアー首相期には政府が"政治的・社会的なエネルギー政策"策定を主導した[23]が、その後のエネルギー政策は市場の動きとエネルギー事業者の判断に委ねられる傾向を強めることになり、そこにおける政府の役割りも、SPD最初の西ドイツ首相ヴィリィ・ブラント（Willy Brandt）第1次政府期（1969年10月-1972年12月）も含めて、石油の増加ペースを緩慢にしようとしながら炭鉱業の構造改革をすすめるものにとどまった[24]。その結果、1970年代に入るころには、輸入エネルギー資源に対する依存率は50パーセントに達している（図2-2を参照）[25]。しかし、その頃

---

(22) Czakainski, Energiepolitik in der Bundesrepublik Deutschland 1960 bis 1980, S. 31, Tabelle 1.

(23) アーデナウアー内閣のエネルギー政策における「政治的・社会的な性格」はエーアハルト経済相のばあいに良く示された。エーアハルト自身は「エネルギー市場における事実上の石炭独占を西ドイツ経済のアキレスの踵であり、延いては、西ドイツ工業近代化の障害である」と見なしていたようである。Abelshauser, *Der Ruhrkohlenbergbau seit 1945*, S. 92. だが、彼も、また、経済相としては、アーデナウアーに従って炭鉱業支援継続を支持する立場に立ち、CDU/CSU内の同支援消極派や"石油推進派"を抑える役割りを担っていた。Deutscher Bundestag, 2. Wahlperiode 1953, *Verhandlungen des Deutschen Bundestages*, 129. Sitzung, den 10. Februar 1956, S. 6733; *Die Kabinettsprotokolle der Bundesregierung. Kabinettsausschuß für Wirtschaft*, Bd. 4, 1958-1961, 18. Sitzung am 9. September 1959, S. 212-222.

(24) Illing, *Energiepolitik in Deutschland*, S. 95f., 107-119; Willy Brandt, Regierungserklärung vom 28. Oktober 1969, in: Stüwe (Hrsg.), *Die großen Regierungserklärungen der deutschen Bundeskanzler von Adenauer bis Schröder*, S. 173.

(25) 1955年と1960年のデータについては、Michaelis, *Handbuch der Kernenergie*,

第 2 章　西ドイツのエネルギー政策と原子力発電　115

図 2-2　西ドイツの一次エネルギー消費量に占める輸入資源割合い　1955-1973 年

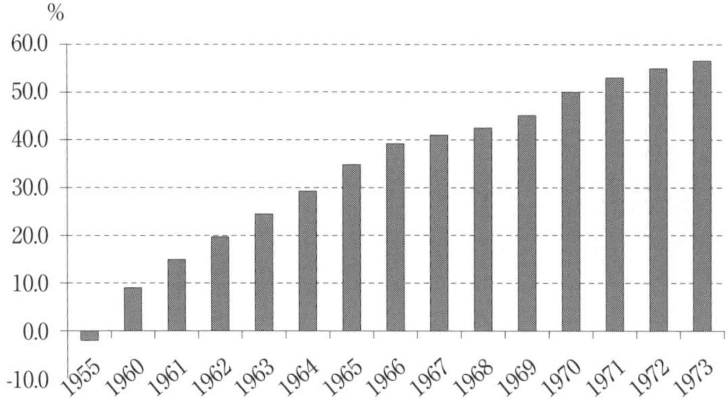

には、石油の国際市場価格も漸く上昇に転じつつあった[26]から、"石油時代"をもたらした"エネルギー供給の経済性"重視政策も、程無くに、長期的な"エネルギー供給の確実性"確保の観点から再考を迫られることになった。

「連邦政府は、農業政策と並んで、特に、エネルギー政策に目を配るでしょう。我が国の国民経済が健全に発展をつづけるべきであるならば、エネルギーの供給は長期的に確実でなければなりません。」ブラントが 2 期目の首相に就任したとき、1973 年 01 月 18 日、彼は施政方針演説で"エネルギー供給の確実性"確保を重要視し、そのための方策として国内産石炭の消費量維持を宣言している。「我れわれは［エネルギー供給体制の］構造調整に当たっては、ドイツの石炭を最も重要な国内エネルギー資源と位置付けて、国内産石炭に我が国エネルギー供給体制のなかで相応しい使命を与えるでしょう。今年のうちに」、ブラントは新エネルギー政策の公表を予告する、「我れわれはエネルギー政策の全構想にかんする新しい考えを両院に提示するつもりであります。」[27]

　　　Bd. 1, S. 156. 1961 年以降のそれについては、Deutscher Bundestag, 7. Wahlperiode 1972, Drucksache 7/2713, 30. 10. 1974, S. 22f., Anfang 1.
(26)　ブリティッシュ石油の資料によると、国際市場価格は 1971 年から上昇しはじめ、1973 年には、1 バレル当たり 3.29 米ドル、1960 年代の 1.83 倍になっている。BP Statistical Review of World Energy June 2013.

予告された新政策の具体像は、同年09月26日、西ドイツ最初の「連邦政府エネルギー計画」[28]として公表されるが、その要諦は、先の政府声明で主張されたとおり、輸入石油依存に伴い生じ得る不安定性と危険性（価格上昇や供給量減少）を縮減することにあり、その政策として、ひとつには、エネルギー生産資源の多様化が追求されはじめる。まず、(1) 炭鉱業の生産性向上や政府の財政支援で国内産石炭の消費量を安定化させ、つまり、同消費量の縮減に歯止めを掛け、同時に、(2) 石油の輸入量・消費量の増加を適度に抑えながら、さらに、(3) 新しいエネルギー資源の消費量拡大と開発、なかんずく、天然ガスと原子力のそれに努めていく[29]。ブラント政府はこれらの政策の実施によって安定的なエネルギー供給体制の樹立を図ろうとした。「エネルギー供給は、個人的な生活にとっても国民経済活動全体にとっても、その基盤であるというエネルギー供給の意義を考えるならば、国家には、エネルギー供給事業者の責任領域を補完するという大きな責任がある。」[30] ここに、エネルギー資源の多様化を目差して、再び、政府が政策策定を主導しようとする意思を確認することが出来るであろう。（西ドイツのエネルギー政策史上第三の時期）

その後、「連邦政府エネルギー計画」公表直後、アーデナウアーが危惧したイスラエル・パレスティナ間紛争が再び戦争（「第3次中東戦争」）にいたるまで激化し、同計画が想定した石油価格上昇が想定以上に急激化する（"石油価格ショック"）[31]や、翌1974年以降、ブラント後任者のヘルムート・シュミット

---

(27) Willy Brandt, Regierungserklärung vom 18. Januar 1973, in: Stüwe (Hrsg.), *Die großen Regierungserklärungen der deutschen Bundeskanzler von Adenauer bis Schröder,* S. 187.

(28) Deutscher Bundestag, 7. Wahlperiode 1972, Drucksache 7/1057, 03. 10. 1973, Die Energiepolitik der Bundesregierung. 公表の日付については、idem, Drucksache 7/2713, 30. 10. 1974, Erste Fortschreibung des Energieprogramms der Bundesregierung, S. 3.

(29) Idem, Drucksache 7/1057, S. 3, 5, 6, 7-13.

(30) Idem, S. 6.

(31) イスラエル・アラブ間紛争にかんしては、宮本『覇権と自立』、197-267頁。ま

(Helmut Schmidt)首相のもとで、「連邦政府エネルギー計画」には3次に互る補正が施され、エネルギー消費量の縮減が追求されるなか、石炭と石油の競合領域をなす発電にかんして、国内産石炭消費量の安定化（減少抑制）と輸入石油依存率の適正化（増加抑制）を図るための法制度が整備されていった。

　まず、1974年10月の第1次補正では、前年の「連邦政府エネルギー計画」で定められた発電用国内産石炭消費量の引き上げ、すなわち、1980年までのあいだ年間平均3,000万トンという消費量を3,300万トンに引き上げることとされ[32]、さらに、それから2カ月後の同年12月、「電力業界石炭利用再確保法」（通称、「第3次電力法」）[33]も制定され、石油よりも高価な石炭利用で発生する発電費用上昇額は、電力事業者の石炭利用を容易化するためであろうが、事業者負担から最終消費者負担へ転嫁されることになった（第3次電力法第6条）。いわゆる"石炭支援賦課金（Kohlepfennig）"制の導入である。そして、シュミット政府の国内産石炭発電利用促進政策は、電力供給事業者団体に対する政府の積極的な働き掛けのもと、関係事業者団体にも受け容れられ、1977年05月、ドイツ発電所連盟（VDEW）と炭鉱事業者総連盟（GVSt）間で10年間に互る年平均3,300万トンの国内産石炭利用が合意されている（"10年協定"）。しかも、この協定は1980年には15年間延長され、国内産石炭の利用量も順次増大して最終年の1995年には4,750万トンに上ることになっていた（"世紀の協定"と称される）[34]。

　他方、輸入石油量の増加に対しては、発電燃料としての重油利用を「わずかな

　　　た、ブリティッシュ石油の資料では、石油の国際市場価格は1974年には1バレル当たり11.58米ドルに跳ね上がっている。BP Statistical Review of World Energy June 2013.

(32) Deutscher Bundestag, 7. Wahlperiode 1972, Drucksache 7/1057, S. 12; idem, Drucksache 7/2713, S. 13.

(33) Gesetz über die weitere Sicherung des Einsatzes von Gemeinschaftskohle in der Elektrizitätswirtschaft vom 13. December 1974.

(34) Michaelis, *Handbuch der Kernenergie*, Bd. 1, S. 201, 203f., 390; Illing, *Energiepolitik in Deutschland*, S. 130f., 132f.

量に」限るべきという1973年の「連邦政府エネルギー計画」主張が第1次補正でも繰り返され(35)、さらに、「第3次電力法」によって発電容量10メガワット(MW)以上の石油火力発電所新設は天然ガス利用のそれとともに認可取得を義務付けられ、公的管理下に置かれることになった（第3次電力法第8条第1項）。

このようなSPD首班政府の方針はアーデナウアー政府期の"政治的・社会的なエネルギー政策"を踏襲することにほかならず、だから、それが"アーデナウアーの孫"を自任するCDUのヘルムート・コール（Helmut Kohl）連邦首相（1982年10月就任）に受け継がれるとしても、なんら不自然ではない。「ドイツの石炭は優先利用されるべき国内エネルギー資源でありつづける。」1982年10月13日、コールは首相として連邦議会で最初の施政方針演説を行うとき、このように、国内産石炭利用促進を主張し(36)、翌年05月の二度目の施政方針演説でも、「［発電燃料として］国内産石炭を優先利用することは炭鉱業界と電力業界間の"世紀の協定"によって保障されており」、コール政府も石炭消費量を保全するための支援をつづけていくと語りながら、従前どおりのエネルギー政策遂行を明瞭に宣言している(37)。かかる政策の結果として、また、イラン革命（1978年末から翌年03月）に起因する再度の"石油価格ショック"で輸入石油依存の不安定性と危険性を改めて認識させられた結果として、石油消費量の増加も石炭消費量の減少も「連邦政府エネルギー計画」第2次補正（1977年12月）における政府予測(38)よりも小さく抑えられ、石炭は石油に次ぐ第二の基幹エネルギー資

---

(35) Deutscher Bundestag, Drucksache 7/1057, S. 13; idem, Drucksache 7/2713, S. 11.

(36) Helmut Kohl, Regierungserklärung vom 13. Oktober 1982, in: Stüwe (Hrsg.), *Die großen Regierungserklärungen der deutschen Bundeskanzler von Adenauer bis Schröder*, S. 275.

(37) Idem, Regierungserklärung vom 4. Mai 1983, in: *ibid.*, S. 289.

(38) 一次エネルギー消費量に占める割合で見てみると、政府予測では、石油は46.2パーセント（1985年）と42.6パーセント（1990年）になると見られていたが、現実には、41.4パーセント（1985年）と41.0パーセント（1990年）であり、石炭については、政府予測と現実は、それぞれ、15.5パーセントと20.6パーセント（1985年）、15.1パーセントと18.8パーセント（1990年）であった。

第2章 西ドイツのエネルギー政策と原子力発電 119

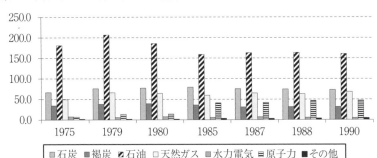

図2-3 西ドイツの一次エネルギー消費量 1975-1990年　単位 100万トン石炭換算

源としての地位を保ちつづけていた（図2-3を参照）[39]。

第2節　原子力発電

　石油や石炭や天然ガス等の化石燃料多用が、しかし、環境汚染と健康被害を惹き起こすことは歴史的な事実であり、それゆえに、エネルギー政策には環境を損なわない（"エネルギー供給の環境非毀損性"）し、社会的にも受け容れられる（"エネルギー供給の社会的受容性"）という課題が課されている。そして、かかる課題の存在は大気汚染・水質汚染問題等を契機に1970年前後から先進諸国で痛感されるようになり、ほどなく、環境保全の観点からエネルギー政策論が展開されるが、西ドイツのエネルギー政策も、1970年代以降、かかる課題に対処せざるを得なくなる（西ドイツのエネルギー政策史の第四期）。そのばあい、だが、新しいエネルギー政策においては、再生可能資源の利用ではなく原子力発電拡張が"環境非毀損性"を論拠にして課題対処策の中心に据えられ、称揚されてくる。この節では、西ドイツにおける原子力発電（原発）の問題について論じよう。

　　　Deutscher Bundestag, 8. Wahlperiode 1976, Drucksache 8/1357, 19. 12. 1977, Zweite Fortschreibung des Energieprogramms der Bundesregierung, S. 14.

(39)　Hans Michaelis, Die Energiewirtschaft der Bundesrepublik Deutschland von 1970 bis 1990, in: *Energie - Politik - Geschichte*, S. 65, Tabelle 3.

第1項　「原子力時代」の黎明

　1958年06月、西ドイツ最初の原子力発電所、発電容量わずか16メガワット (MW)(正味発電量15 MW) のカール実験用発電所がバイエルン州の小都市グロースヴェルツハイムに建設され始め、3年後 (1961年) の06月17日、初めて送電網に電力供給が行われた[40]とき、西ドイツでも原子力を商用エネルギー資源として利用するための模索が始まった。原子力の研究それ自体は、無論、すでに第二次世界大戦敗戦直後から着手され、戦時中、原子炉開発研究に携わった研究者たちは、早くも1946年初め、ゲッティンゲンに物理学のカイザーヴィルヘルム研究所 (KWI)（後に、マクスプランク研究所 (MPI) と改称）を再建し、ヴェルナー・ハイゼンベルク (Werner Heisenberg) 等を中心に原子力の基礎研究を再開している[41]。そして、政府側でも、また、アーデナウアー首相は軍事的な観点から原子力利用に関心を有しており（後述）、欧州防衛共同体 (EDC) 条約調印 (1952年05月) 後は、連邦経済省を中心に原子力利用再開に備える準備作業が始められ、それには経済界も参加していた[42]。しかし、ドイツの軍事的な復活に対する連合国の警戒心はきわめて強く、戦後ドイツは応用核物理学研究を含め「純軍事的ないし本質上軍事的な性格の応用自然科学研究」をすべて禁止されていた（連合国［米英仏ソ4カ国］統制協議会指令第25号）のみならず、西ドイツ建国 (1949年09月) 後も、原子力研究関連の機器物資の調達・製造等は連合国の厳格な管理下に置かれ、原子炉等の建設は禁止されつづけていた（連合国［米英仏3カ国］高等弁務官指令第22号）[43]。それゆえに、民生用であれ

---

(40) Anfang und Ende des ersten deutschen Meilers, in: *Focus*, 17. 06. 2011.

(41) Wolfgang D. Müller, *Geschichte der Kernenergie in der Bundesrepublik Deutschland. Anfänge und Weichenstellungen*, Stuttgart 1990, S. 55.

(42) Joachim Radkau, *Aufstieg und Krise der deutschen Atomwirtschaft 1945-1975. Verdrängte Alternativen in der Kerntechnik und Ursprung der nuklearen Kontroverse*, Reinbek bei Hamburg 1983, S. 39-43; Müller, *Geschichte der Kernenergie in der Bundesrepublik Deutschland*, S. 117-131, 147-152.

軍事用であれ、原子力利用計画に着手するためには、西ドイツは連合国がさらに政策を転換する時を待たなければならなかった。

それだけに、米ソ（東西）対立激化のなか、米英仏3カ国が「ドイツ非軍事化」政策から西ドイツの軍事能力活用へと政策転換し、EDC樹立計画挫折後に、「パリ諸条約」の発効（1955年05月05日）によって主権が大部分回復され（「ドイツ条約」第1条第2項）、「連合国高等弁務官指令第22号」も廃止される（「戦争と占領に起因する諸問題の規定条約」（通称、「移管条約」）第1条）[44]という情況が到来するや、西ドイツの原子力利用計画は連邦首相主導で速やかにすすめられた。すなわち、同年10月06日、原子力平和利用の研究開発を所管する原子力問題省の新設とフランツ-ヨーゼフ・シュトラウス（Franz-Josef Strauß）の初代原子力問題相就任が閣議決定され[45]、それから半月後には、「原子力強国（Atommacht）」を目差すことが宣言されている。「長期間の理論的な検討によって個人的に確信しますところ、経済的・文化的・科学的な目的に原子力を利用することは、原始的な人間による火の発見と同様に人類史を画する出来事です。そして、このように考えることは、また、多くの経験豊かな科学者たちに共有されています。我れわれは、だから」、シュトラウスは、原子力問題相就任翌日、西ドイツも米英仏同様原子力の平和的利用推進に着手する旨をラジオ放送で語っていた、「いまや、極めて慎重かつ控え目にですが、とにかく、原子力強国（Atommacht）の列に加わって ─ と言っても、無論、軍事的な原子力強国ではなく、原子力を平和目的に利用する原子力強国に加わってという意味でありますが ─ 平等な権利を有する国の地位を占めなければなりませんし、そのために必要な最初の一歩を踏み出さなければなりません。」[46]

---

(43) Cf. *ibid.*, S. 43-54.「連合国統制協議会指令第25号」と「連合国高等弁務官指令第22号」の条文はそれぞれ、*ibid.*, S. 635-640, S. 641-649.

(44) *Ibid.*, S. 115.

(45) *Die Kabinettsprotokolle der Bundesregierung*, Bd. 8, 1955, 99. Kabinettssitzung am Donnerstag, den 6. Oktober 1955, S. 553f.

(46) Manuskriptfassung eines Interviews des Nordwestdeutschen Rundfunks mit Franz Josef Strauß vom 21. Oktober 1955, < http://www.fjs.de/der-politiker/

このようにして、アーデナウアー首相期の西ドイツは原子力平和利用の道を歩みはじめている。だが、原子力利用をめぐる政府の考えは二つの点で原子力平和利用計画をスムーズに進展させることにはならなかった。ひとつは、原子力の軍事利用可能性の肯定意思である。そもそも、アーデナウアー首相やシュトラウス原子力問題相にとっては、原子力開発は戦敗国西ドイツが戦勝大国と同権を有する国家であることを誇示する手段にほかならず[47]、同様の観点から、原子力の軍事利用も肯定されたが、その影響はアーデナウアー首相期に特有なこととして短期間にとどまるも、他は、経済活動のエネルギー資源としての原子力利用拡大に余り積極的ではなく、それを専ら私企業に委ねようとすることである。それは、しかも、エーアハルト首相期にも継承されていた。

先ず、ひとつ目の問題について。原子力の軍事利用可能性に対するアーデナウアーの肯定意思は早くも1955年夏には原子力平和利用計画関係者の間で推察されていた[48]。原子力問題省新設決定閣議のさいにも、エーアハルト経済相が主張しつづけた経済省所管案[49]を退けての原子力問題省新設案であるがゆえに、米英仏3カ国にも例のない独立省設置案からは「平和的な利用のみ」と明言しつづけた政府の意図が疑われるという指摘も行われている[50]。このとき、わずかに閣議の2日前に首相案を示された閣僚たちのあいだには、各省所轄区域間の調整を行うためや各議員団の見解を探る必要性を論拠にして、継続審議を求める声が少なくなかったし、取り分け、自由民主党（FDP）は首相主導の性急な決定に対して、翌月、連立政府から離れることになる[51]ほどに強く反対した。だ

---

atomminister.html >.

(47) Joachim Radkau, Das RWE zwischen Braunkohle und Atomeuphorie 1945-1968, in: *"Der gläserne Riese": RWE – ein Konzern wird transparent,* hrsg. von Dieter Schweer und Wolf Thieme, Wiesbaden 1998, S. 189, 222.

(48) Radkau, *Aufstieg und Krise der deutschen Atomwirtschaft 1945-1975,* S. 42-44.

(49) Müller, *Geschichte der Kernenergie in der Bundesrepublik Deutschland,* S. 147-150.

(50) *Die Kabinettsprotokolle der Bundesregierung,* Bd. 8, 1955, 99. Kabinettssitzung am Donnerstag, den 6. Oktober 1955, S. 553f.

が、アーデナウアーはそれら一切の異論を退けて、自らの案を承認させている。そして、かかる独断的な決定の意図が奈辺にあるかは原子力法制定過程で鮮明に示された。

原子力法の制定は「連合国高等弁務官指令第22号」廃止に伴って原子力平和利用の西ドイツ法根拠が求められた[52]ことから始まっており、翌（1956）年12月、政府法案が連邦議会に送られた。同法案が、そして、連邦議会原子力問題委員会で修正されたことで、アーデナウアーとCDU/CSU内の原子力軍事利用肯定意思が表面化することになる。

政府法案は、「原子力の生産（Erzeugung）と利用」にかんする権限を連邦政府と州の競合的立法分野に追加するという基本法（憲法）改訂法案（第11a条の追加）と「原子力の生産と利用にかんする法案」（つまり、原子力法案）の二つから成るが、かくのごとく、第11a条の条文でも原子力法案の名称でも、いずれのばあいも「原子力の利用」と記されるのみであって、「原子力の平和利用」の文言は使われていない。しかも、原子力法案第1条（法の目的）に謳われる「原子力にかかわる国際法の履行義務［西ドイツは、パリ諸条約中の軍備管理第三議定書において、核・生物・化学兵器製造を放棄するという義務を負っている］」規定については、その規定は「ドイツ連邦共和国が防衛目的で用いる原子力兵器」に対して効力をもつものではないとされている（原子力法案第44条第1項）。この点にかんする政府の解釈によるならば、核兵器等の製造放棄はパリ諸条約調印時の西ドイツ側からの自由意思表明にすぎなかった[53]から、法案第44条第1項の条文に問題はなく、政府の法案説明もたんに「放射性物質や核燃料、そして、諸装置や施設の軍事的利用については、それが後に問題となるときに、特別に規定される」と述べるのみであった[54]。

---

(51) Müller, *Geschichte der Kernenergie in der Bundesrepublik Deutschland*, S. 533.

(52) *Ibid.*, S. 115. 実際には、「原子力法」制定の試みはEDC条約調印後間もなくに連邦経済省で始められているが、2年後の夏には、米英仏3カ国の政策転換を予測して、停止されていた。*Ibid.*, S. 147-150, 528-532.

(53) Müller, *Geschichte der Kernenergie in der Bundesrepublik Deutschland*, S. 113.

(54) Deutscher Bundestag, 2. Wahlperiode 1953, Drucksache 3026, 16. 12. 1956, S. 2-3,

他方、連邦議会原子力問題委員会の修正案では、基本法改訂法案第 11a 条においても原子力法案の名称においても、共に「原子力の平和利用と危険防護」というように「平和利用」が明記され、さらに、原子力法案第 44 条第 1 項も削除されている[55]。かかる修正のゆえに、修正案では核保有の道が閉ざされると考えた CDU/CSU 議員たちは原子力問題委員会案に反対し、その反対議員たちに対してはアーデナウアーも「これ［修正案］では、北大西洋条約機構（NATO）全体が崩壊する」と応じて与する意思を表明している[56]。その結果、同修正案は「連邦議会議員 3 分の 2 の同意」という基本法改訂要件の一つ（基本法 第 79 条第 2 項）を満たすことなく不成立に終わり[57]、同様に、政府法案も可決要件を満たすに足る賛成票を得られなかった[58]から、西ドイツの原子力法制定作業は 1959 年 12 月末に原子力問題委員会案のような規定で決着するまでつづくことになった。

原子力の軍事的利用問題は、ソ連邦脅威の念に捉われたアーデナウアー政府期の「時代精神」の表出であり[59]、原子力法制定を遅らせるという西ドイツ原子

14, 45.

(55) Idem, Drucksache 3502, [09. 05. 1957], Schriftlicher Bericht des Ausschusses für Atomfragen (38. Ausschuß), S. 1-2, 14.

(56) Nase verloren, in: *Der Spiegel*, Jg. 11, H. 28, 10. 07. 1957, S. 13-15; Explosion, in: *Die Zeit*, Nr. 27, 04. 07. 1957.

(57) 原子力問題委員会の修正法案は連邦議会第三読会終了時に最終表決に付されるが、CDU/CSU 議員団のばあい、全議員 254 名のうち、出席し表決で賛成票を投じた者は 157 名にとどまり、44 名が棄権（反対も 2 名）した。そのために、他議員団からの 171 票の賛成がありながらも、可決必要要件（332 票の賛成）は満たされなかった。Deutscher Bundestag, 2. Wahlperiode 1953, *Verhandlungen des Deutschen Bundestages*, Stenographischer Bericht, 221. Sitzung, 02. 07. 1957, S. 13098.

(58) 原子力法の成立過程については、Müller, *Geschichte der Kernenergie in der Bundesrepublik Deutschland*, S. 528-565.

(59) アーデナウアーの原子力軍事利用肯定論は、一方で、NATO 加盟国としてはアメリカの核兵器西ドイツ配備を肯定することであるが、他方では、対米不信ゆ

力政策史上のエピソードにとどまる(60)が、他方、原子力の平和利用に対する政府方針はイギリス・フランス等政府主導の原子力推進とは異なるものであり、西ドイツ経済政策の一面の表出にほかならない。

　知られるように、西ドイツの経済体制は、市場における自由競争を基盤とし、その観点から、経済過程に対する政府介入には消極性を求めるが、自由な競争市場を保全するためであれば、政府の調整的な市場介入を不可欠視する経済理論（「秩序（オルド）自由主義」）に基づいた市場経済であり、その経済政策は自由な競争市場秩序を形成・維持するとともに景気・構造政策を行いながら社会的な安定を図る役割りも担っている（「社会的市場経済」）。それゆえに、現実には、

　　　えの仏独ないし仏独伊による欧州独自の核兵器開発保有論であり、アーデナウアーの目標は紛れもなく後者にあった。宮本『覇権と自立』、34-35、41頁。アメリカに対するアーデナウアーの不信は、核戦力を増強して通常戦力を削減するという新しい米軍世界戦略構想、「ラドフォード・プラン」（1956年07月）の報に接して極度に強まっていた。同戦略は、アーデナウアーが考えるところ、欧州防衛に対する米軍関与を疑わせるに充分なものであり、同戦略のもとでは、「欧州は極めて危険な状況に直面する」ことになる。それゆえに、アーデナウアーは、すでに同年07月の閣議において、NATO（アメリカ）依存の防衛政策を修正し、情況の根本的な変容を論拠にして（clausula rebus sic stantibus）核兵器製造放棄という国際法義務の失効宣言を考慮するべき旨を語っていた。*Die Kabinettsprotokolle der Bundesregierung*, Bd. 9, 1956, bearbeitet von Ursula Hüllbüsch, München 1998, 144. Kabinettssitzung am Freitag, den 20. Juli 1956, S. 484-486; *ibid*. 145., Kabinettssitzung am Donnerstag, den 26. Juli 1956, S. 501f. また、この当時、原子力の軍事的利用（西ドイツ連邦軍の核武装）を肯定する気運は社会的にも高まっており、教会がCDU/CSU連邦議会議員団から連邦軍核武装に対する態度表明を求められると、カトリック教会は肯定し得る旨を表明している。他方、プロテスタント教会のばあい、絶対的な核武装反対者も少なくないにもかかわらず、見解は賛否分かれて態度表明を出来ない情況になっていた。Billigt Gott A-Bomben?, in: *Der Spiegel*, Jg. 12, H. 14, 04. 04. 1958, S. 50-53.

(60)　日本でも、また、1950年代後半、岸信介内閣のもと「防衛のための核武装」が検討されていた点で西ドイツと同じであった。だが、西ドイツのばあい、その後、核武装検討は行われていないが、日本のばあいには、1960年代後半、佐藤

政府の政策は自由な競争市場重視と政府介入のあいだで変わり得るし、どのような政府介入が行われるかによっても異なってくる。そして、連邦経済相と連邦首相を歴任するエーアハルトのばあい、基本的な経済秩序観は市場経済論に拠っているから、経済政策の一部をなすエネルギー政策（原子力政策）も相応なものになると思われたが、果たして、予測に違わぬ政策方針であった。エーアハルト経済相の原子力法構想において[61]も原子力法政府草案説明において[62]も、政府の役割りはエネルギー産業の市場秩序保全のための最小限の監督任務にとどまって、原子力の生産事業は私企業のイニシアティヴに最大限委ねられた。そして、実際にも、アーデナウアー政府の原子力政策では、原子力を将来のエネルギー資源とするべく[63]、原子力利用の秩序体系形成および原子力の基礎研究奨励は行われて[64]も、原子力の生産に対しては直接的な関与が行われることはなかった。かつて、ヒトラー政府の成立期には、政府介入による電力供給量の増大と価格大幅低廉化がナチス党によって企図された結果として、エネルギー産業界（電力・ガス業界）は法的にはライヒ（ライヒ経済相）の監督下で「一体的に指導される」体制になっていた（「エネルギー産業促進法（通称、エネルギー産業法）」[65]前文および第1条第1-2項）。しかし、そのような体制に対しては経済

栄作内閣のもとでも再び核武装が模索されている。それも、西ドイツと共同で行うという構想であった。『中国新聞』、2013年03月17日。NHKスペシャル取材班『"核"を求めた日本　被爆国の知られざる事実』、光文社2012年。

(61) *Die Kabinettsprotokolle der Bundesregierung,* Bd. 9, 1955, 144. Kabinettssitzung, S. 492f.; Radkau, *Aufstieg und Krise der deutschen Atomwirtschaft 1945-1975,* S. 132f.

(62) Deutscher Bundestag, 2. Wahlperiode 1953, Drucksache 3026, S. 17, 19.

(63) Konrad Adenauer, Regierungserklärung vom 29. Oktober 1957, in: Stüwe (Hrsg.), *Die großen Regierungserklärungen der deutschen Bundeskanzler von Adenauer bis Schröder,* S. 72.

(64) Cf. Michael Eckert und Maria Osietzki, *Wissenschaft für Macht und Markt. Kernforschung und Mikroelektronik in der Bundesrepublik Deutschland,* München 1989, S. 84-88.

(65) Gesetz zur Förderung der Energiewirtschaft (Energiewirtschaftsgesetz) vom

界の反対があり、けっきょくは、エネルギー産業法（EnWG）のもとでも、「事実上の監督権行使はライヒ経済相からエネルギー産業界に委ねられていた」[66]ように、そして、同法は、必要な僅かな修正を加えられただけで、戦後も施行されつづけるように、ドイツでは、政府は伝統的にエネルギー生産に直接的に関与することには消極的であった。

　新エネルギー資源としての原子力は、だが、他資源のばあいと異なって、発電資源としての利用には巨額の初期投資が必要であり、かつ、その収益性も将来性も不明である。したがって、エネルギー供給事業者が原子力発電事業に乗り出す気運は容易には高まらなかった。たとえば、西ドイツの巨大なエネルギー供給事業者、ライン－ヴェストファーレン電力（RWE）のばあいにも、1950-1960年代においては、原子力利用にかんする方針は定まらなかった。一方で、発電資源としての原子力利用に対する評価は原発経済性の劣等性[67]や原発事業将来性の不透明さゆえに極めて低く、同社は近い将来も石炭・褐炭という化石燃料、なかんずく、褐炭を基幹エネルギー資源とする事業計画を立てていた。そうであるとしても、しかし、他方、エネルギー産業の燃料費・人件費が上昇していく事態を考えるならば、RWEも新エネルギー資源としての原子力利用に非関与を通すわけにはいかない[68]。かかる考慮から、RWEは凡そ商用には程遠い実験的な原発建設に着手し（先述のカール実験用発電所建設である）、その後、発電容量250MWの原発建設に着手していたが、原子力発電事業に対する消極的な考えは

---

　　　13. Dezember 1935.

(66) Wolfgang Zängl, *Deutschlands Strom. Die Politik der Elektrifizierung von 1866 bis heute,* Frankfurt am Main 1989, S. 176-184; Bernhard Stier, *Staat und Strom. Die politische Steuerung des Elektrizitätssystems in Deutschland 1890-1950,* Ubstadt-Weiher 1999, S. 443-453.

(67) 1950年代後半、石炭火力発電の発電費がキロ当たり4.5プフェニヒであるのに比して、原発のそれは20プフェニヒと見積もられた。Lästige Konkurrenz, in: *Der Spiegel,* Nr. 1, 01. 01. 1958, S. 19.

(68) Radkau, *Aufstieg und Krise der deutschen Atomwirtschaft 1945-1975,* S. 118-121, 211-213.

当面不変であった。将来、RWE が原子力発電事業に積極的に乗り出すとするならば、なんらかの政府の財政支援策によって原発の経済性が向上するか、ないしは、原発の将来性が明らかになるときか、あるいは、化石燃料利用に伴う大気汚染が社会問題化するときであろうと考えられていた。

第 2 項　原子力発電の拡大

　第二次世界大戦後、高度成長が続いた西ドイツ経済も、1960 年代後半には、戦後最初の景気後退期に入り、歳入減少や事実上の完全雇用情況の終焉とともに、社会的な不安定化も兆してきた。かかる事態に対して、エーアハルト政府が考えた対処法は先ず増税であったため、強い経済自由主義の傾向を帯びる与党自由民主党（FDP）が政府から離脱して、エーアハルト政府は瓦解する。その結果、1966 年 12 月、CDU/CSU と SPD から成る新連立政府（「大連立」）が形成され、CDU の新首相クルト・ゲオルク・キージンガー（Kurt Georg Kiesinger）と SPD の新経済相カール・シラー（Karl Schiller）のもと、エーアハルト政府とは異なる経済・財政政策、キージンガー首相が施政方針演説で「あらゆる他の政策より遥かに優れている」と自賛した「全体的な嚮導（Globalsteuerung）政策」[69]が展開されることになった。

　新政府の「全体的な嚮導政策」は、経済過程に対する政府介入に消極的であったエーアハルト首相とは対照的に、経済成長実現のための積極的な政府役割りを宣言する。「連邦と各州は、経済政策・財政政策上の措置を講ずるばあい、経済全体の均衡要請を注視する。」そして、シラー経済相提唱の「経済安定成長促進法」、「全体的な嚮導政策」展開に不可欠な法的要件と位置付けられる新法[70] が謳うところ、それらの措置は労働組合と雇用者団体と連邦政府・各州 3 者間の

---

(69) Kurt Georg Kiesinger, Regierungserklärung vom 13. Dezember 1966, in: Stüwe (Hrsg.), *Die großen Regierungserklärungen der deutschen Bundeskanzler von Adenauer bis Schröder*, S. 155.

(70) Gezetz zur Förderung der Stabilität und des Wachstums der Wirtschaft vom 08. Juni 1967. 同法案は連邦議会を同年 05 月 10 日に通過している。

表 2-1 西ドイツの原子力発電量と発電総量に占める割合い 1970-1990 年

単位 100万トン石炭換算 ％

年	1967	1970	1973	1975	1977	1980	1982	1985	1986	1988	1990
発電量	0.4	2.1	4	7.1	11.8	14.3	20.9	41.1	38.7	46.9	47.2
割合い	0.7	2.5	4	7.2	10.9	12	17.6	31.2	29.7	34.1	33.2

「共同行動によって」講じられ、「物価水準安定・高度雇用状態・国際収支均衡・不断の適切な経済成長の実現」(同法第1条)が目差されるが、そのばあい、均衡回復の手段として、「景気調整準備基金」が政府によって設けられており、景気浮揚のために活用される(同法第5条第3項)ことが予定されていた。

したがって、「大連立」政府の政策はケインズ主義的な景気政策にほかならないが、その一環として、原子力業界とエネルギー事業者に対しては、政府は各州からの醵出も得ながら1968-1971年に総額49億マルクという大規模な財政支援を行って、1980年までには電力生産に占める原発割合いが33パーセントに達するまでに拡大することを計画した[71]。かかる政府の提案が"経済成長のためにエネルギー供給を増加する"という極めて政治的なエネルギー需要喚起にあることは間違いなく、ここに、先行する政府期の"市場原理のエネルギー政策"は完全に後退し、ウルリヒ・エンゲルマンが定義した(序章第3節)ごとく、エネルギー政策は政府の「統治行為」となっている。しかも、政府の「統治行為」はエネルギー事業者配慮精神に則るから、政府の思惑が外れることもない。先駆的な原子力社会経済史研究者ヨアヒム・ラートカウが指摘するところ、「このときに多数の[原子力]研究プロジェクトが誕生」し[72]、RWEも、1969年06月に、当時としては別格に大きな発電容量1,225MWの原子炉、世界最大発電容量の原

---

(71) *Die Kabinettsprotokolle der Bundesregierung,* Bd. 20, 1967, bearbeitet von Walter Naasner und Christoph Seemann, München 2010, 106. Kabinettssitzung am Mittwoch, dem 13. Dezember 1967, S. 589, Anm. 41. そして、その後、西ドイツが欧州核研究機構(CERN)の欧州陽子加速器プロジェクトに参加する1972年からは、財政支援総額は55億マルクに引き上げられる。

(72) Radkau, Das RWE zwischen Braunkohle und Atomeuphorie 1945-1968, S. 193.

子炉を発注して、原子エネルギー生産に乗り出すという新方針を打ち出している[73]。爾来、西ドイツにおける原子力発電は拡大の一途を辿ることになった（表2-1を参照）[74]。

　原発拡大のプロセスにおいて、石油消費量の増加と価格上昇が大きな役割りを果たしたことは西ドイツにおいても他の先進国と同様である。たしかに、西ドイツでは、電力生産に占める石油の割合いはさほど高くはなく、1960年代半ばまでは常に数パーセントにとどまっていた。だが、同年代後半からは10パーセント台に達し、1972年には13.1パーセントという史上最高値を記録した[75]。かかる傾向のなかにエネルギー供給の不安定性と危険性を見てとったブラント政府が、西ドイツ最初の「連邦政府エネルギー計画」において、新しいエネルギー資源の利用拡大、つまり、エネルギー資源の多様化を目差したことは先に述べたとおりである（第1節）。そのばあい、留意されるべきことであるが、同エネルギー計画において、原子力は新しいエネルギー資源として極めて高い評価が与えられていた。「原子力は、ほとんど環境を損なうこともないし、一次エネルギー供給の観点に立つならば、とくに、供給が確実であるという優位性を有している。しかも、軽水炉発電の発電費は常時通電用電力（Grundlast）供給にかんしては今日すでに在来型発電のそれよりも廉価である。それゆえに、連邦政府が考えるところ、長期的なエネルギー供給の安全確保のために、原子力の最適利用が不可欠であり、エネルギー政策上、それは緊急に必要である。」無論、原子力利用の拡大計画実現には「極めて多額な出費と大きな危険が伴う」から、連邦政府がエネルギー供給事業者に財政支援を行ってゆく[76]。このような考えに拠りながら、ブラント政府のもと、原子力発電の飛躍的な拡大が目差された。政府のエネルギー計画によるならば、原子力発電の設備容量は、まず現存の2,300MWか

---

(73) Ibid., S. 224; Deutsches Atomforum, Kernenergie in Zahlen, Mai 2013, S. 3.

(74) Arbeitsgemeinschaft Energiebilanzen e. V., Auswertungstabellen November 2007, Einsatz von Energieträgern zur Stromerzeugung – alte Bundesländer.

(75) Ibid.

(76) Deutscher Bundestag, Drucksache 7/1057, Die Energiepolitik der Bundesregierung, S. 10, 11.

ら最低限でも 18,000MW（1980 年）に引き上げられ、その後は 40,000-50,000MW（1985 年）に拡大されなければならないことになっている。

ヴィリィ・ブラント政府の飛躍的な原発拡大計画は核燃料再処理と高速増殖炉建設から核融合発電まで展望する全面的なものであり、それはヘルムート・シュミット政府に受け継がれ、1985 年には電力生産の 45 パーセントを総発電容量 50,000MW の原子力発電で賄うことが企図された[77]。SPD にすれば、たしかに、このような方針は早く（1950 年代）から原子力を経済成長（生活水準向上）実現に不可欠なエネルギー資源と位置付けて[78]、粗(ほぼ)党全体で原子力推進に与してき、1960 年代後半からは、前述のように、大規模な財政支援で拡大を促そうとしてきた[79]立場の継承にほかならないが、1970 年代に入ると、同党内にも次第に見解の分岐（多様化）が表面化してきた。そして、"2.5 大政党制"と称される（西）ドイツにおいて、原子力の発電利用放棄（「脱原発」）の可能性が生ずるとするならば、それは、少なくとも CDU/CSU と SPD のどちらかに原子力利用にかんする方針の変容が生じるときである。次に、西ドイツ期後半（1970-1980 年代）の原発にかんする両党の見解情況を見ていこう。

---

(77) Idem, Drucksache 7/2713, 30. 10. 1974, Erste Fortschreibung des Energieprogramms der Bundesregierung, S. 15.

(78) 1950-1960 年代における SPD の代表的な原子力推進者レーオ・ブラント（Leo Brandt）によるならば、原子力によって"第 2 次産業革命"が達成され、すべての人びとの生活水準は向上して「平和が創出される」ことになる。Bernd-A. Rusinek, Leo Brandt: Ein Überblick, in: Schriften des Forschungszentrums Jülich Reihe Allgemeines/General, Bd. 6, S. 21; Transkription des 255. Kölner Mittwochgespräches: "Wir werden durch Atome leben" (30. Mai 1956), in: ibid., S. 70, < http://www.fz-juelich.de/zb/juwel >.

(79) 党幹部会員ハンス・マットヒェーファー（Hans Matthöfer）が明らかにするところ、1972 年の政府予算におけるエネルギー研究費配分も、原子エネルギー研究費と非原子エネルギー研究費の割合いが 79 対 1 というように原子力重視に傾いていた。*Parteitag der Sozialdemokratischen Partei Deutschlands vom 15. bis 19. November 1977 Congress-Centrum Hamburg*, Protokoll der Verhandlungen Anlagen, S. 384.

第3節　社会民主党の原子力政策

第1項　「脱原発」論の台頭

　原子力利用にかんする社会民主党（SPD）内の見解は"経済成長論議"（序章第1節）とともに分岐（多様化）し始めている。

　ブラント首相が、1973年01月の施政方針演説で、「経済成長と福祉の向上が第二次世界大戦［終結］以来我が国民の生活水準を著しく向上させています」と経済成長の不可欠性を態態（わざわざ）強調する[80]とき、それはブラント政府が経済成長を追求しつづけるという意思表示であるとともに、前年03月の『成長の限界』公刊を契機に沸き上がった"経済成長論議"に対する警戒と牽制であった。間もなく（1973年04月）開かれる党大会で明らかになるように、"これまでどおりの道"踏襲に対する批判的な気運は党内にも広まっている。「技術的・資本主義的な資本投入で量的成長が実現されたため、なるほど、多くの昔からの問題は解決され得ました。同時に、だが、人間の人間としての生存を圧迫する新たなる問題が生み出されています。」たとえば、都市の巨大化・非人間的な居住地域化と地方の過疎化無人地域化傾向、あるいは、水・土壌・大気の汚染と天然資源・原材料の枯渇化懸念、そして、「多くの外国人労働者の下層プロレタリアート化」等々の「新しい病弊」が生み出されている。それゆえに、党幹部会員ヨヘン・シュテフェン（Jochen Steffen）は、量的成長が生み出した現実社会を批判的に捉え、「あらゆるタイプの不必要な（unqualifiziert）成長」を排しながら量的経済成長から質的な経済成長へ方針転換するべき旨を力説しないではいられなかった[81]。さらに、また、ハンブルク州組織代表のハンス-ヨアヒム・ゼーラー

---

(80)　Brandt, Regierungserklärung vom 18. Januar 1973, S. 188.

(81)　*Parteitag der Sozialdemokratischen Partei Deutschlands vom 10. bis 14. April 1973, Stadthalle Hannover*, Bd. I Protokoll der Verhandlungen Anlagen, S. 113-117.

(Hans-Joachim Seeler) からは「公正な世界秩序論」が展開され、世界全体の成長総量が有限である以上、先進国の成長は途上国の将来成長のために自ずから制限されなければならないと語られている[82]。党内にも、かくのごとく、MIT 研究チームが主張する「計画的な成長抑制」論、「持続的で環境を保全できる世界的な均衡」樹立論の影響が及んでいたのである。

　量的成長から質的なそれへ方針転換するべきという考えには、たしかに、党指導者たちも観念的には同意できる。たとえば、ブラントは施政方針演説で「［社会的・自然的な環境を損なうような］経済成長は問題であります」が、「人間のための成長は必要であり、人間生存の質的向上のための成長は不可欠である」旨を語っている[83]。だが、現実には、労働権具現化としての（完全）雇用実現が「経済安定成長促進法」以来つねに最優先の党使命と位置付けられる[84]以上、"これまでどおりの"成長追求政策は容易には変わり得ない。「成長停滞が何を意味し得るかは 1967 年に示されています。1967 年にドイツの実質成長率はゼロに等しくなり、その結果、多くの被雇用者は操業短縮のために失業者同然となり、生存の危機にさらされました。」それゆえに、このときは財務相の任に就いていたヘルムート・シュミットは成長抑制論的な主張に対しては、将来の技術力発展可能性を論拠にした環境汚染問題解決論を対置させ、また、先進国の成長と消費増加こそが途上国の成長支援策にほかならないと反駁しながら、飽くまでも成長追求政策を力説せずにはいられない、「今日は断固決然として国民生産を増大することが不可欠であり、政府は私的な投資と消費が増加するよう図って行きます。」[85]

---

(82)　*Ibid.*, S. 226-229.

(83)　Brandt, Regierungserklärung vom 18. Januar 1973, S. 189.

(84)　たとえば、1979 年 12 月の党大会における党幹部会提出の決議案にも、経済・雇用政策にかんして、「完全雇用は我が党政策のナンバーワンの使命でありつづけ、労働権の具現化は社会民主党経済政策の最重要な使命である。」と謳われている。*Parteitag der Sozialdemokratischen Partei Deutschlands vom 3. bis 7. Dezember 1979 ICC Berlin*, Bd. II Angenommene und überwiesene Anträge, S. 1385.

このように、『成長の限界』公刊を機とする"経済成長論議"は成長追求というSPDの基本政策に党内見解の分岐（多様化）を生み出す[86]が、人間の経済成長追求心に起因する社会的・自然的環境の質的悪化が懸念されて成長の態様・実質が問題視される以上、成長追求政策の基盤を成すエネルギー供給のための利用資源も問題視されないわけにはいかない。それゆえに、もうひとつのSPDの基本政策、原子力の発電利用推進についても、その当否にかんする党内見解の分岐、週刊紙『ツァイト』編集者マーリオン・デーンホフ（Marion Gräfin Dönhoff）が言うところ、「成長を一種の宗教として信仰する」推進者たちと「人間生存の質的改革を信奉する」反対者たちの争い[87]が始まった。

ラートカウの原子力経済社会史研究は1970年代半ばには西ドイツの原発建設抗議運動が多様な社会層を含む大衆的なものに転化していると指摘した[88]が、また、アレンスバハ輿論研究所の国内輿論調査結果からも、安全性確立を前提条件に原発利用に同意してきた輿論（表2-2を参照）[89]のなかに、1970年代半ばには原発建設に消極的・否定的な傾向が幾分強まる（後述）ことがうかがえる。そして、そのような気運はSPD内にも生じ始めており、1975年11月、同党大会で党地区組織から原発建設に懐疑的・否定的な動議が初めて提出されるにい

---

(85) *Idem vom 10. bis 14. April 1973,* Bd. I Protokoll der Verhandlungen Anlagen, S. 277-280.

(86) ちなみに、党の成長政策変容は大略次のとおりである。まず、1975年11月の党大会で「生活の質的向上の観点から見て経済全体に有意義な成長」政策が決議され、次いで、次回党大会（1977年11月）で、それは「人間に相応しい成長（humanes Wachstum）」政策という決議に取って代わられた。以後については、本文中で後述。*Idem vom 11. bis 15. November 1975 Rosegarten Mannheim,* Protokoll der Verhandlungen Anlagen, S. 1039f.; *idem vom 15. bis 19. November 1977 Congress-Centrum Hamburg,* S. 899f.

(87) Lebensfrage Kernfrage, in: *Die Zeit,* Nr. 2, 31. 12. 1976.

(88) Radkau, *Aufstieg und Krise der deutschen Atomwirtschaft 1945-1975,* S. 450-455.

(89) Institut für Demoskopie Allensbach, *Jahrbuch der öffentlichen Meinung,* Bd. V, 1968-1973, S. 442; idem, *Allensbacher Jahrbuch der Demoskopie,* Bd. VI, 1974-1976, S. 295.

表 2-2　原発にかんする次の見解のなかで、あなたの考えに合うものを選んでください。　1970-1990 年　　　　　　　　　　　　　%　　　アレンスバハ輿論研究所

見解＼年月	1972.02	1973.05/06	1975.06
原発は、安全に運転され得るようになるならば、たいへん有益である	61	64	65
原発はきっと何時の日か人類に益する	13	13	12
原発が安全に運転され得ることはたいへん疑わしいから、原発は有害である	12	11	12
原発は何時の日か核戦争につながるから、ほぼ確実に人類を滅ぼす	8	5	5
分からない	6	7	6

たっていた。

　党地区組織が提出した動議は、環境保全の観点からのみならず、民主的な社会防衛の観点から論を張るという極めて興味深いものであった。曰く、政府の原発拡大政策は放射性物質が人間と自然を危険にさらす潜在力を高めるため、原発（安全性）に対する不安や疑念・不信も強まらざるを得ない。しかし、原子力産業の拡大には社会的な平穏が不可欠であるから、「社会的な不穏や危機は徹底的に、ばあいによっては、警察国家的な方法で押さえ付けられなければならない。」したがって、動議は結論する、「元来、経済的・技術的な［原子力利用の］進展によって、民主的社会と民主主義が危険にさらされる」事態が考えられなければならないことになる[90]。

　かかる地区党組織の動議は、一面では、同年 02 月、ヴィール原発建設予定地で建設敷地を占拠する反対グループの人びとに警察部隊が突入したことを念頭に置く政治的な危機意識の表出であるが、他面では、原発（安全性）に対する不安や疑念・不信が高まるという輿論情況（図 2-4 と図 2-5 を参照）[91] の先取り的

---

(90) *Parteitag der Sozialdemokratischen Partei Deutschlands vom 11. bis 15. November 1975 Rosegarten Mannheim*, S. 1300f.（Antrag 138 Unterbezirk Delmenhorst）.

(91) Institut für Demoskopie Allensbach, *Allensbacher Jahrbuch der Demoskopie*, Bd.

図 2-4 あなたは、原発の稼動は人間を危険にさらすことなく行えると信じますか。それとも、人間は多少とも危険にさらされると恐れますか。　1973-1977 年
％　アレンスバハ輿論研究所

図 2-5 近傍に原発建設が計画されるならば、あなたはそれに賛成しますか。それとも、反対しますか。　1975-1981 年
％　アレンスバハ輿論研究所

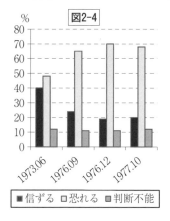

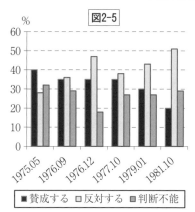

な反映であった。たしかに、このときは、そのような原発（安全性）に対する懸念は党内では未だ大きくはなく、また、党の強力な支持基盤を成す労働者たちは雇用の観点から原発建設反対運動に強く反対する[92]がゆえに、動議が容れられる余地は存在していなかった。党大会では同動議は完全に問題外視され、検討対象にも加えられなかったことに示されるように、原発にかんする党内情況には未だ変容は認められない。だが、原発起因の環境汚染・環境破壊意識が人びとのあいだに存続し、なかんずく、核燃料廃棄物の発生・蓄積の危険性意識、いわゆる"飛び立ってはみたが、着陸地の無い飛行機"に乗っているという危険性意識の

Ⅶ, S. 186; *idem*, Bd. Ⅷ, 1978-1983, S. 522, 529.

(92) 1976 年 11 月、シュレースヴィヒ・ホルシュタイン州のブロクドルフ原発建設地で見られた光景は、原発建設反対者たちと労働者たちの利害衝突を象徴する代表的な例である。すなわち、同月 14 日、建設反対者たち 25,000 名が反対意思表明の示威行進を行うや、翌日には、建設現場で働く労働者たち 7,000 名が対抗デモンストレイションを行っている。Unter der Wolke des Atoms, in: *Die Zeit*, Nr. 3, 07. 01. 1977.

表 2-3　原発の短所ないし長所と言われる次の見解のなかで、あなたの考えに合うものを選んでください。　1976-1981 年　　　　　　　　　%　アレンスバハ輿論研究所

短所・長所 \ 年月	1976.09	1977.01	1979.01	1981.01
核燃料廃棄物による危険の存在	56	61	69	75
冷却水放出による河川の水温上昇と汚染	40	34	39	46
冷却塔による地域気候の悪化	27	24	26	33
原発周辺の放射能汚染	24	16	23	29
原発は他の発電よりも環境を損なわない	28	25	25	29
原発の事故は実際には起こらない	34	33	26	33
原発の放射能外部漏出は起こり得ない	35	34	26	31

強まり（表 2-3 を参照）[93]のなかで徐々に党内情況も変わらざるを得ないであろう。

　果たして、2 年後、ハンブルクで開かれた次回党大会（1977 年 11 月）で判明するところ、党指導者たちの原発拡大政策には少なからぬ異議が唱えられ、原子力の発電利用放棄（「脱原発」）論さえ語られていた。それゆえに、党幹部会提出の決議案は、一方で、「原子力のさまざまな未解決問題の存在と石炭利用促進政策（本章の第 1 節）のゆえに」飛躍的な原発拡大は当面支持され得ないと謳いつつも、他方では、エネルギー消費量の節約技術開発や環境を損なわない新しい代替エネルギー開発の当面の困難性、そして、高い確率で予想される石油供給量不足化を論拠に「原則的な原子力利用の放棄も当面支持され得ない」と力説して、当面の既存原発稼働継続を正当化し、そのうえで、「脱原発」政策の追求も含めながら、あらゆる政策選択肢を今後の決定のために残すことで原子力論議を決着させていた[94]。したがって、原子力政策は、決議の言辞上では、拡大抑制に言及される点で幾分修正され、さらに、「脱原発」追求も政策選択肢に加えられた

---

(93)　Institut für Demoskopie Allensbach, *Allensbacher Jahrbuch der Demoskopie*, Bd. Ⅶ, S. 183; *idem*, Bd. Ⅷ, S. 525.

(94)　*Parteitag der Sozialdemokratischen Partei Deutschlands vom 15. bis 19. November 1977 Congress-Centrum Hamburg*, S. 971f.

表 2-4 西ドイツの有権者が描く原発将来像と支持政党の関連性　1981年10月

％　アレンスバハ輿論研究所

支持政党＼将来像	新規建設で拡大	新規建設無しで現状維持	稼働停止で「脱原発」
CDU	63	49	22
SPD	27	36	35
FDP	9	10	11
「緑の党」	1	5	32
	100	100	100

点では画期的とも言える修正を加えられたことになる。しかし、シュミット首相はすでに党大会開会に先立って「党内の原子力反対者に屈するつもりはなく、党員の意思に抗しても自らが正しいと思うことを貫徹する」旨を語っており[95]、大会席上でも、シュミットからは地下エネルギー資源に乏しい西ドイツでは原子力利用放棄の可能性は有り得ない旨付言され、ブラント党首からは「いかなるばあいも原発新規建設は無いとは言えない」[96] と説明される以上、党の原子力政策は実際にはさほどに変容することもなく、従前どおりにとどまることなるであろうが、SPD 支持者たちが同党に求める政策は圧倒的に原発新規建設反対であり、「脱原発」を求める支持者たちも少なからず存在する（表2-4を参照）[97]。党指導者たちの原子力政策は早晩根本的な修正を免れ得ない情況になっていた。

第2項　「脱原発」の党政策化

たとい、党指導者たちにすれば、事実上有り得ないことであるにしても、原子力の発電利用放棄論が党原子力政策の選択肢に加えられる事態の意味は重大であ

---

(95) SPD-Parteitag: Angst vor den Grünen, in: *Der Spiegel*, Nr. 48, 21. 11. 1977, S. 17.

(96) *Parteitag der Sozialdemokratischen Partei Deutschlands vom 15. bis 19. November 1977 Congress-Centrum Hamburg*, S. 129 (Brandt), 155 (Schmidt).

(97) Institut für Demoskopie Allensbach, *Allensbacher Jahrbuch der Demoskopie*, Bd. VIII, S. 531.

り、それ以降、SPDは「脱原発」へ向かって歩んで行く。そして、そのばあい、かかる歩みを加速する点でアメリカのスリーマイル島原発事故（1979年03月28日）と核燃料廃棄物処理問題が大きな役割りを演じていた。

西ドイツでは、アメリカのスリーマイル島原発事故に対する国民の関心は極めて高く、このときの輿論調査結果によるならば、調査回答者の82パーセントは「関心をもち、ニュースをじっくり追いかけており」、その結果として、危険の大きさゆえに「いかなるばあいでも」原発は建設されてはならないと考える人びとの割合いは40パーセント（1978年12月の調査）から52パーセント（1979年07月の調査）に増加したが、反対に、原発の必要性ゆえに「危険を甘受するべきである」と考える人びとの割合いは39パーセントから30パーセントに下がっている[98]。

それだけに、原発に反対する運動はいっそう活気付き、同様に、SPD内においても、原子力利用に否定的な動きがいっそう強まった。しかも、原子力利用継続にとって不都合なことには、アメリカの原発事故の余波により、西ドイツにおける「核燃料廃棄物総合処理センター」の建設計画も頓挫した。同センターの建設計画は、1977年03月以来ニーダーザクセン州の辺鄙な村ゴルレーベンが予定地とされ[99]、地上に使用済み核燃料の再処理施設を建設し、地下の岩塩塊内に核燃料廃棄物貯蔵施設を設けるというものであり、その実現は、シュミット政府が考えるところ、"核燃料循環（サイクル）を完成する"ことで外国産ウラン輸入から核燃料廃棄物の発生・蓄積にいたる諸問題を解消し、かつ、原子力利用継続を国民に受け容れさせるために不可欠なものである。それゆえに、シュミット政府は、「核燃料廃棄物総合処理センター」を早期に完成させるべく、原子力法の複雑な規定に則して認可されるばあいは長期間に互り得る建設計画認可手続きを履むことなく、ニーダーザクセン州の鉱山法に基づく認可で建設をすすめるための権限を同州に与えていた[100]。かかるセンター建設計画も、だが、CDUの

---

(98) *The Germans – Public Opinion Polls, 1967-1980*, ed. by Elizabeth Noelle-Neumann, Westport, Conn. 1981, p. 313.

(99) Deutscher Bundestag, 8. Wahlperiode 1976, Drucksache 8/1357, S. 8.

(100) Angetreten im Zeichen der strahlenden Erblast, in: *Die Zeit*, Nr. 34, 16. 08. 1991.

ニーダーザクセン州首相エルンスト・アルブレヒト（Ernst Albrecht）が、建設反対運動の大きさゆえに建設に伴う政治的・社会的な紛糾を避けようと考えて、1979年05月、建設不認可を決定した[101]ために、差し当たり、潰え去っている。

原子力発電利用継続に否定的な流れが強まっても、だが、党指導者たちの原子力利用継続論は微動だにしなかった。「多くの人びとが原子力に深刻な不安を覚えていることを私は知っており、私たちは」、シュミット首相は同年（1979年）末の党大会で強調する、「そのような不安を真剣に受け止めています。」しかし、国内電力需要の増加を考え、フランスとソヴェト・ブロック諸国の原発拡大を視野に入れ、さらに、欧州委員会（EC）が原発拡大を不可欠視することを念頭に置くならば、シュミットは結論する、「私はドイツ労働組合連盟（DGB）の主張、すなわち、今日の［原発安全性にかんする］認識レヴェルに基づくならば、原子力の平和利用は放棄されてはならないという主張を全面的に支持します。」[102] DGBの主張が、そのばあい、雇用確保の観点に発する[103]ことは言うまでもない。そして、また、党幹部会が「生活の質的向上も充分なエネルギー供

---

[101] アルブレヒトが1979年02月にニーダーザクセン州議会で断言したところ、連邦政府とSPD中央の核燃料廃棄物総合処理センター建設計画に同州のSPDが反対しているかぎり、彼は建設を認可しないつもりであったし、同年05月の州議会で建設不認可決定理由を説明したときも、それは、同センターの必要性と安全性を住民たちに納得させられなかったからである。彼は州の閣議では「私は州内で州の人びと同士の"国内戦（Bürgerkrieg）"を見たくありません」と端的に語っている。Zeit gewonnen, in: *Der Spiegel*, Nr. 21, 21. 05. 1979, S. 19f. ただし、アルブレヒトの建設不認可は同センターの核燃料再処理施設に向けられており、彼は、同年09月、核燃料廃棄物の貯蔵施設だけであれば、最終貯蔵施設も中間貯蔵施設も受け容れる用意がある旨を表明している。Beschluß der Regierungschefs von Bund und Ländern zur Entsorgung der Kernkraftwerke < http: //www. bfs. de/de/bfs/recht/rsh/volltext/3_BMU/3_25. pdf#search = 'rshandbuch + 325' >.

[102] *Parteitag der Sozialdemokratischen Partei Deutschlands vom 3. bis 7. Dezember 1979 ICC Berlin*, S. 183-186.

[103] *Ibid.*, S. 25f.（Heinz Oskar Vetter）

給と経済成長を前提条件とする」[104]と考えており、さらには、幹部会が考えるところ、隣接諸外国に原発があるかぎり、原発事故発生の危険性は残ることになり、そのうえ、「[原子力利用のゆえに] 廉価な外国のエネルギーに惹かれて、我が国の事業者（企業）が国外に出てしまうであろう」から、詰まるところ、西ドイツの「脱原発」は無意味であり、有害である以上、原発拡大も想定され得ることになる。

事実、党幹部会提出の大会決議案には「今日、原子力の利用継続は放棄され得ないのみならず、原発増設も原則的には放棄され得ない」[105]と謳われていた。このような党指導者たちの考えに対して、党員のあいだには、「脱原発」という選択肢を蔑ろにするものであると激しく批判する声が挙がっていた[106]が、シュミットは強圧的にあらゆる批判を一蹴する。曰く、原子力利用放棄を将来の政策選択肢の一つと認めるとしても、「それ以上、政府に対する制約負荷を受け容れるつもりは私には有りません。」[107] かかる宣告によって、シュミット政府期

---

(104) *Ibid.*, S. 433, 437. (Holger Börner)

(105) *Ibid.*, S. 1321.

(106) たとえば、バーデン-ヴュルテンベルク州代表のハーラルト・B・シェーファー（Harald B. Schäfer）は次のように批判していた。「[幹部会提出の党大会] 決議案を見るならば、誰にでも分かることでありますが、たしかに、[原子力技術の利用継続と原子力無しのエネルギー政策実現追求という] 二つの選択肢は同等に位置付けられています。しかし、実際に、かつ、民主的に、原子力無しの政策が実現されるように図ろうとする政策は、そこ（幹部会の決議案）には有りません。もしも、実際に二つの選択肢を同等に扱うという気があるのであれば、いまは、非原子力の選択肢を優先してこそ、二つの選択肢を実際に同等に扱うことが出来るのです。」シェーファーは、このように、すでに原発が稼働している情況のもとにあるかぎり、原子力に代わるエネルギー資源の利用が現実に実現されつつあるように図られないならば、二つの選択肢を同等に比較考量することは不可能であると力説し、将来の「脱原発」に同意しながらも、その現実化に着手しようとしない党指導者たちを批判して止まなかった。*Ibid.*, S. 479-481, 973-976.

(107) *Ibid.*, S. 1107.

表2-5　西ドイツの稼働可能原子炉基数　1967-1988年

基数＼年	1967	1970	1973	1976	1979	1982	1985	1988
稼働可能	5	7	10	14	16	17	20	24
停止(＊)	0	0	0	0	2	0	2	2

（＊）停止基数は表示年を含む過去3年間の数を示す。

には、SPDの原子力政策が変容する可能性は完全に無くなっている。翌年秋の連邦議会選挙戦勝利後の施政方針演説（1980年11月）でも、シュミットは「さらなる原子力［発電］拡大は安全技術上支持され得ますし、予測し得る将来において、すなわち、いずれにしても、それは来る数十年間は不可欠です」と原発拡大政策継続を繰り返し宣言しているし[108]、さらに、それから1年後の「連邦政府エネルギー計画」第3次補正（1981年11月）でも、原子力利用拡大が途上国支援策と正当化されている[109]。その結果、西ドイツの稼働可能な原子炉の数も増加の道を辿りつづけることになった（表2-5を参照）[110]。

　党指導者たちの原子力利用継続論も、その後は、しかし、政策転換を求める党員たちの主張に次第に抗しがたくなり、遂に、野党転落後、1983年01月の党大会では、シュミットに代わる党の新首相候補者ハンス-ヨヘン・フォーゲル（Hans-Jochen Vogel）のもと、エネルギー消費量節約がエネルギー政策の「第一の掟」と位置付けられ、再生可能エネルギー資源開発も重点施策とされながら、原子力利用については、長期的には利用放棄を目差す旨が謳われた[111]。同時

---

(108) Helmut Schmidt, Regierungserklärung vom 24. November 1980, in: Stüwe (Hrsg.), *Die großen Regierungserklärungen der deutschen Bundeskanzler von Adenauer bis Schröder*, S. 255f.

(109) Deutschr Bundestag, 9. Wahlperiode, Drucksache 9/983, 05. 11. 1981, Dritte Fortschreibung des Energieprogramms der Bundesregierung, S. 19.

(110) 連邦放射線被曝防護局（BfS）の次の資料から筆者作成。Bundesamt für Strahlenschutz, Kernkraftwerke in Deutschland – Meldepflichtige Ereignisse seit Inbetriebnahme, < http://www.bfs.de/kerntechnik/ereignisse/standorte/karte_kw.html >.

に、そして、経済成長についても、「盲目的な成長ではない、[経済的にも社会的にも]責任を負える成長」が党の政策と謳われた[112]ように、幾分の変容がうかがえる。かかる情況からは、したがって、"経済成長のためにエネルギー供給増加"を必要視し、その観点から原子力利用を不可欠視した従前の思考に再考の余地が生じたと言えるであろうが、ともあれ、間もなく、党の原子力政策はチェルノブイリ原発事故（1986年04月26日）という衝撃を受けて決定的に転換されることになる。

「1956年［07月］のミュンヒェン［党大会］と1986年のチェルノブイリのあいだには長く苦痛な学習過程が横たわっています。そのことは社会民主党に当てはまり、また、党の外部も含め、多くの人びとに、そして、私個人に当てはまります。この間には勝利と敗北がありました。おそらくは、私は、いま、次のように言うべきでしょう。もしも、私たちが事態に適切に対応するならば、我れわれは、いま、過去の勝利と敗北の連鎖から党全体に有益な方針を導き出すことが出来ます。」党幹部会員フォルカー・ハウフ（Volker Hauff）、長年"シュミット派"のひとりとして原子力を積極的に推進する側にいたハウフは、チェルノブイリ原発事故から4カ月後の同年08月のニュルンベルク党大会で、「エネルギーと環境」の基調報告をこのように切り出しながら、原子力利用放棄案を提示した。「原子力は人間生存を脅かす危険につながっています。過去、我れわれは必ずしもそうは考えませんでしたが、いまは、このように［考えを］転換［することの不可欠性］を公に根拠付け、それを証明しなければなりません。」[113]

ここに、SPD原子力政策の決定的な転換を見ることが出来る。同党にとって、1956年には、原子力は「全世界から貧困と飢えを一掃し」、「すべての人びとに夢想だにされ得なかった福祉」をもたらすことが出来るというように、「人類社会史の新時代を切り開く」エネルギー資源であり、「生命体と財貨双方に永続的な大損害を与える［原子力の］事故や濫用」も「もっとも厳格な管理と綿密極ま

---

(111) *Wahlparteitag der Sozialdemokratischen Partei Deutschlands, 21. Januar 1983 Dortmund, Westfalenhalle*, Protokoll der Verhandlung Anlagen, S. 182.

(112) *Ibid.*, S. 43.

(113) *Protokoll vom Parteitag der SPD in Nürnberg, 25.-28. 8. 1986*, S. 279f.

りない監視」によって防ぎ得るものであった[114]。そして、このような原子力観が3年後の有名な党綱領に受け継がれ、原子力は「絶えず上昇する経済」に拠って「絶えず上昇する福祉水準」を実現するために平和的に利用されるべき「自然の力」と位置付けられており（ゴーデスベルク党綱領）、それ以降、永年同党の原子力固執政策を規定していた[115]。だが、いまや、1986年にハウフが語るところ、四つの理由ゆえに原子力利用は放棄されなければならない。このとき、ハウフが列挙する4点の理由は原発論議における核心に触れるものであるから、幾分詳細に示しておこう。

　第一に、原発は安全性維持に膨大な費用を必要とし、そして、その御蔭か、破滅的な事故発生の確率はたいへん小さいが、それでも、そのような事故発生は決して有り得ないことではなく、一度(ひとたび)発生するならば、損害規模は「計り知れない大きさ」になる。しかも、それはすでに現実に起こっていることである。次いで、第二の理由は、軍事的な濫用である。SPDは原子力の民生利用を軍事利用から画然と区別してきたが、いまや明らかなところ、世界的な原発拡大は核兵器拡大の危険につながっている。これは、プルトニウムの生成を考えるならば、歴然たる事実であり、原発があれば、核兵器を製造できるように、両者のあいだに技術的な相違は無い。さらに、原子力利用は将来の世代に負担を残すことが第三の理由として挙げられる。核燃料廃棄物の処理法や原発の停止・解体は長年の科学的研究にもかかわらず今日なお未解決の問題であり、難事である。最後に、四つ目の理由としては、原子力の社会的な抑圧性が挙げられる。原発は、施設の保安に必要な警護措置を講ずることによって国民の自由権を形骸化する危険につながっているが、それのみならず、原発固有の危険性が通常運転のばあいでも人びとに圧迫を感じさせ、事故のばあいには、自由・生命・健康という基本権を長期に亙って危うくする。要するに、原発は「社会的適合性（Sozialverträglich-

---

(114) Franz Osterroth und Dieter Schuster, *Chronik der deutschen Sozialdemokratie*, Bd. Ⅲ: Nach dem Zweiten Weltkrieg, Berlin/Bonn 1978, S. 191-193.

(115) Grundsatzprogramm der Sozialdemokratischen Partei Deutschlands. Beschlossen vom Außerordentlichen Parteitag der Sozialdemokratischen Partei Deutschlands in Bad Godesberg vom 13. bis 15. November 1959, S. 2, 8f.

keit)」を欠いている。

　このように、ハウフが示す原子力の発電利用放棄論は、巨大な危険の内在や核兵器拡散の可能性、あるいは、将来世代に重荷を残すという良く語られる論に拠るとともに、それだけではなく、民主的な社会と相容れないという注目されるべき立論も含んでいる。そして、その点では、党幹部会が1975年の党大会で一顧だにしなかった党地区組織の動議に遅ればせながら同意したことを示しているが、ハウフは、同時に、新しい代替エネルギー開発に対する過去の消極的な対応を自省しながら、「政治の力によってエネルギー政策の新しい道に踏み出すべきである」と呼びかけている、すなわち、原子力に代わるエネルギー開発に全力を傾けるべきことを唱導した。「反技術的な人びととは、原子力利用を放棄しようとする人びとではなく、それは」、ハウフは「脱原発」主張者を「反技術的」と論難する人びとに反論する、「［代替エネルギーが存在するにもかかわらず、その開発の技術的可能性を無視しながら、］いかなるばあいにも原子力利用は放棄され得ないと考える人びとである。」[116]

　爾後、翌年01月の連邦議会選挙戦では、前年08月のニュルンベルク党大会決議に謳われた「原子力利用無しのエネルギー供給を10年以内に実現する」という目標スローガンを掲げて戦い[117]、このときは、選挙戦に敗れるとしても、「脱原発」政策は、党の確固不動たる方針となった。かかる原子力政策の転換について、シュミットは、後年『回顧録』のなかで、「1968年の学生運動の流れを汲む」ものたちが原発に対する不安を煽ったために転換されたと憤慨して語った[118]が、重要な点は、西ドイツ国民全体の原子力利用に対する考えが消極的・否定的になりつつある（図2-6と図2-7を参照）[119]ことであり、さらに、また、

---

(116) *Protokoll vom Parteitag der SPD in Nürnberg, 25.-28. 8. 1986*, S. 280f.

(117) *Ibid.*, S. 828; Zukunft für alle - arbeiten für soziale Gerechtigkeit und Frieden. Regierungsprogramm 1987-1990 der Sozialdemokratischen Partei Deutschlands, S. 20.

(118) Helmut Schmidt, *Weggefährten. Erinnerungen und Reflexionen*, Berlin 1996, S. 520.

(119) Institut für Demoskopie Allensbach, *Allensbacher Jahrbuch der Demoskopie*, Bd.

図2-6 チェルノブイリのような原発事故は西ドイツでも起こり得ると思いますか。
1987年03月　　　　　　　　　　　　％　　アレンスバハ輿論研究所
図2-7 あなたは西ドイツの原発増設に賛成しますか、それとも、原発の削減に賛成しますか。　　　　　　　　　　　　％　　アレンスバハ輿論研究所

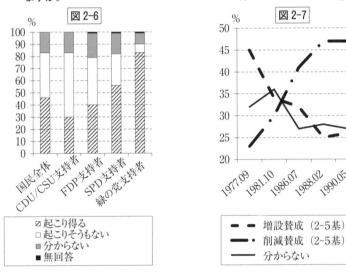

「1968年の学生運動の流れを汲む」人びとがSPDに入ってきたことで、後年の同党と「緑の党」[*]の連携も容易になり、SPDは再び政府与党となり得ることである（後述）。

> [*] 正式名称は、1980年以来「緑の人びと（Die Grünen）」であり、1990年末に旧東ドイツの「緑の人びと／90年連合（Die Grünen/Bündnis 90)」と合同してからは、「90年連合／緑の人びと（Bündnis 90/Die Grünen）」となっているが、本書では「緑の党」と表記する。

9, 1984-1992, S. 919, 921.

第4節　キリスト教民主同盟／社会同盟の原子力政策

第1項　原子力発電の推進

　「私は声を大にして言いますが、私たちにとって、環境保全と経済成長は原則的に相反するものではありません。反対に、成長は将来効果的な環境保全を行うための不可欠な前提条件です。(拍手) さらに、そして、環境保全のためには、我が国のエネルギー供給が確実に行われるような体制ができていなければなりません。」1980年05月、キリスト教民主同盟（CDU）党大会において、党首ヘルムート・コールはかかる"環境保全のための経済成長"論に拠りながらエネルギー資源としての原子力利用拡大を不可欠視しているが、同様な原子力利用拡大不可欠論は、ゲストとして登壇するバイエルン州のキリスト教社会同盟（CSU）党首フランツ-ヨーゼフ・シュトラウスによっても語られた。そのばあい、シュトラウスにとっての論拠は雇用の確保であり、西ドイツ経済の国際競争力保全に置かれている[120]。さらに、他のCDU指導者たちも異口同音に原子力利用を不可欠視するように、CDU/CSU指導者たちの原子力政策は基本的にSPD指導者たちのそれと変わらない。だが、CDU/CSUのばあい、党内情況にほとんど変化が生じることもなく、一貫して原子力不可欠論が党の大勢を制しつづける点でSPDとは決定的に異なった。

　1980年05月のCDU党大会はスリーマイル島原発事故後最初のものであり、そのためであろうが、同党史上、初めて党大会で原子力利用問題に言及されていた。しかし、原子力の発電利用に懐疑的・否定的な発言は地区代表党員のあいだからも皆無であり、わずかに、青年層のCDU支持率減少を憂慮する党地区代表が「［党が支持を獲得するべき青年層のあいだで原子力利用に懐疑的・否定的な

---

[120] *28. Bundesparteitag der Christlich Demokratischen Union Deutschlands, Berlin, 19.-20. Mai 1980*, S. 34 (Kohl), 184 (Strauß).

考えが広まりつつあることを念頭に置くならば、] 端から原子力賛成と断言することが賢明であるかどうか、我れわれは良く考えなければなりません」と語ったのみであり(121)、それに応える者もいなかった。それゆえに、2 年有余後、コールが連邦首相として最初の施政方針演説を行うとき、「我が国が将来性に富む工業国家であり、危機に直面しても雇用を維持できるという魅力を保持するためには、我れわれは原子力利用を放棄できませんし、放棄してはなりません」(122) と宣言することは全く自然であった。

　コール首相の原子力利用不可欠論は、しかも、チェルノブイリの原発事故に直面しても些かも揺らぐことはない。「ドイツの原子炉はチェルノブイリのそれとは異なって、さまざまな安全システムが作動する」ように設計されており、「世界で最も安全な原子炉」のひとつである。だから、「たとい、事故が起こったとしても、放射性物質が外部に漏れ出ることは有りません。」同原発事故発生の翌月 14 日、連邦議会における集中的な原子力審議は政府与党側と野党間の激しい論戦となったが、席上、コール首相はドイツの原子炉の安全性を力説し、チェルノブイリ原発事故から得るべき教訓を速やかな原発情報の伝達と原子炉安全性の向上を国際的に行うことのみに切り詰めた。そして、そのうえで、シュミット政府期に SPD 指導者たちが用いた原発正当化論をすべて動員しながら、原子力利用は絶対に必要である旨を訴えている(123)。「西ドイツは原子力の平和利用に倫理的にも責任を負えます」。このように、コール首相が原子力利用を受け合うばあい、無論、それはコール等党指導者たちに限られることではない。チェルノブイリ原発事故発生後も原子力利用不可欠論は相変わらず党の大勢であり、そのことは、同年 10 月、党大会の決議文に明瞭に示されている。「我が国が利用するべきエネルギー資源は、環境と自然資源（Rohstoff）を損なわず、充分に存在し、経済的で安全であり、かつ、次の世代と第三世界に責任を負えるものである。今

---

(121) *Ibid.*, S. 127 (Hermann Kroll-Schlüter).

(122) Kohl, Regierungserklärung vom 13. Oktober 1982, S. 275.

(123) Deutscher Bundestag, 10. Wahlperiode 1983, *Verhandlungen des Deutschen Bundestages,* Stenographischer Bericht, 215. Sitzung, Bonn, Mittwoch, den 14. Mai 1986, S. 16522-16525.

日、最高の安全レヴェルにある原子力［発電］は責任を負って利用できるエネルギー資源のひとつである。」[124]

第2項　環境保全と「脱原発」

　コール首相が先の集中的な連邦議会原子力審議で原子力の発電利用を正当化したとき、それらの論拠はいずれも基本的には皆旧聞に属したが、本書テーマの観点からは、二つの点が留意されるべきである。ひとつは、「人間生活において絶対的な安全は有り得ません」という評言であり、他は「廉価であり、環境を損なわない原発の御蔭で石炭が発電燃料に利用され得る」旨の主張である[125]。

　前者は、知られるごとく、原子力利用固執論者の常套句であり、2011年03月の東京電力福島第一原発事故発生直後にも、シュミットとコールの両元首相は相次いで「危険のない世界など何処にもない（Utopia）」（シュミット）[126]、あるいは、「原子力利用に危険は付き物」（コール）[127]と強調して、ドイツが「脱原発」に向かう情況に警告を発しているが、かかる例は典型的である。そこには、両者の原子力利用不可欠論の不変性、および、似通った原子力観が良く表れたが、ともあれ、原子力利用の危険性が技術利用一般の危険性と同列に論じられていることは間違いない。そのために、原発のような巨大技術の開発は人間生活向上の可能性と同時に想像を絶するような危険をもたらし得るとしても、その種の危険の発生問題も技術は進歩しつづけるという技術の進歩論で"解決"されてしまうことになる。事実、たとえば、チェルノブイリ原発事故発生後のCDU党大会で、同党の連邦研究・技術相ハインツ・リーゼンフーバー（Heinz Riesen-

---

(124) *34. Bundesparteitag der Christlich Demokratischen Union Deutschlands, Mainz, 7./8. Oktober 1986,* S. 174.

(125) Deutscher Bundestag, 10. Wahlperiode, *Verhandlungen des Deutschen Bundestages,* Stenographischer Bericht, 215. Sitzung, Bonn, Mittwoch, den 14. Mai 1986, S. 16523, 16524.

(126) "Alles hat sein Risiko", in: *Die Zeit,* Nr. 12, 16. 03. 2011.

(127) *Bild,* 25. 03. 2011.

huber）が経済成長と福祉拡充の観点から原発不可欠論を語るときも、原子炉安全性は技術の進歩で担保されていた[128]。リーゼンフーバー演説に対しては、このとき、「青年同盟（Junge Union）」（CDU/CSUの青年組織）議長クリストフ・ベーア（Christoph Böhr）が、「技術の進歩と人間生活の向上（humaner Fortschritt）を自動的に結び付ける」一面的な論であると異議を唱え、技術利用に先立って、まず、「技術利用で生じ得る結果を明らかにし」、そのうえで、原発建設地域の住民や青年たちの同意を得てから原子力利用を決定するべきであると強調していた。そのような手続きは、ベーアからすれば、青年層において「この10年間、否、15年前頃からであろうが、［原子力のように巨大な危険をはらむ］技術を懐疑的に遠ざけようとする考えが強まっている」がゆえに、不可欠であった[129]。しかし、かかる手続きを踏むならば、原発建設や稼働開始決定の遅延を招き得るし、さらには、その中止を止むなくされる事態も起こり得るためであろうが、ベーアの提言は他党員の関心を引くこともなく終わっている。これを要するに、CDU/CSUの大勢は原子力利用を絶対化しており、利用に伴う危険度合いの高低や損失・利益の観点から原発を相対化する思考からは、意識的にであれ無意識的にであれ、縁遠いところにいる。したがって、CDU/CSUのばあいには、「脱原発」に政策転換するべき必要性もまた意識されがたい。

　もうひとつの原子力利用正当化論、原子力を環境保全に適するエネルギー資源と見なす考えは、それ自体としては、無論、ありふれている。しかし、CDU/CSUのばあい、国内産石炭利用に付随するエネルギー価格の割高性と二酸化炭素（CO_2）排出量の増加を相殺する資源とする位置付けが特徴的である。「廉価であり、環境を損なわない原発の御蔭で石炭が発電燃料に利用され得る」旨のコール発言はこのような考えの端的な表出であり、かかる原子力利用の効用論は後年の施政方針演説においても繰り返し語られた。たとえば、チェルノブイリ原発事故発生から1年後のばあいには、原子力の発電利用は「発電費が廉価であることで国内産石炭利用の不可欠な前提条件となっており、石炭の［発電］利用を

---

　　(128)　*34. Bundesparteitag der Christlich Demokratischen Union Deutschlands, Mainz, 7./8. Oktober 1986*, S. 195f.

　　(129)　*Ibid.*, S. 200-202.

保障する"世紀の協定"が経済的に実施され得る根拠をなしています。もしも、原子力利用で電力料金を下げることを妨げられるならば、[ルール地方やザール地方等の]石炭産地から遠く離れた連邦諸州が石炭発電利用の負担を完全に受け容れることは期待され得ません」(130) と主張されている。

このように、コール政府のばあいには、国内炭鉱業支援という経済政策の観点から原子力利用が不可欠視され、さらに、原子力利用が CO_2 排出量抑制という環境政策で正当化されている。環境保全にかんしては、たしかに、コール政府は画期的な政策を講じていた。コールが首相に就任した（1982年10月）当時、酸性雨や"森林死滅"に象徴されるような大気汚染に対する取り組みが大きな環境政策課題となっていたが、コール政府のもと、発電所等に対しては二酸化硫黄などの有害物質排出規制（したがって、脱硫装置の装備）令が施行され(131)、自動車排気ガス規制策としては触媒コンヴァータ（Katalysator）装置の装備が義務付けられている(132)。これらは、しかも、いずれも経済界の反対に抗して行われていることを考えるならば、環境保全に対する政府の強い意欲は明らかである。

しかし、原子力利用を絶対化し、他資源利用に対する原子力の優位を示そうとするためであろうか、ほとんど有害物質を排出しない再生可能エネルギー資源の利用を環境政策として推進する意思は希薄であった。だから、たとえば、1987年01月、チェルノブイリ原発事故後の連邦議会選挙戦で、CDU/CSU も風力・太陽光等新エネルギー資源利用の研究開発と市場導入を「強力に促進する」と主張して、原子力の発電利用を「[再生可能エネルギーに転換するまでの]過渡的な技術」と位置付ける(133) としても、したがって、早晩原子力利用を放棄すると

---

(130) Helmut Kohl, Regierungserklärung vom 18. März 1987, in: Stüwe (Hrsg.), *Die großen Regierungserklärungen der deutschen Bundeskanzler von Adenauer bis Schröder*, S. 321. 次の連邦議会選挙後の施政方針演説については、Kohl, Regierungserklärung vom 30. Januar 1991, in: *ibid.*, S. 350.

(131) Deutsche Welle, Kalenderblatt, 23. 02. 1983: Maßnahme gegen das Waldsterben, < http://www.kalenderblatt.de/index.php? >; Joachim Radkau, *Die Ära der Ökologie. Eine Weltgeschichte*, Bonn 2011, S. 238.

(132) Startschuß für den Umweltschutz, in: *Focus*, 18. 09. 2009.

いう新方針を提示するも、それから2カ月後のコール首相の施政方針演説では、再生可能エネルギー資源利用の問題は長期的に見たばあいの代替エネルギー資源として核融合技術と同列に扱われる研究促進対象、遠い将来の不確かなエネルギー資源にすぎなかった(134)。さらに、東西ドイツ統一直後のコール首相施政方針演説（1991年01月）においても、再生可能エネルギー資源の利用は未だCO_2排出量抑制を実現するべく推進される研究領域にとどめられている(135)。要するに、環境政策においても、有害物質の排出抑制とともに原子力の利用が大気浄化策と見なされており、再生可能エネルギー資源の導入拡大を大気浄化策として重視する考えは無かった。だから、再生可能エネルギー資源を新しいエネルギー資源として積極的に市場導入しようとする措置は講じられることなく、従前どおりに原子力利用がすすめられ、その拡大も企図されることになる。1994年11月、これはコール首相最後の施政方針演説となるものであるが、そこでも、再生可能エネルギー資源の市場導入は未だ調査段階にとどめ置かれ、原発にかんしては、経済成長を推進するエネルギー源という観点から、その新規建設可能性が語られるにいたっている(136)。

　CDU/CSU内にも、その間に、他方では、チェルノブイリ原発事故、および、ヘッセン州ハーナウのトランスヌクレアール（Transnuklear）社による極めて杜撰な核燃料廃棄物扱い（"トランスヌクレアール・スキャンダル"(137)）発覚

---

(133) Das Wahlprogramm von CDU und CSU für die Bundestagswahl 1987, S. 54, 56.

(134) Kohl, Regierungserklärung vom 18. März 1987, S. 322.

(135) Idem, Regierungserklärung vom 30. Januar 1991, in: Stüwe (Hrsg.), *Die großen Regierungserklärungen der deutschen Bundeskanzler von Adenauer bis Schröder*, S. 352.

(136) Idem, Regierungserklärung vom 23. November 1994, in: Stüwe (Hrsg.), *Die großen Regierungserklärungen der deutschen Bundeskanzler von Adenauer bis Schröder*, S. 377.

(137) ハーナウのトランスヌクレアール社は、西ドイツにおいて、核燃料廃棄物と使用済み核燃料の処理事業を「ほぼ独占的に」営む会社であり、「ドイツ原子力産業の心臓部」にほかならない。だが、同社は長年に互って「信じられないほどの軽率さで高度に有害な放射性物質を扱ってきていた」（『フランクフルターア

にはじまる環境の放射能汚染問題を機に、巨大な環境破壊をもたらす原発事故発生の可能性を考え、かつ、たとい、なんらの事故も起こらないとしても、不可避的に発生する膨大な核燃料廃棄物に因る環境の放射能汚染を重大な危険と考える人びとが存在するようになっていた。「[1987 年 05 月にコール首相からボンに呼ばれた]当初から、私は原子力の［発電利用の］無い将来、そして、同時に、化石資源をエネルギー資源として利用することもない将来をつくり出さなければならないと考えていました。それに対しては、当時、喜ばしい反応だけがあったわけではありませんが、その当初の考えは、いまも変わっていません。」コール政府の連邦環境相を務めるクラウス・テップファー（Klaus Töpfer）は、1988 年初頭、『シュピーゲル』誌インタヴューで化石資源も原子力もエネルギー資源として利用しないエネルギー政策構想を語っていた[138]が、大いに注目されるべきことには、同年 06 月開催予定の党大会で新綱領「我が党政治の基盤としてのキリスト教的人間像」採択を企図する CDU 指導部は、同綱領の環境・エネルギー政策案作成をテップファーに委ねている[139]。その結果、テップファーを中心と

ルゲマイネ』紙）。その事実が、1987 年末、連邦検察庁によって発表され、違法処理の放射性物質がドラム缶に入れられて大量に中間貯蔵地に存在しており、なかには、プルトニウム 239 やコバルト 60 を入れたドラム缶もあることが知られた。そのために、違法処理の摘発は環境の放射能汚染をめぐる大きな社会問題に発展し、トランスヌクレアール社と同社の親会社「核化学・冶金会社（Nukem）」の操業は停止された。また、このスキャンダルを契機に、1989 年 11 月、連邦環境省（BMU）のもとに連邦放射線被曝防護局（BfS）が新設されている。"Das Vertrauen ist erheblich erschüttert", in: *Der Spiegel*, Nr. 2, 11. 01. 1988, S. 29-32; Der Transnuklear-Skandal zieht weite Kreise. Der Bundesumweltminister soll den Schaden begrenzen, in: *Die Zeit*, Nr. 2, 08. 01. 1988; *Frankfurter Allgemeine Zeitung*, 25. 01. 2008; Philip Ehrensaft, A Nuclear Watergate: West Germany's "Transnuklear Affair", <http://www.scienceforpeace.ca/a-nuclear-watergate-west-germanys-transnuklear-affair>.

(138) "Das Vertrauen ist erheblich erschüttert", S. 32.
(139) Konrad Adenauer Stiftung, Geschichte der CDU, Personen, Töpfer, Klaus, <http://www.kas.de/wf/de/71.9534>.

する委員会によって、「我れわれは原子力を利用せず、[同時に、]化石エネルギー資源利用を絶えず減少させつづける」環境・エネルギー政策を実施すること、したがって、「脱原発」とともに再生可能エネルギーの利用拡大を目差さなければならないこと、そして、それは、「工業発展のために[人間に対する神の贈り物（Schöpfung）である自然環境を]長期に互り抵当に入れてきた」我れわれの義務である旨を謳う草案（資料Ⅳを参照）が作成され[140]、同案が党大会で採択されてCDUの政策となる手筈が整っていた。

では、「脱原発」と再生可能エネルギーの利用拡大は、どのようなプロセスを経て達成され得るか。かかる重要な問題についても、テップファー草案は果たされるべき三つの使命を明瞭に示している。「西ドイツには指導的な技術国家として三つの使命が課されている。ひとつ目の使命としては、一次エネルギーの消費量を節約し、効率化するための技術の研究・実用化に一段と努め」ながら、「[現行の]エネルギー産業法（EnWG）が改訂されるまでは、エネルギーの節約が報われるべく料金体系を改定し、エネルギー供給システムの環境非毀損性をエネルギー供給の廉価性および確実性と等価値に扱わなければならない。」

ここで、テップファー草案が、このように、第一の使命としてエネルギー消費量の節約・効率化とともにエネルギー産業法の改訂に言及するとき、それは、テップファーが言う「化石資源も原子力も利用しない環境・エネルギー政策」実現へ向かう過程で極めて重要な位置を占めている。ナチス期以来のエネルギー産業法は、全国のエネルギー供給事業が少数の"垂直統合型エネルギー供給事業者"、すなわち、電力生産から公共的な送電網の運用、そして、最終消費者に対する販売にいたるまで電力供給事業の全過程を担う事業者（公共的な電力事業者と称される）によって送電網運用域毎に地域独占的に営まれる供給体制を維持している（いわゆる"自然独占"である）。だから、再生可能エネルギー資源利用の発電事業者は、生産した電力を自ら消費し尽くすのでないかぎり、公共送電網に供給して送電網運用事業者から対価を得るほかに採算をとる道はない。そし

---

(140) Dem Wirtschaftswunder muß das Umweltwunder folgen. Das von Bundeskanzler Helmut Kohl zurückgezogene Umwelt- und Energiepapier der CDU-Programmkommission, in: *Frankfurter Rundschau*, 27. 02. 1988.

て、そのばあい、公共送電網の所有者でも運用者でもない電力生産事業者にとっては、エネルギー産業法[141]には二つの難点があった。ひとつは、公共送電網に対する供給権が完全に保障されてはいないことであり、取り分け、「自ら電力生産設備を経営する者」（私的な発電事業者）としての再生可能エネルギー資源利用事業者には供給権自体が保障されておらず、その電力供給は送電網運用事業者の裁量にゆだねられている（エネルギー産業法第6条第2項）。そして、もうひとつの難点は、供給電力の販売価格は公共的な電力事業者によって定められる（同法第6条第1項）ことである。たとい、1976年12月からは、販売価格設定について、連邦経済相による「経済性を考慮した設定が行われ得る」という追加条項（同法第7条第1項）があるとしても、事実上は、再生可能エネルギー資源利用電力の販売価格は公共的な事業者によって定められ、次の章で述べられるように、それは発電費の回収もままならないほどに低かった。

　かかる情況は、しかし、チェルノブイリ原発事故後、与党側にあって原子力利用に代わるエネルギー資源を求めるFDP内"環境派"によって問題視され、その主導のもと、FDPの提案で1987年03月の連立政府協定には「エネルギー政策における環境保全視点（ökologische Gesichtspunkte）の強化」が謳われ、「エネルギー産業法の改訂」が主張されている[142]。その改訂目的は、FDPが目差すところ、地域独占の公共的な電力事業者に対して、水力・風力利用の発電事業者が公共送電網に供給する電力に「充分な額」を支払うよう義務付けることであり、それによって、水力・風力等再生可能エネルギー資源利用の発電事業も経済的に立ち行くようにすることである。あるいは、また、原子力に対して行われるように、補助金給付によって事業経営を成り立たせることである[143]。このように、当初、経済的な競争力に劣るがゆえに事業としての発足・存続が容易ではな

---

(141) Gesetz zur Förderung der Energiewirtschaft (Energiewirtschaftsgesetz) vom 13. Dezember 1935, Fassung von 1978.

(142) Informationsbrief Nr. 3 des FDP-Generalsekretärs vom 12. 03. 1987. Koalitionsvereinbarung 1987 zwischen den Bundestagsfraktionen der CDU/CSU und FDP für die 11. Wahlperiode des Deutschen Bundestages, 10. März 1987, S. 34.

(143) Alle Anstrengungen, in: Der Spiegel, Nr. 23, 06. 06. 1987, S. 40-42.

い再生可能エネルギー資源利用に対して資金支援的な措置の実施を必要不可欠視する点で、FDP 提案は画期的であり、その実現を求めるテップファー草案もまた同様である。

　次いで、西ドイツが帯びる使命の「二つ目として、[原子力利用を放棄するまでの] 原子力利用の安全性について、技術面における多様性と冗長性（Redundanz）[つまり、多重的な安全装置装備] の点でも、技術を扱う人間の自己責任と管理の点でも、常に最適化に努め」ながら、西ドイツ「国内でも国際的にも認められた我れわれの高い安全性基準」を「国際的な安全性要件」としなければならない。そして、さらに、曰く、「三つ目の使命としては、新しい、最大限に再生可能なエネルギー資源の研究に一段と努め」、「無限な太陽光エネルギー［の利用］を、まず、初めには、世界中で太陽光利用に特に好都合な気候条件の下にある地域で"賢明な（intelligent）"技術を使って始め」なければならないが、「そのさいには、水素技術の開発［すなわち、燃料電池の開発やエネルギー貯蔵設備の開発等］に特別な注意が払われなければならない。」

　したがって、かかる草案を見るならば、CDU もまた、「脱原発」にいたるまでの期限明示は行われないながらも、SPD 同様に、「脱原発」に向かって歩み出すという画期的な転換点に立っていたと言わなければならない。

　画期的な転換は、しかし、行われ得なかった。コール首相はテップファー等作成の環境・エネルギー政策草案を見るや、ハイナー・ガイスラー（Heiner Geißler）党書記長と共同で同案の党大会提出を取り止めさせており[144]、さらに、党大会では、環境政策が議題から外されて、その論議自体も行われていない。かかる事態は、コール等が環境保全論議を通して CDU 内に原子力利用に懐疑的・消極的な気運が広まることを懸念したための措置であろうが、党大会の議題を考えるならば、極めて異常である。党大会における中心テーマは、「キリスト教的政治」の新たな確認であり、「キリスト教的人間像に基づく政治」と題する幹部会提出の決議案では、経済成長と環境保全の両立不可欠性が強調されながら、「神の創造物としての環境に対する我らキリスト教徒の責任は、企業の環境保全努力

---

(144) Dem Wirtschaftswunder muß das Umweltwunder folgen.

を促進し、生産性向上の一部は自然保全に向けられるべく経済活動の大綱を定めることである」と謳われている(145)。したがって、テップファーとともに環境・エネルギー政策案作成に携わった人びととの反撥は自然なことであった。「大きな将来テーマ論議に取り掛かろうではありませんか。明日の社会を構想してみようではありませんか。その一環として、適切な環境保全政策を策定しようではありませんか！ みなさん、この党大会で環境保全について議論できないことは、私にとって、実に、極めて苦痛なことです。」党幹部会員で「CDU 被雇用者組合（CDA）」議長のウルフ・フィンク（Ulf Fink）は、このように、環境政策論議の欠落を嘆いており、同様に、党幹部会員クリストフ・ベーア「青年同盟」議長も「環境政策論議はキリスト教的人間像論議の本質的な要因です」と主張しないではいられなかった(146)。

このような党大会の光景からも、すでに述べたごとく、CDU の大勢は原子力利用を不可欠視していることが分かり、他方では、少数派ながら、環境保全の観点から原子力利用に消極的な動きが胚胎していることが分かる。その代表と言うべき環境相テップファーは、党大会開催の1カ月前にも、日の目を見ることなく葬られた自らの「原子力を利用しない将来」構想を敷衍していた。「原子力産業をめぐる情況が相当に変容している今日、最早原子力は将来のエネルギー供給問題を解決するために放棄され得ないと考えつづけることは出来ません。私はこれまで何度も言ってきたことを再びここで繰り返しますが、私たちは原子力の無い将来をつくり出さなければなりません。少なからざる人びとにとって、脱原発はどんなに早くとも早すぎることはありません。すでに、原子力利用を放棄している国も数カ国あります。」(147) ここで、テップファーが言う「原子力産業をめぐる

---

(145) Politik auf der Grundlage des christlichen Menschenbildes, in: *36. Bundesparteitag der Christlich Demokratischen Union Deutschlands, Bonn, 13.-15. Juni 1988*, S. 465.

(146) *Ibid.*, S. 81 (Fink), 82 (Böhr).

(147) Grundsätze zur Gewährleistung der kerntechnischen Sicherheit – Rede von Bundesminister Prof. Dr. Töpfer, 17. Mai 1988, in: Bulletin der Bundesregierung, Nr. 71, 31. 05. 1988.

図 2-8　原発の核燃料廃棄物長期貯蔵問題は解決され得るという主張について、あなたはどの程度信頼していますか。　　　　　　　%　　アレンスバハ輿論研究所

図 2-9　原発の将来について、あなたは次の主張のうち、どれに賛成しますか。
　　　　　　　　　　　　　　　　　　　　　　　　　%　　アレンスバハ輿論研究所

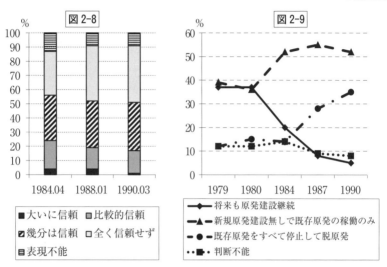

情況の相当な変容」は、チェルノブイリ原発事故、および、贈収賄事件も絡んでいる"トランスヌクレアール・スキャンダル"を機に「原子力利用に対する責任負担の範囲は、どんなに技術的に安全であるとしても、人間の至らなさと誤謬可能性によって限られている」という認識が社会に広まりつつあることを指している。言い換えるならば、原子力利用に対する社会的受容性が低減しており、それも、ほかならない原子炉安全性と環境に適するエネルギー資源という原子力利用正当化論の根幹が疑われて低減しているという指摘である。そして、事実、輿論調査の結果からも、核燃料廃棄物の長期的貯蔵に対する西ドイツ国民の信頼度合いの低下（図 2-8 を参照）[148]や原子力利用継続に対する否定的な気運の増大（図 2-9 を参照）[149]を見てとることが出来る。それゆえに、テップファーが構想

---

(148) Institut für Demoskopie Allensbach, *Allensbacher Jahrbuch der Demoskopie,* Bd. 9, 1984-1992, S. 922.

(149) *Ibid.*, Bd. 10, 1993-1997, S. 1037.

第2章　西ドイツのエネルギー政策と原子力発電　159

するところ、エネルギーの消費量節約と合理的な利用を促進し、同時に、石炭火力発電所を CO_2 等環境汚染物質排出を低減化出来る新型に転換することに努めながら、「危険を軽減」できる再生可能エネルギーの研究・開発に傾注して「脱原発」を実現すること、それが将来の CDU 環境・エネルギー政策となるべきである[150]。

　テップファー草案は、たしかに、SPD の 10 年以内の「脱原発」論とは異なって、必ずしも早期の「脱原発」を主張しているわけではなかったが、その点を除くならば、後年（東京電力福島第一原発事故後）の「脱原発」計画の原型と位置付けられる画期性を有していた。それも、しかし、折りからの東西ドイツ統一という激動の波に洗われ、そのなかに埋没してしまい、さしあたり、CDU 内で影響力をもつこともなく終わった。そうであるとしても、CDU にとって、「自然は我れわれの福祉に役立たせるだけの採石場（Steinbruch）ではなく」、「人間に対する神の贈り物（Schöpfung）であり、その自然を人間の生存基盤として保全するだけではなく、それ自体として保全し」、「将来の世代に譲り渡すことが神に対する人間の義務である」[151]と観念されていることは、ドイツのエネルギー政策を考えるばあい、留意されるべき大きな意味をもっている。そのようなキリスト教的信念からは環境を損なわないエネルギー資源の利用が求められざるを得ないし、さらに、そのようなキリスト教的信念と核の危険の併存は永遠に安定的ではあり得ない。ここに、再生可能エネルギー資源利用に対するドイツの積極的な試みを理解する鍵のひとつがあり、さらに、東京電力福島第一原発事故発生に伴うドイツの動きを解明する鍵のひとつがある。

---

(150) Grundsätze zur Gewährleistung der kerntechnischen Sicherheit – Rede von Bundesminister Prof. Dr. Töpfer, 17. Mai 1988.

(151) CDU は 1989 年 11 月の党大会で「キリスト教的人間像」を環境・エネルギー政策との関連で取りあげており、その結果、「神の贈り物［つまり、自然環境］に対する我れわれの責任」を確認する文書を採択している。Unsere Verantwortung für die Schöpfung, in: *37. Bundesparteitag der Christlich Demokratischen Union Deutschlands, Bremen, 11.-13. September 1989*, S. 289, 291.

第3章　再生可能エネルギー拡大と「脱原発」のプレリュード

　"風力発電や小水力発電からの、あるいは、バイオマス利用発電からの供給電力に対する補償額が実感できるまでに改善されないかぎり、研究・開発努力の多様な［技術的］成果が実践に移されることは有り得ません。CDU/CSU 連邦議会議員団は連立パートナー［のFDP 議員団］と共同して電力業界と数多くの話し合いを繰り返し、環境を損なわない再生可能エネルギー資源に公正なスタート・チャンスが与えられるよう努めてきました。遺憾ながら、しかし、地域独占電力事業者に負担できる範囲で再生可能エネルギー資源のスタート条件を改善させることは自発的な協定締結という方法では出来ませんでした。"

マティーアス・エンゲルスベルガー
1990 年 9 月 13 日

　原子力の利用は人類社会に薔薇色の将来を約束する（ホミ・J・バーバー）と世界的に喧伝され、西ドイツでも、人類史を画する出来事と位置付けられて（フランツ-ヨーゼフ・シュトラウス原子力問題相）"原子力時代"の幕開きが歓呼の声で迎えられたことについてはすでに述べたが、それから約 20 年後、西ドイツでは、放射性物質の危険性と放射性廃棄物による環境破壊が懸念され、原子力の発電利用放棄（「脱原発」）の動きが胎動している。そのばあい、すでに『バリロチェ・レポート』も指摘したごとく、「地球自然の（global）汚染に対する最適な解決法は、エネルギーの消費量を最小限に縮減することのほかには、環境を汚染しない形態のエネルギー資源、つまり、太陽光、風力、潮力（mareométrica）

等を利用することである。」[1] かかる解決法に取り組むばあいには、無論、同レポートも同時に案じていたような問題を克服しなければならない。すなわち、「この［再生可能エネルギー資源の利用という］解決法は、短中期的には、あまり現実的ではないと思われる」と案じられ、「大規模に利用され得るようになるまでには、依然、相当な技術的発展を要する」[2] と同レポートに見なされるような問題である。ドイツにおけるエネルギー転換は、『バリロチェ・レポート』が案じたような再生可能エネルギー利用拡大に伴う問題を克服し、原子力利用の放棄を決断していく過程である。本章では、そのような過程の進展について見ていこう。

第1節　再生可能エネルギーの導入と拡大

（西）ドイツ政府のエネルギー政策史上、再生可能エネルギー資源の利用に対する言及はブラント政府の「連邦政府エネルギー計画」（1973年09月）を嚆矢とし、そこで初めて、エネルギー資源多様化の一環として、「環境を損なわない新しいエネルギー資源（取り分け、太陽光エネルギー、あるいは、地熱エネルギー）の利用可能性が調査される」と謳われた。だが、当時、ブラント政府の関心は、一方では、エネルギー利用の効率化とエネルギー消費量の縮減に向けられており、他方で、新しいエネルギー資源としては、前章第2節第2項で触れたとおり、原子力利用の拡大が最重要視されていた。それゆえに、太陽光エネルギーや地熱エネルギーの利用可能性調査が謳われるとしても、同時に、「その技術的、ないし、経済的な成熟は今日未だ見通せない」と付言され[3]、事実上、再生可能

---

(1)　Amílcar O. Herrera et al., *¿Catastrofe o Nueva Sociedad? Modelo Mundial Latinoamericano 30 Años Depués*, [Primera Edición, Buenos Aires 1977], Segunda Edición, Buenoa Aires 2004, pág. 80. A・O・エレラ／H・D・スコルニク他『新しい社会の創造　ラテン・アメリカから見た世界モデル』、茅陽一、大西昭、鈴木胖、石谷久訳、ダイヤモンド社 1976年、58-59頁。

(2)　Herrera et al., *¿Catastrofe o Nueva Sociedad?*, pág. 80. エレラ／スコルニク他『新しい社会の創造』、60-62頁。

第3章　再生可能エネルギー拡大と「脱原発」のプレリュード　163

エネルギーの利用は遠い将来の可能性の領域に置かれたにすぎなかった。たしかに、再生可能エネルギーの研究・開発に対する連邦政府の支出は年々増額され、再生可能エネルギーの研究・開発費が研究・開発費全体に占める割合も1974年の2パーセント（連邦政府のエネルギー研究・開発費支出総額は約13億6,000万ユーロ）から次第に増加し、1990年の連邦政府支出のエネルギー研究・開発費（約10億ユーロ）に占める割合は20パーセントにまで達したが、それでもなお、相変わらずエネルギー研究・開発費の圧倒的に大きな部分を占める原子力のそれに比べれば、小さな割合にとどまっていた[4]。また、一次エネルギー消費全体に占める消費量と消費量の割合も、再生可能エネルギー資源のばあいには、西ドイツ期後半を通して、消費量は微増にとどまり、消費量が占める割合は増加することもなかった。かかる情況は、増加の一途を辿る原子力のばあいと極めて対照的である（表3-1を参照）[5]。

---

(3)　Deutscher Bundestag, 7. Wahlperiode, Drucksache 7/1057, 03. 10. 1973, Die Energiepolitik der Bundesregierung, S. 9, 18.

(4)　連邦政府支出の再生可能エネルギー研究・開発費と同費用がエネルギー研究・開発費全体に占める割合は、西ドイツ期において、次のように推移していった。16億1,000万ユーロと6パーセント（1975年）→ 18億4,000万ユーロと13パーセント（1980年）→ 17億3,000万ユーロと10パーセント（1985年）。Stryi-Hipp Weber, Der globale Forschungsmarkt für erneuerbare Energien: Wettbewerb und Technologiepartnershaften, S. 34, Abbildung 1. < http://www.fvee.de/fileadmin/publikationen/Themenhefte/th2009/th2009_09_02pdf#search = 'globale + forschungsmarkt' >. なお、連邦政府とは別に、1985年からは州政府によるエネルギー研究・開発費支出も行われている。International Energy Agency, *Renewable Energy. Market & Policy Trends in IEA Countries*, Paris 2004, p. 308.

(5)　Joachim Nitsch, Leitstudie 2007 "Ausbaustrategie Erneuerbare Energien". Aktualisierung und Neubewertung bis zu den Jahren 2020 und 2030 mit Ausblick bis 2050. Untersuchung im Auftrag des Bundesministerium für Umwelt, Naturschutz und Reaktorsicherheit, Februar 2007, S. 80, Tabelle 3a.

表 3-1　西ドイツにおける利用資源毎の一次エネルギー消費量と消費量割合い
　　　　再生可能エネルギーと原子力　1975-1990 年　　　　単位　ペタジュール（PJ）

資源	年	1975	1980	1985	1988	1989	1990 (*)
再生可能エネルギー	消費量	190	203	211	219	220	229
	割合い（％）	1.45	1.36	1.40	1.43	1.46	1.54
原子力	消費量	400	606	1,450	1,698	1,743	1,665
	割合い（％）	3.1	4.1	9.6	11.1	11.6	11.2

(*) 統一ドイツの数値

第1項　キリスト教政党における"環境派"の台頭

　西ドイツにおいても、再生可能エネルギー資源を利用する発電としては、19世紀末から南部のバイエルン州やバーデン-ヴュルテンベルク州を中心に手工業や工業、地方自治体、そして、地域のエネルギー供給事業者によって水力発電事業が営まれており[6]、1980 年代半ばのばあいであれば、西ドイツにおける純電力生産量の 4.7 パーセント、18,470 メガワット（MW）は水力発電で賄われている（うち、85 パーセントは流水発電）[7]。だが、水力利用に限らず、小規模な再生可能エネルギー資源利用の発電事業者はつねに電力販売機会（販売量）確保の問題とともに収益獲保の問題をかかえていた。戦間期以来、地域独占のエネルギー供給事業者（EVU）が公共の送電網事業を独占的に支配しながら再生可能

---

[6]　Elke Bruns et al., Erneuerbare Energien in Deutschland. Eine Biographie des Innovationsgeschehens, Berlin, Dezember 2009, S. 416.

[7]　Deutscher Bundestag, 10. Wahlperiode 1983, Drucksache 10/4272, 18. 11. 1985, Antwort der Bundesregierung auf die Kleine Anfrage der Fraktionen der CDU/CSU und FDP, S. 1-2. 州毎に水力発電の情況を見ると、1984 年のばあい、バイエルン州における水力利用の純電力生産量が 10,770MW で、西ドイツの水力発電量全体の 58 パーセントを占め、バーデン-ヴュルテンベルク州が次いでいた（4,936MW で、27 パーセント）。

エネルギー資源利用電力を受け容れたがらない電力業界にあって、公共送電網に給電される再生可能エネルギー資源利用電力の販売価格（公共の送電網を運用する事業者にとっては、受け容れ価格）は、法的な規制を受けることもなく、再生可能エネルギー資源利用発電事業者の与り知らぬところで定められるからである。いわゆる"連盟間協定"に基づく価格決定である。これは、ドイツ発電所連盟（VDEW）が1979年以来産業界の中央組織ドイツ産業連盟（BDI）および産業用エネルギー・電力利用者連盟（VIK）（大規模にエネルギー・電力を消費する事業者の団体）と結んでいる協定であり、工場等の自家発電電力の余剰分受け容れ価格（販売価格）にかんするものである。そして、自家発電電力の余剰分受け容れ（販売）という特殊性ゆえに、キロワット時当たり（/kWh）2-10プフェニヒというように発電費も度外視された極めて低い価格にすぎなかったが、それが再生可能エネルギー電力にも適用されていた[8]。

そのために、多くの水力発電所は低収益性ゆえの操業停止を止むなくされている。たとえば、1988年春当時、水力電気の販売価格は5-7プフェニヒ/kWhにとどまっており、その結果、水力発電事業が小規模なニーダーザクセン州だけでも215の水力発電所が操業停止を止むなくされていた。西ドイツで最大規模の水力発電事業を擁するバイエルン州においてだけは、水力発電事業者団体が他州のそれよりも交渉力を有する御蔭で、例外的に、10プフェニヒ/kWhの販売価格が認められていたが、無論、同州でも、事業としての安定経営は困難であった。それゆえに、バイエルン州で水力発電事業を営むキリスト教社会同盟（CSU）所属の連邦議会議員マティーアス・エンゲルスベルガー（Matthias Engelsberger）は、公共的な電力事業者に対して、水力発電事業者に石炭火力発電電力の販売価格と同じ額、15-17プフェニヒ/kWhの販売価格を保障させようとする運動を始めている[9]。

---

(8)　Bernd Hirschl, *Erneuerbare Energien-Politik. Eine Multi-Level Policy-Analyse mit Fokus auf den deutschen Strommarkt,* Wiesbaden 2008, S. 128; Udo Leuschner, Das EEG – eine Erfolgsgeschichte mit Hindernissen (Übersicht), < http://www.udo-leuschner.de/energie-chronik/100407d1.htm >.

(9)　Wolfgang Hoffmann, Leichte Brise aus Bonn, in: *Die Zeit,* Nr. 16, 15. 04. 1988;

エンゲルスベルガーの運動は自らの事業経営の観点に起因しているが、水力電気販売価格の引き上げは、言うまでもなく、環境非毀損性の大きな水力発電事業の拡大につながることになる。だから、販売価格の引き上げは環境保全を論拠にしても容易に正当化され得るが、風力発電に適する西ドイツ北部では、正しく環境保全論に拠って風力発電電力販売価格の引き上げを求める運動が生まれている。すなわち、北海に臨むヴィルヘルムスハーフェン（ニーダーザクセン州）のキリスト教民主同盟（CDU）連邦議会議員エーリヒ・マース（Erich Maaß）が考えるところ、連邦政府が研究・開発費を投入している再生可能エネルギー資源利用の発電は、いつまでも研究レヴェルにとどまるべきではなく、いまや、実用化されなければならないが、そのためには、27 プフェニヒ/kWh に達する風力電気の発電費に対して販売価格が 5-7 プフェニヒ/kWh にすぎない情況は正されなければならない。金属・電力工業界の経営に参画するマースは、かかる考えに基づきながら、公共的な電力事業者に対して、100 パーセントを越えるような大幅な風力電気販売価格の引き上げを認めさせるべくエネルギー産業法（EnWG）を改正するよう主張していた[10]。

環境保全の観点から再生可能エネルギー資源の発電利用を求める声は、その後、次第に与党 CDU/CSU 議員のあいだにも広まって行くが、その過程で学術的な「気候変動」論議が果たした役割りは大きかった。大気圏内の CO_2 等温室効果ガス濃度上昇が気候変動を惹き起こすというフィラハ国際会議（1985 年 10 月）の指摘[11] や「世界中の気候が破滅的になっている」と題する『シュピーゲ

Alternatives auf Eis, in: *Der Spiegel*, Nr. 52, 25. 12. 1989, S. 15.

(10) Leichte Brise aus Bonn; Alle Anstrengungen, in: *Der Spiegel*, Nr. 23, 06. 06. 1988, S. 42.

(11) フィラハ国際会議は国際科学評議会（ICSU）と国連環境計画（UNEP）、および、世界気象機構（WMC）の共催で開かれており、95 カ国からの科学者たちが気候変動に対する CO_2 等温室効果ガスの影響を議論した。その結論は、気候変動を惹き起こしている最大の原因は大気中の温室効果ガス濃度の上昇にほかならず、このまま CO_2 等排出量が増加しつづけるならば、相当な大気温上昇や海面上昇が予測されるということである。Gerhard Sardemann, Beeinflussung

ル』誌の記事（翌年 08 月）⁽¹²⁾、そして、気候変動を食い止めるためには直ちに温室効果ガスの排出量縮減に取り組まなければならないと警告するドイツ物理学会（DPG）とドイツ気象学会（DMG）共同の「迫り来る人為的な気候変動にかんする警告」の発表（1987 年 06 月）（資料Ⅲを参照）⁽¹³⁾は忽ちのうちに政界に影響を及ぼし、同月、CDU/CSU と自由民主党（FDP）両与党議員団は共同で「大気圏保全のための備えにかんする調査委員会」設置を連邦議会に提案し、原子力利用による CO_2 等温室効果ガス排出量削減と並んでではあるが、再生可能エネルギー資源利用による CO_2 等排出量削減を企図している⁽¹⁴⁾。

翌年 03 月には、さらに、両与党議員団は再生可能エネルギー資源利用の促進を図るべく何らかの資金支援をコール政府に暗に求めている⁽¹⁵⁾。したがって、言うなれば、CDU/CSU 内にも、FDP と同様に、主流を成す"経済派"に対し

---

　　　des globalen Klimas durch den Menschen: Historische Entwicklung und Stand des Wissens zum anthropogenen Ttreibhauseffekt, in: Jürgen Kopfmüller und Reinhard Coenen（Hrsg.）, *Risiko Klima. Der Treibhauseffekt als Herausforderung für Wissenschaft und Politik,* Frankfurt am Main 1997, S. 41f.

(12)　Das Weltklima gerät aus den Fugen, in: *Der Spiegel,* 11. 08. 1986, S. 122-134.

(13)　Gemeinsamer Aufruf der DPG und der DMG, Warnung vor drohenden weltweiten Klimaänderungen durch den Menschen, in: *Physikalische Blätter,* Jg. 43, 1987, Nr. 8, S. 347-349.

(14)　「大気圏保全のための備えにかんする調査委員会」は、両野党（SPD と「緑の党」）の賛同を得て 1987 年 10 月に設置された。委員会は、全党派からの議員 11 名と専門研究者 11 名の計 22 名で構成され、CDU のベルント・シュミートバウアー（Bernd Schmidbauer）を委員長にして同年末から活動をはじめている。委員会における議論の概要は翌年 11 月発表の第一次中間報告に示された。Deutscher Bundestag, 11. Wahlperiode, Drucksache 11/3246, 02. 11. 1988, Erster Zwischenbericht der Enquete-Kommission Vorsorge zum Schutz der Erdatmosphäre, S. 26, 235f., 252-256.

(15)　Idem, 11. Wahlperiode, Drucksache 11/2029, 18. 03. 1988, Große Anfrage der Fraktionen der CDU/CSU und FDP zur Förderung und Nutzung "Erneuerbarer Energiequellen" in der Bundesrepublik Deutschland.

図 3-1　政府の環境保全政策実施の歩みについて、あなたはどのように考えていますか。　1989 年 10 月　　　　　　　　　　　　　　　　　アレンスバハ輿論研究所
図 3-2　効果的な環境保全政策実施を"極めて重要"と考えている人びとの割合　1990 年
図 3-3　原子力と太陽光エネルギーは、世界的な環境問題解決にとって、どの程度役立つと考えますか。(プラス・マイナス 5 段階評価)　1990 年 12 月
アレンスバハ輿論研究所

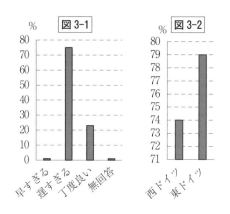
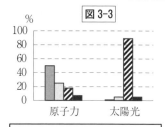

て"環境派"と称され得る勢力が台頭しつつあった。そして、そのような動きは、また、早急な環境保全政策実施を必要視し、そのためのエネルギー分野における技術的方策を原子力利用に求めることなく、再生可能エネルギー利用技術の開発進展に期待する輿論（図 3-1、3-2、3-3 を参照）[16]に応える（なるほど、部分的ではあるものの）という政治的なフィードバックにほかならない。「[再生可能エネルギー資源利用促進について、] 党内経済派と議論することは極めて難しい」が、「国民 [の意思] に反して政治を行うことは出来ません。」FDP 内"環境派"を代表するゲルハルト・R・バウム（Gerhart R. Baum）は、かつて、

---

(16)　各図の資料・典拠は順に次のとおりである。図 3-1 は、Institut für Demoskopie Allensbach, *Allensbacher Jahrbuch der Demoskopie 1984-1992*, Bd. 9, S. 928. 図 3-2 は、Felix Christian Matthes, *Stromwirtschaft und deutsche Einheit. Eine Fallstudie zur Transformation der Elektrizitätswirtschaft in Ost-Deutschland*, Berlin 2000, S. 385. 図 3-3 については、Institut für Demoskopie Allensbach, *Allensbacher Jahrbuch der Demoskopie 1984-1992*, Bd. 9, S. 937.

第3章　再生可能エネルギー拡大と「脱原発」のプレリュード　169

社会民主党（SPD）のヘルムート・シュミット政府内相[17]として自動車産業界と首相と経済相の反対に抗しながら無鉛ガソリン導入に尽力した自らの例を引きながら、このように、政治に対する輿論の影響を語っていたが、同様な情況が再び起こっている[18]。

　再生可能エネルギー資源の利用拡大を図るべく販売価格を引き上げることに対しては、しかし、コール政府は容易には積極的にならなかった。エネルギー分野担当の連邦経済相はFDP党首のマルティーン・バンゲマン（Martin Bangemann）の任であったが、彼は再生可能エネルギー資源利用のための資金支援というFDP提案の政府公約（連立政府協定）実施には反対しつづけるのみである[19]。翌（1989）年02月には、連邦議会の請願委員会において、風力発電設備建設促進のために風力法制定を求める請願書が採択された[20]ために、コール政府も対応策を講じざるを得なくなったが、そのばあいも、再生可能エネルギー資源利用拡大の"包括的なテスト（Breitentest）・ケース"として「100MW風力発電計画」が発表されるにとどまっており、販売価格引き上げ措置の立法化や、あるいは、補助金給付による市場競争力強化案の発表などは行われなかった。極めて象徴的なことであるが、連邦研究・技術相ハインツ・リーゼンフーバー（Heinz Riesenhuber）が連邦議会で語ったところ、石炭と原子力に対しては補助金給付を行って支援するだけの根拠があるものの、再生可能エネルギーについては、そのような支援根拠は存在しない[21]。このように、再生可能エネルギー資

---

(17)　シュミット政府当時、独立の連邦環境省は存在せず、環境行政は連邦内務省の管轄内に置かれていた。連邦環境省（BMU）の設置は、チェルノブイリ原発事故発生から1カ月余後の06月である。

(18)　Alle Anstrengungen, S. 40, 42.

(19)　Ibid.

(20)　Deutscher Bundestag, 11. Wahlperiode, Drucksache 11/4001, 15. 02. 1989, Beschlußempfehlung des Petitionsausschusses (2. Ausschuß) – Sammelübersicht 99 zu Petitionen –, S. 3.

(21)　Idem, 11. Wahlperiode, *Verhandlungen des Deutschen Bundestages,* Stenographischer Bericht, 128. Sitzung, Bonn, Donnerstag, den 23. Februar 1989, S. 9471.

源利用の導入拡大に対するコール政府の対応は消極性の域を脱していなかった。

かかる政府の対応に反発してであろうが、エンゲルスベルガーは野党と連携してでも再生可能エネルギー資源利用電力の販売価格引き上げと同資源の発電利用拡大を実現しようと考えるようになり、実際に、「緑の党」連邦議会議員ヴォルフガング・ダーニエルス（Wolfgang Daniels）と共同の動議案を作成し、連邦議会に提出しようとしていた。同動議案が目差すところ、公共的な電力事業者は水力・風力・太陽光エネルギー等再生可能エネルギー資源利用の発電事業者に対して 15 - 17 プフェニヒ/kWh を支払うことを義務付けられる[22]。かかる画期的な再生可能エネルギーの拡大案には、しかも、与党 FDP と野党社会民主党（SPD）の議員団から支持が寄せられたのみならず、CDU/CSU 連邦議会議員のあいだにも多数の支持者が存在した[23]。したがって、連邦議会は、もしも、同動議が表決に付されるならば、それが採択されかねない形勢になっていたわけである。

エンゲルスベルガーやマースの運動は、原子力の利用については、SPD や「緑の党」の方針とは根本的に異なり、先のテップファー草案（第 2 章第 4 節第 2 項）にも対立するものであった。両者とも CDU/CSU の議員として原子力利用の継続を当然視しており、マースによれば、再生可能エネルギー資源の発電利用は飽くまでも「付けたり」であり、さらには、CDU/CSU が推進する原子力利用政策の社会的受容性を高めるための手段でもあった[24]。

---

(22) Alternatives auf Eis, S. 15.

(23) CDU/CSU 議員のなかからは、『シュピーゲル』誌によると、当時、51 名が動議に連署する用意がある旨を表明した。『ツァイト』誌は 70 名が連署したために、エンゲルスベルガーも"全く驚いた"と後年報じている。Alternatives auf Eis, S. 15; Andreas Berchem, Das unterschätzte Gesetz, in: Die Zeit, Nr. 39, 25. 09. 2006. なお、1988 年 03 月、マースが「当初、多額で、その後は漸減して行く」販売価格保障で水力・風力発電所建設を推進する案を提示したときも、たちまちのうちに 70 名の CDU/CSU 議員が連署していたようである。Alle Anstrengungen.

(24) Hoffmann, Leichte Brise aus Bonn.

第3章　再生可能エネルギー拡大と「脱原発」のプレリュード　171

　そうであるとしても、エンゲルスベルガーとダーニエルスの共同動議案提出の動きには経済界も CDU/CSU 指導部も驚いたと思われる。再生可能エネルギー資源利用の販売価格については、VDEW も何れは幾分の引き上げを考慮する必要があると判断するようになっており、1987 年には、新しい最高経営責任者ヨアヒム・グラーヴェ（Joachim Grawe）のもと、「将来は外部から供給される電力［すなわち、公共的な電力事業者以外の者が発電した電力］に 10 プフェニヒ［/kWh］支払う」用意がある旨を表明していた[25]。しかし、グラーヴェ等には、おそらく、近近のうちに引き上げを認める意向は無かったであろうし、況して、再生可能エネルギー資源利用の電力に 15‐17 プフェニヒ/kWh を支払って、その拡大を受け容れる意思は皆無であったと考えて間違いない。「今日、将来のエネルギー資源を考えるならば、原子力は不可欠であり、とくに、高速増殖炉は、技術的な完成の暁には、依然、最大の潜在力を有しており、環境に対する影響も小さいと判断され得る唯一の将来エネルギーです。」他方で、「太陽光・水力・風力・バイオマス・地熱・潮力のような再生可能エネルギー資源も、ますます重要な役割りを演ずるようになっていきます」が、「［かつて、］原子力時代の開幕時に原子力に熱狂したごとく、再度、再生可能エネルギー資源に熱狂するならば、それは愚かなことでしょう。」[26] 同じ時期、グラーヴェは、バイエルン州電力連合会（VBEW）会合の席上、再生可能エネルギー資源の将来役割りを認めながらも、このように、補足的な位置を与えたにすぎなかった。

　CDU/CSU 指導部にとっては、エンゲルスベルガーが伝統的な議員団規律に背いて野党議員と共同の動議を提出しようとすることが問題であった。それゆえに、CDU/CSU 連邦議会議員団の議会対策団長ユルゲン・リュトガース（Jürgen Rüttgers）等は同動議提出を妨げるべく介入し、その結果として、与野党議員共同動議の提出は行われずに終わっている[27]。

　エンゲルスベルガーとダーニエルスの共同動議案のような再生可能エネルギー

---

(25)　Ibid.

(26)　Regenerative Energiequelllen als sinnvolle Ergänzung, in: *Süddeutsche Zeitung*, 05. 10. 1987.

(27)　Alternatives auf Eis, S. 15; Berchem, Das unterschätzte Gesetz.

表 3-2　ドイツと世界の CO_2 排出量削減計画　1987-2050 年　　　　単位　100万トン

	基準年 1987 年	1987-2005 年 − 30%（義務値）	2006-2020 年 − 20%（目標値）	2021-2050 年 − 30%（目標値）	1987-2050 年 − 80%（目標値）
旧西ドイツ	715	− 215 500 に低下	− 143 357 に低下	− 215 142 に低下	− 574 142 に低下
統一ドイツ	1,067	− 317 750 に低下	− 213 543 に低下	− 320 214 に低下	− 853 214 に低下
EC		− 20 ～ − 30%			− 80%
先進国		− 20%			− 80%
途上国		+ 50%			+ 70%
世界		− 5%			− 50%

表 3-3　ドイツにおける再生可能エネルギー資源の潜在的な電力・熱生産力評価

単位　ギガワット時（GWh）　　PJ　1GWh = 3.6PJ

	技術的な潜在力	経済性を考えたときの潜在力	
		2005 年	2050 年
緩やかな電力・熱価格上昇			
電力生産（GWh）	136 − 155	28 − 36	59 − 118
熱生産（PJ）	920 − 1,166	117 − 174	715 − 955
電力・熱生産（PJ）	1,410 − 1,724	218 − 304	927 − 1,380
幾分大きな電力・熱価格上昇			
電力生産（GWh）	136 − 155	40 − 47	89 − 131
熱生産（PJ）	920 − 1,166	485 − 682	898 − 1,082
電力・熱生産（PJ）	1,410 − 1,724	627 − 851	1,218 − 1,554

導入拡大計画に反対しつづけることは、だが、長期的には、コール政府にも為し得ないことであった。そのような計画の実施が多数の CDU/CSU 議員から求められていることについては先に述べたが、加えて、連邦議会からは「大気圏保全のための備えにかんする調査委員会」の最終報告として CO_2 等温室効果ガス排出量の大幅削減（表 3-2 を参照）が求められ、同時に、再生可能エネルギー資源の潜在的な電力・熱生産力評価（表 3-3 を参照）に基づいて同資源利用の拡大を

求める超党派の勧告を突きつけられていた。しかも、そのばあい、CO_2等の 50 パーセントはエネルギー部門から排出されると指摘され、主たる排出国である先進国は、途上国からの排出量削減貢献は期待され得ないがゆえに、率先して温室効果ガス排出量削減に取り組むべき旨が強調されている[28]。だから、コール政府も再生可能エネルギー資源の利用拡大に取り組まざるを得なくなることは必定である。

　さらに、また、再生可能エネルギー資源利用の拡大は、欧州共同体（EC）からも要求されている。欧州委員会は、1988 年 05 月、再生可能エネルギー資源利用の拡大を図るべく、「自発的な協定締結」という方法によって、あるいは、必要であるならば、特別立法や行政行為（行政処分）という方法によって、「公共的な電力供給会社」（すなわち、ドイツのばあいであれば、EVU）と「再生可能エネルギー資源、塵芥燃焼エネルギー、そして、電力・熱連結生産（コジェネレイション）（CHP）に拠る独立電力生産者（auto-producer）」間に協力枠組みを設定し、公共送電網に対する後者の生産電力販売権利を原則的に承認しながら、少なくとも発電費を補償するとともに、「独立電力生産者」に供給実績に応じた「割増し報酬」支払いを行うよう「公共的な電力供給会社」に求める勧告案を理事会に送っていた[29]が、委員会提案は粗(ほぼ)そのまま理事会勧告として採択されている[30]。それゆえに、コール政府も、けっきょくは、再生可能エネルギー資源利用電力に対する公共的なエネルギー供給事業者（EVU）の受け容れ義務化に

---

(28) Deutscher Bundestag, 11. Wahlperiode, Drucksache 11/8030, 24. 05. 1990, Dritter Bericht der Enquete-Kommission Vorsorge zum Schutz der Erdatmosphäre, S. 51, 60f., 504, 871, 872.

(29) Proposal for a Council recommendation to the Member States to promote cooperation between public electricity supply companies and auto-producers of electricity, COM (88) 225 final, in: *Official Journal of the European Communities*, 01. 07. 1988, no C 172, pp. 9-11.

(30) Council Recommendation of 8 November 1988 to promote cooperation between public electricity and auto-producers of electricity, in: *ibid.*, 07. 12. 1988, no L 335, pp. 29-30.

同意し、かつ、再生可能エネルギー資源利用発電事業の経営安定化を図るべく販売価格（補償額）引き上げを義務付ける新法制定に応ずることになって行く。

そのばあい、コール政府が元来意図したところでは、販売価格の設定は「再生可能エネルギー資源利用電力を受け容れることで公共的なエネルギー供給事業者（EVU）が出費を免れる額」を基準としていた。言い換えるならば、再生可能エネルギー資源利用の発電事業者は EVU 供給電力の一部を肩代わりして供給し、その電力を EVU が自ら供給したときに支出したであろう額（"浮かせられた支出額"）を受け取るということである。そのような新しい「補償モデル」の採用によって、コール政府が主張するところ、「電力消費者全体の負担となる補助金給付」を避けながら、再生可能エネルギー資源利用の発電事業拡大が進展し得ることになる[31]。

だが、"浮かせられた支出額" は EVU 側の発電原価にほかならない。したがって、再生可能エネルギー資源利用の拡大に資することにはなり得ない。それゆえに、CDU/CSU と FDP の両与党議員団はコール政府の案を不充分とみなさざるを得なくなり、1990 年 05 月 17 日、"浮かせられた支出額" を上回る給電補償額支払いを謳う共同動議を連邦議会に提出するにいたっている。両与党議員団が主張するところ、公共的な電力供給事業者は地域毎に独占的な地位を占めており、また、「有害物質排出の無いエネルギー生産で免れる外部的費用」を考慮するならば、「再生可能エネルギー資源利用電力に対する補償額は、即時、かつ、明らかなまでに改善される」べきである。かかる考えに基づいて、新たに、補償額設定の基準は「受け容れ側の EVU が最終消費者に請求する販売価格」に置かれ、その少なくとも 75‐90 パーセントが補償されることになった[32]。その結果、連邦議会経済委員会の試算によるならば、「目下、キロワット時当たり

---

(31) Deutscher Bundestag, 11. Wahlperiode, Drucksache 11/2684, 20. 07. 1988, Unterrichtung durch die Bundesregierung, Bericht über die Förderung der Windkraft, S. 22-23; idem, Drucksache 11/6444, 14. 02. 1990, Bericht über die Förderung der Windkraft, S. 8-9.

(32) Idem, 11. Wahlperiode, Drucksache 11/7169, 17. 05. 1990, Antrag der Fraktionen der CDU/CSU und FDP, Förderung von Zukunftsenergien, S. 3.

(kWh) 9 プフェニヒぎりぎりの平均補償額は 14 プフェニヒに引き上げられる」ことになり、再生可能エネルギー資源利用の発電事業者は初めて EVU から事実上の給電支援を受けることになる[33]。このようにして、ドイツの再生可能エネルギー利用は、地域独占電力供給事業者の負担を前提条件にして拡大の途に着いている。

第2項　電力供給法

「風力発電や小水力発電からの、あるいは、バイオマス利用発電からの供給電力に対する補償額が実感できるまでに改善されないかぎり、研究・開発努力の多様な［技術的］成果が実践に移されることは有り得ません。CDU/CSU 連邦議会議員団は連立パートナー［の FDP 議員団］と共同して電力業界と数多くの話し合いを繰り返し、環境を損なわない再生可能エネルギー資源に公正なスタート・チャンスが与えられるよう努めてきました。遺憾ながら、しかし、地域独占電力事業者に負担できる範囲で再生可能エネルギー資源のスタート条件を改善させることは自発的な協定締結という方法では出来ませんでした。」[34] 1990年09月13日、連邦議会において、CSU のマティーアス・エンゲルスベルガーは両与党議員団提出の新法案趣旨説明を行うなかで、このように、再生可能エネルギー資源利用電力の販売価格（補償額）適正化（相応な引き上げ）に地域独占の電力事業者が一向に応じないことを嘆いたが、同様の事態は、当時、再生可能エネルギー資源利用電力事業者側の一員として補償額適正化交渉に加わったウルリヒ・ヨヒムセン（Ulrich Jochimsen）によっても指摘されている[35]。かかる事態からは、

---

(33) Idem, 11. Wahlperiode, Drucksache 11/7418, 19. 06. 1990, Beschlußempfehlung und Bericht des Ausschusses für Wirtschaft (9. Ausschuß), Förderung von Zukunftsenergien, S. 5f.

(34) Idem, 11. Wahlperiode, *Verhandlungen des Deutschen Bundestages*, Stenographischer Bericht, 224. Sitzung, Bonn, Donnerstag, den 13. September 1990, S. 17750f.

(35) Ulrich Jochimsen, Wie das Stromeinspeisungsgesetz entstand und sich die erneuerbaren Energien in Deutschland durchsetzten, < http://www.ulrich-

したがって、既存の地域独占体制に固執するエネルギー供給事業者（EVU）とコール政府に社会的・政治的な再生可能エネルギー資源利用促進運動が挑戦し、後者が優位するという新法制定過程を描くことができるが、事実、同法案制定の最後の段階でも連邦経済省は同法適用対象を可能なかぎり狭めようとしていた[36]。そのように、コール政府が必ずしも熱意を示さないなか、再生可能エネルギー資源利用電力拡大を図る新法の成立は連邦議会与野党議員たちの党派を超えた協力の賜物にほかならない[37]。

再生可能エネルギーの導入拡大を図る新法は、1990年10月05日、「再生可能エネルギー資源利用電力の公共送電網供給法（通称、電力供給法 StromEinspG）」[38]として連邦議会議員「大多数の賛成」で[39]成立した。それに基づいて、再生可

---

jochimsen.de/files/Stromeinspeisungsgesetz.pdf >. ちなみに、ヨヒムセンは発電事業経営者ではないが、1991年に「連邦再生可能エネルギー連盟（BEE）」が創設されるや、その幹部会メンバーになっている。

(36) Hirschl, *Erneuerbare Energien-Politik*, S. 132.

(37) CSUのエンゲルスベルガーとともに、たとえば、CDUからはCDU/CSU議員団環境政策スポークスマンのベルント・シュミートバウアー、野党側では、SPDのヘルマン・シェーア（Hermann Scheer）や「緑の党」のヴォルフガング・ダーニエルス等が再生可能エネルギー資源利用拡大に尽力している。そして、政府内におけるテップファーの活動も新法成立に貢献したであろうことは想像に難くない。Bruns et al., Erneuerbare Energien in Deutschland, S. 99; eadem, Dörte Ohlhorst und Bernd Wenzel, 20 Jahre Förderung von Strom aus Erneuerbaren Energien in Deutschland – eine Erfolgsgeschichte, in: Renews Spezial, Ausgabe 41, September 2010, S. 9.

(38) Gesetz über die Einspeisung von Strom aus erneuerbaren Energien in das öffentliche Netz (Stromeinspeisungsgesetz) vom 7. Dezember 1990.

(39) 逐条表決の方式で、反対票は最高でも「若干の数」にとどまった。しかし、旧東ドイツ政権党の流れを汲む民主社会主義党（PDS）は、表決の対象となった法案の審議過程に加わっていなかったがゆえに「法案を知らない」ことを論拠にして、表決に際しては、棄権という対応を貫いている。Deutscher Bundestag, 11. Wahlperiode, *Verhandlungen des Deutschen Bundestages,* Stenographischer Bericht, 229. Sitzung, Bonn, Freitag, den 5. Oktober 1990, S. 18162f.

第 3 章　再生可能エネルギー拡大と「脱原発」のプレリュード　177

能エネルギー資源利用の電力も公共送電網に対する供給権を保障され、かつ、補償額の適正化（引き上げ）が行われる。

　まず、電力供給法による供給権保障と補償額適正化の対象としては、適用除外を設けながら(40)、「専ら水力・風力・太陽光エネルギー・埋立地ガス・下水汚泥（糞便）ガス、あるいは、農業と林業の残余・廃棄物（つまり、農産物と樹木由来のバイオマス）から生産される電力」が設定されている（同法第 1 条）。次いで、公共的なエネルギー供給事業者（EVU）に対して「それぞれの供給地域内で生産される再生可能エネルギー資源利用電力の受け容れと所定の給電補償額支払いが義務付けられ」（同法第 2 条）、そのうえで、補償額の設定は利用資源毎に行われた。最終消費者に対する公共的な電力事業者の kWh 当たりの年平均販売価格を基準にして、水力・バイオガス・汚泥ガス、および、農産物・樹木由来のバイオマスのばあいには、基準価格の少なくとも 75 パーセントが支払われ、この補償割合いは、その後、CDU のアンゲラ・メルケル（Angela Merkel）を長とする連邦環境省（BMU）等の尽力で「少なくとも 80 パーセント」に引き上げられている（1994 年 07 月 19 日の改訂電力供給法）(41)。ただし、水力・埋立地ガス・下水汚泥ガス利用の電力にかんしては、その供給量が 500 キロワット（kW）を超えるならば、超過分の補償割合いは 1994 年の同法改訂後も含めて 65 パーセントにとどまっていた（同法第 3 条第 1 項）。また、太陽光エネルギーと

(40)　電力供給法は、発電容量が 5MW を超える水力・埋立地ガス・下水汚泥ガス利用の発電所、および、25 パーセントを超える持ち分の株式が連邦や州や公共電力供給事業体、あるいは、地域独占電力事業者に保有される発電設備には適用されない。

(41)　Gesetz über die Einspeisung von Strom aus erneuerbaren Energien in das öffentliche Netz (Stromeinspeisungsgesetz) vom 7. Dezember 1990, geändert durch Artikel 5 des Gesetzes vom 19. Juli 1994. 75 パーセントの補償割合いを 80 パーセントへ引き上げることには連邦経済省が激しく反対したようである。だが、連邦環境相メルケルや FDP の環境次官ヴァルター・ヒルシェ（Walter Hirsche）の引き上げ主張が多くの連邦議会議員たちの支持を得、連邦首相府からも支持されて、成立している。Bruns et al., Erneuerbare Energien in Deutschland, S. 100.

風力利用電力については、同様の基準に則して、かつ、500kW を超える供給量のばあいも含めて、少なくとも 90 パーセントの補償が認められることになった（同法第 3 条第 2 項）。

電力供給法は、その適用対象から旧東ドイツで関心の高い地熱利用を除外し[42]、また、野党 SPD[43]、および、EC 勧告が求めるコジェネレイション（ドイツでは、電力・熱連結生産〔KWK〕）も無視している。そして、それゆえに、野党からは批判され、さらに、補償額も充分ではないと野党から[44]、および、再生可能エネルギー資源利用の電力事業者から異を唱えられていた[45]が、それでも、同法は"連盟間協定"に基づく販売価格よりも、そして、"浮かせられた

---

(42) 旧東ドイツでは、地熱利用の研究・開発が積極的にすすめられており、すでに 1980 年代末には総熱生産量 22 メガワット熱（MWth）の計画が実施され、住居暖房に供給されている。無論、いっそうの地熱利用拡大が計画されており、地熱利用による熱供給と電力生産が行われる予定になっていた。しかし、事実上、地熱利用が行われていない西ドイツでは、その拡大の必要性が覚えられることもなかったから、電力供給法による利用推進資源に含められるにはいたらなかった。Ibid, S. 305–307.

(43) Deutscher Bundestag, 11. Wahlperiode, Drucksache 11/7978, 26. 09. 1990, Beschlußempfehlung und Bericht des Ausschusses für Wirtschaft (9. Ausschuß), S. 5.

(44) Idem, *Verhandlungen des Deutschen Bundestages,* Stenographischer Bericht, 224. Sitzung, S. 17752f. (Dietrich Sperling, SPD); idem, Drucksache 11/7829, 11. 09. 1990, Antrag der Fraktion Die Grünen, S. 3, 10f.

(45) たとえば、1989 年以来風力発電事業を営むウーヴェ・トーマス・カルステンセン（Uwe Thomas Carstensen）（ハノーファー）が求めるところ、補償額は、すべての再生可能エネルギー資源利用電力に対して、公共的なエネルギー供給事業者（EVU）が最終消費者に販売する価格の 95 パーセントに設定され、さらに、価格競争力を有するまでにいたっていない再生可能エネルギー資源利用電力に対しては、設備投資用に「追加的、一時的な調整額」が助成金として与えられるべきである。Uwe Thomas Carstensen, Beeinflussung des Entwicklungs- und Exportpotentials der erneuerbaren Energien in Deutschland durch Förderung, in: Hans Günter Brauch (Hrsg.), *Energiepolitik. Technische Entwicklun-*

第3章　再生可能エネルギー拡大と「脱原発」のプレリュード　179

支出額"よりも相当高い給電補償額支払いを定めていたがゆえに、再生可能エネルギー資源利用の拡大へいたる道を切り開くことになった。1991年01月の電力供給法施行以来、10年のあいだに、再生可能エネルギー資源利用の電力・熱生産設備は急速に増加し、それに応じて、電力・熱の生産総量と消費総量に占める再生可能エネルギー資源の割合も倍増するにいたっている。取り分け、水力発電事業とともに同法導入の牽引役を担った風力発電事業は、極めて顕著に拡大され、その発電量増加は75倍を超え、電力消費量全体に占める割合も65倍に達していた（表3-4と表3-5を参照）[46]。これは、事実上、無（ゼロ）からのスタートであることを考えるならば、極めて急速な拡大にほかならない。

　その結果、再生可能エネルギー資源利用電力の生産・供給拡大は、間もなく、経済界と地域独占の公共的なエネルギー供給事業者の抵抗に遭い、拡大に一定の制限を設けられることになって行く。

---

　　gen, politische Strategien, Handlungskonzepte zu erneuerbaren Energien und zur rationellen Energienutzung, Berlin/Heidelberg 1997, S. 352.
(46)　Bundesministerium für Wirtschaft und Technologie, Zahlen und Fakten Energiedaten, Nationale und internationale Entwicklung, Tabelle 20, letzte Änderung: 07. 08. 2013.

表3-4 ドイツにおける再生可能エネルギー資源利用による電力生産と消費量割合いの増大 1991-2000年

単位 GWh メガワット (MW) ピーク時メガワット (MWp)

資源	年	1991	1993	1995	1996	1997	1998	1999	2000
水力	発電量(GWh)	15,402	18,526	20,747	18,340	18,453	18,452	20,686	24,867
	発電容量(MW)	3,394	3,509	3,595	3,510	3,525	3,601	3,523	3,538
	割合い(%)	2.85	3.51	3.83	3.35	3.36	3.32	3.71	4.29
風力	発電量(GWh)	100	600	1,500	2,032	2,966	4,489	5,528	7,550
	発電容量(MW)	106	326	1,121	1,549	2,089	2,877	4,435	6,097
	割合い(%)	0.02	0.11	0.28	0.37	0.54	0.81	0.99	1.30
バイオマス	発電量(GWh)	260	433	665	759	880	1,642	1,849	2,893
	発電容量(MW)	92	139	209	246	309	317	335	451
	割合い(%)	0.05	0.08	0.12	0.14	0.16	0.30	0.33	0.50
太陽光	発電量(GWh)	2	6	11	16	26	32	42	64
	発電容量(MWp)	2	5	8	11	18	23	32	76
	割合い(%)	0.000	0.001	0.002	0.003	0.005	0.006	0.008	0.011
総発電量(*)	発電量(GWh)	16,974	20,768	24,271	22,490	23,722	26,233	29,845	37,218
	割合い(%)	3.15	3.93	4.48	4.11	4.31	4.71	5.36	6.42

(*) 50パーセント以上の動植物由来廃棄物利用の発電を含むが、その発電量が消費電力全体に占める割合いは2000年でも0.32パーセントにとどまる。

表3-5 ドイツにおける再生可能エネルギー資源利用による熱生産と消費量割合いの増大 1991-2000年

単位 GWh

年	1991	1993	1995	1996	1997	1998	1999	2000
熱生産量(GWh)	32,354	32,486	32,675	32,915	50,140	55,597	57,203	57,922
割合い(%)	2.1	2.1	2.1	2.0	3.22	3.59	3.79	3.94

第3項　再生可能エネルギー拡大の制限

　そもそも、与党両議員団が電力供給法案を提出するとき、かれらが考えるところ、再生可能エネルギー資源の発電利用には余り大きな可能性は見込まれないから、同法施行に伴って公共的なエネルギー供給事業者（EVU）が負う費用負担も、平均で、同事業者が得る電力販売総額の0.1パーセント未満ほどにすぎないであろうと見なされており、それゆえに、電力業界が特段の影響を被ることは想定されていなかった[47]。そして、かかる再生可能エネルギー資源利用の発電事業に対する低い評価はコール政府によっても共有されていた[48]。他方、西ドイツの電力業界は、東西ドイツ統一交渉の最中（さなか）、東ドイツの電力産業を傘下に収めることにかまけており、また、政府・与党同様に、再生可能エネルギー資源利用の発電事業に余り拡大の可能性を見ていなかったようである[49]。しかし、政界・経済界の大方の予測とは異なって、電力供給法施行が再生可能エネルギーの拡大を途に着かせることについては先に述べたとおりであり、それに連れて、"連盟間協定"の受け容れ価格と新法定受け容れ価格の差異に因るEVU側負担分も増大するために、電力供給法に対する電力業界の批判的な気運がますます強まることは避けられなかった。とくに、風力発電最適地の北部に位置するシュレースヴィヒ-ホルシュタイン州において、風力電気の給電量が急速に増大の道を辿りはじめる（表3-6を参照）[50]と、それが給電受け容れと補償額支払いの義務化に対するEVU側抵抗の直接的な契機となっていった。

---

(47) Deutscher Bundestag, 11. Wahlperiode, Drucksache 11/7816, 07. 09. 1990, Gesetzentwurf der Fraktionen der CDU/CSU und FDP, S. 1.

(48) Idem, Drucksache 11/7971, 25. 09. 1990, Gesetzentwurf der Bundesregierung, S. 1.

(49) Matthes, *Stromwirtschaft und deutsche Einheit*, S. 206-452; Bruns et al., Erneuerbare Energien in Deutschland, S. 99.

(50) Schleswig-Holsteinischer Landtag, 15. Wahlperiode 2000, Drucksache 15/624, 20. 12. 2000, Kleine Anfrage des Abgeordneten Werner Kalinka (CDU), S. 1.

表3-6　シュレースヴィヒ・ホルシュタイン州における風力発電の給電量と消費総量割合い、および、設備基数の増大　1989-1999年　　　　単位　100万kWh

年	1989	1991	1993	1995	1997	1999
給電量	4	66.14	231	731.8	1,186.00	1,785.00
割合い（％）	0.036	0.60	1.90	6.00	9.50	13.60
基数（累計）	100	343	662	1,196	1,495	1,866

　電力供給法に対する経済界と公共的なエネルギー供給事業者（EVU）の抵抗はさまざまな方法で行われたが、その核心は、BDIやVIKそしてVDEWいずれのばあいも、再生可能エネルギー資源利用電力に対する給電補償額適正化（引き上げ）を基本法（憲法）の「許容される税類似金（Sonderabgabe）」賦課規定に反する違憲措置と位置付けることであった[51]。そして、そのような観点から、EVU側は補償支払い額を独断的に引き下げて[52]、再生可能エネルギー資源利用発電事業者から提訴されることを利用しながら、電力供給法の法的な判断を得ようとしていた。しかし、補償支払い額の引き下げは輿論から激しい非難を浴びせられ[53]、さらに、政界からは党派を超えた議員たちから批判を被る羽目に陥っている。他方、法的判断については、1995年09月、一度はカールスルーエ州裁判所が給電補償額支払い義務の合憲性を疑う判断を下し[54]、連邦憲法裁判所

---

(51) Udo Leuschner, Auswirkungen des Stromeinspeisungsgesetzes vor dem Wirtschaftsausschuß des Bundestags, Energie-Chronik, März 1996, < http://www.udo-leuschner.de/energie-chronik/960305.htm >.

(52) EVU側の補償支払い額引き下げはVDEWの勧めで行われており、なかには、かつての"連盟間協定"価格にまで引き下げているEVUもあった。Bruns et al., Erneuerbare Energien in Deutschland, S. 100.

(53) Udo Leuschner, Stromversorger wollen Musterprozeß um Stromeinspeisungsgesetz erreichen, Energie-Chronik, Mai 1995, < http://www.udo-leuschner.de/energie-chronik/950501.htm >.

(54) Cf. Mitteilung der Pressestelle des Bundesverfassungsgerichts Nr. 3/96, Karlsruhe, den 17. Januar 1996, < http://www.iwr.de/re/eu/recht/bverfg.html >. この判断は、水力発電事業者から給電を受けるカールスルーエのバーデン

(BVerfG) に憲法判断を求めたが、それが翌年初めに差し戻されて[55]以後は、民事・刑事問題担当の連邦最高裁判所 (BGH) から合憲判断が示されている。カールスルーエ州裁判所からも新たに合憲判断が下されることになり[56]、さらに、最終的には、1996年以来電力供給法の憲法判断を求めていたシュレースヴァク電力 (Schleswag)（シュレースヴィヒ-ホルシュタイン州レンツブルク）の訴えが、2002年初頭、却下された[57]ことで電力供給法の合憲性は確定している。そして、また、同じ時期 (2001年03月) に、ルクセンブルクの欧州裁判所からもドイツの電力供給法は EC 樹立条約に謳われる「競争を歪めるような国家補助給付禁止規定」（EC 樹立条約第87条）に反しないし、EC 加盟国間の自由

ヴェルク電力 (Badenwerk) が水力電気の給電補償支払い額が80パーセントに引き上げられたことを契機にして補償支払い額を"連盟間協定"価格にまで切り下げたため、水力発電事業者が提訴していた案件にかんするものである。なお、同じような案件にかんして、フライブルク州裁判所は、同月、正反対の判断を下していた。Udo Leuschner, Landgericht hält Stromeinspeisungsgesetz für verfassungswidrig, Energie-Chronik, September 1995, < http://www.udo-leuschner.de/energie-chronik/950901.htm >.

(55) 連邦憲法裁判所によれば、カールスルーエ州裁判所の判断は「電力供給法による補償額支払い義務は違憲である」という前提に基づいて立論されており、充分な審理が尽くされてのものではない。Mitteilung der Pressestelle des Bundesverfassungsgerichts Nr. 3/96.

(56) Udo Leuschner, BGH rechtfertigt Stromeinspeisungsgesetz mit monopolistischer Struktur der Stromwirtschaft, Energie-Chronik, Oktober 1996, < http://www.udo-leuschner.de/energie-chronik/961005.htm >. ちなみに言えば、ドイツの最高裁判所は担当分野毎に5つに分かれている。民事・刑事問題担当の BGH のほかに、行政問題担当の連邦行政裁判所 (BVerwG)、財政問題担当の連邦財政裁判所 (BFH)、労働問題担当の連邦労働裁判所 (BAG)、そして、社会問題担当の連邦社会裁判所 (BSG) である。

(57) 地域的な電力供給事業者シュレースヴァク電力のばあい、シュレースヴィヒ-ホルシュタイン州に位置するがゆえに、1991年には同社年間電力販売総量の0.77パーセントにすぎなかった風力電気の割合は1998年に推計15パーセントにまで達している。それに伴って、同社が負担した給電補償支払い額は1991年の

な財の移動にかんする「輸入数量制限禁止規定」(同第 28 条) にも、法的にというよりもむしろ倫理的・政治的な観点からではあるが、違背しないという判断が下された。欧州裁判所曰く、給電補償の支払いは私的電力供給事業者によって行われ、国家予算の投入は直接的にも間接的にも行われてはいないし、再生可能エネルギー利用の拡大は環境保全という EC 課題の達成に資することになるから、一定割合の国内生産電力受け容れ義務が国外生産電力の輸入を制限するとしても、それは輸入数量制限の許容される範囲内である[58]。

このように、法的な判断を論拠にして電力供給法自体を撤廃しようとする EVU 側の試みは頓挫する。しかし、再生可能エネルギー資源利用電力のなかで

580 万マルクから 1998 年には 1 億 1,150 万マルクにまで増加した。The Court of Justice, Judgement of the Court of 13 March 2001, Case C-379/98, para. 20. その結果、シュレースヴァク電力は、1996 年と 1998 年の 2 度、連邦憲法裁判所に提訴して、電力供給法の給電補償額支払い義務規定は「"環境保全"や"資源保護"のような社会全体の使命を国家がエネルギー供給事業者に転嫁している」点で基本法に謳われた基本権を侵害するものであり、違憲であると訴えていた。しかし、連邦憲法裁判所からは提訴期限を過ぎているがゆえに訴えは受け容れられないと却下されている。Bundesverfassungsgericht, 2 BvR 1827/01 vom 3. 1. 2002; idem, 2 BvR 1828/01 vom 3. 1. 2002.

(58) かかる欧州裁判所の判断は、ドイツのキール州裁判所が給電補償額支払い義務と EC 統合市場における国家補助給付規定の法的整合性を尋ねてきたことに対して、欧州裁判所が示す「予備的裁定」として発表されている。この当時、キール州裁判所では、風力発電の給電補償額負担をめぐって、シュレースヴァク電力と親会社プロイセンエレクトラ電力 (PreußenElektra) が争っている案件が審理中であった。The Court of Justice, Judgement of the Court of 13 March 2001, Case C-379/98, paras. 54-66, 68-81, Operative Part. 欧州裁判所が「輸入数量制限禁止規定」にかんして下した判断については、それが、本文で触れたごとく、法的というよりもむしろ倫理的・政治的な観点に基づいていたために、批判的な論評も存在するが、それは給電受け容れ義務対象の拡大に起因している。改訂電力供給法では、給電受け容れ義務の対象として、従前からの「それぞれの供給地域内で生産される再生可能エネルギー資源利用電力」とともに、新たに、「[自己の] 供給地域内に存在しない [同資源利用の] 発電設備」に対しても、

第 3 章　再生可能エネルギー拡大と「脱原発」のプレリュード　185

水力電気と風力電気の給電量が突出して大きいため、補償支払い額が地域的（特定の EVU）に偏るという問題は残されていた。「公共的なエネルギー供給事業者（EVU）は、昨年、再生可能エネルギー資源利用の発電事業者に給電補償額として少なくとも 1 億 3,500 万マルクの余分な費用を支払わせられており」、1996 年 03 月、VDEW 最高経営責任者グラーヴェは連邦議会経済委員会の公聴会で訴える、「そのうち、5,500 万マルクは水力電気受け容れのための費用である。」また、同様に、ハノーファーのプロイセンエレクトラ電力（PreußenElektra）幹部会議長（会長）のハンス-ディートリヒ・ハーリヒ（Hans-Dietrich Harig）も同公聴会の席上で「ドイツ北部の電力供給事業者は電力供給法施行以来風力電気受け容れのため既に 4 億マルクの余分な費用負担を強いられている」と経営側の不平を鳴らした[59]が、かかる苦情は経済界に近い FDP と同党の連邦経済相ギュン

「その発電設備の立地点に最も近い送電網を有する送電網運用事業者」に給電受け容れ義務が課されている。このばあい、「供給地域内に存在しない発電設備」とは、最初の法案発案者であるシュレースヴィヒ-ホルシュタイン州の法案説明でも同州提案を採択した連邦参議院の法案説明でも、「ドイツ国内にあって、［いずれの］EVU の供給地域内にも存在しない」ものと定義されていた。Bundesrat, Drucksache 220/96, 20. 03. 1996, Gesetzesantrag des Landes Schleswig-Holstein, S. 3; idem, Drucksache 220/96 (Beschluß), 14. 06. 1996, Gesetzentworf des Bundesrates, S. 4. また、連邦政府が同法案について自らの考えを説明するところでも、「連邦政府は外国の［再生可能エネルギー資源利用の］発電設備に対しても、その受け容れ義務を具体化することに原則的に賛成する」が、それは飽くまでも「そのような設備がドイツ領内に存在するばあいのみである。」Stellungnahme der Bundesregierung, in: Deutscher Bundestag, 13. Wahlperiode, Drucksache 13/5357 (neu), 26. 07. 1996, Gesetzentwurf des Bundesrates, S. 5. したがって、受け容れ対象が国内生産の再生可能エネルギー資源利用電力に限られる以上、改訂電力供給法が EC 加盟国間の「輸入数量制限禁止規定」に抵触し得ることは容易に考えられる。批判的な論評の一例として、Angus Johnston et al., The Proposed New EU Renewable Directive: Interpretation, Problems and Prospects, in: *European Energy and Environmental Law Review*, vol. 17, issue 3, 2008, pp. 131-137.

ター・レクスロート（Günter Rexrodt）に聞き容れられ、連立政府内で代弁される[60]から、直ちに給電補償支払い額の地域的な偏り修正が試みられる。しかし、実際には、偏りの修正が行われると言うよりも、再生可能エネルギー資源利用の拡大が制限されることになっていった。

地域的な偏り修正の方法は電力供給法第4条の「不都合な事態（Härte）」規定の改変であった。同条は、当初、両与党議員団提出の法案（本節第2項）にもコール政府提出のそれ[61]にも含まれていなかったが、連邦議会経済委員会における審議の結果、中小規模の電力供給事業者救済という観点から導入されている。すなわち、中小規模の電力供給事業者が多量の再生可能エネルギー資源利用電力を給電されて経営上「不当に不都合な事態」に追い込まれ、給電量を抑制するために給電補償支払い額を引き下げざるを得なくなるような事態が生じるならば、そのときは、当該電力供給事業者に給電受け容れ義務を免除し、しかし、そのばあいも、再生可能エネルギー資源利用電力の受け容れを滞りなく進めるべく、給電受け容れと補償額支払いの義務を「上位の（vorgelagert）電力供給事業者」、つまり、高圧送電網、ないしは、超高圧送電網を運用する大規模な電力事業者に転嫁する[62]という考えに基づいていた（資料Vを参照）。したがって、かかる規定を援用するならば、中小規模の電力供給事業者が「不当に不都合な事態」に陥ることは必ず避けられる半面で、たとえば、シュレースヴァク電力の「上位の電力供給事業者」は親会社プロイセンエレクトラ電力であるように、大規模電力事業者を核とする地域独占体制の電力業界では、再生可能エネルギー資源利用拡大の負担が地域的（特定の事業者）に偏り得ることに変わりはない。

他に考慮されるべき方法は、国内の電力供給事業者全体で負担を調整し合う

---

(59) Leuschner, Auswirkungen des Stromeinspeisungsgesetzes vor dem Wirtschaftsausschuß des Bundestags.

(60) Hirschl, *Erneuerbare Energien-Politik*, S. 136.

(61) Deutscher Bundestag, 11. Wahlperiode, Drucksache 11/7971, 25. 09. 1990, Gesetzentwurf der Bundesregierung, S. 3.

(62) Idem, Drucksache 11/7978, 26. 09. 1990, Beschlußempfehlung und Bericht des Ausschusses für Wirtschaft (9. Ausschuß), S. 4.

第3章　再生可能エネルギー拡大と「脱原発」のプレリュード　187

（分かち合う）制度の導入であろうが、そして、それはSPDと「緑の党」が多数派を占める連邦参議院の法案が構想した[63]ことであったが、そのような制度が電力業界に受け容れられる余地は全くなかった[64]。だから、けっきょくは、経済界・電力業界の要求に副うような給電受け容れ総量の制限が、1997年11月28日、全野党の反対に遭いながらも、CDU/CSUとFDP両与党の賛成で改訂電力供給法として成立することになる[65]。すでに法案審議に先立って、連邦経済省とレクスロート経済相は風力電気の補償額（ないしは、受け容れ量）制限に焦点を定めた草案を作成しており、当時、キロワット時（kWh）当たり17プフェニヒの風力電気補償額を"浮かせられた支出額"に相当する8-10プフェニヒにまで切り下げるか、ないしは、風力電気の受け容れ期間を10年に切り詰めることを提案していた[66]が、両与党の議員たちは再生可能資源利用電力の受け容れ量制限という方法を選ぶことになる。

　改訂電力供給法[67]の要諦は各電力供給事業者が負うべき給電受け容れ義務を明確に具体化することであり、その観点から、まず、受け容れ義務免除要件となる「不当に不都合な事態」の具体化が行われ、そのような事態は給電補償額支払い対象の受け容れ電力総量が年間販売電力総量の5パーセントを超えるばあいに相当すると数値化されている（同法第4条第1項）。これによって、各電力供給事業者は再生可能エネルギー資源利用の発電事業者に支払う補償額を明確に制限できるし、たとい、限度を超える給電があるとしても、超過分の補償額支払いは

---

(63)　Stellungnahme des Bundesrates, in: idem, 13. Wahlperiode, Drucksache 13/7274, 23. 03. 1997, Gesetzentwurf der Budesregierung, S. 28.

(64)　Leuschner, Auswirkungen des Stromeinspeisungsgesetzes vor dem Wirtschaftsausschuß des Bundestags.

(65)　Deutscher Bundestag, *Verhandlungen des Deutschen Bundestages*, Stenographischer Bericht, 208. Sitzung, Bonn, Freitag, den 28. November 1997, S. 18997.

(66)　*die tageszeitung*, 17. 03. 1997.

(67)　Deutscher Bundestag, 13. Wahlperiode 1994, Drucksache 13/9211, 25. 11. 1997, Beschlußempfehlung und Bericht des Ausschusses für Wirtschaft (9. Ausschuß), S. 17-19.

「上位の送電網運用事業者」に義務付けられたから、「上位の送電網運用事業者」が存在するかぎり、電力供給事業者にとって改訂された条項の意義は小さくない。「下位の電力供給事業者」から「上位の送電網運用事業者」へという受け容れ義務転嫁の援用が、間違いなく、容易になる。

　他方で、しかし、自らが「最上位の送電網運用事業者」にほかならない大規模なエネルギー供給事業者（EVU）には下位の中小規模電力供給事業者救済だけでは納得し得ないことも間違いない。そのような大規模 EVU のばあいには、給電受け容れ義務転嫁は行われようもないから、再生可能エネルギー資源利用の発電設備が新設されて増加していくとともに、給電補償額支払い対象の受け容れ電力総量が 5 パーセント基準を超過することは容易に想定される[68]。それゆえに、改訂電力供給法には大規模 EVU にも新規の発電設備に対する受け容れ義務免除規定が設けられている。それによれば、自らよりも「上位の送電網運用事業者」が存在しない大規模 EVU も、「下位の電力供給事業者」からの転嫁受け容れ分も含めて、給電受け容れ総量が 5 パーセント基準を超えるならば、その時に未だ基本的な発電用機器が整備されていない（つまり、未完成と見なされる）再生可能エネルギー資源利用の発電設備に対しては、5 パーセント基準超えの翌暦年初めからの給電受け容れと補償額支払い義務を免除されることになった（同法第 4 条第 1 項）。したがって、1998 年には未だ 5 パーセント基準に達していない再生可能エネルギー資源利用電力の総量は、同法のもとにあるかぎり、「下位の中小規模電力供給事業者」によって 5 パーセントに制限され、「最上位の送電網運用事業者」によっても 5 パーセントに制限される（いわゆる "二重の 5 パーセン

---

(68) 改訂電力供給法の成立時、プロイセンエレクトラ電力は同社が受け容れる再生可能エネルギー資源利用電力の 5 パーセント基準超えを 2000 年と予測したが、同法発効時点（1998 年 04 月）には子会社シュレースヴァク電力が 5 パーセント基準に達する最初の電力供給事業者となっている。Udo Leuschner, "Härteklausel" im Stromeinspeisungsgesetz nennt jetzt klare Belastungsgrenze, Energie-Chronik, November 1997, < http://www.udo-leuschner.de/energie-chronik/971102.htm >; The Court of Justice, Judgement of the Court of 13 March 2001, Case C-379/98, para. 21.

第3章 再生可能エネルギー拡大と「脱原発」のプレリュード 189

ト"規定)ことで、将来も5パーセント基準にとどめおかれ、それを超えて増加することは出来ないことになる。

　"二重の5パーセント"規定の導入には、無論、再生可能エネルギー資源利用の発電事業者から激しい反対運動が起こされたのみならず、さまざまな社会層から強い反発が生まれている[69]。「緑の党」の連邦議会議員ミヒャエーレ・フーステト(Michaele Hustedt)はすでにレクスロート草案のなかに「電力コンツェルンの勝利」を見ていた[70]が、かかる判断は多くの人びとに共有されていたようである。大規模なEVUにしてみれば、だが、再生可能エネルギー資源利用の拡大が各EVU電力生産総量の5パーセントまでに制限されるとしても、やはり不満は残っていた。既存の発電設備に対しては5パーセントまでという制限は設けられていないし[71]、そもそも、再生可能エネルギー資源利用電力受け容れを義務付けられること自体が納得しがたいことである。それゆえに、前者の観点からは、大規模EVUのプロイセンエレクトラ電力が早くも改訂電力供給法発効(1998年04月29日)の1カ月後に同改訂法の違憲判断を得るべく連邦憲法裁判所(BVerfG)に提訴しており[72]、後者の観点からは、旧東ドイツ領内全域を供

---

(69) Volkmar Lauber and Lutz Mez, Three Decades of Renewable Electricity Policies in Germany, in: *Energy & Environment*, vol. 15, no. 4, 2004, p. 5; Hirschl, *Erneuerbare Energien-Politik*, S. 136f.

(70) *die tageszeitung*, 17. 03. 1997.

(71) 改訂電力供給法では、発電に利用されるバイオマスについて、その種類の限定がなくなったから、そのかぎりでは、受け容れ対象のバイオマス利用電力が増大し得ることになる。ただし、あらゆるバイオマスが受け容れられるようになる半面で、制限が無かった受け容れ対象の発電所は、バイオマスについても、発電容量が5MWまでのものに限られた。

(72) プロイセンエレクトラ電力も電力供給法による給電受け容れと補償額支払い義務を"違憲の税類似金賦課"と見なしており、かつ、「職業選択の自由」(基本法第12条)と「所有権保障」(同第14条)規定に違反すると主張していた。ちなみに、同社が言うところ、電力供給法は風力電気に対してkWh当たり17プフェニヒの補償額支払いを求めるが、同社自身が生産する風力電気の生産費は僅かに5-10プフェニヒにすぎない。*Nürnberger Nachrichten*, 28. 05. 1998; *die*

給地域とする合同電力（VEAG）が、同年 08 月、同様に憲法判断を求めていた[73]。VEAG が主張するところ、旧東ドイツ地域では褐炭の利用が望ましいから、部分的にであれ、それを再生可能エネルギー資源利用電力（風力電気）に転換するよう求められることは不当であり、また、補償額支払い義務は廉価な電力供給を妨げる[74]。かかる不満を鳴らす VEAG のばあい、同社は旧西ドイツ側の代表的な大規模 EVU 数社から成る合弁企業体である事を考えるならば、詰まるところ、VEAG の主張はドイツ電力業界全体のそれにほかならない。

このように、"二重の 5 パーセント"規定が成立したとしても、再生可能エネルギー資源利用をめぐる社会的な合意は未だ存在していない。経済界・電力業界と社会各層のあいだには依然基本的な見解の相違が残っていた。それゆえに、この問題は常に選挙の争点のひとつとなり得るが、改訂電力供給法自体は、発効から 5 カ月後の連邦議会選挙で政権交替が行われるや、新法に取って代わられる運命にあった。その結果として、再生可能エネルギー資源利用にかんする政策も拡大制限とは正反対に最大限の拡大追求に変わって行く。

第 2 節　「脱原発」のプレリュード

「自動車が燃え上がり、［上空のヘリコプターから］刺激ガス弾が撃ち込まれて、放水車が放水している。1986 年の聖霊降臨祭［05 月 18-19 日、チェルノブイリ原発事故から 4 週間後］のさいに、ヴァッカースドルフの核燃料再処理施設建設に対する抗議運動は建設反対者側と警察部隊間の激しい衝突になっていた。今日、顧みるならば、ヴァッカースドルフがドイツ原子力論議史上の転換点である。」[75] 東京電力福島第一原子力発電所事故につづく原子力利用論議の最中（さなか）、ド

---

tageszeitung, 28. 05. 1998.

(73) Udo Leuschner, Veag erhebt Verfassungsbeschwerde gegen Härteklausel im Stromeinspeisungsgesetz, Energie-Chronik, August 1998, < http://www.udo-leuschner.de/energie-chronik/980830.htm >.

(74) *die tageszeitung*, 14. 08. 1998.

(75) Die Pfingstschlacht am Bauzaun, in: *Focus*, 18. 05. 2011.

イツの『フォークス』誌は、このように、ドイツ"核燃料循環（サイクル）"の一環を担うべく予定されたヴァッカースドルフ核燃料再処理施設建設をめぐる動きのなかにドイツにおける「脱原発」プロセスの起点を再確認していた。一方で、原子力の発電利用に対する社会的受容性の低さ、他方で、原子力発電の収益性に対する経営側の否定的な評価。これら二つの要因によって、ヴァッカースドルフ核燃料再処理施設建設計画は挫折するにいたるが、まったく同じ要因によって、ドイツは、後述するように、「脱原発」の道を歩み始めたことを考えるならば、紛れもなく、「ヴァッカースドルフが転換点であった。」

第1項　"核燃料循環（サイクル）"と政界

　すでに序章で明らかにしたように、ジュネーヴの『原子力平和利用国際会議』は原子力の発電利用を地下の化石燃料資源枯渇論で正当化したが、資源枯渇という論理は地下のウラン含有鉱石に頼る原子力利用にも当てはまるから、"原子力時代"が到来したとしても、やはり他の方途が探られなければならないことに変わりはない。それゆえにか否かは定かではないが、たしかに、『原子力平和利用国際会議』は「核融合」に依るエネルギー生産に新しい道を見出そうとしたから、そのかぎりで、ジュネーヴではウラン含有資源の枯渇という問題は存在し得なかった。しかし、現実には、「核融合」技術の実用化は、当時、ホミー・J・バーバー（Homi J. Bhabha）議長が楽観的に予測した「20年以内」（したがって、1970年代半ば）は愚か、その後も一向に見通しは立たないで、建設される原発は各国すべて核燃料ウランを不可欠とする核分裂に依るエネルギー生産にほかならない。だから、まさしく、ウラン含有資源の枯渇論から、そして、そのコロラリィとしてのウラン資源価格の上昇懸念から、そして、詰まるところ、核燃料自給による自立的な原子力利用推進という願望から、経費の多寡や環境悪化の度合いに頓着することなく、ウラン鉱石資源に乏しい各国は使用済み核燃料の再利用（核燃料再処理）や核燃料を増殖する原子炉開発に力を入れることになって行く。いわゆる"核燃料循環（サイクル）"の実現が追求される所以である。

　核燃料が"循環（サイクル）"しても核燃料廃棄物は生成されるから、それを

貯蔵する施設は不可欠であるが、さらに、使用済み核燃料の"未反応部分"（約 96 パーセント）が再利用可能になり、核燃料ウランの有効利用度合いが高まるならば、生成される核燃料廃棄物の量は減少し、反対に、利用できる核燃料の量は増大することになる。それゆえに、あたかも、核融合炉の代替のごとく、先行するアメリカを追うかたちで、核燃料（核分裂物質ウラン 235 とプルトニウム 239）を生成する増殖炉の建設が各国で 1970 年前後から始められた。実に、1970 年代に入るころまでは、原子力利用賛同者にとって、原子力の将来は増殖炉に掛かっており、その建設が「永久機械（Perpetuum mobile）」（エネルギー供給なしに動き続ける機械）という夢の実現にほかならなかった[76]。

　西ドイツにおいては、1973 年 04 月、ノルトライン-ヴェストファーレン州カルカル市のライン川沿いに 300MW 級のナトリウム冷却高速増殖炉（SNR-300）建設が始められ、1985 年 05 月に完成している。SNR-300 は、だが、SPD 単独与党の同州政府の稼働認可を得ることが出来ず、完成しても運転されることもなく廃炉にいたる道を辿った[77]。すでに、SNR-300 完成時に、SPD 州議会議員団長フリートヘルム・ファールトマン（Friedhelm Fartmann）は増殖炉の「危険性」と「経済的な劣等性」を論拠に「さらに、地獄の火を燃やす必要はない」と語っていた[78]が、翌年 07 月には、稼働認可権限をもつ同州経済相ライムート・

---

(76) Joachim Radkau, Das RWE zwischen Kernenergie und Diversifizierung 1968-1988, in: *"Der gläserne Riese": RWE – ein Konzern wird transparent,* hrsg. von Dieter Schweer und Wolf Thieme, Wiesbaden 1998, S. 231.

(77) 西ドイツにおける増殖炉建設計画の発端から連邦政府による計画破棄（1991 年 03 月）にいたるまでの顛末については、Kernforschungszentrum Karlsruhe, Der Schnelle Brüter SNR 300 im Auf und Ab seiner Geschichte, von W[illy] Marth, März 1992.

(78) 増殖炉発電の「経済性」について、たとえば、発電費を考えてみると、カルカルの増殖炉と比較し得るフランスの増殖炉フェニクスのばあい、1970 年代初めには最も廉価に電力が供給されると予測されたが、実際には、稼働開始以来 10 年以上を経て、1985 年当時、フェニクスの発電費は従来の原発発電費の 2 倍であった。"Dieses Höllenfeuer nicht entfalten", in: *Der Spiegel,* Nr. 27, 01. 07. 1985, S. 48-51.

ヨヒムセン（Reimut Jochimsen）は、チェルノブイリ原発事故に照らしながら安全性基準を強化して、事実上 SNR-300 の稼働不認可を決定している[79]。それに対して、連邦政府は、けっきょく、上位行政庁としての権限行使の挙に出ることはなかったから、SNR-300 計画は頓挫することになり、そして、その頓挫とともに、同時に、西ドイツの増殖炉建設計画も終焉することになるから、ノルトライン-ヴェストファーレン州政府の SNR-300 稼働不認可決定後、"核燃料循環（サイクル）"計画の焦点は使用済み核燃料の再処理施設建設と核燃料廃棄物貯蔵施設の建設に絞られる。

　核燃料再処理施設の建設予定地は、ニーダーザクセン州のゴルレーベン案が挫折した（第2章第3節）後は、CSU が単独与党のバイエルン州政府の誘致意思に基づいて、1982 年初めから同州オーバープファルツ森林地帯のシュヴァーンドルフ郡内に建設予定地が設定され、1985 年 02 月に同郡の小村ヴァッカースドルフが選ばれた[80]。当時、ヴァッカースドルフは重要な地域経済基盤をなす褐炭が枯渇しつつあったために高い失業率（20 パーセント）をかかえていたから、バイエルン州政府が考えるところでは、数十億から 100 億マルクという巨額の資金投入と多大な雇用創出を生み出す巨大施設の建設計画が受け容れられないはずはなかった[81]。事実、ヴァッカースドルフ村議会では、CSU 議員だけではな

---

(79) Kernforschungszentrum Karlsruhe, Der Schnelle Brüter SNR 300 im Auf und Ab seiner Geschichte, S. 100.

(80) *Schwäbische Zeitung*, 22. 04. 2008; contrAtom, 23 Jahre Aus für Wiederaufarbeitungsanlage Wackersdorf, 06. 06. 2012, < http://www.contratom.de/2012/06/06/23-jahre-aus-fur-wiederaufarbeitungsanlage-wackersdorf >. ニーダーザクセン州のエルンスト・アルブレヒト（Ernst Albrecht）首相は、ゴルレーベン案を拒否した後も、巨額の資金投入を伴う核燃料再処理施設建設計画を逃すまいと考えて、州内の他の小村を建設予定地に挙げ、バイエルン州に対抗しようとしたようである。だが、同州 SPD が同意しない以上、ニーダーザクセン州に勝ち目はなかった。Auf dem Schlauch, in: *Der Spiegel*, Nr. 7, 11. 02. 1985, S. 69f.

(81) シュイーラーが、2011 年 01 月、シュヴァーンドルフ市名誉市民に選ばれたさいに言うところ、バイエルン州環境相アルフレート・ディック（Alfred Dick）は、核燃料再処理施設建設による 3,600 の新規雇用創出を語りながら、"地域にとっ

く、当初は、SPD 議員たちも経済成長の観点から核燃料再処理施設の建設を受け容れようとしていた[82]。だが、自治体議会の議員たちとは異なって、地域住民たちの建設反対意思は強固であった。建設反対運動の賛同者・参加者は、人数の点でも社会的階層の広がりの点でも、次第に大きくなり、チェルノブイリ原発事故後は急速に拡大した。それとともに、反対運動者側と警察部隊間の衝突も増大し、多数の死傷者も出ている（死亡者は、反対運動者側に 2 人、警察部隊に 1 人）。このような情況が数年間つづき、かつ、建設反対の気運が衰えることもない[83]なかで、その中心に立っていたのがシュヴァーンドルフ郡長の SPD 党員ハンス・シュイーラー（Hans Schuierer）であった。シュイーラーは、再処理施設の安全性を喧伝する州政府[84]とは異なって、核燃料再処理施設の排気塔が排出する放射性残留物などの危険性を確信して、早くから彼自身「経済的には無意味であり、環境に危険を及ぼす」と見なす[85]核燃料再処理施設建設反対の側に立ち、郡議会、そして、郡住民たちの圧倒的な多数に支持されながら[86]、かつ、

て幸運である" と建設受け容れをシュイーラーに迫ったようである。*Mittelbayerische Zeitung,* 27. 01. 2011.

(82) ヴァッカースドルフ村議会議員の SPD 党員マクス・ポリツカ（Max Politzka）によれば、郡内 16 の自治体議会中 14 議会は建設に同意した。Die Pfingstschlacht am Bauzaun.

(83) さしあたり、*Schwäbische Zeitung,* 22. 04. 2008; contrAtom, 23 Jahre Aus für Wiederaufarbeitungsanlage Wackersdorf, 06. 06. 2012. カトリック教会内の動きについて、Kartoffeln und Kraut, in: *Der Spiegel,* Nr. 40, 29. 09. 1986, S. 76f. 1988 年 04 月には、バイエルン州とオーストリアの市民運動者たちから 88 万 1,000 名の建設反対署名がバイエルン州環境省に届けられたが、この種のものとしては史上最大の規模であった。

(84) たとえば、"Nur Gspinnerte können dagegen sein", in: *ibid.*, Nr. 5, 28. 01. 1985, S. 52.

(85) "Die Heimat nicht billig verspielen", in: *ibid.*, Nr. 40, 30. 09. 1985, S. 33.

(86) シュイーラーは 1972 年 07 月以来シュヴァーンドルフ郡長の地位にあり、住民たちが核燃料再処理施設建設論議の最中にあった郡長選挙（1984 年 03 月）は、前回選挙（1978 年）の 58.2 パーセントに対して、70.5 パーセントの高得票

隣国オーストリアのザルツブルク市とヴァッカースドルフ核燃料再処理施設建設反対のパートナーシップ協定も結んで[87]、終始一貫して反対運動の象徴的な存在であった。

　無論、核燃料再処理施設建設に対する反対運動の展開はバイエルン州等諸州政府によっても予測されているから、さまざまな抑圧策が講じられている。早くも1983年03月、連邦参議院では、原発等大規模施設の建設認可をめぐる争いについて行政裁判管轄が州行政裁判所に粗(ほぼ)一元化されるという行政裁判法改訂案が通過しており[88]、それによれば、原子力施設等の建設にかかわる訴訟の審理は州行政裁判所のみによる"一審制"に変更される。「原子力発電所や在来型の発電所、鉄道施設や自動車道路（アウトバーン）、そして、廃棄物処理施設」などの

　　　率で当選し、施設建設計画撤回決定獲得の翌（1990）年の郡長選挙でも、71.0パーセントの得票率、言うならば、シュイーラーの施設建設反対姿勢を称賛する得票率を得た。Mitteilung vom Landratsamt Schwandorf an den Verfasser, 15. 09. 2014; Auch eine Diktatur, in: *Der Spiegel*, Nr. 45, 04. 11. 1985, S. 77-80. また、1984年03月には、同時に、シュヴァーンドルフ郡議会選挙も行われており、そのとき、CSUは郡議会の絶対多数を失い、それから2年半後の1986年10月のバイエルン州議会選挙では、与党CSU議員がシュヴァーンドルフ郡選挙区の議席を失って、SPDに議席が渡っている。かかる事態にも核燃料再処理施設建設に反対する住民多数の意思が示されたと言えるであろう。ちなみに、このときの州議会選挙で、「緑の党」がバイエルン州でも初めて州議会に進出した。contrAtom, 23 Jahre Aus für Wiederaufarbeitungsanlage Wackersdorf, 06. 06. 2012.

(87)　シュヴァーンドルフ郡とザルツブルク市の協定締結は、しかし、CSU単独与党のオーバープファルツ地区政府から"西ドイツの原子力法規を侵害する越権行為である"と難じられた。その結果、けっきょく、翌年11月、郡議会では、SPD議員3名が郡長から離反したために、賛成27票対反対30票で協定の無効化が宣言されるが、シュイーラーの反対意思に変容は些かも無かった。Händedruck übers Gitter, in: *Die Zeit*, Nr. 49, 28. 11. 1986.

(88)　Bundesrat, *Stenographischer Bericht*, 520. Sitzung, Bonn, Freitag, den 18. März 1983, S. 60.

建設は何れも皆「いつも異議を申し立てられ」、建設の認可には「10 年間（以上）に亘る行政裁判所審理が行われる。」その結果、「投資意欲の低下と建設費上昇が惹き起こされてしまう」がゆえに、「この種の施設建設をめぐる訴訟審理の機会は一度に制限される」べきであり、かつ、一度で充分である[89]。バーデン-ヴュルテンベルク州法相ハインツ・アイリヒ（Heinz Eyrich）は、前年 11 月、バイエルン州を含む改訂法共同提案 6 州（西ドイツ全 11 州中の 6 州）政府[90]を代表して、このように、改訂法の提案趣旨を直截的に説明した。紛れもなく、同改訂法案は地域住民の反対運動に直面させられる州政府の法的な予防策として提出され、採択されている。

かかる"一審制"の導入には、しかし、ノルトライン-ヴェストファーレン州政府は明確に反対した[91]し、連邦政府も強い懸念を覚えていた[92]。加えて、連邦政府は連邦議会で進行中の行政手続き法改訂審議と別個に行政裁判法の改訂をすすめることに反対であった[93]から、連邦参議院の行政裁判法改訂案は速やかに連邦議会を通過するにはいたらなかった。それにもかかわらず、だが、バイエルン州政府は、1985 年 07 月、バイエルン州行政手続き法を改訂して、州政府の意思を地方自治体に強いることを敢行した。改訂されたバイエルン州行政手続き法によるならば、すなわち、州政府は、「重要な公共の福祉のためという理由

---

(89) *Ibid.*, 517. Sitzung, Bonn, Freitag, den 26. November 1982, S. 452. 同様の提案趣旨は連邦参議院から連邦議会に送られた行政裁判法改訂案の提出趣旨説明にも記されている。Deutscher Bundestag, 10. Wahlperiode, Drucksache 10/171, 16. 06. 1983, Gesetzentwuurf des Bundesrates, S. 1f., 7-14.

(90) ちなみに、共同提案 6 州は、バーデン-ヴュルテンベルク州・バイエルン州・ベルリン州・ニーダーザクセン州・ラインラント-プファルツ州・シュレースヴィヒ-ホルシュタイン州であり、改訂案の提出時から採択時にいたるまで、6 州の政府首班はすべて CDU ないしは CSU の党員である。

(91) Bundesrat, *Stenographischer Bericht,* 517. Sitzung, S. 465（Donnepp, Nordrhein-Westfalen）; *ibid.*, 520. Sitzung, S. 80（Donnepp, Nordrhein-Westfalen）.

(92) *Ibid.*, 517 Sitzung, S. 465f.（Klein, BMJ）; Stellungnahme der Bundesregierung, in: Deutscher Bundestag, Drucksache 10/171, S. 15.

(93) Bundesrat, *Stenographischer Bericht,* 517 Sitzung, S. 465f.（Klein, BMJ）.

で」、施行期日を切った指令を地域の所轄行政庁に下すことが出来、もしも、後者が指令を期限内に果たさなかったならば、州政府は「所轄の行政庁に代わって行為することが出来る。」(同法第3b条)(資料Ⅵを参照)[94]

したがって、地域の首長は、州政府の指令に異議を唱えるばあいも、州政府に従うほかに手はなくなるが、州政府の指令に応じないシュヴァーンドルフ郡長シュイーラーのばあいは、州政府と州首相フランツ-ヨーゼフ・シュトラウス (Franz-Josef Strauß) に対して、地域住民多数とともに「[単独与党] キリスト教社会同盟 (CSU) の民主独裁主義 (Demokratur)」や「シュトラウス風ワンマン民主独裁主義」に抗議し、建設反対の運動をつづけるのみであった。それに対しても、だが、シュイーラーには"共産主義の協力者"や"大衆扇動者"というレッテルが貼られるとともに、さらに、オーバープファルツ地区政府からは、1988年04月、州政府の意思に副って、「中立で非党派的な郡長としての職務を遂行するという義務違背」の廉で懲戒訴訟を起こされている[95]。シュイーラーは公判廷で「郡長としてではなく、政治活動者 (Politiker) として建設反対運動を行っている」と主張しつづけ、この懲戒裁判自体は、けっきょく、公訴が取り下げられて終わることになるが、ヴァッカースドルフ核燃料再処理施設建設をめぐる動きのなかには、一方では、原子力利用に対する社会的受容性の低さ、他方では、原子力利用推進に対する政府与党の意思の強固さが明瞭に示されていた。

かかる政府与党の原子力利用推進計画も、しかし、原子力事業者の経営判断の前では挫折を余儀なくされるものである。次に、この問題に移ろう。

第2項 "核燃料循環(サイクル)"とエネルギー供給事業者

原子力利用計画は元来政府の政治的な事業であり、政府は自らの国家観・社会観の実現手段として原子力利用を推進しようとするが、エネルギー供給事業者は原子力利用自体には何ら特別な関心もなく、たんに事業としての収益性に基づい

---

(94) Bayerisches Verwaltungsverfahrensgesetz, Fassung vom 23. Juli 1985.

(95) Mund halten, Herr Landrat!, in: *Die Zeit*, Nr. 17, 22. 04. 1988; Martyrium fortsetzen, in: *Der Spiegel*, Nr. 14, 03. 04. 1989, S. 113f.

て判断することは論を俟たない。それゆえに、政府が原子力利用計画推進に固執するかぎり、情況に応じて、事業者負担を増やさないためには、原子力計画に対する政府支援は大きくならざるを得ないし、それが行われるかぎりで、エネルギー供給事業者も政府の原子力計画を担いつづけようとする。たとえば、カルカル増殖炉建設のばあい、その建設費は完成時までには当初予算額5億マルクの14倍（70億マルク）に跳ね上がったが、その90パーセントが公費で賄われた[96]かぎりで、増殖炉建設計画を担う事業者、つまり、建設予定地を自らの「独占地域」内にもち、「国家の事業に高額な自己投資を行わない」ことを原則に増殖炉建設計画を受け容れていたライン-ヴェストファーレン電力（RWE）[97]にとって、建設費上昇は必ずしも特段の問題とはならなかった。

それでも、だが、建設開始から稼働にいたるまでの期間の長期化と事業者負担費の比例的増加、そして、大きな原子力反対運動の展開[98]と会社イメージ毀損懸念等の要因が事業者の判断に及ぼす影響は小さくない。1980年代末にRWE幹部会議長（会長）に就任するフリートヘルム・ギースケ（Friedhelm Gieske）は、1988年01月の就任の日に、「高速増殖炉は連邦政府の計画であることが忘れられてはならず、RWEがカルカル増殖炉と一体視されてはならない」と語った[99]が、そのときに、ギースケが上記のような問題を考えていたことは間違いないであろう。なかでも、すでに、増殖炉発注時、RWEは「どの道際限無く増加する費用」を見越して増殖率1以下（すなわち、使用される核燃料よりも多く

---

(96) Langsam stirbt der Schnelle Brüter, in: *Die Zeit,* Nr. 38, 16. 09. 1988; "Dieses Höllenfeuer nicht entfalten", S. 51.

(97) Radkau, Das RWE zwischen Kernenergie und Diversifizierung 1968-1988, S. 231.

(98) 『フランクフルターアルゲマイネツァイトゥング』紙によると、カルカル増殖炉建設に対しても、1974年以来、数千人規模の建設反対デモンストレイションが行われ、最大時には、その規模は5万人に達していた。Brüter zu Flugbahnen, in: *Frankfurter Allgemeine Zeitung,* 25. 04. 2013.

(99) Radkau, Das RWE zwischen Kernenergie und Diversifizierung 1968-1988, S. 231.

第3章　再生可能エネルギー拡大と「脱原発」のプレリュード　199

の核燃料が生成されることはない）という低性能の炉を発注していた、つまり、比較的少額の投資で済まして大きな損失を避けようと考えていた[(100)]点に明らかなように、事業者側にすれば、収益性が決定的である。RWE は、そのような観点から、けっきょく、（西）ドイツ最大のエネルギー・コンツェルン、合同電力・鉱業（VEBA）とともに「脱原発」に向かう道を漸進的に歩みはじめるが、その起点は、先に述べたとおり、ヴァッカースドルフ核燃料再処理施設建設に対する激しい反対運動の展開にあった。

　1987 年 05 月、『ターゲスツァイトゥング』（ベルリン）紙が「環境・自然保全全国連盟（BUND）」の情報として報ずるところ、VEBA や RWE というドイツ最大規模の原発事業者は「収益性」の観点から核燃料の再処理をドイツ国内では行わず、フランス原子力庁（COGÉMA）（後年、アレヴァ社）の再処理施設（ラアグ岬）で行うこととして、ヴァッカースドルフの再処理施設建設計画から撤退することを考えていた[(101)]ようであるが、かかる情報の信憑性は当時は全く不明であった。しかし、その後、BUND の情報は、1989 年 04 月、『シュピーゲル』誌インタビューで同月初め（03 日）に COGÉMA と核燃料再処理協定を結んだ理由を語る VEBA 幹部会議長（会長）ルードルフ・フォン・ベニヒセン－フェルダー（Rudolf von Bennigsen-Foerder）によって大方裏書きされ、果たして、ドイツの再処理施設建設計画からの撤退は「60-70 億マルク以上の建設投資額と毎年 10 億マルク以上の再処理費を浮かせられる」という「経営上の利益」で正当化されていた。ベニヒセン曰く、「国家の経済管理（Dirigismus）から自由であることは悪いことではない。」[(102)]。

---

(100) Ibid.

(101) *die tageszeitung,* 12. 05. 1987.

(102) "Es lag jenseits unserer Vorstellungskraft", in: *Der Spiegel,* Nr. 16, 17. 04. 1989, S. 29. VEBA と COGÉMA 間の核燃料再処理協定締結は、04 月 12 日、政府報道官フリートヘルム・オスト（Friedhelm Ost）によって唐突に発表されている。*die tageszeitung,* 31. 05. 1989; Wackersdorf wackelt, in: *Die Zeit,* Nr. 17, 21. 04. 1989. ちなみに、ヴァッカースドルフで再処理するばあいの費用はキロ当たり 4,500 マルクと見積もられたが、COGÉMA ではキロ当たり 1,500 マルクで再処理が行わ

ベニヒセン等原発事業者たちの狙いは、だが、たんに核燃料再処理経費の節減にとどまるものではない。彼らは、チェルノブイリ原発事故によって大きな社会的潮流になった原発反対運動がヴァッカースドルフの再処理施設建設を「刺激剤 (Reizpunkt)」にして一層拡大される点を重大視しており、核燃料再処理をフランスで行う、したがって、国内の再処理施設建設を不要にすることで原発反対運動を鎮静化し、それによって、少なくとも当面既存軽水炉原発の稼働継続を容易にするという構想を描いていた。「私の同業者たちと私の考えによるならば、我れわれと COGÉMA 間の［核燃料再処理事業］協定の締結はドイツにおけるエネルギー政策の［社会的な］合意を得るための二度と無い機会となるであろうし、おそらくは、最後の機会であろう。」それゆえに、ベニヒセンは言う、チェルノブイリ原発事故以後は、原子力は「過渡的なエネルギー」にすぎないし、いずれ原子力の発電利用は放棄されなければならないが、そうであるとしても、ヴァッカースドルフの再処理施設建設計画放棄で当面の原発稼働に対する社会的な合意を得られるならば、原発事業は、風力や太陽光等新しいエネルギー資源に取って代わられるまで、さらに40年間くらいは継続され得ることになる[103]。この点に、ベニヒセン等の真の狙いがあった。したがって、国内における核燃料再処理施設建設計画を固執する政府与党は「収益性」を事業展開原理とする原子力事業者に挑戦されたわけであり、その対応が注目される。

『シュピーゲル』誌や『ツァイト』誌によるならば、ヘルムート・コール (Helmut Kohl) 連邦首相は VEBA のヴァッカースドルフ核燃料再処理事業からの撤退構想を大分以前に聞かされてからも同事業の続行に固執し、バイエルン州の CSU 指導者たちは VEBA と COGÉMA 間の核燃料再処理協定締結に激しく反発した[104]。だが、西ドイツ最大の原発事業者にしてヴァッカースドルフ再処理事業の最大出資者 VEBA が撤退する以上、政府与党の側も同事業推進を再考せざるを得なくなるのは必定である。事実、バイエルン州首相マクス・シュトライブル

れる。Ibid.
(103) "Es lag jenseits unserer Vorstellungskraft", S. 29-31.
(104) Verschleierungsspiel um Wackersdorf, in: Der Spiegel, Nr. 17, 24. 04. 1989, S. 112-114; Wackersdorf wackelt.

(Max Streibl) が逸早く再処理施設建設の中止を政治的に得策と判断した[105]のを皮切りに急速に建設中止を受け容れる動きが強まり、同年05月末、ヴァッカースドルフ再処理施設事業者のドイツ核燃料再処理協会（DWK）（原発事業者の団体）が建設中止を決定し、翌月06日、ドイツの使用済み核燃料をラアグ岬の再処理施設で再処理する協定がドイツ連邦環境相テップファーとフランス産業相ロジェ・フォルー（Roger Fauroux）によって調印された[106]ことでヴァッカースドルフ再処理施設は不要になり、それとともに、ドイツ国内における核燃料再処理事業計画も終焉にいたる。ある『ツァイト』誌論説の表現を引くならば、「ドイツの原発廃棄物処理構想とヴァッカースドルフ核燃料再処理施設はフランスのCOGÉMA社と再処理協定を結ぶというベニヒセンの強攻策によって止めを刺された」[107]が、その結末にいたるまでの過程では、原発の稼働継続のために国内の核燃料再処理事業を断念しようとするベニヒセン等エネルギー供給事業者側と国内の再処理事業に固執する政府与党側のあいだに激しい対立があったようである[108]。

ベニヒセン等が原発稼働継続のために「社会的な合意」を得ようとするとき、その対象は野党側の「緑の党」とSPD、取り分け、SPDであり、ベニヒセン等はすでに次の連邦議会選挙でSPD政府が再登場するという事態さえ予測して、自らのエネルギー政策構想に対する協調を得るべく多数のSPD指導者たちと会談を重ねている[109]。しかし、すでに「10年以内の原子力発電放棄」を党是とするSPD（第2章第3節）指導者たちにとって、当面40年ほどの原発稼働継続を目論む構想の受け容れは、党の信頼性を損なうことであるがゆえに、政治的に極めて困難であった。SPD内には、たしかに、炭田をかかえるノルトライン-ヴェ

---

(105) Laues Lüftchen, in: *Der Spiegel*, Nr. 17, 24. 04. 1989, S. 30f.
(106) *die tageszeitung*, 31. 05. 1989; Rolle rückwarts, in: *Die Zeit*, Nr. 24, 09. 06. 1989; contrAtom, 23 Jahre Aus für Wiederaufarbeitungsanlage Wackersdorf, 06. 06. 2012.
(107) Bonn unter Strom, in: *Die Zeit*, Nr. 27, 30. 06. 1989.
(108) Cf. "Wer keine Angst hat, ist dumm", in: *Der Spiegel*, Nr. 28, 10. 07. 1989, S. 91.
(109) Wird nicht gewackelt, in: *ibid.*, Nr. 30, 24. 07. 1989, S. 28f.

ストファーレン州やザールラント州の指導者のごとく、ベニヒセンが石炭火力発電と原子力発電の共存を説く(110)点を頼んで協調意思を示す者も存在した(111)が、党首ハンス=ヨヘン・フォーゲル（Hans-Jochen Vogel）をはじめとして党是を重視する大勢が揺らぐことはなかった(112)。したがって、エネルギー供給事業者と SPD 間の「社会的な合意」を目差す協調が進展することもなかったが、その後間もなくに、改めて事業者と SPD 間の「エネルギー合意」を目差す協調追求がニーダーザクセン州から始まることになり、そこにおいて、初めて「脱原発」へ向かう構想が描かれた。

第 3 項　「脱原発」のプレリュード

　ドイツにおける「脱原発」の最初の試みは、1992 年 12 月 04 日、「電力コンツェルンは原発を放棄する」という『ジュートドイチェツァイトゥング』紙（ミュンヒェン）の報道(113)によって明るみに出た。同紙が報ずるところ、ドイツ二大エネルギー・コンツェルンの両会長、クラウス・ピルツ（Klaus Piltz）VEBA 会長とフリートヘルム・ギースケ RWE 会長は、第一に、既存原発を一定の稼働期限完了まで稼働させたうえであれば、将来における原子力利用の道を開いておきながら、原発放棄の途に着き得ること、および、第二に、国外における核燃料再処理事業からも撤退し、かつ、第三に、SPD シュミット政府期からニーダーザクセン州ゴルレーベンに予定されている高放射性核燃料廃棄物の最終貯蔵施設建設計画(114)を撤回する可能性を示すことで SPD の同州首相ゲルハル

---

(110) "Es lag jenseits unserer Vorstellungskraft", S. 30.
(111) たとえば、ノルトライン=ヴェストファーレン州首相ヨハネス・ラウ（Johannes Rau）やザールラント州首相（SPD 副党首兼務）オスカル・ラフォンテーヌ（Oskar Lafontaine）はベニヒセン等に協調する意思を示している。Wird nicht gewackelt, S. 28.
(112) Ibid.
(113) *Süddeutsche Zeitung*, 04. 12. 1992.
(114) ゴルレーベンにおける高放射性廃棄物の最終貯蔵施設建設計画は 1980 年の深掘

ト・シュレーダー（Gerhard Schröder）と大筋合意していた。そして、そのうえで、前月（11月）23日、かかる合意に基づいて「超党派的な原子力合意」を成立させるよう連邦首相ヘルムート・コールに要請する連名書簡（資料Ⅶを参照）[115] を送っており、同時に、合意されるべき諸問題も提示したうえで、12月18日のコールと両会長の3者を含む政界とエネルギー産業界の会談開催を取り付けていた。両コンツェルン会長の目的は、政治的・社会的に原発稼働が困難になった情況にあって、ふたたび安定的に原発を稼働できるような政治的・社会的体制を樹立することであり、当面、少なくとも既存原発の稼働継続によって経営上の利益を確保することであった。言うなれば、エネルギー政策における"城内平和（Burgfriede）"の確保が両会長の目的であり、その手段として、両会長は順次既存原発を稼働停止させて「原発放棄」にいたる（「原発から秩序立てて撤退する（geordnetes Auslaufen）」）可能性を受け容れようとした。したがって、ピルツとギースケの「原発放棄」イニシアティヴはエネルギー供給事業経営者の職務遂行にすぎないが、事業者側が「脱原発」の道模索を迫られるほどの政治的・社会的情況を表す出来事として留意されるべきであり、ここにも、また、東京電力福島第一原発事故後の「脱原発」プロセスの原型が示されている。

　かかる「脱原発」構想は主にピルツとシュレーダーの協議に基づいて描かれたが、それは、1990年夏以来、両者が自らの課題の解決を求めた結果である。

　ベニヒセン自身から後継指名を受けていたピルツは、ベニヒセンの急死により1989年10月末からVEBA会長の任にあったが、彼もまたベニヒセン同様に原発稼働に批判的・否定的な社会の趨勢を鑑みて原発からの撤退を強いられる可能

　　　りボーリング調査にはじまり、政治的・経済的・環境的な観点から賛否さまざまに激しく議論されながら、今日にいたるまで最終的な決着は付いていない。なお、最終貯蔵施設の予定地から数百メートル離れた土地には、1982年01月から高放射性廃棄物の中間地上貯蔵施設建設がはじまり、翌年に完成して、大きな円筒形の容器（CASTOR）に入った高放射性廃棄物の搬入が1995年から行われている。*Handelsblatt,* 26. 01. 2014.

(115) Der Brief der beiden Energie-Vorstände an den Bundeskanzler, undatiert, in: *Süddeutsche Zeitung,* 05. 12. 1992.

性を考えていた。その点で、1990年05月、ニーダーザクセン州議会選挙でSPDが勝利し、翌月、同党と「緑の党」による連立州政府が形成されたことは、ピルツにとって、大きな意味を有していた。そのような州政府の形成はヘッセン州（1985年）、ベルリン州（1989年）に次いで3度目であるが、ニーダーザクセン州では、供給電力の70パーセントを原発に頼る[116]プロイセンエレクトラ電力が原発3基を稼働させている。そして、同電力はVEBAコンツェルンの利益全体の約半分（1991年のばあい、48.3パーセント）を生み出す同コンツェルンの100パーセント子会社である[117]から、原発稼働に反対する2政党による州政府形成は、ピルツにしてみれば、たんに、原発反対の気運拡大を示す出来事にとどまらず、VEBA経営の根幹にかかわる重大事であった。それゆえに、ピルツ自身が明かした[118]ように、事業者としては、将来における原子力利用を留保しつつ、当面、一般に30年から40年間の稼働年限（いわゆる"原子炉寿命"）と見なされる既存原発を出来るかぎり長期的に稼働させて経営上の利益を上げることが優先事であり、それを可能にするための政治的な合意を得ることが彼の課題であった。

　他方、州首相としてのシュレーダーの課題は、少なくとも、州内にある既存原発の稼働停止とゴルレーベン計画撤回にいたる道筋を具体化することであった。勝利した州議会選挙戦において、ニーダーザクセン州SPDは故障停止中のシュターデ原発（プロイセンエレクトラ電力稼働）安全性の再審査（事実上、早期廃炉の実現）とゴルレーベン高放射性廃棄物最終貯蔵施設の建設計画中止にはじまる「脱原発」を訴え[119]、「緑の党」は、それに加えて、速やかな「脱原発」、および、ザルツギッター近郊（コンラート立坑）に建設予定の弱（低）放射性核燃料廃棄物の最終貯蔵施設反対を明言して戦っており、両党の連立州政府協定は基本的に「緑の党」の主張に基づいている[120]。しかし、核燃料廃棄物の最終貯蔵

---

(116) Ein höchst ungewöhnlicher Pakt, in: *Die Zeit*, 24. 04. 1992.

(117) Befreiungsschlag, in: *ibid*, 22. 01. 1993.

(118) Klaus Piltz, Konsens durch Konzentration auf das Machbare, in: *Handelsblatt*, 02. 12. 1992.

(119) *Wirtschaftswoche*, 18. 05. 1990.

施設確保は、原子力法の規定により、原発が存在し稼働するためには、どうあっても果たされるべき課題である[121]。それゆえに、前述のように、カルカル増殖炉建設では、けっきょく、ノルトライン-ヴェストファーレン州政府の決定を受け容れたコール連邦政府も、最終貯蔵施設にかんしては、テップファー環境相を中心にして、州に対する連邦行政庁の指図権限（基本法第 85 条第 3 項）を論拠に州が不同意であっても同施設の建設を完遂しようとしていた[122]。さらに、いっそう事態を複雑にすることには、ニーダーザクセン州におけるゴルレーベン計画自体は原発を有する他州の SPD からも望まれており[123]、しかも、ニーダーザクセン州議会選挙の直後には、州に対する連邦行政庁の指図権限を無制限に認める連邦憲法裁判所（BVerfG）判決が下されている[124]。したがって、

---

(120) *Handelsblatt,* 05. 06. 1990; Rot-grüne Bündnis, in: *Die Zeit,* 15. 06. 1990.

(121) 1976 年 10 月改訂施行の原子力法は、州に対しては核燃料廃棄物の中間貯蔵施設確保を命じ、連邦には最終貯蔵施設の確保を命じている（原子力法第 9a 条第 3 項）。だから、最終貯蔵施設の未整備は原子力法違反にほかならず、かかる情況が解消されないかぎり、原発はすべて違法な存在となって、いずれ、放棄されざるを得ない。また、すでに原発が存在する以上、たとい、原発の稼働がすべて停止されたとしても、核燃料廃棄物の最終貯蔵施設が不可欠なことは言うまでもない。近年、明らかにされたところ、1983 年、ゴルレーベンの立地としての妥当性を審査する「連邦計測研究所（PTB）」の専門家たちに対してコール政府は妥当という判断を求める「強い圧力を掛けていた」が、そのような事態にもコール政府の原発推進意思と最終貯蔵施設の不可欠性が見事に示されている。*Süddeutsche Zeitung,* 09. 09. 2009. なお、1989 年 11 月の連邦放射線被曝防護局（BfS）設立後は、最終貯蔵施設立地選定の審査業務は放射性廃棄物の安全性審査業務とともに PTB から BfS へ移管されている。

(122) Atommacht Bonn, in: *Der Spiegel,* Nr. 22, 28. 05. 1990, S. 101; Angetreten im Zeichen der strahlenden Erblast, in: *Die Zeit,* Nr. 34, 16. 08. 1991.

(123) *Handelsblatt,* 29. 05. 1990.

(124) 州に対する連邦行政庁の指図権限をめぐる BVerfG 審理は、ノルトライン-ヴェストファーレン州がカルカル増殖炉の安全性にかんして安全を断言する連邦環境相テップファーを訴えたことから始まった。Teures Spielzeug, in: *Der Spiegel,* Nr. 09, 26. 02. 2009, S. 61-64. だが、カルカル増殖炉とチェルノブイリ原子炉の共

ニーダーザクセン州政府が連立州政府協定に基づく「脱原発」の道を歩むことは容易ではないが、シュレーダーは経済界と協力することに突破口を見出そうとしていた(125)から、彼にとって、VEBA 会長ピルツは適切な交渉相手にほかならず、両者の協議は正しく自然なことであった。

　ピルツとシュレーダーにギースケを加えた 3 者間の「原子力合意」追求案に対しては、しかし、連邦政府与党内でも SPD 内でも、そして、エネルギー産業界（経済界）においても懸念や反対の声が沸き上がった。SPD 内では、既存原発の稼働期限終了までの稼働や将来における原子力利用の可能性受容が同党の「10 年以内の脱原発」方針（1986 年のニュルンベルク党大会決議）を無にし得ると懸念され、同時に、シュレーダーがプロイセンエレクトラ電力稼働の原発代替策と主張して進める化石燃料利用発電所の建設推進(126)は環境保全の観点から批判

通性を挙げながら技術的な危険性を指摘する州政府に対して、BVerfG の判決は連邦権限の優位を次のように断定した。「a）基本法第 85 条第 3 項に基づく連邦の指図権限が州の権利を侵すことがあるとすれば、それは、指図権限の行使自体が憲法に違反するばあいのみである。b）州は連邦に対して憲法に従って行使する指図権限が内容上適法であることを求めることは出来ないし、憲法に反しないこと、とくに、基本権を侵害しないことを求める権利も有しない。」要するに、BVerfG によるならば、連邦と州の間の権限分割は、連邦に「実質的な決定権限（Sachkompetenz）があり、州には、連邦の委託を受けて、それを「執行する権限（Wahrnehmungskompetenz）」があるにすぎないとなっているから、州が連邦の決定に対して異議を挟む余地はない。Bundesverfassungsgericht, Urteil des Zweiten Senats vom 22. Mai 1990 aufgrund der mündlichen Verhandlung vom 20. Februar 1990 - 2BVG1/88-.

(125) *Handelsblatt,* 13. 06. 1990.
(126) シュレーダーは、ピルツと交渉しつづけながら、1991 年 11 月にはヴィルヘルムスハーフェンに廉価な外国産石炭を利用する火力発電所の建設計画を受け容れており、その 1 年後には、シュターデにおける天然ガス火力発電所の建設計画も受け容れた。シュレーダーが言うところ、化石燃料利用の発電所は「脱原発」のために不可欠であり、その建設によって、はじめて原発放棄も可能となる。だが、プロイセンエレクトラ電力側は化石燃料利用発電所を原発の代替とは見

されていた⁽¹²⁷⁾。他方、連邦政府与党のばあいには、原発稼働終了期限の確定が問題視された。与党が懸念するところ、既存原発が稼働終了期限に達するならば、新規原発の建設が行われないかぎり、当然、「脱原発」にならざるを得ない。しかるに、原発新規建設には「ふたたび諸政党から広範に受け容れられること」が前提条件として付されている以上、現実には、新規原発建設は行われ得ず⁽¹²⁸⁾、「脱原発」へいたる道を歩まざるを得なくなる。それゆえに、「原子力合意」追求案は連邦政府与党からは「脱原発」の第一歩とみなされて反対され、とくに、原子力発電に対する依存度合いが極めて高いバイエルン州⁽¹²⁹⁾のCSUは激しく反発していた⁽¹³⁰⁾。全く同様な理由から、エネルギー産業界（経済界）でも、原発の稼働終了期限確定策は強い反発を買い、取り分け、プロイセンエレクトラ電力会長のヘルマン・クレーマー（Hermann Krämer）、および、バイエルン州を供給地域とし、同様に原発依存度合いが高いバイエルンヴェルク電力（Bayernwerk）の会長ヨヘン・ホルツァー（Jochen Holzer）は強硬に反対した。さらに、ドイツ発電所連盟（VDEW）や仏独共同の新型原子炉「欧州加圧水型原子炉（EPR）」開発に携わる世界的な原子炉メーカーのジーメンス（Siemens）

なしていなかった。Ein höchst ungewöhnlicher Pakt, in: *Die Zeit*, 24. 04. 1992; *Handelsblatt*, 08. 05. 1992; *ibid*., 27. 11. 1992.

(127) *Ibid*., 07. 12. 1992; *ibid*., 11. 12. 1992.

(128) 「諸政党から広範に受け容れられる」とは、シュレーダーのばあいには、連邦議会と連邦参議院の3分の2の同意があることを意味し、ピルツ等事業者にとっては、原発投資の安全性確保の観点から、連邦議会の4分の3の支持があることを指している。*Süddeutsche Zeitung*, 09. 10. 1993; *ibid*., 22. 10. 1993; *Handelsblatt*, 13. 03. 1995; *ibid*., 18. 12. 1992. 現実には、しかし、そのような事態は有り得ないと想定されるがゆえに、原子力の発電利用を固執する人びとにはピルツ等提唱の「原子力合意」追求案は受け容れられない。

(129) バイエルン州統計局によると、電力生産に占める原子力発電割合いは、同州のばあい、2003年でも依然63.9パーセントに達している。Landesamt für Statistik und Datenverarbeitung, Kernenergie, < https://www.statistik.bayern.de/statistikdesmonats/00643-php >.

(130) *Süddeutsche Zeitung*, 05. 12. 1992; *Handelsblatt*, 09. 12. 1992.

社⁽¹³¹⁾からは3者間の「原子力合意」追求案は論外視され⁽¹³²⁾、ドイツ産業連盟（BDI）からも環境保全政策等と並んで「原子力の理性的利用に対する社会的・政治的な無能性」がドイツの電力料金上昇を招いており、そのために、ドイツ産業の国際競争力が損なわれていると間接的に非難されている⁽¹³³⁾。

したがって、このように、連邦政府与党側とエネルギー産業界（経済界）がピルツとギースケ提唱の「原発放棄」策検討案に強く反発している以上、SPD側が、ニュルンベルク党大会決議の堅持を条件にして、「原子力合意」追求協議に応じようと考え⁽¹³⁴⁾ても、合意成立の可能性は高くはないと思われた。それゆえにであろうが、連邦政府側では、会談予定日3日前に環境相テップファーがRWE・バイエルンヴェルク電力・ジーメンス社の3会長たちから考えを聞き、エネルギー産業界（経済界）には未だ「基本的なエネルギー政策」についての合意は存在しないことを確認したうえで、「遅くとも1993年夏までに」合意を得るようエネルギー産業界（経済界）に要請して、12月18日予定の会談を先送りした⁽¹³⁵⁾。したがって、「原子力合意」の成立は爾後連邦政府提唱の「エネルギー合意検討グループ」（1993年02月発足）⁽¹³⁶⁾における政界・エネルギー産業界（経済界）代表者たちの協議に掛かることになった。

だが、「エネルギー合意検討グループ」における協議においても、ピルツとシュレーダーおよびギースケのイニシアティヴは、けっきょく、「原子力合意」

---

(131) ジーメンス社はフランスのフラマトム（Framatome）社（現、アレヴァ社）、および、国有会社フランス電力（EDF）とともに"安全な" EPRの開発に取り組んでいた。

(132) *Ibid.*, 07. 12. 1992.

(133) *Ibid.*, 11. 12. 1992.

(134) *Ibid.*, 09. 12. 1992.

(135) *Süddeutsche Zeitung*, 17. 12. 1992.

(136) 「エネルギー合意検討グループ」は連邦経済相レクスロートと連邦環境相テップファーを議長役とし、その構成員は、最終的には、与党側8名、SPD 6名、「緑の党」2名、そして、経済界・労働組合・環境団体・電力業界からの各3名による28名となった。*Handelsblatt*, 08. 02. 1993; *Süddeutsche Zeitung*, 02. 03. 1993.

第3章　再生可能エネルギー拡大と「脱原発」のプレリュード　209

を成立させることは出来なかった。

　ピルツ自身は原発固守者のプロイセンエレクトラ電力会長クレーマーを1993年早々に更迭して腹心の部下を代わりに起用し[137]、その直後（同年01月）の「ドイツ原子力フォーラム（DAtF）」冬季大会の壇上からは、原子力利用は「近未来のあいだは放棄できない」し、長期的な将来エネルギーとしての役割りも考慮されるべきであるという原子力肯定論を明瞭に展開しながらも、そのような見解を「再検討し、必要とあらば、修正する用意がなければならない」旨力説して止まなかった。

　「エネルギー政策は、たんに技術的に可能か否かという問題で策定されるものではないし、況して、絶対に必要であるというだけで決められることではない。それは、人びとに受け容れられなければならないという観点から決定される問題である。取り分け、潜在的に危険な目に遭わされる可能性をはらむ大規模技術のばあい、そうである。」[138] かかる観点の不可欠性指摘がDAtF冬季大会におけるピルツ演説の核心であり、そこには、社会的な受容性を欠くならば、原子力事業は存続し得ないという経営者としての危機意識の鮮明な表出を見ることが出来る（原子力事業者としてのピルツの考えについては、資料Ⅷを参照）[139]。そして、そのような社会的受容性が原子力事業にとって不可欠なことは、「すでに長年原発の新規建設申請を行い」得ない原子力産業界自身が痛感するところであるから、原子力事業者が少なくとも既存原発稼働による収益を断念しようとしないかぎり、ピルツが考えるところ、ピルツ等のイニシアティヴがエネルギー産業界（経済界）の合意形成に奏功する可能性は小さくはない。しかも、SPD側では、シュレーダーが事業者同様に当面の既存原発稼働継続を不可欠視し、「今日ドイツの電力生産に占める原子力割合いの大きさと［1990年のソ連邦型原発全廃後の旧］東ドイツ電力供給体制再建に大きな資本が投下されるべき事態を考えるならば、短期間に原発代替発電所をすべて整備することは技術的・経済的にほとん

---

　(137)　*Ibid.*, 16. 01. 1993; *Handelsblatt*, 18. 01. 1993; Befreiungsschlag, in: *Die Zeit*, 22. 01. 1993.

　(138)　*Süddeutsche Zeitung*, 27. 01. 1993; *Handelsblatt*, 27. 01. 1993.

　(139)　Klaus Piltz, Abschied von Schablonen, in: *Die Zeit*, Nr. 12, 19. 03. 1993.

ど為し得ないし、支持し得ないことでもあろう」と主張しながら、合意を成立させようとしている(140)。だから、ピルツには、なおさら合意は可能であると思われたに違いない。

しかるに、原子力利用をめぐる見解の隔たりが縮まることはなかった。一方で、SPDと「緑の党」の大勢は「10年以内」ないしは「即時」の「脱原発」を固執しつづけ、他方で、エネルギー産業界が既存原発稼働期限の確定を拒否する事態も変わらない。シュレーダーや「緑の党」内"現実派"のヘッセン州環境相ヨシュカ・フィッシャー（Joschka Fischer）(141)は早期の「脱原発」を非現実的と排しながら妥協的な「脱原発」、ピルツとギースケ流の「脱原発」で合意を成立させようとするがそれも効(かい)はない。しかも、エネルギー産業界や連邦政府与党内においては、新規原発建設を求めたり（第2章第4節第2項）、"原子炉寿命"の大幅引き延ばし（たとえば、60年間の稼働）を求める動きも次第に強まる(142)

---

(140) シュレーダー自身、1993年01月、『ハンデルスブラット』紙におけるインタビューのなかで「［シュレーダーが同意したピルツとギースケ連名書簡の原子力］合意構想は完全にエネルギー供給事業者寄りと言われれば、そのとおりです。」と語っており、その後も当面の原発稼働継続を当然視しながら合意を成立させようとしている。*Handelsblatt*, 25. 01. 1993; *Süddeutsche Zeitung*, 16. 01. 1995.

(141) 「緑の党」内"現実派"の代表的な存在であるフィッシャーはピルツとギースケの「原子力合意」構想を当初から熱狂的に歓迎し、その後も、一貫して妥協的な合意を求める側に位置した。*Ibid.*, 04. 12. 1992; *Handelsblatt*, 08. 01. 1993; *ibid.*, 08. 04. 1993.

(142) 原発新規建設にあたり、代表的な次期採用原子炉と目されるのがEPRであり、原発事業者や与党のあいだでは、バイエルンヴェルク電力を筆頭に、EPRないしは他の新型原子炉採用による原発新規建設を当然視する人びとも少なくなかった。また、ジーメンス社のエーバーハルト・ショーマー（Eberhard Schomer）が言うところ、原発は整備や機器交換を行うことで古くなることはなく、事業者が望む限りのあいだ稼働可能である。そして、そのような説明を論拠としながら、VDEW会長グラーヴェは60年間の原発稼働を繰り返し主張していた。*Süddeutsche Zeitung*, 13. 02. 1993; *ibid.*, 17. 01. 1995; *ibid.*, 20. 01.

から、合意の成立は遠のくばかりであった。それゆえに、連邦政府側では、環境相テップファーが既存原発稼働期限の法的確定で合意案を纏めようと試みたが、その試みも原発事業者やジーメンス社、そして、CSU の反対に遭うのみならず、連邦経済相レクスロートにも反対されて潰え去っていた[143]。これを要するに、「エネルギー合意検討グループ」における協議によって明らかになるところ、エネルギー産業界（経済界）や連邦政府与党側には、「早期に」であろうと既存原発の稼働期限終了後であろうと、未だ「脱原発」にいたる道に踏み出す意思は無く、したがって、「エネルギー合意」が成立する余地も見出され得なかった。

以上述べてきたように、1990 年代初めの東西統一ドイツ発足期に、二大エネルギー・コンツェルン（VEBA と RWE）の両会長（ピルツとギースケ）に SPD のニーダーザクセン州首相シュレーダーを加えた３者によって「脱原発」にいたる「原子力合意」構想が初めて提唱されていた。たしかに、同構想は多くの賛同者を得るまでにはいたらなかったし、また、そこに描かれた「脱原発」にいたる道筋も、コール首相に両会長連名書簡を手渡す役割が SPD 労資協調派の原子力利用支持者ヘルマン・ラッペ（Hermann Rappe）産別労組化学委員長に与えられたごとく、当面の原発稼働継続を条件とする原発事業者（経済界）主導の「脱原発」構想にほかならなかった。したがって、かかる構想についての評価は分かれ得るが、重要視されるべきは、たとい、限られた範囲の人びとであったとしても、原発事業者が原子力利用反対者たちの「脱原発」要求に応じようと考えており、原発事業者と政治指導者間に合意が成立したことである。そして、そのような合意が 1998 年に樹立される新連邦政府の「脱原発」政策、「原子力利用の無いエネルギー政策」として結実し、爾来、基本的に「脱原発」に向かう道が辿られることを考えるならば、紛れもなく３者間の「原子力合意」は「脱原発」プロセスのエチュードにとどまらないプレリュードという位置を占めると見なし得る。

「もしも、我れわれの社会はすでに長年事実上原子力からの撤退プロセスに

1995; *ibid.*, 03. 04. 1997.

(143) *Ibid.*, 11. 11. 1993.

入っていることが分からないならば、それは現実を見ていないからである。もしも、我れわれの社会は将来いつの日か［今日の原子力技術に頼るのではないが、全く新しい技術としての］原子力に頼らざるを得なくなる情況も生じ得る可能性を否定するならば、最早、将来は無い。」（資料Ⅷを参照）1993年03月、ピルツは、このように、将来の原子力利用可能性を留保しながらも、当面ドイツが歩む道は「脱原発」へ向かう道以外に無いと断言していたが、数年を経て、その第一歩が踏み出されることになったわけである。

　次章からは、新政府の下のエネルギー政策転換過程を見ていきたい。

第4章　経済界主導の「脱原発」と「エネルギー転換」

　　　"［日和見主義者という私に対する］非難は月並みであり、［私には痛くも痒くもありません。］連邦首相になれば、連邦首相には自らの決定を現実社会で実施できる（tauglich）ように折りに触れて再検討する義務がありますし、それは自党の決議についても当てはまることです。もしも、それらが現実の社会で何の役にも立たなければ、それらは正されなければなりません。それが分かる者は、そんな非難を受けても平気です。しかし、［反対に、］急速に変化している社会にあって、なかんずく、経済的な基盤の問題について、つねにこれまでどおりにやろうとするならば、現実の課題を解決することは出来ないでしょう。そのような有様は政治の使命ではありません。"

ゲルハルト・シュレーダー
1998年03月02日

第1節　「赤-緑」連立連邦政府の成立

第1項　「エネルギー転換」

　今日、東京電力福島第一原発事故以来、ドイツ連邦政府が歩む「脱原発」と再生可能エネルギーへいたる道は「エネルギー転換（Energiewende）」と称されて人口に膾炙しているが、このような意味の「エネルギー転換」追求の試みは、ド

イツのばあい、1980年春、フライブルクの「応用生態学研究所」（通称、「エコ研究所」）[1] が発表した画期的な研究報告書、『エネルギー転換　石油とウランを利用しない成長と福祉』[2] と題する研究に端を発している。同研究が主張するところ、「今日、[〝石油価格ショック〟を経てからの] エネルギー戦略は増大するエネルギー需要を原子力利用と石炭液化ないしガス化（Kohleumwandlung）の拡大で満たしながら輸入石油依存から脱却し、経済成長を持続させようとしている」が、それは、「経済性」の観点からは非合理的であり、政治的にも社会的にも、そして、環境保全の観点からも「実行し得ない間違った構想」、歩み得ない〝ハードな道〟である。「もしも、[これまでのような経済成長と我れわれの生活様式を] 捨てたくないのであれば」、「エコ研究所」の研究は提唱する、「我れわれは少ないエネルギー消費量で経済成長を図ることから始めなければならない。」すなわち、先ず、エネルギーの利用効率を改善することでエネルギー消費量を節減し、次いで、石油をはじめとする化石燃料利用の縮小と再生可能エネルギー資源利用の拡大をすすめていく。かかる〝ソフトな道〟を歩むならば、社会や環境に悪影響を及ぼすこともなく、かつ、国際的な軋轢も減少できるから、長期的に持続可能なエネルギー供給体制が樹立されることになる。

　その結果、50年後の2030年、ドイツの最終エネルギー消費量は1973年のそれの60パーセントから50パーセントにまで減少し、1973年には石油が55.2パーセント（化石燃料全体で96.3パーセント）を占める[3] 一次エネルギー資源

---

(1)　フライブルクの「エコ研究所」は、ヴィール原発建設に反対する人びとに原子力と再生可能エネルギーにかんする情報を提供していた研究者たちによって、1977年、設立されている。Öko-System Erde, Die Energiewende, < http://www.oekosystem-erde.de/html/energiewende.html >.

(2)　Florentin Krause, Hartmut Bossel, Karl-Friedrich Müller-Reißmann, *Energie-Wende. Wachstum und Wohlstand ohne Erdöl und Uran*, Frankfurt am Main 1980.

(3)　Deutscher Bundestag, 7. Wahlperiode 1972, Drucksache 7/2713, 30. 10. 1974, Erste Fortschreibung des Energieprogramms der Bundesregierung, S. 22f., Anlage 1.

図 4-1　"ハードな道"と"ソフトな道"

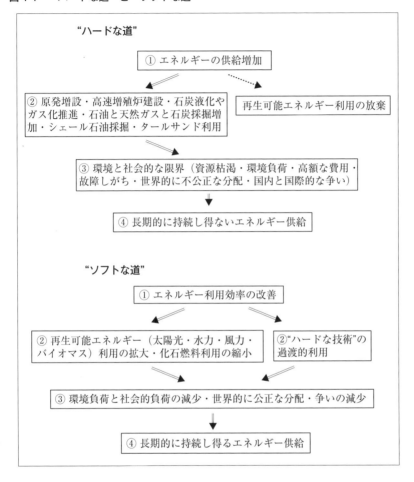

は、国内産で賄える石炭と再生可能エネルギー資源がそれぞれ50パーセントずつの「石油とウランを利用しない」構成となり、国外からの輸入に頼るという燃料資源調達の不安定性と原子力利用に伴う巨大な危険性から解放される[4]。そのときも、無論、経済は成長し、生活水準も向上する[5]。図式化するならば、図

---

(4) Krause, Bossel und Müller-Reißmann, *Energie-Wende,* S. 13ff.; Öko-System Erde, Die Energiewende; Klaus-Dieter Maubach, *Energiewende. Wege zu einer bezahlbaren Energieversorgung,* 2. Auflage, Wiesbaden 2014, S. 29-32.

4-1のようにすすむプロセスである。したがって、顧みるならば、石炭利用を継続するという問題は残るとしても、30年以上前に「エコ研究所」が提示した構想は今日の「エネルギー転換」の原型にほかならない。

　しかし、当時、このような構想に客観的な関心が払われることはほとんどなかった。「エコ研究所」の研究は、世界的に見れば、全くの独創というわけでもなく、同研究は、アメリカのエイモリィ・B・ロヴィンズ（Amory B. Lovins）が提唱する「エネルギー転換」論、絶えざる消費エネルギー量増大を与件にして化石燃料と原子力を多用しつづける大規模集中型発電様式の"ハードなエネルギーの道"からエネルギー利用効率を改善して消費エネルギー量を絶えず節減しながら再生可能エネルギー資源のみを利用する中小規模分散型発電様式の"ソフトなエネルギーの道"へ転換するという先行研究[6]の考えに負うところが少なくない。だが、すでにロヴィンズの"ソフトなエネルギーの道"論が『ツァイト』誌上の簡単な書評で「話にならない（unseriös）」と片付けられていた[7]ように、「エコ研究所」の「エネルギー転換」論も、発表直後から、"ハードなエネルギーの道"主唱のユーリヒ原子力研究所（KFA）の研究者たちからは「問題分析が不充分」で「数量処理は恣意的」と非難されている[8]。

　厳密に言うならば、「エコ研究所」の構想は諸政党や研究者たちから完全に無視されたわけではない。構想発表当時、連邦議会で原子力政策の将来を検討していた委員会（「将来の原子力政策にかんする調査委員会」）（議員と研究者等から

---

(5)　「エコ研究所」の研究によると、2030年の工業生産高は1973年のそれの2.3倍で、1人当たりの国民総生産（GNP）は3.2倍に達している。生活水準も、たとえば、居住空間は1.7倍で、シャワーや入浴は1.5倍、自動車走行は1.5倍で、飛行機搭乗は4倍等である。そして、各家庭には電化製品がほぼすべて備わるようになっている。Krause, Bossel und Müller-Reißmann, *Energie-Wende*, S. 34f.

(6)　Amory B. Lovins, *Soft Energy Paths: Toward A Durable Peace*, Harmondsworth 1977, pp. 25-60. エイモリー・ロビンズ『ソフト・エネルギー・パス　永続的平和への道』、室田泰弘／槌屋治紀訳、時事通信社1979年、66-120頁。

(7)　Cf. The Energiewende, in: *Die Zeit*, Nr. 47, 15. 11. 2012.

(8)　In den Kloaken der Zivilisation, in: *ibid.*, Nr. 42, 10. 10. 1980.

第 4 章 経済界主導の「脱原発」と「エネルギー転換」 217

成る委員会の構成については、序章第 3 節の註 (79) を参照) は直ちに「エコ研究所」の研究報告書を検討し、その結果、同書に描かれる構想に基づいて「原子力利用の無い」エネルギー供給体制も確立され得ることを委員会多数派 (15 名中 12 名の多数派であり、研究者たちは全員多数派に含まれる) の見解として認めている(9)。だが、かかる見解に対しては、委員会のなかでも CDU/CSU の委員 3 名は原発稼働継続のみならず増設を主張して同意しなかった(10)し、さらに、少なからざる研究者たちは「エコ研究所」の研究を"非科学的でイデオロギー的な扇動"と難じており、しかも、それはマスメディアの反「エコ研究所」キャンペーンによって増幅されていた(11)。したがって、原子力利用を不可欠視するドイツ社会の大勢に未だ大きな変容は生じていなかったようであり、連邦議会で「エネルギー転換」論が検討される余地も未だ存在しなかった。かかる情況に変容が生ずるためには、1980 年に連邦政党として発足した「緑の党」の連邦議会進出を俟たなければならない。

「緑の党」は、後に掲げる図 4-2 に示されるとおり、すでに 1980 年代の連邦議会において、与党 FDP に匹敵するまでの勢力に成長していた。だが、1990 年の東西ドイツ統一直後の連邦議会選挙にさいしては、東ドイツの自立的な発展を求めて東西ドイツ統一に否定的な立場に立った(12)ため、旧西ドイツでは全議席

---

(9) Deutscher Bundestag, 8. Wahlperiode 1976, Drucksache 8/4341, 27. 06. 1980, Bericht der Enquete-Kommission „Zukunftige Kernenergie-Politik, S. 99-101.

(10) Ibid., S. 102.

(11) Leo Pröstler, Angriffe gegen das Institut, in: Öko-Mitteilungen 5/82, S. 29-32.

(12) Die Grünen, Wahlplattform zur Bundestagswahl 1990.「緑の党」は、連邦政党としての発足以来、西ドイツの経済社会を「自然と人間を搾取する」成長至上主義と批判し、有限な地球における「生態 (環境) 適合的な」社会の樹立を主張している。Die Grünen, Das Bundesprogramm [1980], S. 6-16; Die Grünen, Das Programm zur 1. gesamtdeutschen Wahl 1990, S. 8-17. それゆえに、「緑の党」にしてみれば、東ドイツに西ドイツと異なる道を残すことは自然なことであり、同党が東西ドイツの統一に賛同することは有り得なかった。後に、「緑の党」が言うところ、1990 年の連邦議会選挙戦当時、「すべての人が [東西] ドイツ [の統一] を語ったが、我れわれは気候 [変動対策] について語ることで選挙戦を

を失うほどの敗北を喫したが、そのときの選挙綱領において、同党は初めて「エコ研究所」主唱の「エネルギー転換」概念を用いるようになっており[13]、爾来、つねに「エネルギー転換」を選挙戦における中心スローガンの一つに位置付けながら、その政治的な主唱役を演じている。また、連邦議会における審議にさいしては、1991年12月、「エコ研究所」の「エネルギー転換」論を援用しながら持続的な(dauerhaft)経済発展のためのエネルギー供給体制確立を主張した[14]。それを嚆矢に、SPDが炭鉱地帯や労働組合に対する配慮から明確に「エネルギー転換」論を展開できないなか、「緑の党」は矢継ぎ早に「エネルギー転換」論議を議事日程に組み込んでいき、1995年04月には、遂にSPD議員団も「エネルギー転換」概念を用いて「生態(環境)適合的なエネルギー供給体制」確立を語る[15]までに同概念の普及に貢献している。このような「緑の党」の「エネルギー転換」概念の受容と展開を考えるならば、したがって、後年の「赤-緑」と称される(「赤」はSPDを意味する)連立連邦政府成立後の「エネルギー転換」計画は理念的には同党によって準備されたと言えるであろう。

第2項　シュレーダーの「脱原発」政策

ドイツの「エネルギー転換」が理念的には「緑の党」の主導で進展するとしても、現実には、「赤-緑」の連立政府協定が「エネルギー転換」概念に全く言及し

戦い、敗北を喫した。」Wahldebakel bei der ersten gesamtdeutschen Bundestagswahl am 2. Dezember 1990, 11. 03. 2009, < http://www.gruene.de/ueber-uns/1990.html >.

(13) Die Grünen, Das Programm zur 1. gesamtdeutschen Wahl 1990, S. 10.
(14) Deutscher Bundestag, 12. Wahlperiode 1990, Drucksache 12/1794, 11. 12. 1991, Antrag der Gruppe Bündnis 90/Die Grünen, Energiewende – Grundstein für eine dauerhafte Entwicklung.
(15) Idem, Drucksache 13/1197, 25. 04. 1995, Entschließungsantrag der Fraktion der SPD, Zur vereinbarten Debatte zum 9. Jahrestag des atomaren Unfalls in Tschernobyl.

ない事態に象徴されるごとく、政府のエネルギー政策策定はSPDの計画で進められ、取り分け、「エネルギー転換」の核心の一つを成す「脱原発」はゲルハルト・シュレーダー（Gerhard Schröder）自身が企図するとおりのプロセスを辿ることになる。「もしも、SPDが政権党の座に就くならば、どの政党と連立するかにかかわることなく、シュレーダー［とピルツとギースケ3者間］のエネルギー合意［つまり、1992年の原子力合意］に対する党内からの反対は立ち所に消えて無くなります。」(16) シュレーダー等3者間の合意形成に自らも実質的に関わっているヘルマン・ラッペ（Hermann Rappe）は、同合意成立から1年後、このように、ニュルンベルク党大会以来のSPD原子力政策変容を受け合っていたが、果たして、1998年03月01日、ニーダーザクセン州議会選挙が来たる連邦議会選挙の行方を占う選挙と目されつつ再びSPDの大勝となる(17)や、翌日のSPD幹部会における次期連邦首相候補者選挙では、連邦議会選挙勝利の望みを掛けられたシュレーダーが党首オスカル・ラフォンテーヌ（Oskar Lafontaine）を抑えて選ばれている(18)。

　シュレーダーの「脱原発」政策が原発事業者（経済界）主導のそれにほかならないことについては、すでに述べたが、SPDの次期連邦首相候補に選出されるや、彼は直ちにニュルンベルク党大会以来のSPD原子力利用政策を再検討する旨宣言している。「［日和見主義者という私に対する］非難は月並みであり、［私には痛くも痒くもありません。］連邦首相になれば、連邦首相には自らの決定を現実社会で実施できる（tauglich）ように折りに触れて再検討する義務がありますし、それは自党の決議についても当てはまることです。もしも、それらが現実

---

(16) Sieht so ein Sieger aus?, in: *Der Spiegel*, Nr. 46, 15. 11. 1993, S. 21.

(17) CDUと「緑の党」の得票率がそれぞれ僅かながら下がるなか、SPDのそれは3.6パーセント・ポイント上がって47.9パーセントに達し、FDPは前回選挙同様に"5パーセントの壁"（巻末の付録Ⅲを参照）を越えられなかったから、SPDの議席数も再び絶対過半数に達している。*Süddeutsche Zeitung*, 07. 03. 1998.

(18) *Handelsblatt*, 03. 03. 1998. 正式な承認は同年04月の党大会で行われたが、そのさいには、シュレーダーは大会代議員たちの93.4パーセントの支持を得た。*Süddeutsche Zeitung*, 18. 04. 1998.

の社会で何の役にも立たなければ」、州議会選挙翌日の03月02日、シュレーダーは『シュテルン』誌インタヴューで政治における"プラグマティズム"の重要性を力説する、「それらは正されなければなりません。」このとき、シュレーダーが正そうとするSPD決議のなかに「10年以内の原子力利用放棄」が含まれることは最早言うまでもないであろう。「急速に変化している社会にあって、なかんずく、経済的な基盤の問題について、つねにこれまでどおりにやろうとするならば、現実の課題を解決することは出来ないでしょう。そのような有様は政治の使命ではありません。」[19] かかる信念に基づきながら、来たる連邦議会選挙戦に向けて、シュレーダーは自らのエネルギー政策を発表していった。

「脱原発」という課題の達成はSPDにとってと同様にシュレーダー自身にとってもエネルギー政策の核心に位置するが、既存原発すべての稼働停止にいたるまでの過渡期間については、彼が明言することは決してなかった。同年04月に、臨時党大会で採択される連邦議会選挙戦向けの選挙綱領は最早「10年以内の脱原発」を謳うことはなく、「できるかぎり速やかに原子力利用に終止符を打つ」という漠然たる文言にとどまっている[20] が、それはシュレーダーの考えの反映にほかならない。彼が早くから（1992年から）ピルツ側近のVEBA幹部ヴェルナー・ミュラー（Werner Müller）を自らのエネルギー政策顧問としている[21] ように、原発事業者（経済界）の同意を得ることを不可欠と考えるかぎり、早期の「脱原発」の拒絶は当然なことである。だから、全既存原発の稼働停止にいたるまでの過渡期間は決して短くはない。『ハンデルスブラット』紙によると、シュレーダーは全既存原発稼働停止にいたるまでの期間を「30年間」と語っていた[22] こともあるが、おそらくは、そのくらいの過渡期間は想定されて

---

(19) "Den Kanzler in die verdiente Rente schicken", Schröder - Interview, in: *Stern*, Nr. 11, 05. 03. 1998, S. 30.

(20) Beschluß des außerordentlichen Parteitages der SPD am 17. April 1998 in Leipzig. "Arbeit, Innovation und Gerechtigkeit". SPD-Programm für die Bundestagswahl 1998, S. 36.

(21) *Handelsblatt,* 15. 05. 1992.

(22) *Ibid.*, 07. 09. 1998.

第4章 経済界主導の「脱原発」と「エネルギー転換」 221

いるであろう。

また、原発新規建設については、SPDは将来的にも建設は認められないと明確に主張しているが、シュレーダーはそのような考えとは異なるようである。この点についても、シュレーダーが明言することはなかったが、シュレーダーのばあいには、連邦政府与党側に既存原発稼働期限の確定案が受け容れられるならば、代償として、将来の原発新規建設を受け容れる用意もあると思われる[23]。たしかに、今日の電力市場においては、シュレーダーのばあい、第一に、大規模発電所に対する需要は存在しないから、第二には、原発自体に経済的な市場競争力は無いがゆえに、当面、原発新規建設は「市場の法則に従うかぎり、全くあり得ない」と見なされている[24]が、将来における原子力利用の道は閉ざされてはいない。

このように、シュレーダーが描く「脱原発」構想は、紛れもなく、二大エネルギー・コンツェルン会長たちと彼のあいだの合意に基づくものであり、かかる構想を基盤にして、シュレーダーは「緑の党」と連立連邦政府を樹立しようと考えていた[25]。しかし、「緑の党」の連邦議会選挙戦向け綱領には「即時の脱原発」が謳われる[26]ごとく、同じように重要視する問題ひとつについても大きな相違がある。況して、一方の「いっそう大きな成長」を追求する経済政策（SPD連邦議会選挙綱領）[27]や「無条件に北大西洋条約機構（NATO）加盟国としての

---

(23) たとえば、1995年06月、エネルギー政策にかんして連邦政府与党側と合意を得るべくシュレーダーが起草した合意文書案には、「研究・開発のような適切な措置を講じておくことで、原発新規建設のための能力を潜在的に保持する」と謳われている。かかる合意案は、無論、党首ルードルフ・シャルピング（Rudolf Scharping）を始めとして多くの党員からの激しい反対に遭った。Ibid., 21. 06. 1995; Süddeutsche Zeitung, 21. 06. 1995.

(24) Handelsblatt, 19. 03. 1998.

(25) "Den Kanzler in die verdiente Rente schicken", Schröder - Interview.

(26) Bündnis 90/Die Grünen, Grün ist der Wechsel. Programm zur Bundestagswahl 1998, S. 23.

(27) SPD-Programm für die Bundestagswahl 1998, S. 5 et passim.

責任を果たす」(シュレーダー)(28)という外交安全保障政策と他方の「成長社会は限界に近づいている」と見る経済社会観や「NATO解消を目差す」外交安全保障政策(いずれも「緑の党」連邦議会選挙綱領)(29)のあいだに合意を見出すことは容易ではない。したがって、シュレーダーが「緑の党」と連立連邦政府を形成しようとするばあい、連立交渉は難航するであろうが、シュレーダーは、「赤-緑」連立交渉が不調に終わるならば、CDU/CSUと「大連立」政府を形成することも語りながら(30)「緑の党」を牽制しており、かつ、1998年03月の輿論調査によるならば、シュレーダーとSPDに対する支持はきわめて大きく、それに比べて「緑の党」に対する支持は遥かに小さかった(31)。だから、「緑の党」はSPDとの連立形成に応じ、シュレーダーの「脱原発」が新連立政府のそれとなることは不可避であろう。

第3項 1998年連邦議会選挙

アレンスバハ輿論研究所の輿論調査結果によるならば、連邦首相としてのヘルムート・コール(Helmut Kohl)に対する支持率は1996年秋ごろにゲルハルト・

---

(28) *Süddeutsche Zeitung*, 18. 04. 1998.

(29) Bündnis 90/Die Grünen, Grün ist der Wechsel. Programm zur Bundestagswahl 1998, S. 13, 143.

(30) "Den Kanzler in die verdiente Rente schicken", Schröder - Interview.

(31) ニーダーザクセン州議会選挙直後の03月前半、「マンハイム選挙研究グループ」が『ジュートドイチェツァイトゥング』紙の委託を受けて行った調査によると、SPDに対する支持は調査対象者1,288名の51パーセントに達しており、CDU/CSUの30パーセントや「緑の党」の9パーセントを大きく上回った。また、次期連邦首相としては、シュレーダーに対する62パーセントの支持に対して、コールのそれは28パーセントにすぎない。そして、次期連邦政府の連立形態としては、SPDと「緑の党」の連立が29パーセントの支持を受けるのに対して、SPDとCDU/CSUの「大連立」も27パーセントと拮抗していたが、いずれのばあいもSPDが中心になることに変わりはない。*Süddeutsche Zeitung*, 14. 03. 1998.

図 4-2　ドイツ連邦議会選挙結果　各党獲得議席数　1983-2013 年

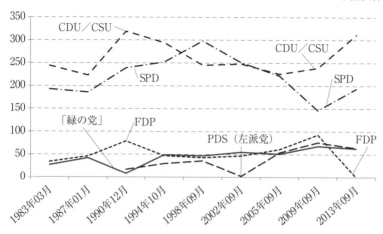

アレンスバハ輿論研究所

シュレーダーを下回り、爾来、その情況がつづいていたが、1998 年の連邦議会選挙直前になっても、依然、輿論の大勢は 16 年間に互るコール首相の退陣を求めており、新連邦政府首相としてはシュレーダーを選好していた[32]。果たして、09 月に行われた連邦議会選挙の結果は、同研究所の予測を裏切ることはなく、長年の連邦議会における与野党間の力関係は変容し、選挙戦に勝利した SPD と「緑の党」（図 4-2 を参照）[33]はシュレーダーを首班として連立政府を形成した。いわゆる「赤-緑」連立政府の成立である。なるほど、選挙戦における最大のテーマ（争点）は失業や税制改革（減税）・経済（景気の上昇）・年金等直接日日の生活にかかわる諸問題であったが、「脱原発」や「核燃料移送の安全性」、そして、環境税の導入も争点になっており（図 4-3 を参照）[34]、それらの問題を重要

---

(32) Institut für Demoskopie Allensbach (ed.), *Allensbacher Jahrbuch der Demoskopie*, Bd. 11/Teil 2: 1998-2002, S. 775.

(33) Deutschland seit 1945. Bundestagswahlen, Bundesweite Zweitstimmen-Ergebnisse, < http://www.wahlen-in-deutschland.de/buBTW.htm >.

(34) 調査は、選挙戦で「特別大きく」議論されていると思う論戦テーマ（争点）を人びとに尋ねるかたちで投票日以前に行われた。数値は当該問題が「特別大き

図 4-3 ドイツ連邦議会選挙戦の論戦テーマ 人びとの関心度合い 1998 年 09 月

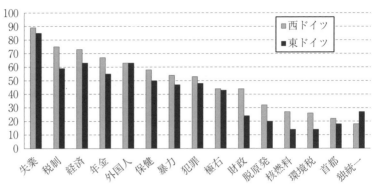

視する両党主導のもと、長いあいだ原子力利用を不可欠視してきたドイツのエネルギー政策は明確な区切りを付され、「脱原発」と再生可能エネルギー資源利用によるエネルギー供給体制確立へ向かう歩みが踏み出されている。では、エネルギー・環境政策については、各党はどのような主張を掲げて選挙戦に臨んでいたであろうか。先ず、その点を見ておこう。

各党発表の選挙綱領に示されるところ、原子力利用にかんする見解を除くならば、さほど大きな相違が政党間にあるわけではない。気候変動対策として温室効果ガス（GHG）排出量削減が国際的な重要課題となっている 1990 年代、経済成長を図るにしても、それによって環境が損なわれる事態が生じてはならない。だから、環境保全策として、たとえば、消費エネルギー量を節減し、エネルギー利用効率を改善することについては、各党一様に語っており、また、再生可能エネルギー資源利用の拡大も各党共通の政策である。与野党間の分岐点は、そのばあい、環境保全策の実施・検証等を経済界の自主的な取り組みに委ねるか、それとも、公権力による介入を必要視するかであった。一方で、与党のキリスト教民主同盟／社会同盟（CDU/CSU）と自由民主党（FDP）は、経済自由主義の観点か

な」論戦テーマであると回答した人びとの割合いである。（調査回答者は、西ドイツが 1,115 人で、東ドイツは 929 人）。Institut für Demoskopie Allensbach, *Allensbacher Jahrbuch der Demoskopie*, Bd. 11/Teil 2: 1998-2002, S. 778.

ら、EC 規則に基づく「エコ管理・検証制度（EMAS/Öko-Audit）」[35] に各会社・事業者が自主的に参加することで充分と主張し、経済活動に対する公的介入を嫌った[36]が、他方で、野党の SPD は経済界の自発的な取り組みを重要視しながらも、同時に、実効性確保の観点から、法的な措置を必要視し、環境税の導入を主張している[37]。同様に、「緑の党」のばあいも、政府が経済活動に対して環境保全を図るよう「刺激を与え、導く」ことが語られて、エネルギー税の導入が求められている[38]。さらに、旧東ドイツの社会主義統一党（SED）の流れを汲む民主社会主義党（PDS）[39] も選挙綱領で「天然資源消費と自然損傷に対する課税強化」[40] を主張していた。しかし、そのような課税案に対しては、与党側は「経済の国際競争力と雇用維持」を論拠にして否定的な論陣を張っている。もしも、CDU/CSU と FDP が環境税導入に同意するとするならば、それは「欧州全体における」一斉導入が前提条件とされている[41]。つまり、環境税の導入

---

[35] EMAS/Öko-Audit は 1993 年 06 月採択の EC 規則に基づいており、各会社・事業者は自発的に自らの経済活動が環境を損なうことがないように管理・検証し、改善していく制度である。

[36] Das Zukunftsprogramm der Christlich-Demokratischen Union Deutschlands. Beschluß des 10. Parteitages der CDU-Deutschlands vom 17.-19. Mai 1998, S. 31; Wahlprogramm zur Bundestagswahl 1998 der Freien Demokratischen Partei. "Es ist Ihre Wahl" (Beschlossen auf dem Bundesparteitag in Leipzig vom 26.-28. Juni 1998), S. 77; Wahlplattform der CDU und CSU 1998, S. 27.

[37] SPD-Programm für die Bundestagswahl 1998, S. 35f.

[38] Bündnis 90/Die Grünen, Grün ist der Wechsel. Programm zur Bundestagswahl 1998, S. 13f.

[39] 党名は、1990-2002 年のあいだ PDS であったが、それ以降は、「左派党」（Die Linke）となっている。ただし、2005 年の連邦議会選挙時には「左派党.民主社会主義党（Die Linkspartei.PDS）」であり、同年に、SPD 元党首ラフォンテーヌが SPD から離党して合流している。

[40] Programm der PDS zur Bundestagswahl 1998. Für den politischen Richtungswechsel! Sozial und solidarisch – für eine gerechte Republik!, S. 20.

[41] Das Zukunftsprogramm der Christlich-Demokratischen Union Deutschlands

は事実上考えられていなかった。

　このように、環境政策をめぐる与野党間の相違は、詰まるところ、"市場（経済）対政治"の対立にほかならないが、原子力利用についても、表面的には、類似の原理的な対立構図を与野党間に見ることが出来る。すなわち、CDUとCSUの共同選挙綱領では、原発稼働の継続が二酸化炭素（CO_2）排出量削減と国際的な原子炉安全性の向上という地球温暖化防止論と技術論によって正当化される[42]も、CDU自身が環境税導入否定の論拠に「あまり環境に配慮しない近隣諸国」と競争するさいの国際競争力維持を挙げている[43]ように、与党側は原子力利用の推進も市場（経済）の論理で肯定している。だが、すでに述べたことから明らかなように、原子力の発電利用が当初から政府の大規模支援の下で進められていることを想起するならば、原子力利用は決して市場（経済）の産物ではなく、政府の事業にほかならない。そして、そのばあい、経済自由主義の旗手を自任するFDPも原発稼働継続のための原子炉安全性の保持・向上を当然「国家の責任」と見なしている[44]ように、与党側は相変わらず現下の経済情勢と原発事業者（経済界）の情況配慮に腐心するのみである。それに対して、野党各党は策定されるべきエネルギー・環境政策を経済社会全体を変革するための動力源（梃子）と位置付けている[45]。したがって、与野党間の根源的な対立は、異なる社会ヴィジョンに起因しており、連邦議会選挙において、人びとは原子力利用に伴

1998, S. 64; Wahlprogramm zur Bundestagswahl 1998 der Freien Demokratischen Partei, S. 77; Wahlplattform der CDU und CSU 1998, S. 27.

(42) Ibid. FDPの選挙綱領には、このとき、原発稼働を継続するか否かについては、明確な考えは示されていない。

(43) Das Zukunftsprogramm der Christlich-Demokratischen Union Deutschlands 1998, S. 64.

(44) Wahlprogramm zur Bundestagswahl der Freien Demokratischen Partei 1998, S. 83.

(45) SPD-Programm für die Bundestagswahl 1998, S. 35-37; Bündnis 90/Die Grünen, Grün ist der Wechsel, S. 13-37; Programm der PDS zur Bundestagswahl 1998, S. 17-21.

い起こり得る巨大な危険の発生も加えて環境保全を考えることを求められ、さらには、いまや如何なる将来社会像を描くのか、かつ、そこにいたる道をどのように準備するかを問われていたわけである。

その結果、SPDと「緑の党」のもとで、ドイツは「原子力利用の無い、そして、さらに、化石燃料の利用も無いエネルギー政策」実現へ向かう道、たんに従前からのエネルギー供給体制に新しい資源利用を追加するにとどまらない「エネルギー転換」に踏み出すことになった。

第2節　「原子力合意」の成立

「赤-緑」連立連邦政府協定が計画するところ、「脱原発」にいたる過程の第一歩は原子力法の改訂であった。1959年末の制定[46]以来、原子力法第1条「法の目的」の第一には「原子力の平和利用促進」が謳われつづけ、それに基づいて、原子力の発電利用も行われているから、その改訂は「脱原発」プロセスの核心にほかならないし、さらに、「法の目的」として「核廃棄物の処理を直接最終貯蔵に限る」などの新規条項追加が目差される。次いで、「脱原発」の第二歩として、原子力利用の終了と核廃棄物の直接最終貯蔵という政府の決定に対して「できるかぎりエネルギー供給事業者の合意を得る」ことが位置付けられていた。[47] それゆえに、「緑の党」の連邦環境相ユルゲン・トリティーン（Jürgen Trittin）は早速に原子力法改訂案の起草に取り組む[48]が、それを契機にして、「緑の党」とシュレーダー間の基本的な見解の相違が浮上することになる。もしも、「脱原発」が連立政府協定の計画どおりに原子力法改訂から始められるならば、事業者が政府与党の決定を受け容れる事態になるであろうが、シュレーダーにすれば、

---

(46) Gesetz über die friedliche Verwendung der Kernenergie und den Schutz gegen ihre Gefahren（Atomgesetz）vom 23. Dezember 1959.

(47) Aufbruch und Erneuerung - Deutschlands Weg ins 21. Jahrhundert. Koalitionsvereinbarung zwischen der Sozialdemokratischen Partei Deutschlands und Bündnis 90/Die Grünen, Bonn, 20. Oktober 1998, S. 16.

(48) *Handelsblatt*, 05. 11. 1998 ; *ibid.*, 26. 11. 1998.

それは事実上不可能なことである。「彼ら［「緑の党」および相当数の（relevant）SPD 党員たち］の考えでは、政府の権力と議会多数派の協力をもって立法すれば、［原子力利用の放棄という］目標は達成されることになる。しかし、その点で、私は既に経験を積んでいたから、脱原発を実現しようと思うならば」、シュレーダーは連邦首相退陣直後の『回顧録』のなかで自らの手法を誇っている、「それはエネルギー供給事業者の同意を得るばあいにのみ可能であることを私はいつも意識していた。」[49]

事実、「赤-緑」連立政府のもとであっても、エネルギー供給事業者（EVU）側には政府与党の「脱原発」方針に従う考えは無かったから、EVU 側は原子力法改訂の先送りを激しく迫っていた。「もしも、［政府］決定の［「脱原発」］コースが我れわれに指図されるのであれば、最早［政府と EVU 間の］交渉は無用である。」[50] これは、原発固守派のバイエルンヴェルク電力会長オット・マイェフスキ（Otto Majewski）からの政府に対する牽制であるが、政府と EVU 側の合意追求に積極的なピルツ後任の VEBA コンツェルン会長ウルリヒ・ハルトマン（Ulrich Hartmann）[51] からも「もしも、我れわれに過大な要求に応じさせられるのであれば、我れわれは［交渉から］降りる」と警告されていた[52]。かかる「過大な要求」のなかには、1999 年内の核燃料再処理終了や核燃料税導入のような連立政府協定にないもの、すなわち、「緑の党」からの新たな要求[53] も含まれており、それゆえに、シュレーダーは、新政府に対する EVU 側の疑念を晴らすべく、彼自身が過去に受け容れた「脱原発」案が新政府のそれにほかならないことを改めて EVU 側に説いている。同時に、そして、原子力法改訂の先送りも

---

(49) Gerhard Schröder, *Entscheidungen. Mein Leben in der Politik*, Hamburg 2006, S. 104f.

(50) *Süddeutsche Zeitung*, 20. 01. 1999.

(51) ハルトマンは、1993 年 04 月のピルツの急な山岳事故死以来 VEBA コンツェルン会長の任にあり、基本的には、ピルツ同様原発稼働に対する社会的受容性を重要視する立場に立っていた。

(52) *Handelsblatt*, 19. 01. 1999.

(53) *Ibid.*, 07. 01. 1999.

約していた⁽⁵⁴⁾。

　加えるに、「脱原発」に対しては、労働組合側からの牽制もあった。ナショナル・センターのドイツ労働組合連盟（DGB）は、チェルノブイリ原発事故を機に"原発に賛成"の陣営から一転して「脱原発」運動の一翼を担うようになっており、1998年の連邦議会選挙直前（06月）に開かれたDGB大会でも「できるかぎり速やかな原子力利用の放棄」を決議している。傘下各労組の情況も同様であった。しかるに、「赤-緑」連立政府が発足するや、DGB最大の組合員数を誇る産別労組金属（IG Metall）や産別労組鉱山・化学・エネルギー（IG BCE）、そして、公共サーヴィス・運輸（Transport）・交通（Verkehr）労組（ÖTV）という三大労組が揃って「脱原発」に懐疑的・消極的な姿勢に転じている。かつて、ニュルンベルク党大会でSPDが「10年以内の原発放棄」を決議したさいには、直ちに39の経営協議会が共同決議を発表し、来たる連邦議会選挙（1987年01月）では雇用を守るべく与党のCDU/CSUないしFDPに投票するよう労働者に訴えていた⁽⁵⁵⁾ように、労働者にすれば、「脱原発」には雇用の削減も伴い得ることが大問題であり、だから、少なくとも、労働組合側は相当長期的な「脱原発」にいたるまでの過渡期間を主張して、早期の「脱原発」を牽制せざるを得なかった。ÖTV委員長ヘルベルト・マイ（Herbert Mai）が言うところ、10年から20年の過渡期間では「脱原発」は"非現実的"である⁽⁵⁶⁾。

　このような情況のもと、そして、政治的な決定は「大衆（Basis）」の求めに応じて下されるのではなく、「労働組合と各種団体〔つまり、経済界〕の同意を得て」「現実的に」行われなければならないとコーポラティズム的に考える連邦首相シュレーダー⁽⁵⁷⁾のもとで、1999年01月26日、連邦政府と四大エネルギー・

---

(54) *Ibid.*, 19. 01. 1999; *Süddeutsche Zeitung*, 20. 01. 1999; *ibid.*, 26. 01. 1999; *ibid.*, 27. 01. 1999.

(55) *Handelsblatt*, 12. 09. 1986.

(56) *Ibid.*, 19. 01. 1999; Beim Atomausstieg sind sich die Gewerkschaften uneins, 15. 10. 1999, < http://www.ingenieur.de/Politik-Wirtschaft/Energie-Umweltpolitik/Beim-Atomausstieg-sind-sich-Gewerkschaften-uneins >.

(57) Schröder, *Entscheidungen*, S. 105. シュレーダーの政治指導については、さらに、

コンツェルン、すなわち、VEBA、RWE、バイエルンヴェルク電力を傘下にもつ合同工業（VIAG）、そして、バーデン-ヴュルテンベルク・エネルギー（EnBW）の会長たちのあいだで「脱原発」の合意を成立させるべく最初の交渉が行われており(58)、その後、断続的に続けられながら、最終的には、翌年06月14日、合意に達している。では、どのような「脱原発」の合意が成立したであろうか。以下、同合意の核心を成す既存原発稼働期限の確定と放射性廃棄物処理の問題を中心にして、見てみよう。

第1項　既存原発稼働期限

1998年11月05日、シュトゥットガルトの「アメリカ商業会議所」において、発電部門でドイツ最大のエネルギー・コンツェルンRWE会長ディートマル・クーント（Dietmar Kuhnt）は既存原発の技術的な"原子炉寿命"を「40年間」と語っている(59)が、それは、全既存原発に商用発電開始から40年間の稼働期間を要求するというEVU側の総意であった。事実、クーントは、同年末、VEBA、VIAG、EnBWの3コンツェルン会長同席の場で"各原発40年間の稼働"が合意の条件である旨をシュレーダー本人に伝え、それを受け容れる用意が政府側で整うならば、「脱原発」合意を目差す交渉に応ずると宣告している(60)。したがって、既存原発稼働期限確定の問題は、連邦政府とEVU側が交渉の席に着いたときには大略決定されていたわけである。

成立した合意文書としての「連邦政府とエネルギー供給事業者（EVU）間の協定」（通称、「原子力合意」）(61)によると、稼働中の全19基原発の稼働期限確

　　　　"Den Kanzler in die verdiente Rente schicken", Schröder – Interview; *Handelsblatt*, 19. 03. 1998.

(58)　*Ibid.*, 27. 01. 1999; *Süddeutsche Zeitung*, 27. 01. 1999.

(59)　*Handelsblatt*, 05. 11. 1998; *Süddeutsche Zeitung*, 06. 11. 1998. クーント会長は粗ほぼ同じ主張を2週間後の株主総会でも繰り返している。*Ibid.*, 20. 11. 1998.

(60)　*Ibid.*, 15. 12. 1998; *ibid.*, 26. 01. 1999.

(61)　Vereinbarung zwischen der Bundesregierung und den Energieversorgungsun-

定は、先ず、各原発の通常稼働年限を商用発電開始から丸32年間として2000年初めからの残余稼働期間を定め、それに、1990-1999年における各原発の年間発電量上位5カ年の平均値（基準年間発電量）を乗ずることで総発電量を算出することから始まる。次いで、各原発の総発電量から既発電量を差し引いた2000年初めからの残余発電量を基準年間発電量で除するならば、一先ず、稼働終了時期が判明する。

このばあい、各原発の通常稼働年限が丸32年間と定められた点ではEVU側も譲歩している。だが、2000年からの年間発電量は「技術的な最適化」や発電能力の向上が生じたためという理由で、あるいは、電力供給の安定化を図るためという理由で5.5パーセント増加され得ると定められたから、それに相応して事業利益は増大し得ることになる。しかも、各原発間では「経済性」の観点から残余発電量を相互に融通する（たとえば、古い原発の残余発電量を新しい原発へ譲渡する）ことも出来るから、EVU側には経営上好都合な合意である。たしかに、EVU側が求めた全原発を合わせた総発電量3,000テラワット時（TWh）は合意されることなく、2,623.31TWh（原子力法改訂法案別表3）にとどまっている。それでも、だが、EVU側は「原子力合意」を「全体的に見て、受け容れられる」（クーントRWE会長）し、「支持できる」（ハルトマンVEBA会長）と評価していた。別けても、「緑の党」が固執したような稼働終了年月を切っての期限確定案は退けられて、残余発電量のみが確定され、その相互融通を行うことで、および、年間発電量増加措置実施の同意を得たことで、32年間を上回る長期稼働期間を実現し得る点が「きわめて大きな柔軟性」の確保（クーントRWE会長）として称賛されていた[62]。

---

ternehmen vom 14. Juni 2000, S. 4-6. なお、このときの協定調印は仮調印であり、翌（2001）年06月の正式調印時には、ハンブルク電力（HEW）、後のヴァッテンファル（Vattenfall）も協定に加わった。

(62) *Handelsblatt*, 16. 06. 2000.

第 2 項　放射性廃棄物の処理

　これまでにも強調しているように、原子力利用における最難問のひとつは核廃棄物の処理であり、かかる問題が多年解き得ない問題として絶えず立ちはだかっている。それを解決するべく、西ドイツが1970年代後半から試みてきた方策は二つあり、ひとつは、使用済み核燃料の再処理（第3章第2節）であり、もうひとつがバイエルン州等南部諸州原発の使用済み核燃料を北部へ移送して貯蔵する策である[63]。そして、後者の具体化として、1980年代からゴルレーベンとノルトライン-ヴェストファーレン州のアーハウスに国内全原発からの核廃棄物に対する全国的な中間貯蔵施設建設が始められ、それらは1990年代後半から稼働している。しかし、ゴルレーベンに最終貯蔵施設を建設するという早くからの計画については、実現の見通しは全く立っていない。コール連邦政府は1998年04月の原子力法改訂法[64]で政府の土地収用可能性を高めるための条項を追加する（原子力法第9d条「土地収用」）ことで最終貯蔵施設建設問題を打開しようとしたが、同条項はまもなく「赤-緑」連立政府に廃止される運命にあった。そして、核燃料再処理事業からの完全撤退も予定される（後述）以上、連邦放射線被曝防護局（BfS）長官ヴォルフラム・ケーニヒ（Wolfram König）の指摘を俟つまでもなく、既存中間貯蔵施設の貯蔵容量と現存する、および、今後発生する核廃棄物量の膨大さ[65]を比較してみるならば、従来上記2カ所以外には考慮されてこ

---

(63) Wolfram König, Zwischenlager im Entsorgungskonzept für Deutschland, Deutsches Atomforum e. V. Wintertagung, 01./02. Februar 2001, Berlin, S. 3.

(64) Gesetz zur Änderung des Atomgesetzes und des Gesetzes über die Errichtung eines Bundesamtes für Strahlenschutz vom 6. April 1998.

(65) ケーニヒによれば、2つの全国的な既存中間貯蔵施設ゴルレーベンとアーハウスの貯蔵容量は合わせて7,760トン（t）であるが、既に発生した核廃棄物は8,500tに達している。そして、今後19基の原発から発生する量は、当面再処理される量を除いても、年約500tであり、最終的には、約12,000tにまで増大する。このほかにも、さらに、既存3原発（グライフスヴァルト、ラインスベルク、

第4章　経済界主導の「脱原発」と「エネルギー転換」　233

なかった中間貯蔵施設の早急な増設(66)が不可避である。「赤-緑」連立政府とEVUは、それゆえに、中間貯蔵施設の増設に取り掛かることになるであろう。

果たして、核廃棄物処理にかんする合意事項(67)では、中間貯蔵施設の新規建設が第一に挙げられた。同合意に曰く、「EVUは出来るかぎり速やかに各原発の所在地（または、その近辺）に中間貯蔵施設を建設する。」これは、連立政府協定の計画(68)に沿うことにほかならないが、CASTORに入れた核廃棄物を全国的な中間貯蔵施設（ゴルレーベンとアーハウス）へ移送する都度、大規模な反対運動に見舞われるEVU側にすれば、合意案は彼らが望むことでもあった(69)。だから、EVU側は早急に取り組んでおり、2006-2007年には、ほとんどすべての原発所在地で中間貯蔵施設が操業し始めていた(70)。また、核燃料再処理についても、核廃棄物処理を「直接最終貯蔵に限ろう」とする連立政府(71)と再処理費用が高く付くことを痛感するEVU側(72)のあいだに基本的な対立はなく、核燃料再処理は国外の再処理事業者（COGÉMA社とイギリス核燃料会社BNFL）委託も含めて2005年06月末で終了すると合意されている。このような政府とEVU間の合意事項はいずれもコール連邦政府期政策の転換にほかならず、それゆえに、EVU側はCDU/CSUとFDPの反発を買った(73)が、EVUは社会的な

  オーブリヒハイム）では原発所在地の中間貯蔵施設に核廃棄物が貯蔵されている。König, Zwischenlager im Entsorgungskonzept für Deutschland, S. 4.
(66) Ibid., S. 3.
(67) Vereinbarung zwischen der Bundesregierung und den Energieversorgungsunternehmen vom 14. Juni 2000, S. 8-10 et Anlage 4.
(68) Aufbruch und Erneuerung, S. 16.
(69) *Süddeutsche Zeitung,* 14. 05. 2001.
(70) König, Zwischenlager im Entsorgungskonzept für Deutschland, S. 7f.; Greenpeace, 12 Zwischenlager an AKW-Standorten, < https://www.greenpeace.de/themen/energiewende-atomkraft/atommull/12-zwischenlager-akw-standorten >.
(71) Aufbruch und Erneuerung, S. 16.
(72) *Süddeutsche Zeitung,* 14. 05. 2001. また、廉価と喧伝された混合酸化物（MOX）燃料も、実際には、ウラン燃料よりも遥かに高く付くことが原子力事業者にはすでに分かっており、その開きは13倍に達するようである。*Ibid.,* 17. 12. 1992.

受容性を重要視する観点と経済的な合理性を優先する立場で「赤-緑」連立政府と一致していたと言える。

　最終貯蔵施設建設予定地と目されて久しいゴルレーベンについては、しかし、連邦政府とEVU側の合意は容易ではなかった。放射性廃棄物処理の核心問題が最終貯蔵の方法と適地の確保である[74]ことは言うまでもないが、一方で、「赤-緑」政府与党側はゴルレーベン岩塩塊の最終貯蔵地適性を疑って他所の適性調査を求める[75]も、他方で、EVUがコール連邦政府期以来ゴルレーベン案に固執することはすでに述べたとおりである。それゆえに、両者の合意案は折衷的になるほかなく、ゴルレーベンの最終貯蔵地適性調査は3-10年間停止され、その間の「核廃棄物処理の全体構想と安全技術上の諸問題解明」を俟って最終的にゴルレーベンを含む候補地のなかから最終貯蔵施設建設地が選ばれると謳われた。そのばあい、最終的な判断時期は「原子力合意」では示されなかったが、連立政府協定では「おおよそ2030年には高放射性廃棄物の除去を含めて全放射性廃棄物の最終貯蔵を済ます」旨主張されている[76]から、おそらく、その数年前までが核廃棄物最終貯蔵問題の決着時期と目されているであろう。

---

(73) *Ibid.*, 16. 06. 2000; *ibid.*, 14. 05. 2001. 取り分け、CSU単独与党のバイエルン州政府の反発は激しく、同州政府首相エトムント・シュトイバー（Edmund Stoiber）は、中間貯蔵施設が最終貯蔵施設化する事態を懸念するがゆえに、原子力施設建設認可にかかわる州と地方自治体の権限によって中間貯蔵施設建設を阻止する旨語っていた。*Ibid.*, 27. 06. 2000.

(74) ゴルレーベン案に進展が見られないために、（西）ドイツの原発関連業界は1980年代には中国で、そして、1990年代に入ると、ロシアやスウェーデンにおける最終貯蔵施設建設を模索していたが、かかる事態に最終貯蔵問題解決の困難性と最終貯蔵施設の不可欠性が見事に物語られている。Ab in die Wüste, in: *Die Zeit*, Nr. 49, 27. 11. 1987; *Handelsblatt*, 11. 12. 1992.

(75) Aufbruch und Erneuerung, S. 16.

(76) Ibid.

第3項　原子力法の改訂

　上に述べた二つの問題、とくに、既存原発稼働期限の確定が事実上EVU側の意思に沿って合意され、そのときになって初めて、同合意に基づきながら、政府与党も原子力法改訂に取り組めるというのであるならば、改訂原子力法の事実上の立法者はEVU側にほかならない。「連邦政府は、これらの［「原子力合意」の］基本方針（Eckpunkte）に基づいて原子力法の改訂法案を起草するが、合意当事者が意図するところ、原子力法の改訂法案は改定論拠ともども合意内容の書き写し（umsetzen）である。［だからして、］原子力法改訂の政府法案が起草されたならば」、EVU側は政府法案に対する入念な"検閲権"を主張している、「閣議における法案確定に先立って、合意内容書き写しの原子力法改訂政府法案について［合意］交渉の当事者間で審議が行われる。」[77] かかる「原子力合意」の文言からもシュレーダー政府の「脱原発」がEVU側（経済界）主導のそれであることは紛れもなく、むしろ、EVU側（経済界）が指図した「脱原発」と言うべきであろう。

　それでも、だが、EVU側が、長い道程と定めたうえではありながらも、「脱原発」の道に踏み出そうとしたことに相違はなく、原子力法の改訂は「脱原発」の起点にほかならない。

　原子力法改訂法案[78] の要諦は、すでに述べたように、原子力の発電利用の法的根拠を成す同法第1条「法の目的」に謳われる「原子力の平和利用促進」規定を改変し、原子力の商用発電利用を終了することにある。ここで、改訂前と改定後の「法の目的」の条文を示しておこう。

　　「本法の目的は、
　　　1．平和目的で原子力の研究・開発・利用を促進することである。」

---

(77) Vereinbarung zwischen der Bundesregierung und den Energieversorgungsunternehmen vom 14. Juni 2000, S. 11.

(78) Deutscher Bundestag, 14. Wahlperiode 1998, Drucksache 14/6890, 11. 09. 2001, Gesetzentwurf der Fraktionen SPD und Bündnis 90/Die Grünen.

(1959年の原子力法第1条)

「本法の目的は、

　1．電力の商用生産目的の原子力利用を秩序立てて終了し、終了にいたるまでのあいだの秩序立った稼働を保障することである。」(原子力法改訂法案第1条)

　正しく、ここに、ドイツにおける"原子力時代"終焉の始まりを告げる晩鐘が撞かれており、爾後、全19基の原発は 各々 残余発電量(原子力法改訂法案別表3)を発電し尽くすときに、稼働終了となって行く。

　そのほかの「法の目的」である放射線被曝防護や技術的な安全性のための研究、そして、原子力の平和利用にかかわる国際的な義務履行については変更はないが、原発新規建設と使用済み核燃料の再処理は「原子力合意」に沿って[79] 原子力法改訂法案でも禁止されている。

　「(1)［前略］電力の商用生産目的で核分裂を起こすための設備と使用済み核燃料を再利用できるようにするための設備については、建設も稼働も認可されない。」(原子力法改訂法案第7条)

　また、核廃棄物処理にかんする諸規定(原子力法改訂法案第6条と第9a条)も連邦政府とEVU間の合意に則しているが、このような連立政府の改訂企図に対しては、しかし、連邦議会の全野党から反対の声が上げられた。一方で、PDSは、野党時代の「緑の党」と同じように、「できるかぎり速やかな原発稼働停止」や1999年内の核燃料再処理終了を主張し[80]、他方で、CDU/CSUは「脱原発」自体に反対し、原発の新規建設を含めて原子力利用の継続を主張している[81]。同党が言うところ、「脱原発」政策は「国民経済に損害を与えるものであり、［原子力の］安全技術の観点から見て根拠の無いことであり、そして、気象(大気圏環境)保全目標の達成を危うくする」ものである。さらに、FDPからは、「脱原

---

(79) Vereinbarung zwischen der Bundesregierung und den Energieversorgungsunternehmen vom 14. Juni 2000, S. 8 et Anlage 5.

(80) Deutscher Bundestag, 14. Wahlperiode, Drucksache 14/841, 23. 04. 1999, Gesetzentwurf der Fraktion der PDS.

(81) Idem, Drucksache 14/6886, 10. 09. 2001, Antrag der Fraktion der CDU/CSU.

発」反対の論拠として「原子力関連の事業や研究が衰退する」という原子力専門家たちの懸念も付け加えられた[82]。

したがって、原子力法改訂法案は「赤-緑」両与党のみで成立することにならざるを得ず、事実、2001年12月の連邦議会では、全野党反対のなか、与党のみの賛成で「電力の商用生産目的の原子力利用を秩序立てて終了する法」[83]として成立した[84]。

第3節 再生可能エネルギー法

第1項 再生可能エネルギー法の成立

再生可能エネルギー利用の拡大企図は巨大な危険をはらむ原子力に代わるエネルギー源確保に起因するとともに地球環境悪化防止の観点に発するが、1970年代半ばにロヴィンズが描いた近未来の世界像には早くも次のような予測が含まれていた。曰く、「["ハードなエネルギーの道"に固有な]最も始末の悪い危険は、何か効果的な策を講ずるには最早遅すぎる世紀末になって、我れわれは炭素燃焼には気象上の制約があることにやっと気付き始めるが、そのときには、すでに、炭素燃焼の限界は20-30年後に迫っているということであろう。」[85] ロヴィンズは、かかる事態を避けるための方策として、早急に"ハードなエネルギーの道"

---

(82) Idem, Drucksache 14/7841, 12. 12. 2001, Entschließungsantrag der Fraktion der FDP.

(83) Gesetz zur geordneten Beendigung der Kernenergienutzung zur gewerblichen Erzeugung von Elektrizität vom 22. April 2002.

(84) Deutscher Bundestag, 14. Wahlperiode, *Verhandlungen des Deutschen Bundestages,* Stenographischer Bericht, 209. Sitzung, Berlin, Freitag, den 14. Dezember 2001, S. 20730.

(85) Lovins, *Soft Energy Paths,* p. 51. ロビンズ『ソフト・エネルギー・パス』、104頁。

から"ソフトな"それへ転換するべき旨を説いており、彼が描く50年後（2025年）のアメリカのエネルギー供給は専ら再生可能な資源で賄われている[86]。このような"ソフトなエネルギーの道"へ向かう歩みは、ドイツのエネルギー政策のばあい、1980年代半ばからの連邦議会における検討を経て、1991年01月の電力供給法（StromEinspG）施行に始まることについてはすでに述べた（第3章第1節第2項）が、同法による再生可能エネルギー利用拡大支援策は消極的・制限的なものにとどまった。だから、「赤-緑」連立政府の拡大支援策は、「今日、依然再生可能エネルギー利用の強化を妨げる障害を取り除く」という連立政府協定に謳われる[87]方針に則して、StromEinspGを失効させ、再生可能エネルギーの利用拡大を推進し得る新法の制定から始められる。

再生可能エネルギー利用拡大に対する障害は、StromEinspGのばあいには、電力市場販売価格に連動する給電補償額設定と給電受け容れ量の上限設定（"二重の5パーセント"規定）であり、それらが再生可能資源利用事業の安定的な経営（同資源利用発電事業の拡大）を妨げている[88]。それゆえに、両与党共同で連邦議会に提出された新法案[89]は、原則として20年間に亙る固定的な給電補

---

(86) Lovins, *Soft Energy Paths*, p. 38, Figure 2-2. ロビンズ『ソフト・エネルギー・パス』、84頁、図2-2。「エコ研究所」の研究のばあい、50年後も一次エネルギー供給の半分は未だ石炭に頼るがゆえに、同研究はロヴィンズほどには炭素燃焼に対する危機意識を覚えてはいないと解釈されることもある。たとえば、Maubach, *Energiewende*, S. 32. しかし、同研究のばあいも、再生可能エネルギー利用を拡大するべき論拠はCO_2の排出量削減に置かれているから、地球環境悪化が懸念されていることに変わりはない。Krause, Bossel und Müller-Reißmann, *Energie-Wende*, S. 158.

(87) Aufbruch und Erneuerung, S. 15.

(88) Jens-Peter Schneider, Energieumweltrecht: Erneuerbare Energien, Kraft-Wärme-Kopplung, Energieeinspeisung, in: idem und Christian Theobald (Hrsg.), *Recht der Energiewirtschaft*, 3. Auflage, München 2011, 1198f.

(89) 両与党共同の新法案は、Deutscher Bundestag, 14. Wahlperiode 1998, Drucksache 14/2341, 13. 12. 1999, Gesetzentwurf der Fraktionen SPD und Bündnis 90/Die Grünen. 連邦議会経済・技術委員会における審議を経た新法案は、Idem,

表4-1 再生可能エネルギー法（2000年）の給電補償額

単位　プフェニヒ／キロワット時当たり（Pf/kWh）

	水力・埋立地ガス・炭層ガス・下水汚泥ガス		バイオマス			地熱		風力（**）		太陽光
	(≤500 kW)	(>500 kW)	(≤500 kW)	(≤5 MW)	(>5 MW)	(≤20 MW)	(>20 MW)	(≤5 年間)	(>5 年間)	
2000年	15	13	20	18	17	17.5	14	17.8	12.1	99
逓減率(*)	0		1%			0		1.5%		5%

(*)　2002年初頭から適用される。
(**)　給電補償額は稼働期間によって異なる。

償最低額を各利用資源毎に、かつ、設備の発電容量や稼働期間で差異を設けながら年次逓減的に設定し（表4-1を参照）、そのうえで、公共的な送電網を運用するエネルギー供給事業者（EVU）に「それぞれの送電網に給電される全電力を優先的に受け容れ」て補償額を支払う義務を課している。しかも、StromEinspGのばあいと比較してみると、新法案では、バイオマス利用発電設備に対する給電補償支払いは発電容量20MWまでの設備に拡大され、新たに炭層ガス利用設備も発電容量に制限なく給電補償の適用対象に含められている(90)。

このように、再生可能エネルギーの受け容れと給電補償範囲を拡大する新法を制定し、同時に、受け容れと給電補償の地域的な偏り調整の制度（新法案第11条）を設けることによって、新連邦政府が企図するところ、ドイツの電力生産に占める再生可能エネルギー電力割合は2010年までには倍加して、同電力は「エネルギー供給の重要な基盤（wesentliches Standbein）」になっており、さらに、中長期的に見るならば、在来のエネルギー資源、つまり、化石燃料や原子力と電力市場で競争できるまでに成長している。無論、再生可能エネルギー利用の

Drucksache 14/2776, 23. 02. 2000, Beschlußempfehlung und Bericht des Ausschusses für Wirtschaft und Technologie (9. Ausschuß).

(90) ただし、水力・埋立地ガス・下水汚泥ガスの給電補償適用対象が発電容量5MWまでの設備に限られることに変わりはなく、太陽光については、新たに発電容量5MWまでの給電補償に限られた。

拡大は気候の安定や環境保全に貢献する。

しかし、再生可能エネルギー拡大に反対する政党は連邦議会に存在しないとしても、改訂電力供給法（1998 年）の核心規定を否定する新法案は、議会審議の段になるや、容易に予測し得たとおりではあるが、StromEinspG 固執の前政府与党（CDU/CSU と FDP）からは反対された[91]から、新法案は、2000 年 02 月、「赤-緑」与党両党と PDS[92] の賛成多数で、「再生可能エネルギー電力生産促進法（通称、再生可能エネルギー法（EEG））」として成立する[93]ことになった。

第 2 項　成果

EEG 施行（2000 年 04 月）後の再生可能エネルギー拡大には目覚ましいものがあった。連立政府協定の計画どおり[94]に実施された「10 万家屋太陽光発電計画」とも相俟って、10 年後（2010 年）には、ドイツの一次エネルギー消費量および電力消費量に占める再生可能エネルギーの割合いは 10 パーセントないし 17

---

(91) 両与党提出の新法案に対する CDU/CSU と FDP の反対論は、Idem, Drucksache 14/2805, 24. 02. 2000, Änderungsantrag der Fraktion der CDU/CSU; idem, Drucksache 14/2778, 21. 02. 2000, Entschließungsantrag der Fraktion der F.D.P.

(92) PDS は選挙綱領でも「太陽光エネルギーを基盤とする」新しいエネルギー供給体制を樹立するために「分散型の再生可能エネルギー生産者」に対しては「生産費に相当する」給電補償額を提供するべき旨主張していた。Programm der PDS zur Bundestagswahl 1998, S. 18.

(93) 表決結果は、SPD と「緑の党」と PDS からの賛成 328 票に対し、CDU/CSU と FDP の反対票が計 217 であった。しかし、賛成投票者のなかには FDP 議員 1 名が含まれ、CDU/CSU からは 5 名の棄権者が出たが、そのなかには、かつて、風力電気の販売価格引き上げを求める運動を展開していたエーリヒ・マース（Erich Maaß）（第 3 章第 1 節第 1 項）も含まれる。Deutscher Bundestag, *Verhandlungen des Deutschen Bundestages*, Stenographischer Bericht, 91. Sitzung, Berlin, Freitag, den 25. Februar 2000, S. 8459-8461.

(94) Aufbruch und Erneuerung, S. 15.

図 4-4 ドイツにおける一次エネルギー消費量および電力消費量に占める再生可能エネルギーの割合い 2001-2013 年

表 4-2 ドイツにおける再生可能エネルギー資源利用による電力生産と消費量割合いの増大 2001-2013 年

単位 GWh メガワット（MW） ピーク時メガワット（MWp）

資源	年	2001	2003	2005	2006	2008	2010	2012	2013
水力	発電量(GWh)	22,733	17,722	19,638	20,008	20,443	20,953	21,745	20,800
	発電容量(MW)	4,831	4,953	5,210	5,193	5,164	5,407	5,607	5,619
	割合い(%)	3.75	2.95	3.20	3.23	3.31	3.40	3.58	3.48
風力	発電量(GWh)	10,509	18,713	27,229	30,710	40,574	37,793	50,670	51,708
	発電容量(MW)	8,738	14,593	18,375	20,568	23,815	27,180	31,304	34,660
	割合い(%)	1.80	3.12	4.43	4.95	6.56	6.14	8.35	8.64
バイオマス	発電量(GWh)	3,358	6,603	11,102	14,793	23,121	29,561	39,682	42,030
	発電容量(MW)	827	1,428	2,352	3,010	3,905	5,073	6,072	6,407
	割合い(%)	0.57	1.10	1.81	2.39	3.74	4.80	6.54	7.03
太陽光	発電量(GWh)	76	313	1,282	2,220	4,420	11,729	26,380	31,000
	発電容量(MWp)	176	435	2,056	2,899	6,120	17,554	32,643	35,948
	割合い(%)	0.013	0.052	0.209	0.358	0.715	1.906	4.346	5.182
総発電量(*)	発電量(GWh)	38,532	45,589	62,503	71,638	93,247	104,810	143,463	150,878
	割合い(%)	6.59	7.59	10.18	11.56	15.08	17.03	23.63	25.22

(*) 50 パーセント以上の動植物由来廃棄物利用の発電を含むが、その発電量が消費電力全体に占める割合いは 2013 年でも 0.88 パーセントにとどまる。また、総発電量には 2004 年以降実際に発電が始まった地熱利用の発電量も含まれており、その発電量は 2013 年には 80GWh に増加したが、その割合いは依然 0.013 パーセントにすぎない。

パーセントにまで増大した（図 4-4 と表 4-2 を参照）[95]が、その割合は同法施行前年のそれの 3.5 倍ないし 3.2 倍に相当している。

　資源毎の成長では、風力電気の生産が 1990 年代同様着実に増加しつつあり、2003 年からは水力に代わる再生可能資源利用発電量の首座に就いている。また、バイオマス発電と太陽光発電は風力発電以上に急速に増加し、とくに、後者のばあい、その設備の発電容量は 2001 年からの 13 年間で 204 倍にまで拡大しており、発電量のばあいには、408 倍に達するという驚異的な速度である。正しく、「国際的に類例のない再生可能エネルギーのブーム」[96]と言い得るであろう。無論、「再生可能エネルギーのブーム」は同エネルギー分野における新たな雇用創出という経済的な効果を伴っている。すでに 2004 年には約 160,500 名の雇用が生み出されたが、それは数年後には倍増し、2013 年の雇用者数は約 371,400 名に達している（図 4-5 を参照）[97]。そして、連邦経済・エネルギー省によるならば、その雇用者数のうち、約 261,500 名の雇用は EEG の効果と見なし得る。

　加えて、再生可能エネルギー拡大にとって本来的な目的をなす環境保全面での成果は、国内的・国際的な観点から見て、小さからぬものがある。2002 年 03 月制定の新法（「電力・熱連結生産法（KWK 法）」）[98]のもとで新たに公的支援の対象となった KWK（コジェネレイション）(CHP) の拡大効果もあり、ドイツ

---

(95) Bundesministerium für Wirtschaft und Energie, Zeitreihen zur Entwicklung der erneuerbaren Energien in Deutschland, Stand: August 2014, Talble 2; idem, Zahlen und Fakten Energiedaten, Nationale und internationale Entwicklung, Tabelle 20, letzte Änderung: 04. 08. 2014.

(96) Bernd Hirschl, *Erneuerbare Energien-Politik. Eine Multi-Level Policy-Analyse mit Fokus auf den deutschen Strommarkt,* Wiesbaden 2008, S. 150.

(97) Bundesministerium für Wirtschaft und Energie, Erneuerbare Energien in Zahlen, Nationale und Internationale Entwicklung im Jahr 2013, Stand: Oktober 2014, S. 26, Abbildung 37.

(98) Gesetz für die Erhaltung, die Modernisierung und den Ausbau der Kraft-Wärme-Kopplung (Kraft-Wärme-Kopplungsgesetz) vom 19. März 2002. なお、第 3 章第 1 節第 2 項で述べた 1998 年の改訂 StromEinspG は電力事業者に自発的に KWK 拡大を図るよう求める新条項を含んでいた（同法第 4a 条）。

図4-5　再生可能エネルギー分野における雇用創出　2004-2013年

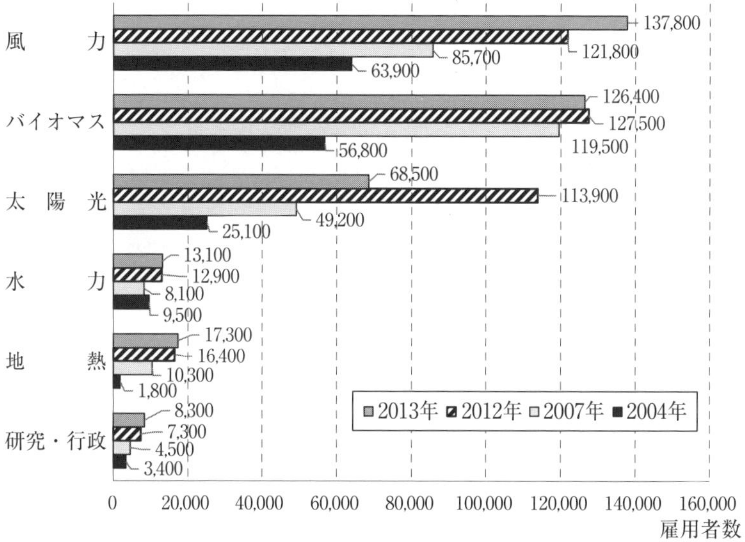

- 風力：137,800／121,800／85,700／63,900
- バイオマス：126,400／127,500／119,500／56,800
- 太陽光：68,500／113,900／49,200／25,100
- 水力：13,100／12,900／8,100／9,500
- 地熱：17,300／16,400／10,300／1,800
- 研究・行政：8,300／7,300／4,500／3,400

凡例：■2013年　■2012年　□2007年　■2004年

合計雇用者数　2004年：約160,500　2007年：約277,300
　　　　　　　2012年：約399,800　2013年：約371,400（推計）

表4-3　ドイツの一次エネルギー生産における再生可能エネルギー利用による化石燃料代替量　2007-2013年　単位 TWh

	電力	熱	運輸機関	総計
2007	211.4	113.5	29.7	354.7
2008	215.7	106.2	26.9	348.8
2009	221.8	122.0	20.6	364.4
2010	243.3	141.2	22.4	406.9
2011	289.1	135.8	21.8	446.7
2012	337.3	137.5	23.2	497.9
2013	357.7	142.2	20.9	520.8

図4-6 ドイツにおける再生可能エネルギー利用によるCO_2排出"回避"量　2000-
　　　2013年　　　　　　　　　　　　　　　　　　　　　　単位　100万トン

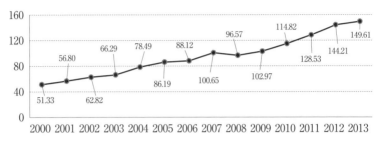

図4-7 ドイツ・日本・アメリカにおけるエネルギー利用に伴うCO_2排出量　2000-
　　　2013年　　　　　単位　100万トン　ＢＰ世界エネルギー統計概観2014年

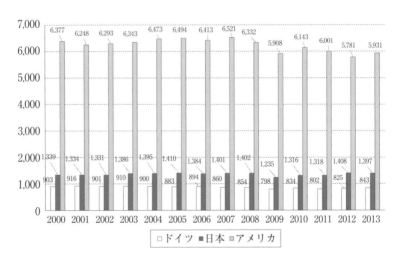

は、EEG施行以来、再生可能資源を利用することで化石燃料利用を減らしながら（表4-3を参照）[99]、電力・熱（空間暖房やプロセス加熱等）・運輸機関の3部門合計で年間50-60万トンから100万トン超のCO_2排出を"免れ（回避し）

---

[99] Bundesministerium für Wirtschaft und Energie, Erneuerbare Energien in Zahlen, S. 22f., Abbildung 31.

て"いる(図4-6を参照)(100)。アメリカや日本が、エネルギー利用に因るCO_2排出量を好況期においても減少しているドイツとは異なって、不況に伴う排出量削減を除くならば、ほとんど減らしていないか、あるいは、逆に、大きく増加している事態(図4-7を参照)(101)を見るならば、「環境と労働の生態学的近代化」を世界の「先駆者」となって目差すという「赤-緑」連立政府(102)のエネルギー・環境政策は大きな成果を挙げつつあると言えるであろう。

補 論 経済界と有害ガスの排出量削減

CO_2排出量の減少はエネルギー利用効率向上やエネルギー消費量節減等の結果にほかならないが、それは、また、経済界の協力なしには事実上為され得ない。ここでは、コール首相期以来の連邦政府のCO_2ないし温室効果ガス(GHG)排出量削減政策に対する経済界の対応について触れておこう。

ドイツ政府のCO_2排出量削減政策は、1987年からの連邦議会「大気圏保全のための備えにかんする調査委員会」における議論を踏まえて、1990年11月、2005年までに旧西ドイツ地域で25パーセント減らし、旧東ドイツ地域では「それよりもずっと高い割合いの削減」を行う旨の閣議決定に始まっている。それを受けて、翌年09月、連邦議会は東西統一ドイツのCO_2排出量削減目標を「2005年までに1987年比で約30パーセント削減」し、排出量としては「1987年の10億6,500万トンの排出から7億5,000万トンに下げる」ことに設定したが、そのばあい、経済活動に対する政府介入は未だ考えられていなかった(103)し、それに応じて、経済界からは特段の動きも生じてはいなかった。

しかし、1992年06月、EC委員会からGHG排出量削減策としてCO_2排出や

---

(100) Idem, Zeitreihen zur Entwicklung der erneuerbaren Energien in Deutschland, Tabelle 9.

(101) BP Statistical Review of World Energy 2014, Carbon Dioxide Emissions.

(102) Aufbruch und Erneuerung, S. 13.

(103) Deutscher Bundestag, 12. Wahlperiode, Drucksache 12/2081, 12. 02. 1992, Unterrichtung der Bundesregierung, S. 93, Anlage 2.

エネルギー消費に対する課税案が提示され[104]、そのような課税案が政策選択肢の一つとしてドイツ政府内でも検討され始めるや、経済界も何らかの対応を行わざるを得なくなった。果たして、ベルリンにおける第1回気候変動枠組み条約締約国会議（COP 1）開催が迫るなか、ドイツ産業連盟（BDI）をはじめとしてドイツ商工会議所連盟（DIHT）やドイツ発電所連盟（VDEW）後身の電力事業者連盟（VDEW）等6団体は自発的なCO_2排出量削減声明を発出している。「ドイツ経済界は、2005年までに1987年比で生産単位当たりのCO_2排出量ないしはエネルギー消費量［つまり、"炭素集約度"ないしは"エネルギー集約度"］を最大20パーセント削減する［向上させる］ことを連邦政府に約束します。」BDI会長ハンス-オーラフ・ヘンケル（Hans-Olaf Henkel）は、1995年03月、経済界の代表として、かかる自発的な削減策を発表していた[105]。

そのばあい、経済界の意図は政府の法的措置導入を牽制することにあったが、それでも、生産単位当たりのCO_2排出量を1999年までに1990年比（*）で23パーセント減少させている[106]事態に示されるように、そして、そのような減少も旧東ドイツの旧式工場や発電所閉鎖によるところが少なくないとしても、経済界は、国内でも国際的にも"地球環境の危機"が議論されるなか、自らも"事業者の社会的責任（CSR）"を果たすべく[107]環境保全に努める点で協力的であっ

---

(104) 委員会の提案は、全体としての各国の税負担を押し上げることのないような（neutral）CO_2排出税ないしエネルギー税を新たに導入するというものである。したがって、CO_2排出税ないしエネルギー税が導入されるならば、何らかの既存税の減税ないし廃止が行われる。Commission of the European Communities, Proposal for a Council directive introducing a tax on carbon dioxide emissions and energy, Brussels, 30. June 1992, COM (92) 226 final.

(105) *Börsen Zeitung*, 11. 03. 1995.

(106) Deutscher Bundestag, 14. Wahlperiode, Drucksache 14/4729, 14. 11. 2000, Unterrichtung durch die Bundesregierung, S. 6.

(107) BDA und BDI, Positionspapier zur Mitteilung der Europäischen Kommission betreffend die soziale Verantwortung der Unternehmen: ein Unternehmensbeitrag zur nachhaltigen Entwicklung, Dezember 2002, S. 2. なお、BDAは「ドイツ経営者連盟」である。

た。同期間において、他 OECD 諸国全体の CO_2 排出量は大幅増加であり、他 EU 諸国全体のそれも減少していない[108]がゆえに、経済界からは、たしかに、国際競争力維持の困難性を嘆く声が絶えることはない。しかし、経済界は自主的に設けた自らの削減義務（Selbstverpflichtung）履行に努めようとしており、京都議定書調印後の「赤-緑」連立政府のもとでは、2000 年 11 月、2005 年までの CO_2 排出量削減約束を 1990 年比で 28 パーセント削減に引き上げ、さらに、京都議定書で削減対象とされた 6 種 GHG の排出量を 2012 年までには 35 パーセント削減することを約して連邦政府と協定を結び[109]、次いで、翌年 05 月には、KWK 設備の新設増設を新たに約束し、同じく、シュレーダー政府と協定を結んでいる[110]。2001 年当時、BDI 会長ミヒャエル・ロゴフスキ（Michael Rogowski）は「経済界は我れわれの地球環境（Klima）に対する共通な責任」として政府が京都議定書で負った削減義務（GHG 排出量 21 パーセント削減）履行に努める旨語っていたが、このような経済界の協力を得て、ドイツの有害ガス排出量削減はすすめられていた[111]。

(*) COP 1 でコール首相がドイツの CO_2 排出量削減目標を「2005 年までに 1990 年比で 25 パーセント減らす」[112]と定式化して以来、1990 年は国際

---

(108) BP Statistical Review of World Energy 2014, Carbon Dioxide Emissions.

(109) Vereinbarung zwischen der Regierung der Bundesrepublik Deutschland und der deutschen Wirtschaft zur Klimavorsorge, Berlin, den 9. November 2000. この CO_2 と GHG 排出量削減にかんする政府と経済界間協定の経済界側調印者は、BDI、VDEW、産業用エネルギー・電力利用者連盟（VIK）、そして、ガス・水道事業者連盟（BGW）の各会長である。

(110) Vereinbarung der Regierung der Bundesrepublik Deutschland und der deutschen Wirtschaft zur Minderung der CO_2-Emissionen und der Förderung der Kraft-Wärme-Kopplung in Ergänzung zur Klimavereinbarung vom 9. 11. 2000, Frankfurt/Main, den 14. Mai 2001.

(111) BDI の CO_2 ないし GHG 排出量削減政策については、Stefan Werland, Deutsche Klimapolitik unter Schwarz-Gelb und Rot-Grün, hrsg. vom Lehrstuhl Internationale Beziehungen/Außenpolitik, Universität Trier, 01/2006, S. 59-62.

(112) *Nürnberger Nachrichten,* 06. 04. 1995.

的な CO_2 等排出量削減のための基準年となり、同時に、ドイツ政府の排出量削減基準年も 1987 年から 1990 年に変更されている。

第5章　「脱原発」のインテルメッツォと福島第一原発事故

　　　"疑いもなく、日本［の福島］における劇的な出来事は世界の転換点（Einschnitt）になる出来事です。私個人にとっても、転換点になりました。日本のような高度な技術国においてさえも、原子力の危険性は確実には制御され得ないのです。
　　原子力の未知なる危険（Restrisiko）を受け容れられる人は、そんな危険は、どんなに考えてみたところで、起こらないと信ずる人だけです。しかし、もしも、それが起こるならば、破壊的で広範な事故の結果は、空間的にも時間的にも、あらゆる他のエネルギー資源の危険を遥かに超える巨大な規模になるのです。福島以前の私は、高度な安全性基準を定めた高度技術国では、考えられる限り、未知なる危険は起こらないと信じていました。だから、それを受け容れていましたが、いま、それが起こっているのです。
　　問題は、したがって、日本のような破壊的な地震や破局的な津波がドイツでもいつか起こるかどうかではありません。そうではなく、福島の後では、別のことが問題です。危険想定の信憑性、蓋然性分析の信憑性が問題なのです。"

アンゲラ・メルケル
2011年06月09日

　これまで述べてきたように、「赤-緑」連立政府のもとで、再生可能エネルギー利用を拡大し、原子力の発電利用を放棄するという「エネルギー転換」にいたるドイツの道は開かれた。しかし、再生可能エネルギー法（EEG）成立のさいも

改訂原子力法表決のさいも、前与党（CDU/CSUとFDP）の反対があったように、「エネルギー転換」の核をなす二つの法の政治的な基盤は必ずしも広範なものではなかった。しかも、「原子力合意」成立のばあいにも二酸化炭素（CO_2）を主とする温室効果ガス（GHG）排出量削減協定締結のばあいにも、シュレーダー政府は経済界に対してドイツ経済の国際競争力を弱めない旨の約束を与えているから、「エネルギー転換」へいたる道は、経済情勢によっては、「原子力合意」やGHG排出量削減協定の当事者たちによっても険しくされる可能性があった。果たして、早くも2001年秋、ドイツ政府内で京都議定書第二削減約束期間におけるドイツのGHG排出量削減目標論議が行われ、そのなかで、「2020年までに40パーセント削減する」という案が提起されるや、シュレーダーによってエネルギー産業界から連邦経済相に起用されたヴェルナー・ミュラー（Werner Müller）は経済的な損益勘定の観点から40パーセント削減案に反対するとともに「脱原発」決定を批判している[1]。そして、2002年10月、バーデン-ヴュルテンベルク・エネルギー（EnBW）がドイツの稼働原発中最も古い（1969年04月商用発電開始）オーブリヒハイム原発を他原発の残余発電量を使って稼働期限延長する旨を申請したさいに、同会長ゲルハルト・ゴル（Gerhard Goll）の主張で判明するところ、すでに「原子力合意」の交渉時に、シュレーダーはオーブリヒハイム原発に32年を超えてからも5年間の延長稼働を認めていたようである[2]。

シュレーダーの振る舞いが良く物語るように、経済界（エネルギー産業界）主導で計画された「脱原発」のプロセスは、経済界（エネルギー産業界）の思惑やそれに同調する人びとによって脅かされ得るものである。それだけに、「原子力合意」に基づく「脱原発」に反対したCDU/CSUとFDPの動向が注目されるが、両党は、今日、顧みるならば、エピソード的な出来事として終わっているとは言え、「原子力合意」で想定された既存原発稼働期限を大幅に延長して「脱原発」プロセスの進行を事実上停止させるという幕間劇（インテルメッツォ）の主

---

(1) *Berliner Zeitung*, 26. 11. 2001; *ibid.*, 27. 11. 2001.

(2) *Handelsblatt*, 09. 10. 2002; *ibid.*, 18. 10. 2002. オーブリヒハイム原発は「原子力合意」で認められた残余発電量を2003年初めに消尽する予定になっていた。

役を演じている。だから、先ず、CDU/CSU と FDP の動向を中心に既存原発稼働期限をめぐる問題について見てみよう。

第1節　「脱原発」をめぐる争い

第1項　既存原発稼働期限をめぐる政界と経済界

　先のシュレーダー首相のオーブリヒハイム原発稼働期限延長承認は形式的にも[3]実質的にも「原子力合意」違背であり、取り分け、重大な問題点は、ドイツの最も新しい原発（1989年04月商用発電開始のネッカルヴェストハイム第二原発）を他原発稼働期限の延長に利用しようとすることにあった。最新の原発は「原子力合意」で予定された残余発電量が最も大きいのみならず、2000年からの年間発電量増加も最も大きくなると想定されるから、かかる方法が用いられるならば、古い原発の稼働期限も延長され、延いては、「脱原発」政策自体が空洞化されかねない。それゆえに、「緑の党」はオーブリヒハイム原発の稼働期限延長申請に激しく反発したが、同党も、けっきょくは、直前の連邦議会選挙結果を踏まえながら、第二次「赤-緑」連立政府を成立させるべく、稼働期限延長期間を2年間に切り詰めることで延長稼働を受け容れるにいたっていた[4]。

　このようにして、「原子力合意」成立後、想定原発稼働期限の最初の延長が政府与党の手で行われたが、それでも、当時の政府与党（SPDと「緑の党」）のばあいには、残余発電量の原発間融通にとどまって、その後も「脱原発」プロセスの完了期限を遵守するという両党の立場に変わりはなかった。「原子力利用は余

---

(3) シュレーダー首相の稼働期限延長承認は与党「緑の党」に諮ることもなかったし、「原子力合意」に謳われる手続き、すなわち、新しい原発の残余発電量を古い原発へ譲渡するばあいには、エネルギー供給事業者側代表3名と政府側代表3名から成る委員会の承認を得るという手続きを履むこともない秘密の越権行為であった点で同合意に違反している。

(4) *Ibid.*, 14. 10. 2002; *Süddeutsche Zeitung*, 15. 10. 2002.

りにも大きな危険をはらんでいる。それゆえに」、「我れわれは2021年までには原子力利用からの撤退を完了する。」[5] 2009年09月の連邦議会選挙戦においても、SPDは、このように、想定稼働期間（丸32年間）に基づく「脱原発」政策の完遂を主張しており、「緑の党」は、加えて、「古い原発や特に危険な原発は想定される稼働期限以前に停止される」旨を語っていた[6]。

他方、CDU/CSUとFDPが「脱原発」に反対する姿勢にも変わりはなかった。2002年の連邦議会選挙戦においても、一方で、CDU/CSUの選挙綱領はCO_2排出量削減義務を盾にして"クリーンな"原発の不可欠論を謳い[7]、他方のFDPは"廉価なエネルギー資源"の観点から、同じく、原発不可欠論を展開していた[8]。このばあい、環境政策の面から原発を正当化するCDU/CSUとエネルギー価格を原発正当化の論拠とするFDPの相違は、両党の性格の違いを端的に示すものとして留意されるべき点であるが、ともあれ、両野党とも「脱原発」に同意できないが、同様な情況は経済界（エネルギー産業界）やエネルギー関連研究学界にも存続していた。一例を挙げるならば、2001年10月、ドイツ産業連盟（BDI）とヘルムホルツ協会（エネルギー分野を含む自然科学研究機関）共催のエネルギー関連シンポジウムに集まった200名の代表者たちは、「あらゆるエネルギー資源が利用されるべきである」という論理に拠りながら、「環境保全策として、また、エネルギー消費量増大に応えるための方策として原子力利用は放棄され得ない」と考える点で一致していたようである[9]。これを要するに、「脱

---

(5) SPD, Sozial und Demokratisch, Anpacken. Für Deutschland. Das Regierungsprogramm der SPD, 2009, S. 28.

(6) Bündnis 90/Die Grünen, Der Grüne neue Gesellschafts-Vertrag. Klima – Arbeit – Gerechtigkeit – Freiheit, 2009, S. 65.

(7) Leistung und Sicherheit. Zeit für Taten. Regierungsprogramm 2002/2006 von CDU und CSU, S. 56.

(8) Wahlprogramm zur Bundestagswahl 2002 der Freien Demokratischen Partei, "Bürgerprogramm 2002", S. 26.

(9) Cerstin Gammelin, Kernkraft? Ja, im Mix, in: *Energie & Management*, 04. 10. 2001.

原発」プロセスが進行し始めるなか、原子力利用をめぐる古典的な対立は依然つづけられており、同プロセスは常に停止、ないしは、中止され得る情況のなかにあった。

しかし、「脱原発」の決定は、政治的・社会的な情況を鑑みるならば、実際には、容易なことでは撤回され得ないものになっていた。「原子力合意の完全な破棄が可能と考える者は、楽観主義者だけです。この問題は大変情緒的な性質を帯びていますから、今日、精精言えるところ、CDU と FDP の連立政府が成立しても、極めて慎重に取り組むことになるでしょう。すなわち、CDU と FDP の連立政府は、現実的な政策として、原発稼働期限の延長に取り組むことでしょう。」[10] 2004年08月、与野党間政権交代後の原子力政策を尋ねる『ハンデルスブラット』紙に対して、あるエネルギー事業経営者は、このように、「脱原発」政策の巻き返しは困難であるがゆえに稼動期限の延長が追求されるであろうと答えている。かかる見通しは市場調査会社「潮流研究所（Trend Research）」によるエネルギー事業経営者たちの意識調査結果[11]にも符合するものであり、エネルギー産業界全体が、当時、野党両党（CDU/CSU と FDP）に掛ける期待とみなして間違いない。無論、そのばあい、エネルギー事業経営者たちの目的は、既存原発稼働期限の延長による利益の増加である。エーオン・エネルギー（E.ON Energie）（E.ON コンツェルンの100パーセント子会社）幹部会員（原子力事業担当）ヴァルター・ホーレフェルダー（Walter Hohlefelder）が言うところ、減価償却済みの原発による発電は最も安上がりである[12]。

したがって、経済界（エネルギー産業界）が早晩「脱原発」プロセスに異議を唱え、既存原発稼働期限の延長等を主張する事態は容易に想定されたが、事実、

---

(10) *Handelsblatt*, 17. 08. 2004.

(11) 「潮流研究所」が『ハンデルスブラット』紙と同様な問いをエネルギー事業経営者たちに向けたところ、3分の2は稼働期限の延長が企図されると予想していたようである。*Ibid.*

(12) *Ibid.* エーオン（E.ON）社は2000年06月に VEBA と VIAG の合同で誕生し、翌月には、両社子会社のプロイセンエレクトラ電力とバイエルンヴェルク電力の合同でエーオン・エネルギーが生まれている。

2005年に入る頃には、「原子力合意」で規定された総発電量の残量が少なくなることもあって、「赤-緑」連立政府の「脱原発」プロセスに反対する声が経済界から高まった。たとえば、ドイツ商工会議所（DIHK）事務局長マルティーン・ヴァンスレーベン（Martin Wansleben）は「脱原発からの撤退」を求め[13]、BDI会長ユルゲン・R・トゥーマン（Jürgen R. Thumann）は原発稼働期限の延長を主張した[14]が、かかる事態は二つの過程を経て生じている。

第一に、その発端は電力料金の上昇であった。2005年当時、ドイツ経済は世紀初年以降の大不況からは回復しつつある[15]ものの、電力料金が上昇しつつあった（図5-1を参照）[16]から、電力消費者の観点から、製造業界は電力料金上昇の弊害を訴えており、なかんずく、大量電力消費者団体の産業用エネルギー・電力利用者連盟（VIK）は電力料金上昇の原因をエネルギー・コンツェルンによる市場独占濫用にあると見なして、四大エネルギー・コンツェルン、E.ONとRWEとEnBWおよびヴァッテンファル（Vattenfall）（四大コンツェルンの成立にいたる過程については、巻末の付録Ⅱを参照）[17]を電力料金操作の廉で連邦カルテル庁に提訴している[18]。VIKが主張するところ、当時、ドイツの消費電力の80パーセント（原子力発電のばあいは、そのすべて）を供給する四大エネルギー・コンツェルンは早くから電力料金を不当に吊り上げており、2005年には、発電原価の上昇は生じていないにもかかわらず、欧州同盟（EU）の

---

(13) *Frankfurter Allgemeine Zeitung*, 01. 02. 2005.

(14) *Süddeutsche Zeitung*, 02. 02. 2005.

(15) *Der Fischer Weltalmanach 2006. Zahlen, Daten, Fakten*, S. 146-149; *Der Fischer Weltalmanach 2007. Zahlen, Daten, Fakten*, S. 147-150.

(16) BDEW, BDEW-Strompreisanalyse Juni 2014, Haushalte und Industrie, Berlin, 20. Juni 2014, S. 16.

(17) 付録Ⅱの参考文献としては、Wolfgang Zängl, *Deutschlands Strom. Die Politik der Elektrizierung von 1866 bis heute*, Frankfurt am Main 1989; Willy Marth, Der Aufstieg der deutschen Stromkonzerne (ca. 1881-2000), < http://www.buerger-fuer-technik. de/2014/2014-Q4/2014-10-15-vortrag-ktg-marth. pdf#search = 'grosse + Acht + RWE + VEBA' >.

(18) *Handelsblatt*, 18. 08. 2005.

図5-1 ドイツの産業用電力料金　2001-2014年

単位　セント／kWh（電気税含む）　年間消費量　160-20,000MWh

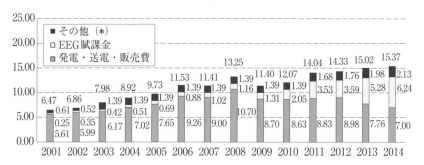

（＊）認可税・KWK加算金・送電網接続料金令第19条賦課金
　　・海上風力発電補償賦課金・電流遮断補償賦課金・電気税

CO_2排出権取り引き制度（「CO_2排出承認証（CO_2-Zertifikat）」ないし「EU排出承認証（EUA）」発行）が始まったことに乗じて、急激な価格引き上げを行っていた[19]。

それに対して、第二に、エネルギー・コンツェルン側は燃料費の上昇と「CO_2排出承認証」の価格上昇が電力料金上昇の原因と反論し[20]、かかる応酬の詰まるところとして、"クリーン"で"廉価な"原発の稼働期限延長が要求されるにいたっている。実際には、多くの専門的な調査によるならば、エネルギー・コンツェルン側の恣意的な料金引き上げが行われていたようである[21]。だが、経済界（エネルギー産業界）の稼働期限延長要求に呼応するように、2005年09月の連邦議会選挙戦において、CDU/CSUとFDPは原発稼働期限の延長を中心的な争点のひとつに据えており[22]、党首アンゲラ・メルケル（Angela Merkel）を始

---

(19) *Ibid*., 13. 11. 2003; *ibid*., 18. 08. 2005; *ibid*., 29. 08. 2005.

(20) *Ibid*., 18. 08. 2005; *ibid*., 29. 08. 2005.

(21) *Ibid*.

(22) Deutschlands Chancen nutzen. Wachstum, Arbeit, Sicherheit. Regierungsprogramm 2005-2009 von CDU and CSU, 11. Juli 2005, S. 19f; Wahlprogramm zur Bundestagswahl 2005 der Freien Demokratischen Partei. "Arbeit hat Vorfahrt.

めとする CDU 指導者たちは選挙戦勝利後の原発稼働期限延長をエネルギー産業界に約束し[23]、メルケルの経済政策顧問ハインリヒ・フォン・ピーラー（Heinrich von Pierer）（ジーメンス社監査役会長）にいたってはドイツの原発稼働期間（いわゆる"原子炉寿命"）も 32 年ではなくアメリカに倣って 60 年に延ばされるべき旨を語っていた[24]。

連邦議会選挙と爾後の事態は、だが、経済界（エネルギー産業界）の期待するようには運ばなかった。取り分け、エネルギー供給事業者（EVU）はエネルギー・環境政策の「針路変更」（したがって、「脱原発」プロセスの根本的な改変）を熱望していた[25]が、CDU/CSU の獲得議席は SPD のそれを僅かに（4 議席）上回るも、CDU/CSU の得票率自体が戦後 3 番目の低レヴェル（CDU 単独では戦後 2 番目の低レヴェル）にとどまったから、同党と FDP で過半数を占めるにはいたらなかった。同様に、与党側も過半数を割っており（第 4 章の図 4-2 を参照）、けっきょく、形成される新政府は二大政党（CDU/CSU と SPD）の大連立であった。そのばあい、メルケル自身は所謂「ジャマイカ連立」（CDU/CSU と FDP と「緑の党」の 3 党連立）を実現しようとしながら[26]も、EVU が「緑の党」の政府参加を嫌悪するゆえにか、EVU が望んだとおりに大連立となる過程は大変興味深いが、ともあれ、メルケル首班の大連立政府のもとでは「脱原発」プロセスの改変は極めて困難であった。「CDU/CSU と SPD は原子力の発電利用にかんして異なる考えを有している。それゆえに、連邦政府とエネルギー供給事業者が 2000 年 06 月 14 日に結んだ協定は変更され得ないし、そこに記される手続きも改訂原子力法の諸規制も変更不可能である。」[27] 大連立政府協定は、

　　　Deutschlandprogramm 2005", S. 17.
(23)　*Handelsblatt,* 11. 09. 2005.
(24)　*Ibid.,* 02. 09. 2005.
(25)　*Ibid.,* 20. 09. 2005.
(26)　CDU はシュレーダーのもとの SPD と連立することを嫌い、SPD 自身は、元来、メルケルのもとの CDU と連立することを嫌っていた。したがって、両党間のみの交渉では「大連立」の実現は困難であったに違いない。*Ibid.,* 22. 09. 2005.
(27)　Gemeinsam für Deutschland. Mit Mut und Menschlichkeit. Koalitionsvertrag von

表 5-1　既存原発稼働期限をめぐる輿論調査結果　2005年07月　　　　　　　　　　　　％

稼働期限 \ 支持政党	全体	SPD	CDU/CSU	「緑の党」	FDP	「左派党」	その他	不明（※）
想定よりも早期の「脱原発」	26	23	20	36	22	41	17	28
想定どおりの「脱原発」	34	51	22	53	36	39	26	33
稼働期限の延長	10	7	16	1	20	5	29	8
既存原発の稼働期限撤廃	13	8	20	−	17	5	9	11
さらに原発増設	11	6	19	5	5	5	18	11
分からない	6	4	3	6	−	6	1	10
計	100	99	100	101	100	101	100	101

（※）支持政党を明らかにしない者と選挙時に投票しない者

このように、「脱原発」プロセスの従前どおりの継続を謳っている。

第2項　既存原発稼働期限と輿論

　CDU/CSUとFDPが経済界（エネルギー産業界）の訴えに応えるように原発稼働期限の延長を追求する事態とは対照的に、ドイツ国民の多数は「脱原発」プロセスの改変も原発稼働期限の延長も望んではいなかった。いま、エムニート（Emnid）輿論研究所が環境団体「グリーンピース」の委託を受けて2005年07月中旬に行った輿論調査結果を見るならば、調査回答者1,003名の34パーセントは「原子力合意」に基づく「脱原発」推進を求めており、さらに、もっと早期の「脱原発」を要求する人びとも26パーセントに及んでいたから、原発稼働期限の延長に反対する人びとは合わせて60パーセントに達している。反対に、稼働期限延長を求める人びとの割合いは、原発増設を主張する人びとのそれを合わせても、わずかに34パーセントにすぎないような情況であった（表5-1を参

CDU, CSU und SPD, 11. November 2005, S. 50.

照)[28]。したがって、連邦議会選挙におけるCDU/CSUの低得票率は自然なことであったと言わなければならない。

　CDU/CSUに対する支持率は、その後も容易に回復することはなく、既存原発稼働期限の延長についても、各種輿論調査に示されるかぎり、多くの人びとから支持されることもなかった。連邦環境省委託のフォルサ（Forsa）輿論研究所の調査（2009年04月実施）が示すところ、2000年の「原子力合意」に基づく「脱原発」プロセスの支持率は、もっと早期の「脱原発」の支持率も合わせると、2006年08月の62パーセントから66パーセントへと増加している[29]が、同様な情況は他の輿論調査においても確認され、しかも、それはCDU/CSUやFDP支持者のばあいにも当てはまる情況であることも確認されている[30]。たしかに、電力料金上昇は、家庭用のばあいにも、産業用料金の上昇同様に顕著になりつつあった（図5-2を参照）[31]から、次第に大きな懸念材料となっていた（図5-3を参照）[32]。しかし、輿論調査に表れた考え方を見るかぎり、それが「脱原発」

---

(28) Ergebnisse Emnid Umfrage, Befragungszeitraum: 13. 07. - 14. 07. 2005, in: Greenpeace, Aus unserem Archiv, 01. 08. 2005, <http://www.greenpeace.de/themen/energiewende/atomkraft/atomkraft-ist-out >.

(29) Bundesministerium für Umwelt, Naturschutz und Reaktorschutz, Pressemitteilung 117/09, 24. 04. 2009, Forsa-Umfrage: Mehrheit lehnt Atomkraft ab.

(30) 消費動向研究所（GFK）が、2009年02月、「原子力合意」に基づく「脱原発」に賛成するか、それとも、CDU/CSUとFDPが主張する原発稼働期限延長に賛成するかを尋ねたところ、前者と後者に対する支持率はそれぞれ52.2パーセントと29.7パーセントであった。*Die Welt,* 28. 02. 2009. その後、同年09月初めのエムニート輿論研究所の調査でも、原発稼働期限の延長反対者は59パーセントに達しており、CDU/CSUとFDPの支持者のあいだでも、それぞれ、50パーセント、あるいは、49パーセントの人びとは稼働期限延長に反対であった。Scinexx, Deutsche wollen Atomausstieg, 07. 09. 2009, < http://www.scinexx.de/wissen-aktuell-10461-2009-09-07.html >.

(31) BDEW, BDEW-Strompreisanalyse Juni 2014, S. 6.

(32) Institut für Demoskopie Allensbach (ed.), *Allensbacher Jahrbuch der Demoskopie,* Bd. 12: 2003-2009, S. 507.

図 5-2 ドイツの家庭用電力料金　2001-2014 年

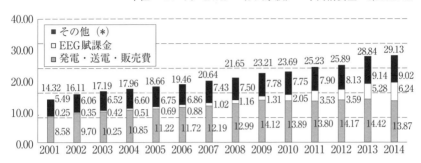

（＊）付加価値税・認可税・KWK加算金・送電網接続料金令第19条賦課金
・海上風力発電補償賦課金・電流遮断補償賦課金・電気税

図 5-3　エネルギー料金（電力・ガス・燃料油）上昇を懸念する人びとの割合い　2004-2008 年

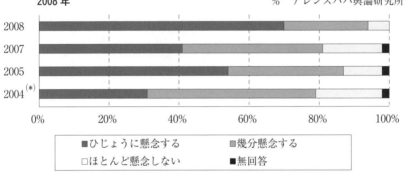

（＊）電力料金の上昇についてのみの調査

に起因するとみなされることはなく、先の VIK の見方と同様に、エネルギー・コンツェルンの市場独占濫用にあると考えられている[33]。それゆえに、既存原発稼働期限の延長が電力料金引き下げに資するという主張も全く受け容れられることはなく、その情況はやはり CDU/CSU や FDP 支持者のばあいにも当てはまっていた[34]。

---

(33)　*Ibid.*, S. 506.

このように、既存原発稼働期限の延長論が輿論に受け容れられる可能性は極めて低かったが、原発事業者側の稼働期限延長要求は、規定の残余発電量がいっそう残り少なくなるにつれて、ますます強くなっていった。EnBW 会長ハンス-ペーター・フィリス（Hans-Peter Villis）は、たとえば、2008 年 01 月、想定されるところでは 3 年後の 08 月に残余発電量を発電し尽くすことで稼働を終了する自社のネッカルヴェストハイム第一原発について、「安全性強化策を講じること」を担保にして稼働期限延長を強行する旨語っている[35]。したがって、進行中の「脱原発」プロセスの行方を定める選挙として、来たる連邦議会選挙（2009 年 09 月）の帰趨が注目されたが、折りからの経済不況の最中ゆえに、経済立て直しの観点から政権交替が期待され、取り分け、最も経済界寄りの FDP の支持率が増加した[36]。その結果、CDU/CSU と FDP の連立政府、いわゆる「黒-黄」連立政府（黒は CDU/CSU、黄は FDP を表す）がメルケル首相のもとに復活し、原発稼働期限延長に基づく「新しいエネルギー構想」の実現が目差されることになった[37]。

　では、どのような原子力政策が「黒-黄」連立政府によって策定されたであろうか。次に、その問題について述べることにしよう。

---

(34) 原発稼働期限延長が電力料金引き下げに資するかどうかについての調査は、エムニート輿論研究所によって 2009 年 07 月に行われている。Renixx, Umfrage: Atomausstieg führt nicht zu höheren Strompreisen, 14. 07. 2009, < http://www.iwr.de/news.php?id = 14566 >.

(35) *Handelsblatt,* 21. 01. 2008.

(36) FDP の得票率は 2005 年連邦議会選挙のさいは 9.8 パーセントであったが、2009 年 08 月のアレンスバハ輿論研究所による輿論調査では、支持率を 14.0 パーセントに高めており、実際の選挙では、14.6 パーセントを獲得している。Institut für Demoskopie Allensbach (ed.), *Allensbacher Jahrbuch der Demoskopie,* Bd. 12, S. 240; Deutschland seit 1945. Bundestagswahlen, Bundesweite Zweitstimmen-Ergebnisse, < http://www.wahlen-in-deutschland.de/buBTW.htm >.

(37) Wachstum. Bildung. Zusammenhalt. Der Koalitionsvertrag zwischen CDU, CSU und FDP, 24. 10. 2009, S. 26.

第 2 節　「脱原発」のインテルメッツォ

　2005 年の連邦議会選挙戦当時、メルケルの経済政策顧問ピーラーが原発稼働期間 60 年論（したがって、28 年間の既存原発稼働期限延長論）を提示したことについては先に述べたが、そのような稼働期限の延長論は流石に CDU 内でも多数の党員たちの反発を買っており[38]、実際には、CDU/CSU の稼働期限延長論議は党内"環境派"の主導下にすすめられた。その結果、CDU/CSU の稼働期限延長案は、連邦議会議員団環境政策スポークスマンのペーター・パツィオレク（Peter Paziorek）が提唱する 8 年間の延長（40 年間の稼働期間）に落ち着いている[39]。そのばあい、しかも、パツィオレクが言うところ、稼働期限の延長承認には二つの条件が付されなければならない。ひとつの条件は、稼働期限延長と引き換えにエネルギー供給事業者（EVU）側は産業用電力料金の上昇を抑制することであり、もうひとつは、EVU が減価償却済みの既存原発稼働期限延長で獲得する増加利益、"棚ぼた利益（Windfall-Profits）"と称された[40]増益の半分は再生可能エネルギー利用の拡大のために使われて、「中長期的には、EVU は原子力利用から撤退する」ことである[41]。原発稼働期限延長による EVU の増益については、当時、さまざまに試算されている[42]が、いずれも EVU が莫大な利益を得る点では共通していた。要するに、パツィオレク等"環境派"の考えによれば、そのような"棚ぼた利益"は、再生可能エネルギーを中心として、原子力を利用しないという「エネルギー転換」実現のために使われることが原発稼働期限延長の要諦である。

---

(38)　*Handelsblatt*, 02. 09. 2005.

(39)　*Ibid*., 07. 07. 2005; *ibid*., 02. 09. 2005.

(40)　*Ibid*., 06. 06. 2005.

(41)　*Ibid*., 07. 07. 2005.

(42)　パツィオレク自身は EVU 側の増益を約 250 億ユーロと見積もったが、「ベルリン・エコ研究所」の試算では、EVU は 310 億ユーロの増益を獲得する。*Ibid*.; *ibid*., 09. 08. 2005.

原発稼働期限の延長承認に政治的な条件が付されることに対しては、だが、EVU 側は消極的、ないしは、否定的であった。「もしも、我れわれが利益を得られないのであるならば、経済利益を求めて活動する事業者は、稼働期限延長に一体どんな興味をもつというのであろうか。」[43] このように、ドイツ原子力フォーラム（DAtF）会長を兼ねるエーオン・エネルギー幹部会員ホーレフェルダーは激しく反発していた。それゆえにか、2009 年 10 月の CDU/CSU と FDP 連立政府協定は稼働期限の延長を企図しながらも、延長期間に触れることはなく、「できるかぎり速やかに事業者と［稼働期限延長にかんする］協定を結ぶ」と謳うにとどまっていた[44]。では、その後、どのような既存原発稼働期限の延長が決定されたのであろうか。

第 1 項　「原子力合意」の改訂

メルケル政府が目差す「新しいエネルギー構想」において、原子力が担う役割りは連立政府協定に明瞭に示されている。「原子力は、再生可能エネルギーによる代替が確実に可能となるまでの橋渡し的な技術であ」り、「我れわれの気候［環境］保全にかんする政策目標や支払うに堪えるエネルギー価格の実現に役立てられ、［エネルギー資源の］外国依存の低減に役立てられなければならない。」かかる「橋渡し的な技術」という観点から、連立政府協定は、原発稼働期限を延長するための前提的な諸条件、すなわち、延長期間や保持されるべき安全性基準の詳細について、あるいは、延長稼働で得られる利益の調整（Vorteilsausgleich）（金額と時期）について、そして、再生可能エネルギー拡大研究のための同利益の利用（Mittelverwendung）について、取り分け、エネルギー（電気）貯蔵技術研究のための利用についての詳細確定を期していた[45]。したがって、原発稼働期限延長をめぐる政府与党内、および、政府与党側とエネルギー供給事

---

(43) *Ibid.*

(44) Wachstum. Bildung. Zusammenhalt. Der Koalitionsvertrag zwischen CDU, CSU und FDP, 24. 10. 2009, S. 29.

(45) *Ibid.*

業者側間の争点は、稼働期限延長で事業者側の手に落ちる増益、たとえば、バーデン-ヴュルテンベルク州立銀行（LBBW）が 2010 年 07 月に試算するところ、10 年間の延長稼働で 440 億ユーロと見積もるような増益[46]を再生可能エネルギー拡大等に当てる額の多寡であろうし、別けても、増益を左右する稼働延長期間の年数であろう。

既存原発稼働期限の延長期間については、経済界が先手を打ち、BDI は早くも翌年初頭には 60 年間稼働論を展開している。曰く、「アメリカとオランダでは原発稼働は 60 年間許されるし、フランスには法的な稼働期間の制限は無い。」もしも、ドイツでも、60 年間の稼働が可能であるならば、さらに BDI 曰く、2030 年には、産業用の電力卸売り価格は「恒常的に 70 ユーロ／MWh 以下［つまり、7 セント／kWh 以下］に抑えられ」、家庭用の電力料金も「16 パーセント低減して年間 144 ユーロ少なくなる」し、さらに、「62,000 名以上の新規雇用創出」や「国内総生産（GDP）の 0.31 パーセント上昇」、そして、「7,300 万トンの CO_2 排出量削減」等々さまざまな成果が得られるであろう[47]。

かかる経済界の原発稼働 60 年間キャンペーンにさらされながらも、しかし、政府与党の政策は、原子力事業者に年額 31 億ユーロほどの核燃料税を新たに課して歳入増を図るという案だけは大略まとまるが、他の点では、"環境派" と "経済派" の対立ゆえに容易にはまとまらなかった。稼働期限延長の年数について、"環境派" は、CDU の連邦環境相ノルベルト・レットゲン（Norbert Röttgen）に代表されるような一桁台の年数（4 年間ないし 8 年間）の延長論を固執するも、"経済派" を代表する FDP の連邦経済相ライナー・ブリューダーレ（Rainer Brüderle）は二桁台の年数（12 - 20 年）延長を絶対不可欠とみなし、メルケル自身は 10 - 15 年の延長稼働を主張している[48]。また、延長稼働が生み出す増益については、"環境派" は事業者から増益の一部を "掬い取り"（徴収し）、

---

(46) *Süddeutsche Zeitung*, 06. 09. 2010.

(47) BDI, "Ökonomische Auswirkungen einer Laufzeitverlängerung deutscher Kernkraftwerke", 13. Januar 2010; idem, BDI präsentiert Studie zur Verlängerung der Laufzeit deutscher Kernkraftwerke, Pressemitteilung 3/2010, 17. Januar 2010.

(48) *Süddeutsche Zeitung*, 04. 09. 2010; *Handelsblatt*, 28. 08. 2010.

政府与党の既存原発稼働期限延長論の趣旨に則して、再生可能エネルギー拡大等の資金に当てることを求めるが、そして、その考えにはCDU/CSUの大勢も賛同しているが、ブリューダーレをはじめとするFDPの多数は、事業者側に同調して、断固反対の側に回り、そのFDPにメルケル首相が与するような情況がつづいていた[49]。

それでも、だが、2010年08月、政府与党内の議論情況に懸念を募らせた事業者側のイニシアティヴで、なかんずく、RWE会長ユルゲン・グロースマン（Jürgen Großmann）の働き掛けで、政府の政策決定に影響を与えるべく、経済界を挙げての大キャンペーン、"エネルギー政策にかんする訴え"と銘打つキャンペーンが張られ、その一環として、全国の新聞紙上の全面広告で稼働期限長期延長の受け容れと核燃料税や"掬い取り"計画の断念を迫られる（資料Ⅸを参照）[50]ころになると、そして、同月末、連邦政府が稼働期限延長に伴う利益・不利益を比較検討するよう委託していた3研究機関の共同研究結果（鑑定書）が数カ月を要した後に提出されるや、同鑑定書を基盤にして、政府も最終的な政策決定の途に着くことになる。

三つの研究機関（「ケルン大学付設エネルギー産業研究所（EWI）」・「経済構造研究所（GWS）」（オスナブリュック）・バーゼルの「プログノス社」）のうち、主要な役目を担ったEWIは、E.ONとRWEを核とするエネルギー産業界の資金に全面的に頼る研究所であり[51]、学問的な客観性を疑わせるという大きな問

---

(49) *Süddeutsche Zeitung*, 24. 08. 2010.

(50) *Ibid.*, 21. 08. 2010. 原子力事業者側（RWE、E.ON、EnBW、そして、Vattenfall）のイニシアティヴで行われた経済界挙げての大キャンペーンの中心的な参加者は、ドイツ銀行やBASFやドイツ鉄道、あるいは、バイエル社やテュッセン-クルップ社等々ドイツ経済の中枢をなす上位40社ほどの会長たちであり、彼らは政府に圧力をかけて長期の稼働期限延長を決定させることを目差していた。*Handelsblatt*, 20. 08. 2010; *ibid.*, 07. 09. 2010.

(51) *Süddeutsche Zeitung*, 26. 08. 2010; *ibid.*, 27. 08. 2010. EWI所長マルク・O・ベットツューゲ（Marc O. Bettzüge）はエネルギー産業界で長年コンサルタント業を営んできており、ケルン大学が「学問と実践の橋渡しに成功している」と言う

題をかかえていたが、ともあれ、3研究機関は課題としての「4年、12年、20年、および、28年」という四つの延長期間について比較検討し、その結果、恰もエネルギー産業界の意向に副おうとするかのように、GDP上昇と新規雇用創出の点で長期の延長稼働（20年、ないしは、12年以上）が望ましく、また、電力料金抑制やCO_2排出量削減の観点からも長期の稼動延長が望ましいと判断している[52]。反対に、延長稼働期間が短いならば、経済的な効果は余り期待され得ないと強調されるように、鑑定書の判断の主調は経済利益の確保に置かれており、連邦環境省が求めた最高度の原発安全性保持という観点、たとえば、エアバスA-320の墜落衝撃にも耐えられる[53]という観点からの延長年数考慮[54]は経済利益を殺ぐ要因と見なされるにすぎなかった。

それゆえに、鑑定書の判断に対する連邦環境相レットゲンの反発は極めて大きく、彼は、二つの件(くだり)を鑑定書から削除しようとさえしていた[55]ほどである。

ように、経済界につながる立場に立っていた。また、同所長の給与もケルン大学からは支払われず、エネルギー産業界から提供される情況にあった。Wichtige Energiestudie: Regierungsgutachter steht Stromkonzernen nahe, in: Spiegel Online, 27. 08. 2010, < http://www.spiegel.de/wirtschaft/soziales/wichtige-energiestudie-regierungsgutachter-steht-stromkonzernen-nahe-a-714013.html >.

(52) EWI, GWS und Prognos, Energieszenarien für ein Energiekonzept der Bundesregierung, 27. August 2010, S. 5-13.

(53) ドイツでは、ブルンスビュッテル原発敷地に設けられた核廃棄物中間貯蔵施設の安全性をめぐる裁判で、すでに、判事からは超大型機A-380の墜落衝撃に耐えられることが安全性基準として求められている。*Süddeutsche Zeitung*, 02. 09. 2010.

(54) 連邦環境省が判断するところ、既存の稼働原発全体の安全性を保持し強化するに必要な資金額は、延長年数の長さに応じて、62億ユーロ（4年）→ 203億ユーロ（12年）→ 362億ユーロ（20年）→ 498億ユーロ（28年）と高騰する。EWI, GWS und Prognos, Energieszenarien für ein Energiekonzept der Bundesregierung, S. 5, Tabelle 1.2-2. したがって、かかる費用の投入が考慮されるならば、経済効果の判断も大きく異ならざるを得ないであろう。

(55) 鑑定書は、2010年08月27日に政府に提出され、3日後の30日に公表されてい

一つには、短期間の延長稼働であるならば、国外からの電力輸入が不可避になるという件であり、もうひとつの件は、先進諸国すべてと「最重要な発展途上・新興諸国」の国際的な GHG（CO_2）排出量削減義務受け容れがドイツの排出量削減政策実施の前提条件をなすという主張、したがって、言い換えるならば、ドイツが排出量削減の点で率先垂範する必要は無いという主張である[56]。これらの見解は、"ドイツの電力輸入国化論"であれ"ドイツ率先垂範排出量削減無用論"であれ、レットゲンにしてみれば、原発稼働期限の長期延長論を助長するにとどまらず、世界的な気候変動対策を滞らせることにほかならない。

このように、鑑定書をめぐっても政府与党内には対立が存在したが、翌月初めにメルケル首相は決断したようであり、09 月 05 日（日曜日）、原発稼働期限延長の詳細を確定するべく、両与党指導者たちも加えた関係閣僚会議が連邦首相府で 12 時間に亙って開かれた。その結果、既存稼働原発 17 基[57]それぞれに新たに残余発電量が追加され（全体で、1,804.278TWh）、「平均すると、12 年間の原発稼働期限の延長」が決定されている。1980 年末までに商用発電を開始した 7 基の原発については 8 年間、その他の 10 基のばあいには 14 年間の稼働期限延長という決定である（第 11 次原子法改訂法案）。ここに、2000 年の「原子力合意」は改訂され、「脱原発」プロセスの完了時期は従前の 2021 年ではなく新たに 2037 年と想定されたが、このばあいも、2000 年の「原子力合意」の考え方と同様に、延長措置は原発稼働年月の延長ではなく、残余発電量の追加であるから、年間発電量次第では、同プロセスの完了時期は 2040 年代にも入り得た[58]。

るが、その間にレットゲンは二つの件を削除しようと試みていた。*Handelsblatt,* 29. 08. 2010.

(56) EWI, GWS und Prognos, Energieszenarien für ein Energiekonzept der Bundesregierung, S. 9f., 188.

(57) 2000 年以降、すでにシュターデ原発とオーブリヒハイム原発が稼働終了になっている。

(58) Deutscher Bundestag, 17. Wahlperiode 2009, Drucksache 17/3051, 28. 09. 2010, Entwurf eines Elften Gesetzes zur Änderung des Atomgesetzes, S. 10; *Süddeutsche Zeitung,* 10. 09. 2010.

関係閣僚会議における他の争点、つまり、稼働期限延長に伴う事業者側増益の一部を"掬い取る"という点については、二つの決定が下された。ひとつは、2011年からの6年間に限り、原子力事業者側に年額23億ユーロの核燃料税を課することであり、他の決定は、原子力事業者と協定を結んだうえで（後述）、同じ6年のあいだ、再生可能エネルギー拡大等の資金として、新設される「エネルギー・環境基金」に対して総額14億ユーロの支払いを求めることである。後者については、2017年以降もメガワット時（MWh）当たり9ユーロの支払いが予定されており[59]、連邦政府の想定によるならば、「エネルギー・環境基金」に対する事業者側の支払い総額は何れ150億ユーロに達することになる。そして、その基金によって再生可能エネルギーの拡大が図られる[60]から、メルケル首相が強調するところ、既存原発稼働期限の延長承認は「脱原発」実現の道を整備し、「脱原発」プロセスを完遂するための政策にほかならず、2050年にいたるまでにドイツができるかぎり速やかに「持続的なエネルギー供給」社会としての「再生可能エネルギー時代」（詳細については、第6章）へ移り行くための"革命"であった[61]。

　メルケル首相の"革命"宣言の論拠を成す「エネルギー・環境基金」に対する支払いも、しかし、細部に亙って見てみるならば、不安定性を免れ得ないものであった。関係閣僚会議の翌日（6日）未明、連邦政府が四大エネルギー・コンツェルン会長たちと結んだ秘密協定[62]によるならば、コンツェルン側の支払い額は産業用電力の卸売り価格の上下動とともに増減し、また、原発の安全性保持に要する費用の上昇が生ずるならば、それに応じて減額されることになってい

---

(59) Deutscher Bundestag, 17. Wahlperiode, Drucksache 17/3053, 28. 09. 2010, Entwurf eines Gesetzes zur Errichtung eines Sondervermögens "Energie- und Klimafonds" (EKFG); *Süddeutsche Zeitung*, 07. 09. 2010.

(60) *Ibid.*, 14. 09. 2010.

(61) *Handelsblatt*, 06. 09. 2010.

(62) 秘密協定は3日後の09月09日に公表されている。Revolution mit geheimen Absprachen, in: Zeit Online, 09. 09. 2010, < http://www.zeit.de/politik/deutschland/2010-09/akw-vertrag-verlaengerung/komplettansicht >.

た。さらに、2019年には「再検討」が予定されている[63]。このように、支払いは原子力事業者側の負担増加が生じないよう入念に配慮されたものであり、総じて、そのような配慮が両与党指導者たちを加えた関係閣僚会議の場に働いていた。核燃料税のばあいでも、6年間の期限付きの年額23億ユーロ徴収に限られるのみならず、法人税等支払いでの相殺も行われるから、CDUの連邦財務相ヴォルフガング・ショイブレ（Wolfgang Schäuble）も大きな税収増の期待外れを嘆かざるを得なかった[64]。たしかに、核燃料税の導入案に対しては、原子力事業者側は一貫して強硬な反対姿勢を表明しつづけてきており、最終的な政府の決定直前には、政府に翻意を促すべく、全原発の突如稼働停止を断行して電力供給不足を惹き起こすと政府を脅すことさえ行っていた[65]ほどであるから、核燃料税の導入には事業者の譲歩を見ることも出来るかも知れない。しかし、2010年09月時点の電力市場価格（MWh当たり51ユーロ）でLBBWが試算するところ、総額575億ユーロと見積もられるほどの増益[66]を考えるならば、事業者側にとって、核燃料税支払いは負担となるほどの代償ではない。事実、「我れわれは、望んだこと以上のものを手に入れた」という原子力事業者側の評言が報じられている[67]。

　したがって、原子力事業者が政府の稼働期限延長案を肯定的に評価すること

---

(63) Ibid.; Die Vereinbarung zwischen Regierung und Konzernen, in: ibid., < http://www.zeit.de/politik/deutschland/2010-09/dokumentation-atomvertrag-laufzeiten >; *Frankfurter Allgemeine Zeitung*, 10. 09. 2010.

(64) 政府与党の計画によれば、元来、ウランないしプルトニウムのグラム当たり220ユーロの課税が行われるはずであったが、それがグラム当たり145ユーロの課税になり、かつ、法人税等との相殺も行われるから、財務相ショイブレにとっては、核燃料税からの徴収は年額3億ユーロの減少である。*Süddeutsche Zeitung*, 07. 09. 2010.

(65) *Die Welt*, 15. 08. 2010; *Handelsblatt*, 28. 08. 2010.

(66) 「ベルリン・エコ研究所」の試算でも577億ユーロに上る増益であり、無論、電力市場価格が上がると、増益もそれに応じて大きくなる。*Ibid.*, 07. 09. 2010; *ibid.*, 09. 09. 2010.

(67) *Ibid.*, 07. 09. 2010.

は、全く自然であった。E.ON 会長ヨハネス・タイセン（Johannes Teyssen）は「これで、我れわれは、エネルギー供給事業の重要主柱（大黒柱）として原子力をいっそう長期的に利用できる」と語り[68]、RWE 会長グロースマンも「政府の決定によって、原子力が再生可能エネルギー時代へ渡る橋の強力な脚となる」と評価したように、原子力事業者にしてみれば、さしあたり、「脱原発」プロセスの進行停止という政府決定は、彼らが「望んだこと」にほかならない。BDI にとっても、メルケル政府の決定は当面「脱原発」の進捗を停止する点で高く評価されるものであった[69]。

　他方、野党各党が「平均すると、12 年間」の稼働期限延長決定に激しく反発したことは言うまでもないが、既存原発稼働期限延長に反対する輿論の趨勢も変わることはなかった。たとえば、2010 年 03 月、稼働期限延長に対する国民意識を探るべく、メルケル政府がエムニート輿論研究所に委託した調査によるならば、調査回答者 1,012 名のうち、58 パーセントの人びとは延長に反対しており、賛成者 37 パーセントを大きく上回っていた。このとき、政府は、原発の安全性を強化しての稼働期限延長案や再生可能エネルギー拡大のためという趣旨を強調しての延長案についても重ね尋ねていたが、それでも、稼働期限延長の反対者が多数であることに変わりはなかった[70]。そして、稼働期限延長方針確定後の輿論情況にも変わりはなく、同年 09 月中旬、CDU 寄りの『ライニシェポスト』紙（デュッセルドルフ）が調査したところ、政府の延長決定に対する賛否の割合は 34.6 パーセント対 60 パーセント[71] というように、依然、既存原発の稼働期

---

(68) *Süddeutsche Zeitung*, 07. 09. 2010.

(69) *Handelsblatt*, 06. 09. 2010.

(70) Emnid, Ergebnisse aus der Meinungsforschung, Einstellungen der Deutschen zur Kernenergie, in: Spiegel Online, 31. 03. 2010, < http://www.spiegel.de/politik /deutschland/angela-merkel-meinungsforscher-beeinflussen-arbeit-der-kanzleri n-a-990231-html >. この輿論調査を含めて、メルケル政府は多数の調査を内密に行っていたが、それらは、「緑の党」全国幹部会員マルテ・シュピッツ（Malte Spitz）による情報公開請求と政府側の公開拒絶をめぐる数ヵ月に亙る法廷闘争の結果、2014 年 09 月にやっと明るみに出た。

限延長は大多数の国民に反対されていた。かかる国民意識が、やがて数カ月後には、政府に稼働期限延長を撤回させ、ドイツの「脱原発」を確定する役割りを果たすことになる。

次項では、既存原発稼働期限延長決定に内在する諸問題を指摘したうえで、それゆえに生じて来る政治的・社会的な情況を見てみよう。

第2項　既存原発稼働期限延長と政治的・社会的な情況

「これほど大胆に"政治は金で買えるもの"と印象付けられる出来事は、これまでドイツでは1度も起こっていなかった。しかるに、この度は、一方が金を出し、他方はそれに応えて立法するということが起こっている。」[72] これは、連邦政府と原子力事業者間の秘密協定に対する SPD 党首ジークマル・ガーブリエル（Sigmar Gabriel）の評言であり、メルケル政府が核燃料税徴収等と引き換えに「平均して、12年間」の稼働期限延長に応じた事態に対する激しい批判であるが、SPD には政府を批判するだけではなく、政府決定を覆すための手立てが残されていた。すなわち、政府の稼働期限延長案は、2010年10月、与党議員のみの賛成で連邦議会を通過している[73]が、野党が多数派を占める連邦参議院[74]において原発稼働期限延長法案（第11次原子力法改訂法案）を否決することであった。すでに、連邦政府の最終的な方針確定に先立って、全16州中、CDU 首班の3州を含む9州政府は稼働期限延長反対の意思を表明している[75] こともあ

---

(71) *Rheinische Post*, 15. 09. 2010.

(72) *Berliner Zeitung*, 07. 09. 2010.

(73) 表決の結果は、賛成309票対反対280票（棄権2票）であり、与党からも8名が反対票を投じている。Deutscher Bundestag, 17. Wahlperiode, *Verhandlungen des Deutschen Bundestages*, Stenographischer Bericht, 68. Sitzung, Berlin, Donnerstag, den 28. Oktober 2010, S. 7224-7227.

(74) 連邦参議院における与野党間の力関係は、2010年05月のノルトライン-ヴェストファーレン州議会選挙の結果、「黒-黄」連立の同州政府が退陣し、代わりに、「赤-緑」連立州政府が成立したことで逆転している。

り、連邦参議院が稼働期限延長法案を否決するであろうことは明らかであった。しかし、それゆえにであろうが、メルケル政府は連邦参議院における審議を回避したから、与野党間の対立はいっそう強まらざるを得ず、けっきょく、SPD首班の5州政府（ベルリン州・ブレーメン州・ノルトライン-ヴェストファーレン州・ブランデンブルク州・ラインラント-プファルツ州）は、翌年02月、州の原発監督権限侵害の廉で連邦政府を連邦憲法裁判所（BVerfG）に提訴するにいたっている[76]。

連邦参議院における審議回避にかんしては、CDUの連邦議会議長ノルベルト・ラマート（Norbert Lammert）が直ちに批判していた[77]ように、与党内にも反対する人びとが存在し、また、原子力法上も連邦参議院の同意を得ない原発稼働期限延長は疑義のある措置とみなされ得た。事実、半年前に退任したばかりの前BVerfG長官ハンス-ユルゲン・パピーア（Hans-Jürgen Papier）の判断でも、連邦政府が企図する稼働期限延長は「原子力法の副次的な改訂ではなく、重要なそれである」がゆえに違憲措置にほかならない[78]。したがって、2011年に入るとともに発効した稼働期限延長法はBVerfGの判断によっては失効し得るという法的基盤の危うさをかかえていたわけである。

法的な手続き問題とは別に、また、原発稼働期限延長には再生可能エネルギーの拡大を阻害するという自家撞着もはらまれている。メルケル政府が再生可能エネルギー拡大論で原発稼働期限延長を正当化することは既に見てきたとおりであるが、電力供給過多の（それゆえに、電力輸出国の）ドイツで原発が停止されずに稼働しつづけるならば、四大エネルギー・コンツェルンの市場占有率低下は止まってしまい、反作用的に、他事業者の電力供給増加の余地が見出しがたくなることは必定である。それゆえに、風力発電事業者等の他発電事業者は稼働期限延

---

(75) 稼働期限延長反対意思を表明しているCDU首班の3州政府は、ハンブルク州とテューリンゲン州、および、ザールラント州である。*Süddeutsche Zeitung*, 28. 08. 2010.

(76) *Ibid.*, 26. 02. 2011.

(77) *Ibid.*, 15. 09. 2010.

(78) *Ibid.*

長に激しく反対するが、同様な論理で、各地の市営事業所 (Stadtwerk)[79] も反対の論陣に加わっていた。当時、市営事業所は全国総計でドイツの電力生産の10 パーセントを担う[80] までに生産量を増加していたが、その増加の大きな要因は「脱原発」プロセスの開始を好機と捉えて再生可能資源利用の大幅拡大を図ったことであった[81]。「多数の市営事業所は、原発からの撤退［プロセスの進捗］を信頼して、気候（地球環境）を損なわないエネルギー供給体制を各地域単位で実現するべく投資計画を立ててきた。」しかるに、メルケル政府が企図する「原発稼働期限延長は［電力］市場に酷い介入を行って」四大エネルギー・コンツェルンの市場支配を固定化し、「エネルギー生産体制変革に必要な原動力を市場から奪い取る」政策にほかならない。地方公共団体事業所連盟（VKU）会長シュテファン・ヴァイル (Stephan Weil) は、2010 年 03 月、このように、稼働期限延長を再生可能エネルギー拡大を妨げるものと批判しながら、メルケル政府に再考を求めた[82] が、VKU がドイツの 800 市営事業所の全国組織であることを考えるならば、稼働期限延長反対の動きは各地に、しかも、党派を超えて広がって

---

(79) 市営事業所の事業範囲には、水道事業や公共交通と並んで電力・ガス供給も含まれている。

(80) *Ibid.*

(81) たとえば、ミュンヒェン市営事業所は、2008 年に始めた再生可能エネルギー拡大計画で、2010 年までの 3 年間に再生可能エネルギーの割合いを 4 パーセントから 30 パーセントに拡大している。*Süddeutsche Zeitung,* 07. 09. 2010.

(82) *Handelsblatt,* 12. 03. 2010. 全く同じ趣旨の稼働期限延長反対論は、すでに同年 01 月、8 市営事業所協議会（8KU）のコーディネーターを務めるダルムシュタット市営事業所所長のアルバート・フィルバート（Albert Filbert）によって語られており、同年 09 月には、ライプツィヒ市営事業所所長トーマス・プラウセ（Thomas Prauße）によっても繰り返されている。なお、8UK は、ダルムシュタットとライプツィヒのほかにミュンヒェン・マンハイム・ハノーファー・ケルン・ニュルンベルク・フランクフルトアムマインという大都市の各市営事業所から成る連携組織である。Die Stadtwerke bocken, in: Zeit Online, 20. Januar 2010, < http://www.zeit.de/wirtschaft/2010-01/bruederle-atom/komplettansicht >; *Süddeutsche Zeitung,* 02. 09. 2010.

図 5-4　ドイツの全原発 17 基　所在地と商用発電開始年月

2010 年 09 月現在

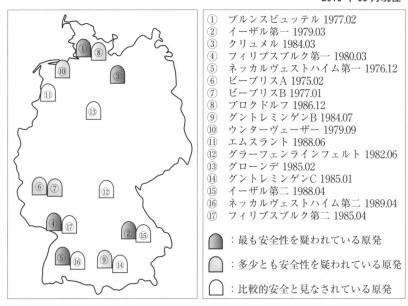

① ブルンスビュッテル 1977.02
② イーザル第一 1979.03
③ クリュメル 1984.03
④ フィリプスブルク第一 1980.03
⑤ ネッカルヴェストハイム第一 1976.12
⑥ ビーブリスＡ 1975.02
⑦ ビーブリスＢ 1977.01
⑧ ブロクドルフ 1986.12
⑨ グントレミンゲンＢ 1984.07
⑩ ウンターヴェーザー 1979.09
⑪ エムスラント 1988.06
⑫ グラーフェンラインフェルト 1982.06
⑬ グローンデ 1985.02
⑭ グントレミンゲンＣ 1985.01
⑮ イーザル第二 1988.04
⑯ ネッカルヴェストハイム第二 1989.04
⑰ フィリプスブルク第二 1985.04

：最も安全性を疑われている原発

：多少とも安全性を疑われている原発

：比較的安全と見なされている原発

いると見なければならない。

　さらに、長年、原発稼働を容認している原発所在地近辺の都市も稼働期限延長に対しては反対に回るという情況が生まれている。そのばあい、原発所在地近辺都市の住民たちから最も激しく稼働期限延長反対を唱えられる原発は、言うまでもなく、最も安全性を疑われる（危険視される）原発である。その点では、北部で危険視される2基の原発（ブルンスビュッテル原発とクリュメル原発）はすでに長らく故障停止中であったが、原発が集中している南部諸州（図5-4を参照）[83]では、危険視される原発も現に稼働中であるから、自ずと延長反対運動は勢いを増し、取り分け、危険視されるイーザル第一原発（E.ON 稼働）を含めて5基が稼働中のバイエルン州は原発稼働期限延長反対運動の焦点となった。た

---

[83] *Ibid.* 商用発電開始年月については、Gesetz über die friedliche Verwendung der Kernenergie und den Schutz gegen ihre Gefahren（Atomgesetz）, geändert durch Zehntes ÄndG vom 17. März 2009, Anlage 2.

とえば、イーザル第一原発から 14 キロメートルのランツフート市議会は、同州で圧倒的な影響力を有する CSU の主導のもとに、稼働期限延長反対決議を採択し、同様に、グラーフェンラインフェルト原発（E.ON 稼働）から僅か 10 キロメートルのシュヴァインフルト市議会も、CSU のイニシアティヴで稼働期限延長に反対する抗議の意思表示を行っている[84]。CSU の同市市長にいたっては、「あきらめるには未だ早い」と語りながら、「次の連邦議会選挙では原子力に批判的な新政府が成立するよう待ち望む」旨の声明発出さえしている[85]ように、与党のばあいでも、原発稼働期限延長に反対する気運は極めて強かった。

　加えて、大衆的な原発反対運動の再燃である。早くも 2010 年 09 月 18 日、ベルリンでは、原発反対団体の呼びかけで参集者 10 万人と称されたほどの大規模な稼働期限延長反対集会が催されている。そして、その場の演壇上から、ガーブリエル SPD 党首が「メルケル首相は、かつて我れわれが収めた社会的な大紛争を再び惹き起こしている」と政府を批判し[86]、同集会を報じた週刊誌『シュテルン』が「異議申し立ての時代へ逆戻りである」と評した[87]ように、稼働期限延長に反対する動きは各地に広がるが、稼働期限延長決定後の政治的・社会的な情況を物語る点で全国警察官組合（GdP）の政府決定批判は象徴的な出来事であった。「今日、警察は政治的な決定の後始末を任されていますが、警察力の展開で政治の説得力欠如が埋め合わされるわけではありません。」GdP 委員長コンラート・フライベルク（Konrad Freiberg）は、同年 10 月中旬、各地で治安維持を担う職務柄 "政治" と国民意思の狭間に立たされる警察官を代表して、もっと国民意思に副うような政策策定を求めていた。「我れわれ警察官は未解決の社会的紛争に頭を突っ込みたくはありません。」[88] かかるフライベルクの発言には

---

(84)　*Süddeutsche Zeitung*, 08. 09. 2010.

(85)　*Ibid*.

(86)　Anti-Atom-Bewegung feiert Erfolg, 18. 09. 2010, < http://www.n-tv.de/politik/Anti-Atom-Bewegung-feiert-Erfolg-article1520311.html?service-print >.

(87)　Zurück in die Protestzukunft, in: Stern Online, 23. 09. 2010, < http://www.stern.de/Wirtschaft/geld/neue-anti-akw-bewegung-in-die-protestzukunft-1618481.html >.

(88)　*Berliner Zeitung*, 12. 10. 2010.

国民意思と政策決定が乖離しがちになるという間接民主主義固有の問題に対する指摘があるが、ドイツの原子力政策のばあい、そのような乖離は間もなく東京電力福島第一原発事故を機に正されることになる。

次節では、福島第一原発事故の報に接したメルケル政府が稼働期限延長決定を撤回し、「赤-緑」連立政府以来の「エネルギー転換」へ向かう歩みに回帰する過程について述べることにする。

第3節　福島第一原発事故の衝撃

第1項　"政治の優位"

顧みるならば、大変興味深い一言(ひとこと)であったが、2011年03月11日、三陸沖に発する地震と津波が福島第一原発を襲い、それに耐えられない同原発が破滅的な危機に陥る映像を目の当たりにしたとき、メルケル首相は「これで、[原子力時代は]終わりです」と最も親密な協力者たちに語ったと伝えられている[89]。そのばあい、彼女の判断が"安全性確保の不完全性"という原子力技術の限界論に拠るものであったのか、それとも、来たる選挙戦に臨むための政治的な思量であったかは不明であるが、ともあれ、「日本のように非常に高い安全性が求められ、高度な安全性基準をもつ国でさえも地震と津波による原発事故を防ぎ得ない」と分かった以上、「日本と同じく高い安全性が求められ、高度な安全性基準を有するドイツにおいても、従前どおりに原発稼働を続けることは出来ません。」[90] かかる03月12日の記者会見における発言を皮切りに、メルケル首相は「日本における出来事から得た教訓」を政策化していった。

では、メルケル首相は、どんな教訓を得たのであろうか。それは、「起こり得

---

(89) *Süddeutsche Zeitung*, 15. 06. 2011.

(90) Die Bundesregierung, Pressestatements von Bundeskanzlerin Angela Merkel und Bundesminister Guido Westerwelle zum Erdbeben in Japan am 12. März 2011, Berlin, < http://www.agfriedensforschung.de/themen/Umwelt/atom.html >.

ないと考えられる危険さえも、完全に起こり得ないわけではない」ということであり、それゆえに、そのような事態を考慮した原発安全性基準が確立されなければならないことである。言い換えるならば、従来論外視されてきた「未知なる危険」を安全性基準に組み入れることであり、そのような転換を図るための第一歩として、彼女はすべての原発の安全性を「全面的に、いかなるタブーも容れることなく」再検査しなければならないと考えた[91]。かかる観点から、先ず、第一に、03月14日夕刻、3カ月のあいだ既存原発の稼働期限延長を停止する（稼働期限延長の"モラトリアム"）ことで、元来、つまり、延長稼働が行われないならば、すでに稼働期限を超えている最古の原発2基（ビーブリスAとネッカルヴェストハイム第一）を稼働停止し[92]、次いで、レットゲン環境相の提言[93]に基づいて、翌日には、最古の2基を含めて商用発電開始年の古い原発7基（図5-4を参照）すべての稼働停止を決定している[94]。

かかる決定にいたるばあい、特筆されるべきことであるが、原子力事業者に諮ることは全く行われていなかった。過去における原子力政策の大きな転換が、直接的であれ間接的であれ、すべて事業者の関与のもとに進められたことを想起するならば、メルケル首相の決定は、"モラトリアム"発表の報に接するやRWE幹部会員（技術担当）ゲルト・イエーガー（Gerd Jäger）が即座に言っていたごとく、"政治の優位"を示す出来事[95]にほかならない。

無論、経済界（エネルギー産業界）にとって、"政治の優位"は俄には受け容れがたいことであり、RWEとE.ONのばあいには、7基の稼働停止措置の法的根拠が曖昧である点に着眼して、違法判断を求めて提訴しようとする意思が直ちに表明されている[96]。政府の原発7基稼働停止措置は、原発稼働によって「生

---

(91) *Frankfurter Allgemeine Zeitung*, 15. 03. 2011.

(92) *Ibid.*

(93) 連邦環境相レットゲンは、14日、バイエルン州環境相マルクス・ゼーダー（Markus Söder）のイーザル第一原発即時稼働停止発表を機と見て、前年の稼働期限延長法案で8年間の延長とされている7基の一括停止を提言した。*Ibid.*, 16. 03. 2011.

(94) *Ibid.*; *Süddeutsche Zeitung*, 16. 03. 2011.

(95) *Ibid.*, 15. 03. 2011.

命、健康、有形資産に対する危険」が発生するばあいの政府の原発監督権行使（原子力法第 19 条第 3 項）として行われているが、原発の状態を事業者に確かめることなく停止を命令したことが問題視されたわけである。メルケル首相は、だが、それを意に介することもなく、その後、03 月 22 日には、「安全なエネルギー供給のための倫理委員会」（以下、「倫理委員会」と表記）を新たに設置して、原子力利用の政治的・社会的な問題の検討、端的に言うならば、「福島の原発事故後も、原子力利用に責任を負えるのか」[97] という問題の検討を委託している。そして、その検討結果は、3 カ月間の"モラトリアム"の期間経過後、連邦政府が原子力政策を定めるさいに、原子炉安全委員会（RSK）における原発安全性の技術的な審査、旅客機の墜落衝撃やコンピュータ・システムに対するサイバー攻撃等々に耐えるだけの安全性[98] 審査結果と並んで、政策策定の基盤になると位置付けられた[99] とき、メルケル首相が"政治の優位"のもとで目差す方向性が明らかになった。

メルケル首相によって選ばれた「倫理委員会」委員の構成は、元連邦環境相クラウス・テップファー（Klaus Töpfer）とドイツ学術研究振興協会（DFG）会長マティーアス・クライナー（Matthias Kleiner）（ドルトムント工業大学の塑性加工学教授）を共同議長とし、他に、政界・経済界・教会・学界・労働組合からの計 15 名であった[100] が、極めて特徴的なことには、そのなかには原子力の発電

---

(96) *Ibid.*, 17. 03. 2011.

(97) この文言は、「倫理委員会」自身が語る政府から委託された検討課題である。Deutschlands Energiewende – Ein Gemeinschaftswerk für die Zukunft, vorgelegt von der Ethik-Kommission Sichere Energieversorgung, Berlin, den 30. Mai 2011, S. 8.『ドイツ脱原発倫理委員会報告 社会共同によるエネルギーシフトの道すじ』、吉田文和／ミランダ・シュラーズ編訳、大月書店 2013 年、30 頁。

(98) *Handelsblatt*, 22. 03. 2011.

(99) *Ibid.*, 23. 03. 2011; *Süddeutsche Zeitung*, 22. 03. 2011.

(100) *Ibid.*; *Handelsblatt*, 23. 03. 2011. 全体で 17 名の委員名は、Deutschlands Energiewende – Ein Gemeinschaftswerk für die Zukunft, S. 2.『ドイツ脱原発倫理委員会報告』、18 頁。

利用に批判的と見られる人びとが少なくない。「メルケル首相は、自らが火曜日［03月22日］に発表した新しい'安全なエネルギー供給のための倫理委員会'において、原子力の将来にかんする"はらはらするような"論議が展開されることを期待しているが、将来の適切なエネルギー構想をめぐる激しい論争は、この専門家委員たちのあいだでは行われないであろう。委員会では」、『ライニシェポスト』紙は委員会が早期の「脱原発」を結論するであろうと予測する、「原子力利用に批判的な研究者や哲学者、そして、教会代表者たちが圧倒的である。」[101] かかる評言は多くの紙誌に共通して見られるものであり、委員たちの過去の言動から見ても客観的な評価であったから、そして、何よりも、委員選任の発表当日、メルケル首相自身が「倫理委員会の検討結果は稼働期限の再改訂に帰着し得る」旨を語っていた[102] のであるから、すでに委員の人選にメルケル首相自身の早期「脱原発」実現意思が表出していたと考えても、さほどに不当ではないであろう。果たして、05月30日、「倫理委員会」は、かなり早期の「脱原発」を可能とみなす報告書を発表した。「倫理委員会が確信するところ、原子力利用からの撤退は、本報告書が提示するエネルギー転換策を講ずることで10年以内に達成され得ます。」[103]

　このように、「倫理委員会」が10年以内の「脱原発」を可能とみなすとき、その論拠は二つあった。ひとつは、ドイツには代替エネルギーを開発する能力があることであり、他の論拠は、従前からの原子力観が崩壊し、いまや原子力に対する社会的受容性が大きく低下していることである。そのうち、後者の論拠について、同委員会が強調するところ、「多くの人びとに進歩と福祉と粗無限のエネルギーを約束し、その危険は制御され得る」という従来からの原子力観は「今日から見れば、大変なユートピア的将来像」であり、少なくとも最早ドイツには当てはまらない。いまでは、「原発事故も制御不可能な事態もドイツでは起こり得ない」と確信することは出来ないし、「原発事故の損害規模は計算され得るし、限

---

(101) *Rheinische Post*, 23. 03. 2011.

(102) *Süddeutsche Zeitung*, 22. 03. 2011.

(103) Deutschlands Energiewende – Ein Gemeinschaftswerk für die Zukunft, S. 4.『ドイツ脱原発倫理委員会報告』、20頁。

定され得る」と確信することも福島の事故後は出来なくなっている。さらに、「技術的な危険想定に基づいて、万一のばあいにも安全である原子炉が設計され得る」と信ずることも不可能である。言い換えるならば、最早原子力の利用には倫理的にも経済的にも、そして、技術的にも責任を負えなくなっている。それゆえに、「倫理委員会」は原子力利用を放棄して、「いっそう危険の小さなエネルギー」で代替するべきであると考えた。「ドイツは、新しい試みに取り組むための勇を鼓し、自らの力を信頼して原子力利用から撤退する道を歩まなければなりません。」[104]

　他方、RSK は、すでに同月 17 日、原発安全性の審査結果を発表していた。RSK の安全性審査は、(1) 地震や洪水（Hochwasser）のような自然災害に対する安全性、(2) 非常時電流確保の確実性、そして、(3) 飛行機墜落とテロ攻撃に対する安全性を基準にして行われたが、審査期間の短かさと事業者提出資料の不充分性ゆえに十全な審査は出来なかったようである。それゆえに、「最終的な判断ではない」と付言しながらではあったが、ともあれ、RSK は、ドイツの原発のばあいには、福島第一原発事故のような事態は生じないが、旅客機墜落衝撃に対しては充分耐え得る設計にはなっていないと判断していた[105]。

　かかる RSK の判断が原発安全性を証明し、稼働期限の延長を技術面から支えるか否かは見解の分かれるところであろうが、メルケル首相が"モラトリアム"後の原子力政策について下す決定は、前述の「日本における出来事から得た教訓」を離れることはなかった。すなわち、「起こり得ないと考えられている危険さえも、完全に起こり得ないわけではな」く、「もしも、それが起こるならば」、「日本のような高度な技術国においてさえも、原子力の危険性は確実には制御され得ないのです。」そして、「破壊的で広範な事故の結果は、空間的にも時間的にも、あらゆる他のエネルギー資源の危険を遥かに超える巨大な規模になるのです。」それゆえに、「昨年秋、私自身どんなに熱く原発稼働期限の延長を主張した

---

(104) Deutschlands Energiewende – Ein Gemeinschaftswerk für die Zukunft, S. 4ff. 『ドイツ脱原発倫理委員会報告』、21 頁以下。

(105) Kommission legt Ergebnisse des AKW-Stresstests vor, 18. 05. 2011, < http://www.bpb.de/politik/hintergrund-aktuell/68805/akw-stresstests-18-05-2011 >.

表 5-2　ドイツの全原発 17 基の稼働終了期日

原　　発	稼働終了期日
ビーブリス A　ネッカルヴェストハイム第一　ビーブリス B　ブルンスビュッテル　イーザル第一　ウンターヴェーザー　フィリプスブルク第一　クリュメル	2011.08.06(*)
グラーフェンラインドルフ	2015.12.31
グントレミンゲン B	2017.12.31
フィリプスブルク第二	2019.12.31
グローンデ　グントレミンゲン C　ブロクドルフ	2021.12.31
イーザル第二　エムスラント　ネッカルヴェストハイム第二	2022.12.31

(*) 原子力法改訂法案では「本法施行日」とされている。

としましても」、"モラトリアム"期間満了目前の 06 月 09 日、メルケル首相は連邦議会で原発稼働期限延長撤回の閣議決定を報告し、事実上「赤-緑」連立政府期の「脱原発」プロセスへ復帰する旨を宣言する、「［起こり得ないと考えられている］原発事故が起こった以上」、「［年初施行の］原子力法は［再び］改訂され、ドイツにおける原子力利用は 2022 年末までに終止符を打たれます。」(106)

その後、各原発の稼働終了期日（表 5-2 を参照）を明記した政府提出の第 13 次原子力法改訂法案（つまり、既存原発稼働期限延長撤回法案）(107) が連邦議会で短期間に審議終了し、06 月 30 日、事実上、全会一致で可決された(108) とき、

(106) Deutscher Bundestag, 17. Wahlperiode, *Verhandlungen des Deutschen Bundestages*, Stenographischer Bericht, 114. Sitzung, Berlin, Donnerstag, den 9. Juni 2011, S. 12960.

(107) Idem, Drucksache 17/6070, 06. 06. 2011, Entwurf eines Dreizehnten Gesetzes zur Änderung des Atomgesetzes.

(108) 表決の結果は、賛成 513 票対反対 79 票で、棄権 8 票（総投票数 600）であったが、反対票のうち 70 票は「左派党」の票であった。しかし、「左派党」の反対は原発間の残余発電量譲渡を禁止することで一日も早く「脱原発」プロセスを終結しようとするものであったから、粗全会一致と見なしても全く不当ではない。Idem, *Verhandlungen des Deutschen Bundestages*, Stenographischer Bericht,

それとともに、長年の政界における原発論争は最終的な終結に向かうことになった。「きょう、あなたたち［政府与党］は、30年の年月を経てやっとの事で、赤－緑両党の脱原発論に賛同するにいたりましたが、それは、我れわれの大きな満足とするところです。きょうの脱原発決定は」、SPD党首ガーブリエルは原発をめぐる与野党間の見解一致を歓迎する、「我れわれ［赤-緑両党］の脱原発決定なのですから。」[109]

連邦議会における原発稼働期限延長撤回決定が、このように、与野党全会一致で下された以上、経済界（エネルギー産業界）も対立的な姿勢をつづけるわけにはいかなかった。すでに述べたように、"モラトリアム"決定直後、原発事業者のエネルギー・コンツェルンは対抗的に法的手段に訴えようとする意思を表明していたが、実際には、E.ONとEnBWおよびVattenfallは何ら対抗的な措置を講ずることもなく"モラトリアム"を受け容れており、提訴に踏み切ったコンツェルンはRWEのみである[110]。そして、その提訴の意図も、株主訴訟対策として、"モラトリアム"決定の違法判断を論拠に損害補償を得ようとすることにあり、"モラトリアム"の撤回を求めて争おうとするものではなかった[111]。同様に、BDI会長ハンス-ペーター・カイテル（Hans-Peter Keitel）も、"モラトリアム"の決定直後には、間髪を入れず、「余りにも短いあいだに情緒的な決定」が下されたとメルケル政府を難じており[112]、その後も「48時間で［原子力利用の将来が］確定された」と不平を鳴らしながら早期の「脱原発」と「脱原発」プロセスの終結時期確定に警告を発していた[113]。けっきょくは、しかし、「でき

---

117. Sitzung, Berlin, Donnerstag, den 30. Juni 2011, S. 13413-13415; idem, Drucksache 17/5472, 12. 04. 2011, Entwurf eines … Gesetzes zur Änderung des Atomgesetzes – Keine Übertragbar von Reststrommengen.

(109) Idem, *Verhandlungen des Deutschen Bundestages,* Stenographischer Bericht, 117. Sitzung, Berlin, Donnerstag, den 30. Juni 2011, S. 13372.

(110) *Süddeutsche Zeitung,* 01. 04. 2011; *ibid.,* 17. 04. 2011.

(111) *Stuttgarter Zeitung,* 02. 04. 2011; *Frankfurter Allgemeine Zeitung,* 20. 04. 2011.

(112) BDI-Statements, Auf Grundlage von Fakten urteilen, 15. 03. 2011.

(113) BDI-Chef sieht Wohlstand gefährdet, in: Stern Online, 30. 03. 2011, < http:

るかぎり早期の脱原発は事実上社会的な合意である」ことを認めざるを得ず(114)、BDI は、05 月末、「脱原発の工程表を不動確定的に定めることは危険であろう」と政府を牽制しながらも、「産業界は原則として政界が望むエネルギー政策転換を共に担う」という声明を発出するにいたっている(115)。BDI エネルギー・環境委員会議長クリストファー・グリューネヴァルト（Christopher Grünewald）の表現を用いるならば、「我れわれ［BDI］は"政治の優位"を受け容れた」(116) わけである。

　以上、述べてきたごとく、福島第一原発事故後の政府決定は経済界（エネルギー産業界）の考えを忖度受容することもなく、完全に自律的に、言い換えれば、政界主導のもとに下されたという意味で、紛れもなく、"政治の優位"を示す出来事であり、それが一時的には経済界（エネルギー産業界）に大きな経済的損失を強いかねないかたちで行われた点で稀な例と言えよう。そのばあい、2022 年末までの「脱原発」確定は連邦政府与党内の抵抗、なかんずく、FDP の"経済派"の抵抗(117) を排したメルケル首相に負うところもあるが、彼女と連邦政府の決断自体が、メルケル自身は主体的な判断と主張するにしても、国民のあいだの原発反対気運の高まりに影響されていたことは間違いない。たとえば、「脱原発」完了期限の閣議決定が「2022 年末まで」となった理由も、16 州中、SPD 首班の 8 州政府（他に、「緑の党」首班のバーデン-ヴュルテンベルク州政府を合わ

//www. stern. de/wirtschaft/news/warnung-vor-uebereiltem-atomausstieg-bdi-chef-sieht-wohlstand-gefaehrdet-1668996.html >.

(114) "Wir tragen den Atomausstieg mit" sagt BDI-Präsident Hans-Peter Keitel im Interview, in: Zeit Online, 23. 05. 2011, < http://www.zeit.de/wirtschaft/2011-05/keitel-kernkraft/komplettansicht >; *Handelsblatt*, 30. 05. 2011.

(115) BDI, Sichere Stromversorgung zu jeder Sekunde, rund um die Uhr, Pressemitteilung 32/2011, 29. 05. 2011.

(116) Merkel vergrätzt die Wirtschaft, in: Stern Online, 24. 05. 2011, < http://www.stern.de/politik/deutschland/debatte-um-atomausstieg-merkel-vergraetzt-die-wirtschaft-1688532.html >.

(117) たとえば、古い原発 7 基の稼働停止に対しても FDP の"経済派"は直ちに激しく反発していた。*Süddeutsche Zeitung*, 16. 03. 2011.

せて都合 9 州政府）が、すでに閣議決定の 2 カ月前、「遅くとも 2022 年末までの脱原発」を州政府が再生可能エネルギー拡大に協力するための要件と予め宣言していたためであろうし、バイエルン州の CSU が「遅くとも 2022 年末までの脱原発」を決定していた[118]からであろう。そして、多くの国民が早期の「脱原発」を求めていたからであろう。同様に、経済界（エネルギー産業界）の政府決定受容も、E.ON が"モラトリアム"受け容れの理由を、後になって、「福島の巨大規模原発事故（Super-Gau）が起こった後では、［E.ON も］鋭敏な感覚を有することを示したかったからです」と説明する[119]ように、やはり、国民意思に影響された結果であった。

　したがって、そのような関連を見るならば、ドイツの「脱原発」の確定は、原子力政策が「政府与党・野党とともに労働組合・学者・技術者・企業経営者・銀行幹部たちが珍しく協調する場としての"原子力協議会"」において「極めて秘密裏に定められる」という「内内の代議制民主主義」、「民主主義の観点から」見て「気味が悪い」決定過程（ローベルト・ヘルト、序章第 3 節）がはじめて克服され、事実上、直接的な民主主義によって決定された例である。

---

(118) メルケル首相は、04 月 15 日、全 16 州の首相を連邦首相府に招き、再生可能エネルギー拡大に対する各州政府の協力を要請していた。*Ibid.*, 16. 04. 2011. その後、05 月初め、バイエルン州では、CSU の州環境相ゼーダーが「再生可能のバイエルン州 － バイエルン州の新しいエネルギー」と題するエネルギー構想私案を発表し、そのなかで「遅くとも 2022 年末までの脱原発」を主張したが、つづいて、同月 20 日には、CSU 幹部会議も 7 時間に互る議論の末に「遅くとも 2022 年末までの脱原発」と再生可能エネルギー拡大計画を謳う「CSU エネルギー構想」を採択した。*Ibid.*, 04. 05. 2011; *ibid.*, 20. 05. 2011; Energiekonzept der CSU. Moderne Energie für ein modernes Land. Beschlussgrundlage für den Beschluss des CSU-Vorstands am 20. Mai 2011. その翌日、メルケル首相は CSU 議員たちを前にして「2022 年末は［脱原発を完了するためには］適切な期間である」と語り、CSU の明確な「脱原発」完了時期設定を称賛している。Merkel lobt Andechser Aussteiger, in: Stern Online, 21. 05. 2011, <http://www.stern.de/politik/deutschland/atompolitik-bei-csu-klausur-merkel-lobt-andechser-aussteiger-1687536.html>.

(119) *Der Tagesspiegel*, 15. 04. 2014.

次項では、事実上の直接的な民主主義による原子力政策策定の起点（原動力）となった州議会選挙における国民意思の表出について見てみよう。

第2項　州議会選挙における国民意思の表出

2010年09月、「黒-黄」連立政府が与党内に賛否両派の対立をかかえながらも原発稼働期限延長決定を強行したとき、その理由は、経済界（エネルギー産業界）の延長要求圧力もさることながら、バーデン-ヴュルテンベルク州議会選挙を翌（2011）年03月に控えているからであり、「黒-黄」両党は同選挙前に稼働期限延長問題に決着をつけて、延長問題が州議会選挙戦で争点化する事態を避けようと考えていた[120]。それゆえに、ここでは、同州選挙を中心に選挙結果に示された国民意思の情況を明らかにしよう。

第2項の1　バーデン-ヴュルテンベルク州議会選挙

バーデン-ヴュルテンベルク州のばあい、原子力発電は2009年時点でも依然電力生産の52.3パーセントを占める[121]ように、バイエルン州同様電力供給源として中心的な役割りを果たしている。同時に、また、州内4基の原発のうち、2基の稼働期間は長く、取り分け、先に触れたように、ネッカルヴェストハイム第一は安全性を強く疑われており、それゆえに、原発稼働反対の人びとから稼働停止を求められていた。それだけに、福島第一原発事故の報に接するや、そして、翌日、シュトゥットガルトからネッカルヴェストハイム第一原発までの道程（45キロメートル）が60,000人の手でつながれて、同原発の即時稼働停止が叫ばれる[122]や、CDUのなかでも稼働期限延長最固執派の州首相シュテファン・マップス（Stefan Mappus）が懐く州議会選挙（03月27日）に対する負の影響懸念

---

(120) *Süddeutsche Zeitung*, 04. 09. 2010.

(121) Statistisches Landesamt Baden-Württemberg, < http://www.lkz.de/cms_media_ob/2/1281_1_Energie_Statistik.pdf#search = anteil + der + kernenergie + an + der + stromerzeugung + badenwuerttemberg >.

(122) *Stuttgarter Zeitung*, 13. 03. 2011.

は極度に募らざるを得なかった。彼は直ちにメルケル首相に連絡し、「［国内の原発について］何らかの政治的なシグナルを［国民に向けて］送るよう」要請した(123)ほどである。したがって、メルケル政府の"モラトリアム"発表と3カ月間の原発7基稼働停止措置は州議会選挙が間近に迫るマップス州政府に対する連邦政府からの支援でもあった。

　しかし、州議会選挙投票の前日には、25万人が全国主要都市でドイツの原発全基の稼働停止を求める運動を展開したと報じられる(124)ように、原発反対気運が高まる情況のもとでは、連邦政府の支援も効を奏するにはいたらなかった。州議会選挙投票目前の『シュトゥットガルターツァイトゥング』紙は州政府与党（CDUとFDP）の敗北を予測していたが、マップス州首相自身も「福島第一原発事故の報もなかった］2週間前には、CDUとFDP［の支持率］はSPDと緑の党［のそれ］を6パーセント・ポイントも上回っていたものですが、日本における原発事故が選挙戦に影響していることは疑いようもありません」と劣勢を認めざるを得ない(125)。果たして、選挙におけるCDUの得票率は第一回州議会選挙（1952年）に次ぐ二番目に低いレヴェルに落ち込み、FDPのそれは史上最低値にまで凋落したが、全く対照的に、「緑の党」の得票率は大幅上昇（5年前の前回選挙の11.7パーセントから24.2パーセントへ）であったから、選挙の結果、与野党間の勢力関係は初めて逆転し（図5-5を参照）(126)、「緑の党」のヴィンフリート・クレッチュマン（Winfried Kretschmann）を首班とする「緑-赤」連立州政府が成立することになった。『シュトゥットガルターツァイトゥング』紙の評言を借りるならば、「バーデン-ヴュルテンベルク州に政治的な地滑りが発生

(123) *Frankfurter Allgemeine Zeitung*, 16. 03. 2011.
(124) *Berliner Morgenpost*, 26. 03. 2011; *Stuttgarter Zeitung*, 27. 03. 2011.
(125) *Ibid.*, 25. 03. 2011.
(126) *Der Fischer Weltalmanach 2007. Zahlen, Daten, Fakten*, S. 128; *idem 2012*, S. 127; Statistisches Landesamt Baden-Württemberg, Endgültiges Ergebnis der Landtagswahl am 27. 03. 2011 mit Vergleichsangaben von 2006 Land Baden- Württenberg (alle 70 Wahlkreisen), < http://www.statistik.baden-wuerttemberg.de/wahlen/Landtagswahl_2011/Land.asp >.

図 5-5　バーデン-ヴュルテンベルク州議会選挙結果　2006-2011 年

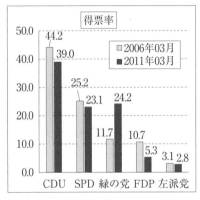
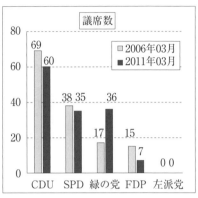

註：2006 年の「左派党」は「労働と社会正義-もう一つの選択肢（WASG）」という候補者名簿

し」、「CDU 支配の大凡 60 年間後の政権交替で、これからは緑の党の統治が始まることになる。」[127]

では、かかる政権交替を惹き起こした州議会選挙の意義は奈辺にあるのであろうか。それは、『シュトゥットガルターツァイトゥング』紙が見るところでは、原発をめぐる問題で初めて有権者は主体的な選択を行っており、それによって、有権者が「民主主義を蘇らせた」選挙という点にあった。「約 58 年間、CDU 州首相のもとにあった有権者は、［福島第一原発事故の発生によって］突如、自称バーデン-ヴュルテンベルク党［すなわち、CDU］の永久的な政権担当（Dauerabonnement der selbst ernannten Baden-Württemberg-Partei auf die Regierungsmacht）を更新するか否かという問題に取り組まざるを得なくなった。有権者は、［転換を叫び求める］緑-赤陣営と［現状維持を呼び掛ける］黒-黄陣営の狭間で苦悩しながらも、最後には」、同紙は有権者の政治的な覚醒を強調する、「各人の票が決定的であり、自らの票が決定的であると確信して投票所に向かっている。」[128] 正しく、バーデン-ヴュルテンベルク州議会選挙に示された投票行

---

(127) *Stuttgarter Zeitung*, 28. 03. 2011.

(128) *Ibid.*, 26. 03. 2011.

為の内実にかんする正鵠を射た評言である。投票率の大幅上昇（前回州議会選挙時よりも 12.9 パーセント・ポイント上昇）にも示されたように、原発稼働に対する人びとの懸念は強まって、多くの有権者が自らの意思を表明しようと考えたと言えるであろう。

したがって、CDU と FDP の敗北は自然であろうが、なかでも、FDP に対する支持の急落は極めて顕著である。図 5-5 における FDP 以外の諸政党はすべて得票数の点では、得票率を落とすばあいであるとしても、増加になるにもかかわらず、FDP だけは得票率の半減のみならず、得票数についても大幅な低下（421,994 票 → 262,784 票）を喫している[129]。かかる FDP の急凋落が、BDI 幹部会議における連邦経済相ブリューダーレの"モラトリアム"発言、すなわち、稼働期限延長の"モラトリアム"は「州議会選挙向けのトリック」にすぎないという発言[130] に表出していたように、あるいは、党首グイード・ヴェスターヴェレ（Guido Westerwelle）が「世界で最も安全なドイツの原発」論に基づいて

---

(129) Statistisches Landesamt Baden-Württenberg, Endgültiges Ergebnis der Landtagswahl am 27. 03. 2011 mit Vergleichsangaben von 2006 Land Baden- Württenberg（alle 70 Wahlkreisen）.

(130) FDP のブリューダーレは、"モラトリアム"が発表される 03 月 14 日、定例の BDI 幹部会議にゲスト出席していたが、席上舞い込んだ"モラトリアム"発出の報に驚く産業界の幹部たちに次のような説明を行ったようである。曰く、"モラトリアム"は「州議会選挙を目前にして連邦政府の既存原発稼動期限延長決定が州政府の重荷になっている」がゆえに、一時的に原発稼働を停止するという措置であり、「必ずしも理性的に考えての決定ではありません。」*Süddeutsche Zeitung*, 24. 03. 2011. このような選挙対策としての"モラトリアム"説明は暫し表面化することはなかったが、10 日後に、BDI 幹部会議出席者から『ジュートドイチェツァイトゥング』紙に送られた会議議事録が同紙上に公表されて、全国的なセンセイションを起こすにいたっていた。しかし、エムニート輿論研究所の調査によると、圧倒的に多くの人びとは、そもそも連邦政府の"モラトリアム"発表を州議会選挙向けのトリックと見なしていたようであるから、選挙に対するブリューダーレの発言の影響はさほどに大きくはなかったとも言えるであろう。*Handelsblatt*, 25. 03. 2011.

"モラトリアム"期間経過後の稼働再開を肯定していた(131)ように、そして、福島第一原発事故から2カ月後、党大会で原子力政策の再考が試みられるも、やはり「脱原発」の確定は受け容れられない(132)ように、経済界と同様な同党の原発固執姿勢に因ることは明らかである。それゆえに、他州議会選挙でもFDPの同様の凋落は生じざるを得なかった。次に、他州議会の選挙結果を概観してみよう。

第2項の2　他州議会選挙

バーデン-ヴュルテンベルク州議会選挙の1週間前、すでにザクセン-アンハルト州議会選挙が行われているが、旧東ドイツの同州でも「緑の党」は前回選挙時の得票率を倍増し（3.6パーセントから7.1パーセントへ）、1998年の選挙以来失っていた州議会内政党の地位を回復したが、それと入れ替わるように、FDPは得票率を半減して州議会から姿を消している（表5-3を参照)(133)。2011年には、さらに、ラインラント-プファルツ州（03月27日）、ブレーメン州（05月22日）、メクレンブルク-フォーアポメルン州（09月04日）、および、ベルリン州（09月18日）でも州議会選挙が行われたが、それらの結果に共通する特質は、「緑の党」の得票率の急上昇とFDPの凋落にほかならない（表5-3を参照）。しかも、そのようなFDPの凋落は2012年以降の州議会選挙においても粗(ほぼ)変わることなく生じており、その結果、2015年04月末現在、「緑の党」は全16州中の8州において(134)州政府与党になっているが、全く対照的に、福島第一原

---

(131) Ibid., 23. 03. 2011.
(132) FDPにとって、原子力利用からの撤退は、再生可能エネルギーが給電補償額支払いに頼ることもなく、市場における競争によって拡大して行き、そして、"廉価で信頼できる"電力供給を行えるようになった暁に初めて考えられることにすぎない。Ibid., 16. 05. 2011.
(133) Der Fischer Weltalmanach 2007, S. 132, 138, 141; idem 2008, S. 131, 136; idem 2012, S. 131, 137, 140; idem 2013, S. 107, 112.
(134) ベルリン州では「緑の党」とSPDの連立交渉は市営自動車専用道路（アウトバーン）の拡張をめぐる対立ゆえに不調に終わった。その結果、「緑の党」は野

表 5-3　2011 年のドイツの州議会選挙結果（バーデン-ヴュルテンベルク州を除く）

得票率（％）と議席数

	SA 得票率	SA 議席数	RLP 得票率	RLP 議席数	ブレーメン州 得票率	ブレーメン州 議席数	MV 得票率	MV 議席数	ベルリン州 得票率	ベルリン州 議席数
CDU	32.5	41 (40)	35.2	41 (38)	20.4	20 (23)	23.0	18 (22)	23.3	39 (37)
SPD	21.5	26 (24)	35.7	42 (53)	38.6	36 (32)	35.6	27 (23)	28.3	47 (53)
「緑の党」	7.1	9 (0)	15.4	18 (0)	22.5	21 (14)	8.7	7 (0)	17.6	29 (23)
FDP	3.8	0 (7)	4.2	0 (10)	2.4	0 (5)	2.8	0 (7)	1.8	0 (13)
「左派党」	23.7	29 (26)	3.0	0 (0)	5.6	5 (7)	18.4	14 (13)	11.7	19 (23)

（　　　）内は、それぞれの州の前回州議会選挙時の獲得議席数。
SA：ザクセン-アンハルト州　RLP：ラインラント-プファルツ州
MV：メクレンブルク-フォーアポメルン州

表 5-4　ドイツ連邦議会選挙結果　2009 年-2013 年

得票率（％）と議席数

	2009 年 09 月（総議席 622）		2013 年 09 月（総議席 631）	
	得票率	議席数	得票率	議席数
CDU/CSU	33.8	239	41.5	311
SPD	23.0	146	25.7	193
「緑の党」	10.7	68	8.4	63
FDP	14.6	93	4.8	0
「左派党」	11.9	76	8.6	64

発事故以前には 7 州あった FDP の州政府参加は皆無になり、州議会政党としての存在も FDP は僅かに 6 州で第四党、ないし、第五党としての位置を保つにすぎなくなっている[135]。そして、決定的なことには、全国政党としてさえも、

　　党にとどまり、SPD は CDU と連立州政府を形成している。*Ibid.*, S. 107.
(135) *Idem 2015,* S. 105-120; Statistisches Amt für Hamburg und Schleswig-Holstein, Ergebnisse der Bürgerschaftswahl 2015 (Landesstimmen-Gesamtstimmen) im

FDPは2013年09月の連邦議会選挙で同党史上初めて"5パーセントの壁"を超えられず、連邦議会からも消えてしまった（表5-4を参照）[136]。このようなFDPが陥った情況に、福島第一原発事故後の原子力利用に対するドイツ国民意識の端的な表出を見ることが出来るであろう。ドイツ国民の多数派は原子力発電利用からの早期の撤退（「脱原発」）を明確に主張している。

Vergleich zur Bürgerschaftswahl 2011, < http://www.statistik-nord.de/wahlen/wahlen-in-hamburg/buergerschaftswahlen/2015 >.

(136) Deutschland seit 1945. Bundestagswahlen, Bundesweite Zweitstimmen-Ergebnisse, < http://www.wahlen-in-deutschland.de/buBTW.htm >.

第6章　「再生可能エネルギー時代」を目差して

　"福島［の原発事故が起こったこと］によって、私たちは原子力の利用に伴う危険性の相貌を見ることができました。その結果、ドイツでも他の国々でも、原子力を見る目は変わりました。それは、個々人についても社会についても、そして、政治についても当てはまることです。

　日本では、目下、ほとんどすべての原発が稼働していません。そのために、エネルギー供給については、かなりの質的な制約が甘受されています。［つまり、ほとんど化石燃料に頼っています。］他方、ドイツでは、エネルギー転換が政治的に始められました。

　エネルギー転換を成功させることは可能です。それは、新しい技術の採用を強力に促して、模範的な電力供給体制を創出することになりますし、それによって、また、ドイツの気候保全・環境技術の輸出力もいっそう強化されます。

　我れわれは、その［エネルギー転換成功の］ために尽力し、それに貢献します。"

ペーター・レッシャー

2012年03月10日

　以上、明らかにしてきたように、東京電力福島第一原発事故の発生を境にして、既存原発の稼働期限延長反対と早期の「脱原発」は国民的な大潮流となり、その激流に掉さしながら、メルケル政府も稼働期限延長を撤回し、「赤-緑」連立政府の「脱原発」プロセスへ回帰することで早期の「エネルギー転換」へ向かう道に踏み出している。したがって、爾後の課題は、メルケル首相自身も連邦議会における稼働期限延長撤回の閣議決定報告のなかで強調した[1]ように、「Aを言

うものはBも言わなければならない」ことである。すなわち、「原子力利用からの撤退（Ausstieg）」決定とともに「代替エネルギー（再生可能エネルギー）利用へ乗り換えて（Umstieg）」、そのままに「再生可能エネルギー時代へ乗り入れる（Einstieg）」ことである。そのばあい、メルケル政府が企図する「乗り換え」と「乗り入れ」は、基本的に前年秋発表の「環境を損なうこともなく、信頼できて支払い可能なエネルギー供給構想」（以下、「エネルギー構想」）[2]に謳われる再生可能エネルギー拡大計画に基づきながら、「持続的なエネルギー供給」社会としての「再生可能エネルギー時代」を実現することであった[3]が、メルケル政府の計画は、「赤-緑」連立政府の計画とも「大連立」政府（2005-2009年）のそれとも異なって、長期的で具体的な工程表を備える点で際立っている。では、どのような再生可能エネルギー拡大計画が立てられて、「再生可能エネルギー時代」の実現が構想されているのであろうか。

　本章では、メルケル政府が描く「再生可能エネルギー時代」を概観し、さらに、政界主導の「エネルギー転換」に対する経済界（エネルギー産業界）の対応を明らかにすることで、両者関係の変容を考えてみることにする。

第1節　「再生可能エネルギー時代」

　「環境を損なうこともない」エネルギー資源として原子力が称揚される状況は、2010年秋の時点では、従来どおりに、「エネルギー構想」にも当てはまっており、原子力利用は温室効果ガス（GHG）の排出量を削減する旨謳われていた[4]。だが、ドイツのばあいには、国民多数にとっては早くから、原子力利用の

---

(1) Deutscher Bundestag, 17. Wahlperiode, *Verhandlungen des Deutschen Bundestages*, Stenographischer Bericht, 114. Sitzung, Berlin, Donnerstag, den 9. Juni 2011, S. 12961.

(2) Idem, Drucksache 17/3049, 28. 09. 2010, Energiekonzept für eine umweltschonende, zuverlässige und bezahlbare Energieversorgung.

(3) Die Bundesregierung, Rede von Bundeskanzlerin Angela Merkel bei der 11. Jahreskonferenz des Rates für Nachhaltige Entwicklung, 20. 06. 2011.

図 6-1 ドイツ国民のエネルギー資源観：各資源についての環境毀損性（非毀損性）評価　2008 年 11 月　　　　　　　　　　　　　　　　％　アレンスバハ輿論研究所

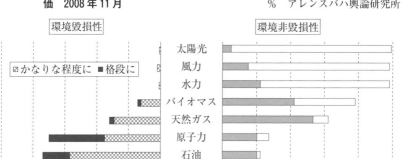

推進論者たちとは正反対に、原子力は石油・石炭同様に環境を損なう資源とみなされている（図 6-1 を参照）[5]。だから、早期の「脱原発」自体がエネルギー供給の"環境非毀損性"向上の一策にほかならないが、気候変動対策としては、無論、最重要な施策は再生可能資源利用の飛躍的な拡大であり、並行的に、エネルギーの利用効率を改善することでエネルギー消費量そのものを節減し、さらに、当面続けられる化石燃料利用に伴う二酸化炭素（CO_2）等の大気圏への排出量を、たとえば、CO_2 を分離・貯留する技術（炭素分離・貯留 CCS）の利用等によって抑制することである。

以下、まず、再生可能エネルギー利用の拡大について、メルケル政府の構想を見ていこう。

既存原発稼働期限延長決定の 2010 年当時、総発電容量 21,517MW を擁する原子力発電は同年 140,556GWh を発電して電力生産総量の 22.2 パーセントを賄っていた[6]。だが、2011 年 08 月、原発 8 基（古い 7 基と故障しがちなクリュメル

---

(4) Deutscher Bundestag, Drucksache 17/3049, 28. 09. 2010, Energiekonzept, S. 8.

(5) Institut für Demoskopie Allensbach (ed.), *Allensbacher Jahrbuch der Demoskopie*, Bd. 12, S. 509.

(6) Bundesministerium für Wirtschaft und Energie, Zahlen und Fakten Energie-

原発）の稼働は終了されたから、それによって、2010年の原子力発電総量の30パーセント分に当たる発電能力は消失している。そして、2019年末に、さらに6基が稼働終了になると、同様に2010年の原子力発電総量の45.5パーセント分に当たる発電能力も無くなって、残る3基（総発電容量4,285MW）[7]の発電総量は電力生産総量の僅かな割合いを占めるにすぎなくなる。それゆえに、再生可能資源利用の大規模な拡大が企図されなければならない。

　たしかに、再生可能エネルギーの供給量は、すでに2012年時点で原発17基分の発電総量を上回っている（第4章の表4-2を参照）。しかし、たんに計算上で原子力発電を代替するだけでは全く不充分であり、「信頼できる」エネルギー供給（供給の"確実性"）実現のためには、そして、何よりも、化石燃料利用を縮減するために、いっそうの再生可能エネルギー拡大が必要である。メルケル政府の計画によれば、だから、太陽光エネルギー利用と陸上風力利用の発電設備について、それぞれ毎年2,500MWの設備容量分が増設され、海上風力利用の発電設備についても、2010年には未だ無きに等しい情況[8]から2020年までに設備容量6,500MWを擁する規模に拡大され、2030年には設備容量15,000MWの一大電力生産源とすることが企図されている。また、バイオマスのばあいは、高い増設費を考慮しながらも年々設備容量100MWが増設されて行く[9]。かかる発電設備の新設・増設の結果として、再生可能エネルギーが電力生産総量に占める割合い

---

daten, Nationale und internationale Entwicklung, Tabelle 22, letzte Änderung: 15. 10. 2014; ibid., Tabelle 24, letzte Änderung: 13. 05. 2013.

(7)　Ibid.

(8)　ドイツにおける海上風力利用の発電は2009年から給電を始めたばかりであり、2010年時点で、その発電量も風力発電量中のわずか0.5パーセントを発電するにすぎなかった。それが、2010年秋の「エネルギー構想」では、2030年までに25GWの設備容量に拡大される予定であった。Idem, Erneuerbare Energien in Zahlen, Nationale und internationale Entwicklung im Jahr 2013, S. 10, Abbildung 8; Deutscher Bundestag, Drucksache 17/3049, 28. 09. 2010, Energiekonzept, S. 4.

(9)　Die Bundesregierung, Maβnahmen im Überblick, < http://www.bundesregierung. de/Content/DE/StatischeSeiten/Breg/Energiekonzept/O-Buehne/ma%C3%9Fnahmen-im-ueberblick.html >.

図6-2 メルケル政府の再生可能エネルギー拡大とGHG排出量削減計画 2010-2050年

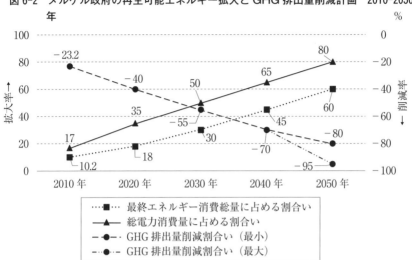

は、2020年には35パーセントに引き上げられ、「再生可能エネルギー時代」元年の2050年には電力消費総量の80パーセントは再生可能エネルギーで賄われるようになっている。最終エネルギー消費総量に占める割合いとしてみても、それは60パーセントに達するまでに拡大されることになる（図6-2を参照）[10]。

このような再生可能エネルギーの拡大が、そして、原子力や化石燃料に代わるエネルギーとして求められるだけではなく、CO_2等GHG排出量削減のために不可欠である。「エネルギー構想」では、2050年までに1990年比でGHG排出量を80－95パーセント削減することが目指されており[11]（図6-2を参照）、その一環として、GHG排出総量の約20パーセントを占める[12]運輸機関からの排出量

---

(10) Deutscher Bundestag, Drucksache 17/3049, 28. 09. 2010, Energiekonzept, S. 2; Bundesministerium für Wirtschaft und Energie, Erneuerbare Energien in Zahlen, S. 8, Abbildung 4. なお、2010年の1990年比GHG排出量削減割合いについては、idem, Zahlen und Fakten Energiedaten, Nationale und internationale Entwicklung, Tabelle 10, letzte Änderung: 13. 05. 2014 から筆者作成。

(11) Deutscher Bundestag, Drucksache 17/3049, 28. 09. 2010, Energiekonzept, S. 3.

(12) 2010年のばあい、ドイツの化石燃料燃焼に因るGHG排出総量に占める運輸機

表 6-1　メルケル政府のエネルギー消費量削減計画　2008-2050 年
単位　ペタジュール（PJ）、または、テラワット時（TWh）　1TWh = 3.6PJ

	基準 (2008)年	2010 年	2012 年	2020 年	2050 年
一次エネルギー（PJ）	14,380	14,217	13,447	20％減	50％減
電力（TWh）	524	527	519	10％減	25％減
運輸機関（TWh）	724(*1)	721	724	約 10％減	約 40％減
熱（TWh）	－	1,371	1,289	20％減	80％減
電気自動車（台数）	－	4,541(*2)	18,948(*3)	100 万以上	600 万(*4)

(*1) 2005 年　　　(*2) 2012 年 01 月 01 日　　(*3) 2015 年 01 月 01 日
(*4) 2030 年

を削減するべく、電気自動車（EV）の飛躍的な増加が企図される。ドイツにおける EV は 2015 年初めの時点で 18,948 台である[13]が、2020 年までに少なくとも 100 万台に増加され、2030 年には 600 万台の EV が走ると構想されている（表 6-1 を参照）[14]。ちなみに、その 600 万という台数は 2015 年初めの乗用車総数の 13.5 パーセントに当たる規模である。

　EV 増加による CO_2 等 GHG 排出量削減もさることながら、しかし、中心的な GHG 排出量削減策は、エネルギー利用効率の改善によるエネルギー消費量自体の削減である。「エネルギー構想」によると、すなわち、2008 年を基準年とし

　　　関の割合いは、19.8 パーセントである。Bundesministerium für Wirtschaft und Energie, Zahlen und Fakten Energiedaten, Tabelle 10, letzte Änderung: 13. 05. 2014.

(13)　Kraftfahrt Bundesamt, Pressemitteilung Nr. 5/2015, Der Fahrzeugbestand am 1. Januar 2015.

(14)　Ibid.; Die Bundesregierung, Maßnahmen im Überblick; Statistisches Bundesamt, Verkehr auf einen Blick, April 2013, S. 24; Umweltbundesamt, Anteile der Energieformen Strom, Wärme und Kraftstoffe, 27. 10. 2014, < http://www.umweltbundesamt.de/print/daten/energiebereitstellung-verbrauch/anteile-der-energieformen-strom-waerme-kraftstoffe >.

て、一次エネルギーの消費量は2020年までに20パーセント節減され、「再生可能エネルギー時代」の幕開け時（2050年）には基準年の50パーセントにまで減少することになるが、その細目を見てみると、最終エネルギー利用の効率が年平均で2.1パーセントずつ改善されながら、2050年の電力消費量は25パーセント節減され、運輸機関の最終エネルギー消費量も約40パーセント削減されることになっている。そして、さらに、建築物改修がすすめられて、空間暖房やプロセス加熱等に使われる熱の消費量は80パーセントも削減されるという計画が立てられている[15]（表6-1を参照）。

このような「再生可能エネルギー時代」へ向かうメルケル政府の歩みが極めて前途多難なことは言を俟たないが、メルケル首相にしてみれば、地球温暖化防止のための国際協調が危機的な情況に陥っている今日、そして、福島第一原発事故で明らかになったように、「原子力の危険性は確実には制御され得ない」ものである以上、「エネルギー転換」は是が非でも果たされなければならない課題であった。「"将来は予見されるべきものではありません。人びとがつくり出すべき世界です。"かつて、アントワーヌ・ドゥサンテグジュペリはこう書きましたが、正しく、それが私たちの課題です。私たちは」、原発稼働延長撤回閣議決定後の06月20日、彼女は「持続的な発展協議会（RNE）」の席上改めて「再生可能エネルギー時代」実現の決意を表明している、「将来をつくり出さなければなりません。」「もしも、ドイツが勇を鼓して持続的な社会樹立の先鞭をつけないならば、一体、どこの国に出来るというのでしょうか。そして、もしも、いまでないならば、一体、いつ、私たちは始めるべきでしょうか。」[16]

かかるメルケル首相の決意に対して、では、経済界（エネルギー産業界）はどのように対応したであろうか。次節では、四大エネルギー・コンツェルンの対応を中心にしながら経済界の動きを見てみよう。

---

(15) Deutscher Bundestag, Drucksache 17/3049, 28. 09. 2010, Energiekonzept, S. 3, 13.

(16) Die Bundesregierung, Rede von Bundeskanzlerin Angela Merkel bei der 11. Jahreskonferenz des Rates für Nachhaltige Entwicklung, 20. 06. 2011.

第2節　経済界の「エネルギー転換」

先に述べたように、ドイツ産業連盟（BDI）が政界主導の早期「脱原発」計画を"政治の優位"の表出として受け容れて以来、経済界は表面的には鳴りを潜めていた。その内部では、だが、「再生可能エネルギー時代」へ乗り入れるという「エネルギー転換」に新たな利益獲得機会を見出す産業界と「エネルギー転換」のなかに損失要因を見るだけの産業界ないし事業者に分かれる事態が進行しており、2010年夏の経済界挙げての大キャンペーン展開に表れ出たようなエネルギー政策にかんする共通の立場は最早失われている。たとえば、連邦政府が原発稼働期限延長の"モラトリアム"を発表してから1年後、定例のBDI幹部会議は「再生可能エネルギー時代」のエネルギー政策論議の場となったが、産業界指導者たちの見解の相違は極めて大きく、BDIは未だ自らの見解を表明できなかった[17]。

BDI傘下の産業界のなかで「エネルギー転換」で直ちに損失を被る羽目に陥る代表的な業界は、無論、エネルギー産業界であり、そして、「再生可能エネルギー時代」の実現にとって、少なくとも過渡的にはエネルギー供給の確実性保全のために四大エネルギー・コンツェルンのエネルギー供給能力は不可欠であるから、まずは、その対応を見ることにする。

第1項　四大エネルギー・コンツェルン

「赤–緑」連立連邦政府の成立時以来、ドイツにおける電力市場は次第に四大エネルギー・コンツェルンの寡占状態から離れつつあったが、2010年時点でも、四大エネルギー・コンツェルンは未だ総電力生産量の63パーセントを生産している[18]ように、最大の電力供給事業者であることに変わりはなかった。それゆ

---

(17) *Wirtschaftswoche*, 28. 03. 2012.

(18) 2010年03月現在、ドイツの総電力生産量に占める各エネルギー・コンツェルンの割合いは、それぞれ、RWE（23パーセント）・E.ON（19パーセント）・

表6-2 四大エネルギー・コンツェルンのドイツにおける総発電量に占める利用資源割合い 2007-2009年　　　　　　　　　　　　　　　　　　　　　　　%

コンツェルン 資源	E.ON		RWE		EnBW		Vattenfall	
	2007年	2009年	2007年	2009年	2007年	2009年	2007年	2009年
化石燃料	40	33	77.7	73.2	31	35	91	95
原子力	50	57	18.8	22.9	54	49	3	0
再生可能資源	7.3	7.1	2.3	2.6	11.4	11.2	1.2	1.2
（水　力）	5.8	6.1	1.9	2.1	11.3	10.8	0.1	—
（新資源）	1.4	1.0	0.41	0.5	0.08	0.4	1.1	1.2

えに、四大エネルギー・コンツェルンが"再生可能エネルギー事業者"化していく過程は「エネルギー転換」の観点から注視されるべき問題にほかならない。しかし、環境保全団体「グリーンピース」の研究が示すように、バイエルンヴェルク電力を傘下に収めたE.ONとEnBWについては、それぞれ南部のバイエルン州ないしバーデン-ヴュルテンベルク州において、一部水力資源の利用も行われているとしても、いずれのコンツェルンのばあいも風力・太陽光等"新しい"再生可能資源利用の発電事業は事実上ゼロに等しい情況にとどまっていた（表6-2を参照）[19]。したがって、長年ほとんど化石燃料と原子力に頼り、再生可能資源の発電利用を等閑にしてきたコンツェルン各社にとって、再生可能エネルギー中心のエネルギー供給体制へ移行することは容易なことではないが、それは、E.ON会長タイセンが「エネルギー転換が良くても悪くても、我れわれはそれに付き合わなければなりません」と語った[20]ように、抗し得ない政界の決定である。

　　　Vattenfall（12パーセント）・EnBW（9パーセント）である。Ibid., 12. 03. 2010.
(19)　Greenpeace, Investitionen der vier großen Energiekonzerne in Erneuerbare Energien. Stand 2009, Planungen und Ziele 2020 - Kapazitäten, Stromerzeugung und Investitionen von E.ON, RWE, Vattenfall und EnBW, 01. 03. 2011, S. 19, 51, 78, 103.
(20)　*Handelsblatt*, 14. 03. 2012.

表 6-3　四大エネルギー・コンツェルンの再生可能資源利用拡大計画　2009 年
各コンツェルンの総発電量に占める利用資源割合い　　　　　　　　　　　%

コンツェルン 資　源	E.ON			RWE		EnBW	Vattenfall		
	2015	2020	2030	2020	2025	2020	2015	2020	2030
化石燃料	59	52	43	65	62	30	54	52	34
原 子 力	24	23	19	19	19	50	23	19	23
再生可能資源	17	25	34	14	18	20	23	29	43
（水　　力）	9	9	8	1	－	10.3	15	14	12
（風　　力）	6	13	22	12	－	8.2	5	10	15
陸　上	4	5	6	2	－	1.8	－	－	－
海　上	2	7	16	10	－	6.4	－	－	－
（バイオマス）	1	2	3	－	－	1.1	3	4	6
（太 陽 光）	0	1	1	0	－	0.4	－	－	－
（潮　　力）	－	－	－	－	－	－	－	1	10

　無論、四大エネルギー・コンツェルンも再生可能エネルギーに全く関心がないわけではなく、すでに 2009 年時点で、コンツェルン各社はすべて大規模な陸上・海上風力発電設備を中心にして再生可能資源利用の事業に乗り出しはじめている[21]。しかし、それらの事業計画も再生可能エネルギー中心のエネルギー供給体制を樹立するには程遠いものにすぎなかった。いま、四大エネルギー・コンツェルンのうち、電力供給事業の 60 パーセント前後がドイツ国外で行われる E.ON とスウェーデン国有会社 Vattenfall を除いて、ドイツ国内で電力供給事業を展開する EnBW と 80 パーセント近くがドイツ国内における電力供給事業である RWE のばあいを見てみるならば、表 6-3[22] が示すように、2009 年時点における計画でも、基本的に従前からのエネルギー供給体制が選好され、根本的な "再

---

[21] Die Atomkonzerne werden immer grüner, in: Zeit Online, 06. 09. 2010, < http://www.zeit.de/wirtschaft/unternehmen/2010-09/atomkonzerne-oekostrom/komplettansicht >.

[22] Greenpeace, Investitionen der vier großen Energiekonzerne in Erneuerbare Energien, S. 32, 65, 67, 90, 114.

生可能エネルギー事業者"化は先送りされていた。

したがって、これらのエネルギー・コンツェルンが本格的に「エネルギー転換」へ向かわざるを得ない事態ほどに政界と経済界の関係変容を物語ることはないが、ここでは、2011年以降のRWEとEnBWのエネルギー供給事業計画を中心に四大エネルギー・コンツェルンの情況を概観して見ることにする。

まず、バーデン-ヴュルテンベルク州が株式の約半分を保有するEnBWのばあい、州政府の交替に伴って[23]経営方針は明確に転換された。2012年10月、フィリス会長に代わってEnBW会長の任に就くフランク・マスティオー(Frank Mastiaux)は、E.ONにおいて再生可能エネルギー部門を確立した"エコ・エネルギー"の専門家であり[24]、EnBWにおいても彼のもとで積極的な再生可能資源利用の発電設備拡大計画がすすめられている。その目差すところ、EnBW総発電容量に占める再生可能資源利用の割合は2009年の16.5パーセントから2020年には40パーセント以上に拡大されるが、それは、2014年末で19.1パーセントである[25]情況を考えるならば、今後の進捗が俟たれる計画である。そのなかで、代表的な事業計画の一つが北海に建設される海上風力発電設備バルティク2（発電容量288MW）であり、すでに2011年04月から稼働しているバルティク1（発電容量48.3MW）と合わせて2015年03月以降年間1,385GWhに達する海上風力利用の電力が供給される予定である[26]。また、今日（2014年末）193MWの陸上風力発電容量も2020年には1,750MWまでの増大が計画されている[27]。

(23) 州政府は監査役会を通して経営方針に影響を及ぼすことが出来、その影響力は、保有株式の多さからして、当然に大きい。

(24) Öko-Experte wird Chef bei Energiekonzerne EnBW, in: Spiegel Online, 20. 03. 2012, <http://www.spiegel.de/wirtschaft/unternehmen/e-on-manager-mastiaux-soll-neuer-enbw-chef-werden-a-822516-druck.html >.

(25) Greenpeace, Investitionen der vier großen Energiekonzerne in Erneuerbare Energien, S. 78; EnBW-Bericht 2014. Energiewende, Sicher, Machen, S. 21, 64.

(26) EnBW, Unsere Kraftwerke und Anlagen, < https://www.enbw.com/unternehmen/konzern/geschaeftsfelder/stromerzeugung/index.html >.

RWE の経営方針転換も、同様に、会長の交替とともに始まった。グロースマン会長は、2010 年夏の既存原発稼働期限延長キャンペーンを主導した事態が良く示すように、確信的な原子力利用推進論者であり、かつ、再生可能資源利用に消極的であったが、2012 年 07 月に就任の新会長ペーター・テリウム（Peter Terium）は積極的に再生可能エネルギー拡大に取り組む意思を表明した。「これまでは、新しい（alternativ）エネルギー資源利用による RWE の発電量は RWE 電力生産総量の僅か 4 パーセントにすぎませんが、E.ON は 10 パーセントで EnBW は 11 パーセントです。明らかに、RWE は、長いあいだ、再生可能エネルギー分野における動きの先頭に立ってはいませんでした。しかし、いまや」、グロースマンに代わるテリウムは経営方針の転換を宣言する、「時代が変わっています。子会社の RWE イノジー（RWE Innogy）が 2015 年までに 100 億ユーロを投資し、それによって、我れわれは欧州エネルギー供給事業者のなかで再生可能エネルギー分野における最大投資者にならなければなりません。」[28]

かかる方針に基いて、RWE は再生可能エネルギー拡大事業に取り組むが、その一つが 10 億ユーロを投資して取り組まれる北海海上風力発電設備建設であり、完成の暁には 30 万所帯分の電力が供給されることになる。また、グロースマン会長が沙汰の限りな話としてのみ言及した太陽光発電[29]もテリウム会長の再生可能エネルギー拡大計画には入っており[30]、ドイツ国内外に同設備を建設することが企図されている。それゆえに、「RWE を根幹から変革する」と宣言するテリウム会長[31]のもと、同社が"再生可能エネルギー事業者"化する事態もさほど遠い話ではないであろう。事実、すでに 2015 年 03 月時点で、RWE が言うところ、風力・バイオマス・水力、および、その他の再生可能エネルギー資源利

---

(27) EnBW-Bericht 2014, S. 64; *Die Welt*, 17. 06. 2013.

(28) *Handelsblatt*, 22. 05. 2012.

(29) 「雨の多いドイツで太陽光発電に取り組むことにはアラスカにおいてパイナップル（Ananas）栽培に取り組む程の意味しか有りません。」グロースマンは常々このように毒づいていたようである。*Süddeutsche Zeitung*, 18. 06. 2012.

(30) *Ibid.*

(31) *Ibid.*

用による発電容量は 2,800MW に達するまでに拡大されている⁽³²⁾。それは、2009 年の発電容量が 1,739MW であった⁽³³⁾ ことと比較すれば、着実な増加にほかならない。「我れわれは［エネルギー転換のために解決されるべき］問題ではなく、［転換を実現するという］問題に対する解答です。我れわれは、エネルギー転換成功のために尽力します。」⁽³⁴⁾ テリウム会長がこのように語り、同社のテレビ広告がエネルギー転換推進キャンペーンを張る⁽³⁵⁾ 事態に RWE の方針転換が余すところなく物語られている。

　E.ON の経営方針転換は、そして、四大エネルギー・コンツェルン中で最も徹底的な内容である。E.ON 会長タイセンが、2014 年 03 月、『シュピーゲル』誌インタヴューで語るところ、「［原子力や石炭や天然ガスに頼る］在来型の電力生産は将来も依然大きな利益を生み出し得るとは思えません。将来、利益を生み出し得るは再生可能エネルギーであり、電力関連の顧客サーヴィス提供であると思われます。」それゆえに、E.ON のエネルギー事業からは在来型の発電部門が分離売却されて（スピン・オフ）、今後の事業は再生可能資源利用の電力生産と電力関連のサーヴィス提供に特化されていく。そのばあい、たしかに、分離売却される在来型の発電部門が一体買われるであろうかという大きな問題は存在するものの、E.ON が提供するサーヴィスの例として、地域的で小規模な電力・熱併給（コジェネレイション）発電所（Blockheizkraftwerke）の建設ないしエネルギー利用効率向上策が言及される⁽³⁶⁾ ことは注目に値する。すでに、今日、ドイツの

---

(32)　RWE, Presse & News, Ausbau erneuerbare Energien, < http://www.rwe.com/web/cms/de/1166882/rwe/presse-news/specials/energiezukunft/der-beitrag-von-rwe/ausbau-der-erneuerbaren-energien >.

(33)　Greenpeace, Investitionen der vier großen Energiekonzerne in Erneuerbare Energien, S. 48.

(34)　*Die Welt*, 15. 11. 2013.

(35)　*Süddeutsche Zeitung*, 15. 11. 2013.

(36)　E.ON-Chef: Teyssen hält Atom- und Kohlestrom für kaum profitabel, in: Spiegel Online, 18. 03. 2014, < http://www.spiegel.de/wirtschaft/soziales/e-on-chef-teyssen-healt-atom-und-kohlestrom-fuer-kaum-profitabel-a-958458.html >.

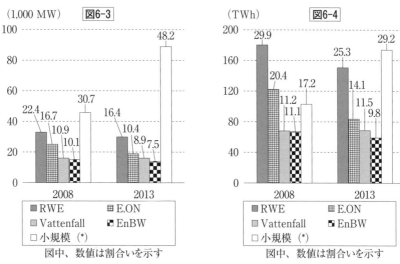

図6-3 ドイツにおける各事業者の発電容量と総発電容量に占める割合い 2008-2013年　単位 1,000MW ％

図6-4 ドイツにおける各事業者の発電量と総発電量に占める割合い 2008-2013年　単位 TWh ％

図中、数値は割合いを示す

(*)「小規模」は四大エネルギー・コンツェルンと中規模4事業者および工場を除いた残余の他事業者と再生可能資源利用事業者を指す。
　2013年、総発電容量の3.9パーセント（7,041MW）と総発電量の3.3パーセントは中規模の4事業者によって占められているが、それらもほとんど再生可能資源利用と電力・熱併給の事業者である。なお、工場は8,769MWの発電容量設備を有して総発電量の6.8パーセントを発電している。

エネルギー供給体制は地域的な小規模事業者の役割り増大へ向かう歩みを歩んでおり（図6-3と図6-4を参照）[37]、地域的な小規模事業者はほとんど再生可能資

---

(37) RWE, Transparenz-Offensive, Kraftwerkskapazität nach Betreibern in Deutschland 2008 und 2013, < http://www.rwe.com/web/cms/de/2388282/transparenz-offensive/stromdaten-kompakt/kraftwerkskapazitaet-nach-betreibern-in-deutschland-2008-und-2013 >; ibid., Stromerzeugung nach Betreibern in Deutschland 2008 und 2013, < http://www.rwe.com/web/cms/de/2388290/transparenz-offensive/stromdaten-kompakt/stromerzeugung-nach-betreibern-in-deutschland-2008-und-2013 > から筆者作成。

源利用と電力・熱併給を専らにする事業者であるから、そして、E.ON は早くも 2013 年だけで 105 の地域的な電力・熱併給発電所の建設に取り組んでいる[38] 情況を見るならば、E.ON の新しい経営方針によって地域分散型のエネルギー供給体制拡大へ向かう歩みはいっそう加速されるに違いない。無論、地域的な電力供給体制とコジェネレイション（KWK ／ CHP）の導入は送電過程のエネルギー損失を減少する点でもエネルギー利用効率向上の点でも大きな利点を有しており、さらに、CO_2 等 GHG 排出量削減の点でも効果的である。

また、Vattenfall のばあいも、経営方針は同様な方向へ向かっているが、特筆されるべきは、環境保全の観点から、ドイツにおける同社発電総量の 80 パーセント近くを占める[39] 褐炭利用発電からの全面ないし一部撤退が目差される[40] ことである。その代わりとして、再生可能資源利用の拡大や電力・熱併給（コジェネレイション）発電所建設が始められており、さらに、CCS 利用も加えて 2050 年までには CO_2 排出量ゼロ達成が企図されている[41]。

上記のようにして、2012 年夏以降、四大エネルギー・コンツェルンはそれぞれ「エネルギー転換」をすすめているが、そのばあい、国外の新規原発建設計画からの撤退も実行されることは注目に値する。この問題は、四大エネルギー・コンツェルンのうち、スウェーデンの Vattenfall を除けば、RWE と E.ON にかかわることであるから、ここで、両コンツェルンの動きを見ておこう。

2011 年の既存原発稼働"モラトリアム"措置以後、両コンツェルンが国外の原発事業にかかわりつづけるか否かはドイツ国内外で関心を集めていたが、早くも同年 05 月、RWE はオランダのボルセレ第二原発新設のばあいの参加意思を表明[42] し、それから半年後の 11 月末には、E.ON がフィンランドのピュハヨキ

---

(38) *Die Welt*, 15. 11. 2013.

(39) Greenpeace, Investitionen der vier großen Energiekonzerne in Erneuerbare Energien, S. 98.

(40) Abspaltung von Kohle, Gas und Atom: Wie sich E.ON neu erfindet, in: Spiegel Online, 01. 12. 2014, < http://www.spiegel.de/wirtschaft/unternehmen/e-on-wie-sich-der-konzern-neu-erfindet-a-1005954.html >.

(41) *Die Welt*, 15. 11. 2013.

原発新設計画に参加する旨表明していた[43]。したがって、両コンツェルンには直ちに原発事業そのものから撤退する意思は無かったようである。しかし、翌年、RWE の新会長テリウムは、ボルセレ第二原発建設計画に対する参加の可能性を否定するとともに、すでに E.ON と共同でイギリスに建設中の原発事業から中途撤退し[44]、以後、国外における新規原発建設に関与しない旨を宣言している。同様に、E.ON もイギリスにおける E.ON・RWE 共同原発建設事業からの中途撤退にとどまらず、2012 年 10 月、ピュハヨキ原発建設計画からも撤退したうえで、将来の国外原発新規建設不参加方針を宣言している[45]。そのばあい、両コンツェルンの撤退は原発事業投資の危険性の大きさを論拠としており、ともに最早原発事業に将来可能性を見ていない。それゆえに、未だオランダの原発事業（ボルセレ第一原発）に対する RWE 関与は残るものの、ドイツのエネルギー・コンツェルンの「脱原発」は国内のみならず国際的にも早晩完遂されるであろう。

---

(42) RWE のグロースマン会長は、2009 年、オランダ唯一の原発、ボルセレ原発に資本参加することを企図していたが、オランダ側の事業者が難色を示したために RWE の参加は実現されていなかった。だが、2011 年 05 月、交渉が妥結し、そのさいに、RWE はボルセレ第二原発新設のばあいの参加可能性も手に入れていた。*Frankfurter Rundschau*, 17. 05. 2011; *Süddeutsche Zeitung*, 17. 05. 2011.

(43) *Ibid.*, 18. 06. 2012.

(44) *Ibid.*; *Handelsblatt*, 19. 06. 2012; RWE stoppt Bau neuer Atomkraftwerke, in: Zeit Online, 25. 10. 2012, < http://www.zeit.de/wirtschaft/unternehmen/2012-10/rwe-atomkraftwerke-baustopp >. RWE と E.ON は、2009 年、イギリスに両コンツェルンの合同事業体「ホライズン原子力発電」を設立し、発電容量 6,000MW の原発を建設中であったが、合同事業体は、2012 年秋、日本の日立グループに売却されている。*Die Welt*, 30. 10. 2012.

(45) *Handelsblatt*, 24. 10. 2012; *ibid.*, 15. 02. 2013. E.ON は、ピュハヨキ原発建設事業体に対する出資金の E.ON 持ち分 34 パーセントをロシアの国有原子力会社ロスアトム社に売却している。Russia beyond the headlines, Rosatom baut ein Atomkraftwerk in Finnland, 24. 12. 2013, < http://de.rbth.com/in_brief/2013/12/24/rosatom_baut_ein_atomkraftwerk_in_finnland_27463.html >.

第 2 項　ドイツ産業連盟

　ここでは、非エネルギー産業界の対応として、製造業界が中心のドイツ産業連盟（BDI）について見てみよう。

　政界が「再生可能エネルギー時代」を実現するべくエネルギー供給体制を変革しようとするばあい、非エネルギー産業界がエネルギー価格（電力価格）の上昇を最大の問題視する事態は容易に予測されることであり、事実、BDI 傘下産業界のあいだでも産業用電力料金の上昇が懸念され、政界に協調的な動きが直ちに生ずるにはいたっていなかった。だが、事業者のあいだには、先に触れたように、「再生可能エネルギー時代」に利益獲得機会を見出す者もあり、ジーメンス社会長ペーター・レッシャー（Peter Löscher）はそのような事業者たちの代表的な存在として登場し、産業界のなかに政界協調的な気運を醸成する点で重要な役割りを演じている。「エネルギー転換を成功させることは可能です。それは、新しい技術の採用を強力に促して、模範的な電力供給体制を創出することになりますし、それによって、また、ドイツの気候保全・環境技術の輸出力もいっそう強化されるのです。」かかる観点に立って、レッシャーは、福島第一原発事故から 1 年後、全国の主要日刊紙上の全面広告で、産業界も「エネルギー転換」実現に努めるよう鼓舞するべく、ジーメンス社の積極的な関与を宣言している、「我れわれはその［エネルギー転換成功の］ために尽力し、それに貢献します。」（資料 X を参照）[46]

　原発事業を含む複合コンツェルンのジーメンス社は、すでにレッシャー会長就任の翌（2008）年、総売り上げ額の約 4 分の 1 を風力発電設備建設等の環境保全事業から得ている[47] ように、早くから再生可能資源利用の事業に関心を払っており、また、レッシャー自身は、京都議定書後の新協定を結ぶべく第 15 回国連気候変動枠組み条約締約国会議（COP）が開かれた 2009 年には、「気候保全に

---

(46) *Süddeutsche Zeitung*, 10. 03. 2012.

(47) Siemens, Presse, Siemens steigert Umsatz mit Umweltportfolio auf 19 Mrd. Euro im Geschäftsjahr 2008, 26. 11. 2008.

尽力する経済界」と銘打つ BDI イニシアティヴを先導し、産業界は CO_2 等 GHG 排出量削減のために高エネルギー効率の KWK 設備や CCS 技術の向上を図ることでドイツ経済の強化を実現できる旨を語っている。「気候保全は、［折からの経済不況のごとき］困難な時期には捨て置いてよい贅沢ではなく」、「我れわれの生存条件にかかわる」問題です。だから、「政界と学界と経済界は地域的・国家的・世界的に早急に対策を講じなければなりません。」レッシャーは、このように、気候保全の重要不可欠性を指摘しながらも、同時に、気候保全政策のなかに経済的な好機を見る必要性を力説して止まない、「気候保全［に取り組むこと］は、長期的な成長の原動力となり、雇用確保の保障になるのです。」[48] たとえば、アラブ首長国連邦のマスダールに世界最初の"CO_2排出量ゼロ都市"を建設する[49]という彼の事業計画は、かかる考えの実践にほかならない。そして、2010 年夏、経済界が既存原発稼働延長を求める大キャンペーンを張ったさいには、レッシャーは自動車製造事業 3 社（フォルクスヴァーゲン社、ダイムラー社、BMW 社）の会長たちと同様に「エネルギー政策にかんする訴え」に署名しなかった[50] 事態に示されるように、早くから原子力事業の将来に経済的な可能性を見出さなくなっており、福島第一原発事故後は、「ドイツの社会と政界の明確な脱原発［決定］に対する事業者［ジーメンス社］の回答として」、2011 年 09 月、フランスのアレヴァ社との合同原子力事業からの撤退につづいてロシアの国有原子力会社ロスアトム社との合弁事業計画からも下りる旨を表明しながら、原発建設事業から完全に撤退することを宣言している[51]。

---

(48) Peter Löscher, Editorial, in: BDI-Initiative 'Wirtschaft für Klimaschutz', Berlin o. D.［2009］, S. 3.

(49) Peter Löscher im FR-Interview, in: *Frankfurter Rundschau*, 11. 10. 2010.

(50) 大規模事業者会長たちのなかで数少ない非署名者としては、さらに、ドイツ郵便と化学コンツェルンのランクセス社会長がいる。*Wirtschaftswoche*, 28. 03. 2012.

(51) Folgen von Fukushima. Siemens verkündet Totalausstieg aus Atomgeschäft, in: Spiegel Online, 18. 09. 2011, < http://www.spiegel.de/wirtschaft/unternehmen/folgen-von-fukushima-siemens-verkuendet-totalausstieg-aus-atomgeschaeft_a_78

だから、レッシャーが「再生可能エネルギー時代」へ向かう動きを牽引しようとすることは極めて自然であったが、果たして、先の「エネルギー転換成功のために尽力する」旨の宣言から間も無くに、産業界は雪崩を打って政界に協調的な姿勢を示すにいたっている。その最も代表的な例は前BASF会長ユルゲン・ハンブレヒト（Jürgen Hambrecht）であり、以前は、彼はエネルギー大量消費の化学産業最大事業者代表として再生可能エネルギー拡大策を「夢遊病者の考え」と一笑に付していたが、いまや「産業界は皆同じ考えであり、完全にレッシャーの考えを支持しています」と語るにいたっている[52]。かかる気運醸成の帰結として、レッシャーの宣言から3カ月後、BDI会長ハンス-ペーター・カイテル（Hans-Peter Keitel）も「いまやもう産業界は積極的にならなければなりません（Es muß jetzt endlich vorangehen）」と宣言した。「たしかに、エネルギー転換は多数の要因が相互に影響し合い、結末も不確かな実験のようなものです。」しかし、カイテルは強調する、「我れわれは、エネルギー転換成功のために重要な役割りを担うべきですし、我れわれにはそれが出来ますし、そうしたいです。」[53] ここに、政界主導の「エネルギー転換」に積極的に協力するというBDI対応の確定を見ることが出来るであろう。

だが、そのばあい、協力の対価として産業界の電力料金に減免措置が講じられ、その分が減免措置を受けられない他の消費者に転嫁される事態は看過され得ない問題である。もしも、産業界に対する電力料金減免措置が拡大されて、減免措置が適用されない消費者の負担、取り分け、家庭用電力料金が大幅に上昇するという問題が生み出されるならば、それによって「エネルギー転換」に対する広範な社会的支持が損なわれる情況の現出も排除され得ない。

次節において、産業用電力料金に対する減免措置の問題を考えてみる。

6885.html >.

(52) *Wirtschaftswoche*, 28. 03. 2012.

(53) BDI, Kompetenzinitiative Energie der deutschen Industrie, 04. 06. 2012.

第 3 節　「特権的な電力消費者」と電力料金の上昇

　2011 年 05 月末、BDI が「産業界は原則として政界が望むエネルギー政策転換を共に担う」という声明を発出して早期の「脱原発」決定を受け容れた（第 5 章第 3 節第 1 項）とき、カイテル会長は産業界に対しては再生可能エネルギー法（EEG）に定められた賦課金（EEG 賦課金）（付録Ⅲを参照）を 2 セント／kWh に引き下げて、さらに、エネルギー大量消費の事業者については 0.05 セント／kWh 以下にとどめ置くよう要求し、メルケル首相の同意を得ている旨を語っていた(54)が、そのような減免措置の導入はすでに第 2 次シュレーダー政府期に始まっていた。当時、「赤-緑」連立政府は、すでに早くも 2001 年 11 月以来、エネルギー大量消費のアルミニウム産業界から"政治的に課せられる負担金"の免除要求にさらされており(55)、さらに、翌年 11 月、BDI からは、年間電力消費量が 100MWh を超える製造業事業者のばあいには、超過分に対する EEG 賦課金を 0.05 セント／kWh 以下に抑えることなどが求められていた(56)。それに対して、シュレーダー政府内では、「緑の党」の環境相ユルゲン・トリティーンが実際の EEG 賦課金の小ささと公平な負担を論拠に反対の論陣を張っていた(57)が、BDI からの減免要求に雇用削減を恐れる労働組合のそれも加わる(58)や、けっきょ

---

(54) "Wir tragen den Atomausstieg mit" sagt BDI-Präsident Hans-Peter Keitel im Interview.

(55) 減免要求の先鋒となったアルミニウム産業界の論拠は、ケルン大学付設エネルギー産業研究所（EWI）の判断に基づくものであった。Bernd Hirschl, *Erneuerbare Energien-Politik. Eine Multi-Level Policy-Analyse mit Fokus auf den deutschen Strommarkt*, Wiesbaden 2008, S. 156.

(56) BDI 要求の詳細については、Uwe Leprich, Andreas Thiele und Günter Frey, Belastung der stromintensiven Industrie durch das EEG und Perspektiven. Kurzgutachten für das Bundesministerium für Umwelt, Naturschutz und Reaktorsicherheit, Institut für ZukunftsenergieSysteme(IZES), Saarbrücken, April 2003, S. 5f.

(57) Hirschl, *Erneuerbare Energien-Politik*, S. 156.

く、シュレーダー政府は減免要求を基本的には受け容れることになり、その結果、2003 年 06 月、「エネルギーを大量に消費する製造業界事業者の国際競争力を損なわないようにするため」という名目で、そのような事業者の一部消費量に対する EEG 賦課金を 0.05 セント／kWh に引き下げることが決定されている。

そのばあい、減免措置の適用対象事業者は年間電力消費量が 100GWh を超えること、つまり、BDI の要求よりも 1,000 倍多い消費量が適用基準とされ、かつ、粗付加価値（BWS）に占める電力料金割合が 20 パーセントを超える事業者に限定されたから、そして、0.05 セント／kWh に減免される対象は 100GWh を超える消費量のみとされた（EEG 第 1 次改訂法第 1 条）[59] から、そして、さらに、施行期間も 1 年間に限られた（同法第 3 条）[60] から、連邦政府は産業界の要求を粗方撥ね付けたと見ることもできる。しかし、それでも、他電力消費者に転嫁される EEG 賦課金負担は小さくはなく、連邦環境省委託の「将来エネルギーシステム研究所（IZES）」の研究によると、もしも、2002 年の EEG 賦課金負担が BDI の要求通りに行われていたならば、減免措置を受けられない消費者の負担は 1.6 倍以上に上るようである（図 6-5 を参照）[61]。ここに、EEG 賦課金減免措置導入の問題点があった。

顧みるならば、2003 年の時限的な EEG 第 1 次改訂法は、再生可能エネルギー拡大政策のなかに減免措置を受ける「特権的な電力消費者」と減免措置非適用の「非特権的な電力消費者」という二重構造を形成する先駆けになっている。翌年には、エネルギー大量消費者の EEG 賦課金を 0.05 セント／kWh にするという減免措置は恒久化され、その適用対象も大きく広げられた[62] が、それでも、未

---

(58) Udo Leuschner, Bundesregierung plant "EEG-Härtefallregelung" für stromintensive Unternehmen, Energie-Chronik, März 2003, < http://www.udo-leuschner.de/energie-chronik/030304.htm >.

(59) Erstes Gesetz zur Änderung des Erneuerbare-Energien-Gesetzes vom 16. Juli 2003.

(60) Ibid.

(61) Leprich, Thiele und Frey, Belastung der stromintensiven Industrie durch das EEG und Perspektiven, S. 54.

図 6-5　EEG 賦課金負担額と割合い　公平な負担のばあいと減免措置導入のばあいの比較　2002 年

単位　100 万ユーロ

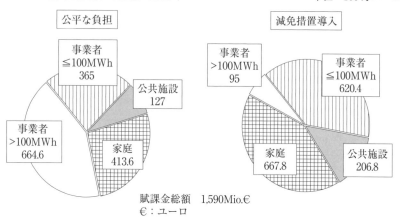

€：ユーロ

　だ他電力消費者の負担増回避を図るという配慮が行われ、減免総額は「他電力消費者の負担増加が前年比 10 パーセント以内に抑えられる」範囲という上限枠が設けられていた（2004 年 EEG 第 16 条第 5 項）。だが、その上限枠も 2006 年に「大連立」政府の提案で撤廃され[63]、さらに、2009 年からは工場自家発電（自ら発電して自ら消費する、ないしは、専用契約を結んだ発電所の電力を消費する）に対する EEG 賦課金は全額免除になり、そして、2012 年の EEG では減免措置適用基準は 1GWh 超の年間電力消費量で BWS に占める電力料金割合いが 14 パーセント超の事業者にまで下げられている（表 6-4 を参照）[64]。

---

(62)　Gesetz zur Neuregelung des Rechts der Erneuerbare-Energien im Strombereich vom 21. Juli 2004.

(63)　Deutscher Bundestag, 16. Wahlperiode 2005, Drucksache 16/2455, 25. 08. 2006, Gesetzentwurf der Bundesregierung, Entwurf eines Ersten Gesetz zur Änderung des Erneuerbare-Energien-Gesetzes, S. 6; idem, *Verhandlungen des Deutschen Bundestages,* Stenographischer Bericht, 54. Sitzung, Berlin, Donnerstag, den 28, September 2006, S. 5253.

(64)　Deutsches Institut für Wirtschaftsforschung (DIW), Vorschlag für die zukünftige Ausgestaltung der Ausnahmen für Industrie bei der EEG-Umlage, Berlin

表 6-4　EEG における減免措置適用基準　2003-2015 年

	EEG2000	EEG2004	EEG2009	EEG2012
適用開始年月	2003.07	2004.08	2009.01	2012.01
適用産業界	製造業	製造業　鉄道（*）		製造業　鉱山業　鉄道（*）
年間電力消費総量	＞100GWh	＞10GWh		＞1GWh
BWS に占める割合い	＞20%	＞15%		＞14%

（*）鉄道事業者に対する適用基準は一貫して 10GWh 超の年間電力消費量のみである。

図 6-6　電力消費量と EEG 賦課金に占める部門別割合い　2014 年

単位　TWh　100 万ユーロ

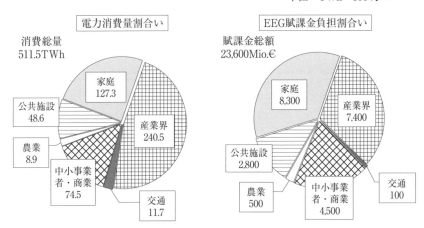

　その結果、2003 年には 66 に過ぎなかった[65]減免措置適用事業者は 2014 年には 2,098 に増加して、その電力消費量は消費総量の 22.7 パーセントを占めるまでになっており、それに伴って、他電力消費者（「非特権的な電力消費者」）の負担は大きく増大している。たとえば、2014 年のばあい、消費電力総量の 47.0 パーセントを消費する「産業界」は EEG 賦課金総額の 31.4 パーセントしか負担していないが、反対に、消費電力総量の 24.9 パーセントを消費するだけの「家庭」は 35.2 パーセントの EEG 賦課金負担を求められている（図 6-6 を参照）[66]。も

　　　2013, S. 4.

(65)　Bundesministerium für Umwelt, Naturschutz, Bau und Reaktorsicherheit, Pressemitteilung Nr. 365/04, 29. 12. 2004.

表 6-5 「特権的な電力消費者」の拡大と EEG 賦課金に対する影響　2005-2014 年

年	2005	2007	2009	2010	2011	2012	2013	2014
特権的な電力消費者								
事業者数	297	382	507	566	603	734	1,720	2,098
（製造業）	252	340	458	517	554	683	1,667	2,026
（鉄道）	45	42	49	49	49	51	53	72
消費量割合い（%）	11.4	12.7	12.2	16.7	18.4	18.2	20.4	22.7
減免総額（*1）					2,740	2,720	4,000	5,100
公平な賦課金（*2）	0.6	0.9	1.2	1.6	2.7	2.7	3.8	4.3
標準賦課金（*2）	0.69	1.02	1.31	2.05	3.53	3.59	5.28	6.24

(*1) 単位：100万ユーロ　　　(*2) 単位：セント／kWh

しも、産業界の特定事業者に対する減免措置は講じられないで、全電力消費者が消費量に比例して負担するならば、ベルリンの「エコ社会的市場経済フォーラム（FÖS）」が算出するところ、同年の EEG 賦課金（標準賦課金）6.24 セント／kWh は 4.3 セント／kWh にとどまっている（表 6-5 を参照）[67]。

---

(66) Bundesministerium für Wirtschaft und Energie, Zahlen und Fakten, < http://www.bmwi.de/DE/Themen/Energie/Strommarkt-der-Zukunft/zahlen-fakten.html >; BDEW, Industriestrompreise. Ausnahmeregelungen bei Energiepreisbestandteilen, Berlin, 28. April 2014, S. 18.

(67) Bundesministerium für Umwelt, Naturschutz, Bau und Reaktorsicherheit, Informationen zur Anwendung von § 40ff. EEG (Besondere Ausgleichsregelung) für das Jahr 2011 einschl. Erster Ausblick auf 2012, Stand: 15. Oktober 2011; idem und Bundesamt für Wirtschaft und Ausfuhrkontrolle, Hintergrundinformationen zur Besonderen Ausgleichsregelung. Antragsverfahren 2013 auf Begrenzung der EEG-Umlage 2014, S. 12; Forum ökologisch-soziale Marktwirtschaft, Reform der Begünstigung der Industrie bei der EEG-Umlage. Ansatzpunkte zur Begrenzung der EEG-Umlage - Aktualisierung für die Umlage 2014, 06/2013, S. 4; DIW Berlin, Vorschlag für die zukünftige Ausgestaltung der Ausnahmen für Industrie bei der EEG-Umlage, S. 17; Johannes N. Mayer und Bruno Burger, Kurzstudie zur historischen Entwicklung der EEG-Umlage,

エネルギー大量消費の事業者に対するEEG賦課金減免措置は、その後、2013年12月からの「大連立」政府のもとで、EEG賦課金負担の公平化をすすめるべく幾分適用対象が縮減されたから、それに伴って、2015年のEEG標準賦課金、つまり「非特権的な電力消費者」が負担する賦課金は僅かながらも初めて前年を下回ることになった（6.24セント／kWhから6.17セント／kWhへ）[68]。しかし、近年の急激なEEG賦課金上昇はEEG賦課金減免総額の増加に因るだけではなく再生可能資源利用電力がパリの電力直物（スポット）市場（EPEX SPOT）で取り引きされる事態（付録Ⅲを参照）に起因しており[69]、そして、EPEX SPOTにおける取り引きは2013年12月成立の「大連立」政府の「電力市場構想」（2014年10月発表の「エネルギー転換のための電力市場（緑書）」）のなかでも継続する旨謳われている[70]。だから、EEG賦課金の上昇、したがって、電力料金の上昇は今後も起こり得るが、今後の電力料金の問題は、市場の動きもさることながら、再生可能エネルギー拡大のレヴェルとともに、EEG賦課金減免措置対象の設定や給電補償費決定等にかんする政府の政策判断に掛かっている。

　本章の最後に、電力料金上昇に対する国民意識の情況を輿論調査結果を通して見ておこう。

　　　Freiburg, Update vom 14. 07. 2014, S. 7 から筆者作成。
(68)　Bundesministerium für Wirtschaft und Energie, EEG-Reform, Häufig gestellte Fragen zur EEG-Reform, Stand: 15. 10. 2014, <http://www.erneuerbare-energien.de/EE/Redaktion/DE/Standardartikel/FAQ/fag_eeg_reform.html >.
(69)　Mayer und Burger, Kurzstudie zur historischen Entwicklung der EEG-Umlage, S. 3f.
(70)　Bundesministerium für Wirtschaft und Energie, Ein Strommarkt für die Energiewende. Diskussionspapier des Bundesministeriums für Wirtschaft und Energie (Grünbuch), o. D. [Oktober 2014], S. 1ff.

図6-7 「エネルギー転換」のための電力料金追加支払い用意の有無と支払い額　2011年05月　　％

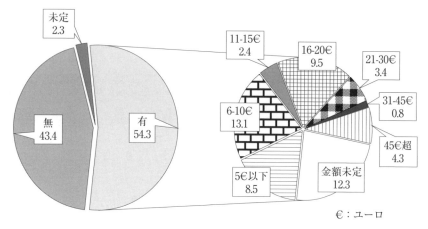

€：ユーロ

第4節　電力料金上昇と国民意識

　再生可能資源利用の発電事業を電力消費者の費用負担で拡大しようとするならば、言うまでもなく、消費者に受け容れられることが決定的に重要であり、それはメルケル政府によっても端から意識されていた。たとえば、2011年05月、「エネルギー転換」の最終的な決断を下すに先立って、メルケル政府は興論研究所に委託して秘かに国民意識を探ろうとしている。「もしも、相当に早期の脱原発を行って、再生可能エネルギー利用促進のための賦課金（Abgabe）が電力料金に加算されるならば、あなたには、それを支払う用意がありますか、それとも、ありませんか。」当時、かかる問いに対して、回答者1,012名の54.3パーセントは「支払い用意が有る」と答えており、さらに、その「支払い用意が有る」人びとのうち、37.6パーセントは「あなたの家庭では、月々何ユーロまでの賦課金を追加で支払う用意がありますか」という問いには11ユーロ以上支払う用意があると明確に答えていた（図6-7を参照）[71]。同年の平均的な家庭（3人家族

---

　(71)　FG Wahlen, Ergebnisse aus der Meinungsforschung, Regierungsmonitor 20. 05.

で年 3,500kWh の電力消費量）の電力料金が1カ月当たり 73.59 ユーロ[72]であることを考えるならば、したがって、多くの国民は、早期の「脱原発」と再生可能エネルギー拡大実現のためには、相当な電力料金上昇も厭わない意思を有していたと言えるであろう。すでに 2010 年 03 月、メルケル政府が輿論研究所から受けていた報告によれば、「国民 4 人のうち 3 人は原子力利用の放棄によって電力料金がいっそう上昇する事態を恐れている」も、同時に、「ドイツ人の圧倒的な多数は再生可能エネルギー利用の利益を認識しており、将来、再生可能エネルギーが従前よりも多くエネルギー供給に利用されることを願っていた」[73]が、それが 1 年余後に裏書きされることになったわけである。

　その後も、電力料金上昇については各種の輿論調査が行われ、その都度負担増加を受け容れようとする国民多数の意思が確認されている。一例を示すならば、2012 年秋、『シュテルン』誌委託の調査によると、64 パーセントの人びとは「計画よりも電力料金が高くなるとしても、エネルギー転換を支持する」旨答えており、「電力料金上昇ゆえに脱原発を撤回しよう」と考える 29 パーセントの人びとを大きく上回っていた[74]。それでも、しかし、2013 年の電力料金は、平均的な家庭のばあい、すでに 2011 年のそれに比べて 1 カ月当たり 10.53 ユーロ上昇しており[75]、その後の上昇も予測されるから、先に述べたように、国民意識の変容も考えられないわけではない。その点に、大きな課題の一つがあるが、消費者センター（VZ）の輿論調査結果から分かるところ、ドイツ国民の多数は「脱原発」と再生可能エネルギー利用の拡大という「エネルギー転換」を、電力価格上

　　　　2011 から筆者作成。この輿論調査については、第 5 章註（70）を参照。
(72)　BDEW, BDEW-Strompreisanalyse Juni 2014, S. 8.
(73)　Emnid, Ergebnisse aus der Meinungsforschung, Einstellungen der Deutschen zur Kernenergie, in: Spiegel Online, 31. 03. 2010 から筆者作成。この輿論調査については、第 5 章註（70）を参照。
(74)　Die Deutschen halten an Energiewende fest, in: Stern Online, 08. 11. 2012, < http://www.stern.de/wirtschaft/news/stern-umfrage-die-deutschen-halten-an-energiewende-fest-1922807.html >.
(75)　BDEW, BDEW-Strompreisanalyse Juni 2014, S. 8.

表 6-6　「エネルギー転換」にかんするドイツ国民の評価　2013 年 06 月　　　%

事項＼評価	完全に同意	同意	(*)	不同意	全く不同意
生活の質と環境の向上をもたらす	41	43	4	9	3
国外エネルギー資源から自立出来る	33	44	4	14	5
他国に先駆けて模範国になれる	26	48	6	17	3
脱原発で市民の安全性が高まる	31	38	5	16	10
市民は自らエネルギーを生産して自立出来る	17	42	6	28	7
高い生活水準が長期的に保障される	10	39	12	31	8
新しい雇用が創出される	14	39	11	31	5
「エネルギー転換の目標」は正しい	43	39	2	13	3

(*) 分からない

　昇という当座の問題はあるものの、積極的に支持しており、その論拠は"安全な環境のなかに暮せる"という「生活の質（Lebensqualität）」の向上に置かれていることを示しておこう。

　ドイツ各州にある VZ は州内自治体の資金で運営される消費者保護機関であり、さまざまな情報を提供するとともに折に触れて輿論調査を行っている。いま、2013 年 06 月、各州 VZ の全国組織である連邦消費者センター連盟（VZBV）がフォルサ輿論研究所に委託して「エネルギー転換」について行った輿論調査の結果によるならば、回答者（1,227 名）の多くは「エネルギー転換」のなかに「生活の質と環境の向上」や「国外エネルギー資源からの自立性確保」、あるいは、「他国に先駆けて模範国になれる」という利益を見出しており、そして、「脱原発で市民の安全性が高まる」こと等が「エネルギー転換」で実現されると考えている。それゆえに、圧倒的に多数の人びと（82 パーセント）は「エネルギー転換」の追求を「正しい政策である」と評価している（表 6-6 を参照）[76]。そして、そのばあい、大いに注目されるべき点にほかならないが、たぶん、電力料金

---

(76) Forsa/Verbraucher Zentrale Bundesverband, Verbraucherinteressen in der Energiewende. Ergebnisse einer repräsentativen Befragung, Berlin, 12. August 2013, S. 10, 24 から筆者作成。

図 6-8 「エネルギー転換」の利益・不利益にかんする国民の個人的な見解　ノルトライン-ヴェストファーレン州　2014 年 10 月　　　　　　　　　　　　　　　％

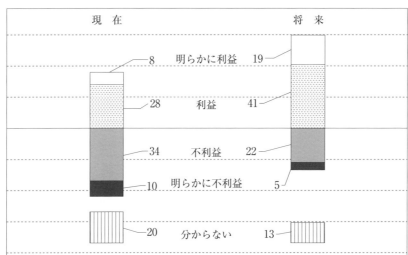

上昇のゆえにであろうが、個人的には、未だ不利益が利益を上回ると判断している（不利益と見なす者 50 パーセントに対して利益と見る人びとは 32 パーセント）ものの、長期的に見るならば、「エネルギー転換」は個人的にも利益が勝る政策であると見なしている（53 パーセント対 31 パーセントに逆転する）[77]。

　同様な興論の情況は、翌年 10 月、ノルトライン-ヴェストファーレン州消費者センター（VZ NRW）の委託を受けてフォルサ興論研究所が行った調査にも示された。ドイツ総人口の 22 パーセントが暮す同州内には、炭田をかかえるがゆえに「エネルギー転換」に消極的なルール地方もあるが、総じて、「エネルギー転換」にかんする同州の人びとの評価は全国平均よりも高い。たとえば、調査回答者 2,127 名のうち、「エネルギー転換」追求の政策に対する評価は 88 パーセント対 10 パーセントと圧倒的に肯定する人びとが多く[78]、個人的な利益にかんす

---

(77) Ibid., S. 36.

(78) Forsa, Meinungsumfrage zur Energiewende bei Privathaushalten für das Projekt "Klimaschutz und Energiewende konkret" in Nordrhein-Westfalen, Bericht, 27. November 2014, S. 10, 11.

る見解のばあいも、60 パーセントの人びとは、将来、「エネルギー転換」は自らにとっても「明らかに利益になる」ないし「利益になる」という展望を描いている（図 6-8 を参照）[79]。したがって、以上のような今日の輿論から判断できるかぎり、国民多数が「エネルギー転換」を求めるという情況は持続するであろうし、そして、そのばあいには、政界が経済界を饗導するという"政治の優位"も持続され、それゆえに、「エネルギー転換」実現へ向かうドイツの歩みも持続するにちがいない。

---

[79] Ibid., S. 26.

終　章　"ハードな道"と"ソフトな道"
── 岐路に立つ現代世界

　　"ファウストは、細かな点を読まないで拙(まず)い取り引きをしたために、罪のない関係者（すなわち、グレートヒェンの家族）に災厄をもたらした。しかし、それでも、最終的には、彼は救われて天に召されたが、それは、彼が生き方を変え、村びとたちにソフトな技術を提供することに自らの才能を振り向け直したからでした。我れわれも、ファウストのように、傲慢さを謙虚さに改めて、［ハードな道を今後も歩みつづけることは、］不愛想な宇宙においては、脆く貧しい試みにすぎないという我れわれの［力の］限界を理解し、受け容れなければなりません。我れわれは、神としてではなく、人間として生きることで満足するようにならなければなりません。もしも、"これまでは誰も行かなかった道"を選んで歩むならば、全く異なる情況が生まれ得るのです。もしも、"遥かな将来において何処かで"、歩む道を変えたと語る機会が欲しいのであれば、我れわれは速やかに賢明な道を選ばなければなりません。"

　　　　　　　　　エイモリィ・B・ロヴィンズ　『ソフトなエネルギーの道：永続的な平和を目差して』

　本章では、ドイツにおける「エネルギー転換」追求の歩みを確認しながら、21世紀におけるエネルギー供給体制問題を検討してみよう。それによって、先駆的なドイツの「エネルギー転換」の意義が明らかになる。
　今日、各国のエネルギー政策はエネルギー供給の"確実性"と"経済性"に並んで"環境非毀損性"を基準にして策定されなければならないように、これまで

の人類のエネルギー利用には環境悪化という問題が内在している。したがって、近代以降のエネルギー大量消費と経済成長追求の社会が早晩環境悪化情況に直面させられるは必定であったが、ドイツでは、政治的に初めて環境保全に取り組む役割りは1969年秋からのSPD首班の連邦政府によって担われている。

　SPDのヴィリ・ブラントは政界では例外的に早くから環境保全の重要性を主張していた一人[1]であり、1969年10月、「1970年代には、環境と生活状態が急速度で変わるでしょう」と施政方針演説で述べる[2]ことで、ブラントは就任時に「環境」に言及した最初の西ドイツ首相となっており、彼を首班とする連邦政府のもと、環境保全政策は主要政策の一つと位置付けられて積極的に取り組まれている[3]。「今日の工業社会は一つの課題に直面しています。我れわれの社会は、存続していくためには、まずは、この10年間、経済成長の単なる量的な面よりも人間らしい生活という質的な面を従前よりも格段に重視しなければなりません。」このように、ブラント政府は、早くもMIT研究チームの『成長の限界』公刊前、1970年09月発表の「環境保全のための緊急措置計画」において、経済成長追求社会の問題点を指摘しており、かかる考えに基づいて、「環境に迫る危険に対する闘い」が政府の内政改革上の優先課題であると位置付けていた[4]。同年12月、環境政策を管轄する閣僚として、FDP"環境派"の内相ハンス－ディートリヒ・ゲンシャー（Hans-Dietrich Genscher）は、来たる数十年間、「経済成長の量的な面よりも人間らしい生活という質的な面」を重視するために「個々人と国民経済全体は今日よりも遥かに重い負担を受け容れなければなりません」と連邦議会で負担の増加について語り、さらには、個々人の消費行為も改

---

(1)　Willy Brandt, *Erinnerungen,* Frankfurt am Main 1989, S. 274f.

(2)　Idem, Regierungserklärung vom 28. Oktober 1969, in: Klaus Stüwe (Hrsg.), *Die großen Regierungserklärungen der deutschen Bundeskanzler von Adenauer bis Schröder,* Opladen 2002, S. 171.

(3)　Deutscher Bundestag, 6. Wahlperiode 1969, Drucksache VI/1519, 04. 12. 1970, Umweltschutz; idem, Drucksache VI/2710, 23. 12. 1971, Materialienband zum Umweltprogramm der Bundesregierung.

(4)　Idem, Drucksache VI/1519, 04. 12. 1970, Umweltschutz, S. 8f.

終　章　"ハードな道"と"ソフトな道" — 岐路に立つ現代世界　323

められなければならないと主張していた[5]が、その姿には、正しく、時代を画する光景を見ることが出来るであろう。ゲンシャーが後年の『回顧録』に記すところ、ブラント政府と彼自身にとって「環境保全は全人類の生存が懸かる問題として改革政策の中心要因であり、国家の使命として前世紀における社会問題と同等の重要性を有していた。」[6] このように記すとき、ゲンシャーは自らをビスマルクに擬していたかも知れないが、ともあれ、ブラント首相とゲンシャー内相のイニシアティヴによってドイツの環境保全政策の端緒が開かれている[7]。

そのばあい、だが、連邦議会におけるゲンシャーが「人間らしい生活の質的な面」のための負担も「長期的な経済成長を可能にするための措置であり」、「経済成長を犠牲にすることがあってはならない」と位置付けた[8] ように、環境悪化と経済成長の関連は問題視されてはいなかった。そして、ブラント首相のばあいも情況は全く変わることはない。ブラントが、第二次ブラント政府の成立を受けて、1973年01月に施政方針演説を行うさい、彼も、また、「個々人であれ社会であれ、長期的に自然を犠牲に生きることは出来ません」と環境保全の不可欠性を語りながらも、明らかにMIT研究チームの『成長の限界』を念頭に置きながら、環境保全のために「成長と生産性を全般的に制限するという短絡思考」に陥らないよう警告を発していた[9]。したがって、ブラント政府の環境保全政策は

---

(5) Idem, *Verhandlungen des Deutschen Bundestages,* Stenographischer Bericht, 87. Sitzung, Bonn, Mittwoch, den 16. Dezember 1970, S. 4798.

(6) Hans-Dietrich Genscher, *Erinnerungen*, Berlin 1995, S. 126.

(7) SPD内では、過去1969年までの連邦議会選挙戦で環境問題は何の役割りも演じていなかったことに端的に示されるように、長いあいだ環境保全は政治的な課題とは見なされていなかった。ゲンシャーは自らの政治的な手本の一人と仰ぐFDPのラインホルト・マイヤー（Reinhold Maier）から環境保全の重要性を教えられ、ゲンシャー自身も早くからそれを確信するようになっていたようである。*Ibid*., S. 125; Friedrich-Ebert-Stiftung. Archiv des sozialen Demokratie, 17. 09. 1970: Sofortprogramm für den Umweltschutz von der Bundesregierung vorgelgt, <http://www.fes.de/archiv/adsd_neu/inhalt/stichwort/sofortprogramm.html>.

(8) Deutscher Bundestag, *Verhandlungen des Deutschen Bundestages,* Stenographischer Bericht, 87. Sitzung, Bonn, Mittwoch, den 16. Dezember 1970, S. 4798.

"環境保全も経済成長も共に達成する"という常套の二正面作戦にほかならない。

たしかに、ブラント政府の"二正面作戦"も、もしも、適切に遂行されるならば、二つの課題が幾分は共に達成され得る可能性を有していた。「環境保全のための緊急措置計画」では、すなわち、一方で、「有害物質の排出量削減や排出自体を防止するような技術的措置」が講じられ、他方では、「環境を損なわない、"クリーンな"新技術や製法（Verfahren）や製品が奨励され、開発され」る[10]から、そして、それらの技術や製品開発は明確に新しい有望な経済事業分野と見なされて推進され、その結果、国内で原料とエネルギーの消費量が節減されるのみならず、"クリーンな"製法や製品は世界中から買い求められるという経済効果が予定されていた[11]。したがって、ブラント政府の計画には世界に先駆けて産業界を環境保全のための経済事業に嚮導しようとする意思が明瞭であった。

しかし、"環境保全も経済成長も"という二正面作戦は、現実には、奏功しがたいことであり、それは当初から政府によっても認められていた。「［住民の放射線被曝防護のために］設定された目標は追加的な費用の投入によってしか達成され得ないが、それ［つまり、追加的な費用の投入］では」、1971年12月の「連邦政府の環境保全計画」は被曝防護と廉価なエネルギー生産が両立しがたい点に言及している、「エネルギーの生産費は上昇し、［エネルギーの］廉価性と環境毀損度合いの最小化という二つの目標は相克状態に陥らざるを得ない。」では、どうするか。かかる情況に直面しての対応が"二正面作戦"の効果の程を左右するであろうが、爾後の原子力発電利用の大幅拡大を与件にして環境保全を計画する連邦政府の考えは、明快であった。「国民経済の安定と世界市場における我が国競争力の観点から考えて」原子力は不可欠であり、「［二つの目標が両立しがたいばあいでも、］それで核燃料利用によるエネルギー生産拡大が妨げられてはなら

---

(9) Willy Brandt, Regierungserklärung vom 18. Januar 1973, in: Stüwe (Hrsg.), *Die großen Regierungserklärungen der deutschen Bundeskanzler von Adenauer bis Schröder,* S. 189.

(10) Deutscher Bundestag, Drucksache VI/1519, 04. 12. 1970, Umweltschutz, S. 5, 10.

(11) Idem, *Verhandlungen des Deutschen Bundestages,* Stenographischer Bericht, 87. Sitzung, Bonn, Mittwoch, den 16. Dezember 1970, S. 4798.

ない。」[12] これが、ブラント政府の主張である。なるほど、「連邦政府の環境保全計画」では、原発から放出される放射性の排水・排気対策や大量の核廃棄物の最終貯蔵問題等原子力利用に伴う多くの環境保全課題が検討されている[13]が、原発拡大という目標に対しては環境保全目標も後景に退かざるを得ないようである。このばあい、ブラント政府が"クリーンな"エネルギー資源という原子力観を固執し、経済成長を絶対化していることは言うまでもないが、留意されるべき点は、放射線被曝防護という優先されるべき目標も経済的な利益考慮の観点から相対的に扱われ、情況によっては、重視されなかったり、等閑視され得るということであり、それは放射線被曝防護政策に限られず、他の環境政策分野にも当てはまることである。そして、それが現実にほかならないことは、後年、ゲンシャーとブラント自身によって裏書きされている。

「環境というテーマの重大性の認識は緑の党の登場を嚆矢とすると言われる」も、「緑の党が姿を現した時には、すでに連邦内務省で開墾作業（Kärrnerarbeit）が始められ、畑が造られて、新しい環境意識の種が多数芽生えていました。」このように、『回顧録』のゲンシャーは環境保全分野における自らの政治的な先駆性を誇りながらも、政治に対する"経済の優位"を嘆かずにはいられない、「この種を育てる気運は、しかし、［政府内には］未だ無く、私の後任者ゲルハルト・バウムの多くの環境保全政策イニシアティヴも、経済的な諸力には抗し得ないと言い立てられて、妨げられてしまった。そのような横槍の出処は連邦首相府であり、連邦経済省であった。」[14] つまり、ゲンシャーによれば、SPDのヘルムート・シュミット首相とFDP"経済派"の経済相たちによって内務省主導の環境保全政策は挫かれていた。そして、ブラント自身も、『回顧録』で語るところ、連邦首相としては経済的な利益を優先していたことを認めている。「科学的な情報は多々あるものの、政界では専門的な知見は余り受け容れられなかった。無論、ローマ・クラブ［の『成長の限界』］は少なからざる反響を呼んでお

---

(12) Idem, Drucksache VI/2710, 23. 12. 1971, Materialienband zum Umweltprogramm der Bundesregierung, S. 117.

(13) Ibid., S. 109-119.

(14) Genscher, *Erinnerungen*, S. 126.

り、最早、機械的な成長観念に別れを告げなければならないという人びとの予感はいっそう強まっていた。それでも、しかし、私たちは予感から結論を導き出すことは出来なかった。第一に、[『成長の限界』の話しは]ずっと先のことにすぎないし、第二には、やっと政権党に辿りつかんとするSPDにとっては」、ブラントは労働者層を支持基盤とする党の限界性を認めざるを得ない、「何よりも先ず自ら自身の要求の実現が重要であった。それ［らの要求と］は、社会的な安全性の確保［詰まるところは、経済的な生活基盤の強化］にほかならない。」[15]

　ブラントとゲンシャーが『回顧録』のなかで共に明らかにするように、政治的社会的な利益と経済的なそれが両立しがたいばあいには、政策策定は、けっきょく、経済的な利益重視の観点から行われており、それらの政策策定には、間接的には言うまでもなく直接的にさえも、経済界の意思が大きく影響している。それは、シュレーダー政府期の「脱原発」プロセスや経済界の既存原発稼働期限延長要求大キャンペーンを想起するならば、明らかであろう。したがって、最終的に結論できるところ、経済的な利益がかかわる政策のばあい、その策定過程においては"経済の優位"の論理が常に貫徹されていた。

　かかる情況は、しかし、チェルノブイリ原発事故や気候変動論議とともに変容し始め、「赤-緑」連立政府期の「脱原発」プロセスと一時的な原発稼働期限延期を経て、福島第一原発事故の衝撃のもと、最終的に終止符を打たれるにいたっている。かつて、ヴィール原発建設反対運動に加わった人びとは、元「緑の党」連邦代表ルートガー・フォルマル（Ludger Volmar）が回顧するところ、「人類生存に対する危険」を見て取って原発そのものに反対した[16]が、それから40年後のドイツ国民多数も同様の危機感を覚えるにいたり、いまや、経済的な利害得失考量を離れて、巨大な危険を惹き起こし得る原子力の発電利用放棄を選択している。そして、それによって、測り知れない巨大な危険性をはらむ原子力利用技術の不完全性と化石燃料多用に因る地球自然環境の極度の悪化という隘路で行き詰まっている現代世界に対して、とくに、高技術の先進工業諸国に対して、ド

---

(15) Brandt, *Erinnerungen*, S. 275.

(16) Ludger Volmar, *Die Grünen. Von der Protestbewegung zur etablierten Partei - Eine Bilanz*, München [2010], S. 46f.

イツは安全で廉価でクリーンな 21 世紀型のエネルギー供給体制樹立の可能性を示そうとしている。このようなドイツの「エネルギー転換」追求に世界史的な意義を見ないわけにはいかないであろう。

そのばあい、ドイツの「エネルギー転換」確定は、事実上、議会外における大衆運動の成果にほかならないが、その半面では、「エネルギー転換」は経済界の協力無しには奏功しがたいことも事実である。それにかんして、注目されるべきは、ドイツの経済界には「エネルギー転換」の不可避性や有益性を洞察する事業者が常に存在し、彼らが社会的政治的な要求や決定を現実化する役割りを演じてきていることである。そのような代表的な例が VEBA 会長クラウス・ピルツであり、ジーメンス社会長ペーター・レッシャーであるが、いま、ここで、「エネルギー転換」の経済的な有益性を確信して転換を推進しようとしているジーメンス社の例を紹介しておこう。

原発の社会的受容性が極度に小さくなった今日でも、なお、経済界が原子力の発電利用を固執するばあい、最も大きな論拠が"廉価な"発電費論にあることは良く知られているが、そのばあいの発電費は、通常、

$$\text{平均発電費 (LCOE)} = \frac{\text{CAPEX} + \text{OPEX} + \text{燃料費と}CO_2\text{排出費}}{\text{総発電量}}$$

CAPEX：資本支出（設備投資）

OPEX：稼働経費（運転と保守）

CO_2排出費：「CO_2排出承認証」費

として算出されている[17]。だが、LCOE は、ジーメンス社も指摘するとおり、決して実際の発電費を示すものではない。実際の電力生産においては、上記 3 要因以外にも社会的な負担となる様ざまな費用が費やされており、だから、「社会に最も有益な発電技術を選ぶ」ためには、それらの様ざまな費用と効果を算入したうえでの「真の費用対便益比を表すマクロ経済的な評価基準、すなわち、社会

---

(17) Siemens, Siemens Wind Power, SCOE – Society's Cost of Electricity: How Society Should Find Its Optimal Energy Mix, August 2014, p. 3; idem, Wind Power and Renewables Divisin, Redefining the Cost Debate: the Concept of Society's Cost of Electricity, November 2014, p. 4.

図7-1 社会的発電費 (SCOE) の構成要因

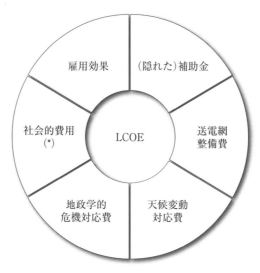

(*)「社会的費用」は、発電所の存在が近接の不動産価値を減ずるばあいの補償費を指す。

的発電費（SCOE）」が比較されなければならない[18]。かかる考えに基づいて、ジーメンス社は、6点の費用ないし効果要因（図7-1を参照）[19] を新たに追加算入しながら、2025年における資源毎の発電費を推計し、それを表7-1のようなSCOEとして提示している[20]。

ジーメンス社は、このようなSCOEを論拠にして再生可能エネルギーの拡大事業に取り組んでいるが、同社算定のSCOEからも、原子力は決して"廉価な"発電資源ではないことが分かるであろう。原子力のばあい、表面的なLCOEは必ずしも高くはないが、それは多額の発電補助金を始めとする多種に亙る「(隠れた) 補助金」[21] を受けているからにほかならない。無論、事故に伴う損害補

---

(18) Idem, A Macro-Economic Viewpoint. What Is the Real Cost of Offshore Wind?, 2014.

(19) Idem, Siemens Wind Power, SCOE – Society's Cost of Electricity: How Society Should Find Its Optimal Energy Mix, p. 4.

(20) Ibid., p. 7.

表7-1 社会的発電費（SCOE）　2025年のドイツ　　　単位　ユーロ／MWh

要因＼資源	原子力	石炭	天然ガス	太陽光	風力 陸上	風力 海上
LCOE	79.2	80.3	67.3	100.2	55.4	95.0
内、CO_2排出費	0.0	23.4	10.4	0.0	0.0	0.0
（隠れた）補助金	47.4	0.0	0.4	0.0	0.0	0.0
送電網整備費	0.0	0.0	0.0	10.8	3.2	2.8
天候変動対応費	1.0	0.5	0.0	15.4	14.5	13.6
小計	127.6	80.8	67.8	126.4	73.1	111.4
社会的費用	0.1	0.1	0.1	0.0	4.0	0.0
雇用効果	−34.1	−6.2	0.0	−49.3	−19.4	−49.0
地政学的危機対応費	0.3	2.5	5.9	0.0	0.0	0.0
SCOE	93.8	77.2	73.8	77.1	57.8	62.3

償の保険料も事実上算入されてはいないに等しい。たとえば、ライプツィヒ大学設立の「ライプツィヒ保険フォーラム」発表（2011年04月）の研究によれば、原発1基の事故は最大6兆ユーロを超える損害を惹き起こし得る[22]が、現行法においては、原子力事業者の補償上限額は25億ユーロに設定されている（原子力法第34条第1項）（ちなみに、日本のばあいは、1,200億円）から、損害の規模によっては、事業者の負担は損害の極々僅かな一部を補償するにとどまり、損害の補償はほとんど政府、つまり、国民によって負担されることになり得るわけ

---

(21) 原子力業界に対する「（隠れた）補助金」の詳細については、Doug Koplow, Nuclear Power: Still Not Viable without Subsidies, Union of Concerned Scientists, February 2011; Midwest Renewable Energy Association (MREA), Nuclear Subsidies, 7th June 2012.

(22) Versicherungsforen Leipzig, Berechnung einer risikoadäquaten Versicherungsprämie zur Deckung der Haftpflichtrisiken, die aus dem Betrieb von Kernkraftwerken resultieren. Eine Studie im Auftrag des Bundesverband Erneuerbare Energie e. V. (BEE), Leipzig, der 01. April 2011, S. 94f.

である。もしも、損害補償における「原因者負担原則」(「汚染者負担原則」) が6兆ユーロを超える損害補償に適用されるならば、表7-1において14ユーロ／MWhで算定されている保険料[23]は途方もない高額に達し、それとともに、LCOE (そして、SCOE) も天文学的な値に跳ね上がってしまうから、最早原子力はエネルギー供給の"経済性"の点では凡そ比較対象になり得ない[24]。しかも、"クリーンな"エネルギー資源の点でも、発電資源として利用するばあい、発電にいたるまでの過程を考えるならば、原子力はウラン鉱石の精製・輸送や原子炉建設で風力利用の9-25倍量のCO_2を排出するという諸研究がある[25]以上、原子力利用の必要性は、一体、奈辺にあるであろうか。

エネルギー供給の"経済性"と"環境非毀損性"の点で原子力利用に優位性はないとしても、原子力利用推進者のあいだには、再生可能エネルギーの天候変動性を論拠にして、3点目の"確実性"の観点から原子力利用を不可欠視する主張があるが、その点について、ジーメンス社は、比較的天候変動度合いが小さい海上風力に着眼しながら、天候変動性に対する一つの解決法を海上風力発電拡大に見出している[26]。しかし、さらに"確実性"を高める目的で、連邦政府もエネ

---

(23) Siemens, Siemens Wind Power, SCOE – Society's Cost of Electricity: How Society Should Find Its Optimal Energy Mix, p. 26.

(24) 「ライプツィヒ保険フォーラム」によれば、原発17基稼働で保険期間40年のばあい、保険契約形態に応じて年間保険料は異なるも、それでも、保険料は年770-13,092ユーロ／MWh、したがって、ジーメンス社算定保険料の55-935倍にまで跳ね上がる。Versicherungsforen Leipzig, Berechnung einer risikoadäquaten Versicherungsprämie, S. 97, 98f.より筆者算定。

(25) Midwest Renewable Energy Association (MREA), Nuclear Subsidies, p. 18., n. 86.

(26) ジーメンス社によれば、海上風力発電のばあい、定格出力どおりの発電 (すなわち、100パーセントの設備利用率) が年間2,200時間可能であり、年640-1,600時間ほどにとどまる陸上風力発電や定格出力どおりの発電時間が年間0 (ゼロ) に等しい太陽光発電とは比べものにならない優位性が認められる。65パーセントほどの設備利用率であれば、海上風力発電の発電時間は年間4,000時間にまで達する。したがって、多数の海上風力発電設備を各地に分散設置し、

ルギー(電気)貯蔵技術の研究・開発を奨励する[27]情況のもと、産業界は、従前のように揚水式発電所増設にとどまることなく、新しいエネルギー(電気)貯蔵事業に乗り出している。たとえば、ジーメンス社はリチウムイオン蓄電器を用いる電気化学的な「ジーメンス・エネルギー貯蔵設備(Siestorage)」を既に実用化し、それによって、地域的な配電網の安定化に貢献している[28]し、RWEはEUの「断熱式圧縮空気電力供給(ADELE)」研究・開発計画に参加して高性能な圧縮空気蓄電式発電所を建設しようとしている[29]。そして、2015年05月には、ダイムラー社もエネルギー(電気)貯蔵事業の一つとして自動車用電気供給スタンド事業に取り組む旨を宣言した。同社は、すでに産業界に対しては500kWh以上の容量を擁する蓄電器を提供しているが、この度は新たに家庭用の蓄電器販売開始も発表している[30]。このように、ドイツにおけるエネルギー(電気)貯蔵事業は次第に拡大されつつあるが、アメリカでも、イーロン・マスク(Elon Musk)は、先駆的な電気機器事業者テスラ・モーターズ社最高経営責任者として、自動車用電気供給スタンド事業のみならず、産業界と家庭向けのエネルギー(電気)貯蔵事業展開を同社の一大新事業分野と位置付けた[31]ように、エネルギー(電気)貯蔵事業が拡大の道を辿ることは確実であろう。

　したがって、「原子力の平和利用」に対する熱狂も醒め、再生可能資源利用の技術的可能性も証明されている今日、原子力の発電利用を選好ないし不可欠視す

　　　　大容量の高圧送電網("スーパー送電網")で陸地に送電するならば、粗常時とも言うべき電力供給が可能になる、それがジーメンス社の構想である。Siemens, Siemens Wind Power. SCOE – Society's Cost of Electricity: How Society Should Find Its Optimal Energy Mix, pp. 17, 19.

(27)　Bundesministerium für Wirtschaft und Energie, Energiespeicher, < http://www.bmwi.de/DE/Themen/Energie/Energieforschung-und-Innovationen/foerderschwerpunkt-Energiespeicher >.

(28)　Siemens, Pictures of the Future, Herbst 2013, S. 64f.

(29)　RWE, Innovation, Energiespeicher, <http://www.rwe.com/web/cms/de/183748/rwe/innovation/projekte-technologien/energiespeicher >.

(30)　*Handelsblatt*, 28. 05. 2015.

(31)　*Ibid.*, 23. 04. 2015; 04. 05. 2015; 02. 06. 2015.

る考えは何故に懐かれるのであろうか。たとい、軍事的利用への転用が企図されることはなく、ただ、経済的な利用目的で選好ないし不可欠視されるとしても、原子力利用発電のばあい、稼働運転が最終的に終了するとしても、その"後始末"のためには、さらに気が遠くなるほどの長期に亙る補助金供与が不可欠になり得るし、また、"夢の原子炉"とも称される「第三世代プラス原子炉」としての欧州加圧水型原子炉（EPR）についても、EPR発電所建設事業がフィンランドとフランスにおいて始められているものの、設計不具合多発等に因る工期延長が繰り返される(32)ように、技術的な問題性も解消され得てはいない。そして、それゆえに、建設費が高騰して採算性が疑問視されるから、市場経済にあっては、アメリカ・ウォール街の投資銀行6行（シティグループ・クレディスイス・ゴールドマンサックス・リーマンブラザーズ・メリルリンチ・モーガンスタンレィ）が、2007年07月、エネルギー省に対して納税者が事業投資に伴う危険を完全に引き受けるのでないかぎり、最早新規原発建設事業には投資しないと宣言する(33)ごとく、投資者と事業者の"原発離れ"が加速されざるを得ないような情況になっている。最早、原子力利用に優位性を与える要因は皆無と言わなければならない。

それにもかかわらず、だが、オバマ米大統領は、福島第一原発事故後の新規建設原発安全性を受け合って、再生可能エネルギーの拡大とともに原子力を「安全で健康的で［つまり、クリーンで］アメリカに長期的な繁栄をもたらす」将来エネルギー資源と位置付ける(34)し、同様に、デイヴィド・キャメロン（David

---

(32) EPR発電所建設は、2005年、チェルノブイリ原発事故後最初の欧州原発建設事業としてフィンランドのオルキルオトで始まり、2007年に、フランスのフラマンヴィルでも始められている。邦語の関連記事として、「安全な原発は夢か 仏アレバの新型炉建設が難航」『日本経済新聞』、2015年01月26日。

(33) Steve Thomas, Die wirtschaftlichen Aspekten der Atomenergie, in: Heinrich Böll Stiftung, Mythos Atomkraft. Warum der nuklear Pfad ein Irrweg ist, März 2010, S. 97.

(34) The White House, Office of the Press Secretary, Remarks by the President on America's Energy Security, Georgetown University, Washington D. C., March 30,

Cameron）首班のイギリス内閣も、再生可能エネルギーと原子力を「低炭素エネルギー資源」とみなしながら、経済成長を求めて原発新規建設を計画している[(35)]。さらに、福島第一原発事故の当事国日本においても、原子力利用が固執される点で米英両国と変わるところは全くない。そのようなばあい、原子力利用の継続は、いずれの国の行政府にあっても、経済成長追求や"クリーンなエネルギー"利用の観点から正当化されるが、全く同じ論理に拠りながら、今日、(東)アジア諸国が原発大増設に突き進みつつある。たとえば、中国にとっても原子力は経済成長と地球自然環境保全のエネルギー資源にほかならず、2014年04月、李克強国務院総理が新設の国家能源局（国家エネルギー局）第一回会議で言うところ、原子力は「クリーンで安全で持続可能なエネルギー資源であり、安定的な経済成長推進のための資源」である[(36)]。かかる観点に基づいて、「世界原子力協会（WNA）」によるならば、中国では、今日26基稼働中の原発総数は2020年代には90基を超えるような大規模増設が企図されている[(37)]。かつて、CDU内

2011.

(35) [U. K.], Department of Energy and Climate Change, 2010 to 2015 Government Policy: Low Carbon Technologies, Updated 8 May 2015, < http://www.gov.uk/government/publications/2010-to-2015-Government-Policy-Low-Carbon-Technologies >. キャメロン首相にとっても原発新規建設は「経済成長計画の旗印（Landmark）」であり、「ナンバーワンの最優先政策」にほかならない。Sky News, Hinkley Point Nuclear Plant Deal To Go Ahead, 21. 10. 2013, < http://news.sky.com/story/1157272/hinkley-point-nuclear-plant-deal-to-go-ahead >; Prime Minister's Office, 10 Downing Street, UK-France Summit: David Cameron and Francois Hollande Press Conference, 31 Junuary 2014, < https://www.gov.uk/government/speeches/uk-france-summit-david-cameron-and-francois-hollande >.

(36) 国家能源局、李克強支持召開新一届国家能源委員会首次会議、2014年04月21日、< http://www.nea.gov.cn/2014-04/21/c_133277161.htm >; 同上、科学認識判断経済形勢的指標体系、2015年06月09日、< http://www.nea.gov.cn/2015-06/09/c_134309100.htm >.

(37) World Nuclear Association, Nuclear Power in China (Updated June 2015), < http://www.world-nuclear.com/info/Country-Profiles/Countries-A-F/China--Nu

原発反対派の連邦議会議員ヘルベルト・グルール（Herbert Gruhl）は「ウラン利用に伴う諸問題すべてを比較考量したうえで議会が原子力利用を決定した国は、世界の何処にも存在しない」と喝破していた[38]が、そのような指摘は依然妥当である。今日もなお、多くの国々が、原子炉の安全性や放射線被曝の健康影響問題、そして、核廃棄物貯蔵の問題等を政治的経済的に"解決済み"と扱ったり、あるいは、先送りしながら、経済成長追求と"クリーンなエネルギー資源"論を盾に取って、かつ、相変わらず政府支援を施して、原子力利用を継続したり、新たに始めようとしている。

他方で、多くの国々が未だ原子力利用を固執するとしても、原子力が消費エネルギーの総量を賄えるわけでは決してないから、他のエネルギー資源が利用されざるを得ない。それゆえに、もうひとつの問題は、他のエネルギー資源として各国は従前どおりに化石燃料を多用しつづけるか、それとも、飛躍的な再生可能エネルギー拡大の道に踏み出すかであるが、この点について、ブリティッシュ石油（BP）は、2015年02月、「2035年のエネルギー展望」最新版を発表して興味深い将来予測を示している（表7-2、および、表7-3を参照）[39]。いま、それに基づきながら、将来世界の再生可能エネルギー拡大について考えてみよう。

まず、表7-2から分かるところ、BP社の予測によるならば、世界の一次エネルギー消費量は、先進国のそれが微増にとどまるとしても、途上諸国における大幅な消費増のために、2035年には今日（2013年）の37パーセント増に達し、そのときも、消費エネルギーの大部分（81パーセント）、電力資源の大半（表7-3を参照）は依然化石燃料資源に頼っている。したがって、基本的に今日のエネルギー供給体制が踏襲されているということであるから、BP社会長ボブ・ダッド

---

clear-Power >.

(38) Herbert Gruhl, *Ein Planet wird geplündert. Die Schreckensbilanz unserer Politik*, Frankfurt am Main 1975, Taschenbuch 1978, S. 111. ヘルベルト・グルール『収奪された地球 「経済成長」の恐るべき決算』、辻村誠三／辻村透訳、東京創元社1984年、126頁。

(39) BP, Energy Outlook 2035, February 2015. CO_2排出量については、idem, Statistical Review of World Energy June 2014.

終 章 "ハードな道"と"ソフトな道" — 岐路に立つ現代世界　335

表7-2　世界の一次エネルギー消費量とCO_2排出量　1990-2035年

ブリティッシュ石油（BP）

消費と排出＼年	1990	2000	2010	2013	2020	2025	2030	2035
エネルギー消費量（*1）	8,118	9,342	11,956	12,730	14,651	15,715	16,619	17,455
内、OECD諸国	4,635	5,442	5,598	5,533	5,693	5,741	5,745	5,713
内、非OECD諸国	3,483	3,900	6,357	7,197	8,958	9,974	10,875	11,742
エネルギー資源								
化石燃料（％）	88.0	86.7	86.8	86.7	84.8	83.4	82.2	81.3
水力（％）	6.0	6.4	6.6	6.7	6.6	6.8	7.0	7.2
再生可能資源（％）	0.4	0.6	1.4	2.2	3.7	4.8	5.8	6.7
原子力（％）	5.6	6.3	5.2	4.4	4.9	5.0	5.0	4.8
CO_2排出量（*2）	22,633	25,391	32,876	35,094				
内、OECD諸国	12,458	14,190	14,229	13,940				
内、非OECD諸国	10,175	11,201	18,647	21,155				

（*1）単位　100万トン石油換算　　（*2）単位　100万トン

表7-3　世界の電力資源構成　1990-2035年

％　ブリティッシュ石油（BP）

資源＼年	1990	2000	2010	2013	2020	2025	2030	2035
化石燃料	66.7	66.2	68.5	68.5	65.2	63.0	60.9	59.8
水力	16.8	16.5	15.6	15.9	15.2	15.2	15.3	15.4
再生可能資源	1.0	1.4	3.4	5.2	8.4	10.7	12.8	14.5
原子力	15.5	16.0	12.5	10.4	11.2	11.1	11.0	10.4

レイ（Bob Dudley）が「2035年のエネルギー展望」を敷衍しながら憂えるところ、今後CO_2排出量は年々1パーセントずつ増加し、2035年には今日の25パーセント増、すなわち、43-44ギガトン（Gt）ほどに達することが避けられない。その結果、地表面における平均温度の上昇を今世紀末までに産業革命前レヴェルを基準にして2℃未満に抑えるという世界的な課題、2010年12月のカンクン（メキシコ）における国連気候変動枠組み条約締約国会議（COP）で同意された

目標[40]も達成されないで、人類は生存の危機に陥るであろう。それゆえに、ダッドレイは訴えざるを得ない、「各国政府は、今年［末］のパリにおける国連［気候変動対策］会議が直面している課題の巨大さを知るべきである。最早、個々の政策を変更するだけでは充分ではない。」[41]

かかる BP 社の将来予測のばあい、留意されるべきは、それが各国の最新の政策や計画された政策の今後の実現等を前提にして行われている点である。言い換えるならば、今日、気候変動を回避するべく世界が行おうとしている政策の最善の結果が示されていることであり、国際エネルギー機構（IEA）が行う将来予測と比べるならば、BP 社の将来予測は IEA が用いる「新政策シナリオ」という政府積極関与の予測モデル[42]にほかならず、決して'ビジネス・アズ・ユージュアル'としての「現行政策シナリオ」のようなものではない。

無論、IEA のばあいも、「地表面の平均温度上昇を 2℃ 未満に抑える」という先の世界的な課題の達成は「新政策シナリオ」で充分とは考えられていない。IEA は第三の予測モデルとして「450 シナリオ」（大気圏中の GHG 濃度を 450ppm 二酸化炭素相当レヴェルに抑えるという目標に因む名称）というアプローチ法を採用し、地表面の平均温度上昇を 2℃ 未満に抑えることを目差している[43]。それによれば、2035 年における一次エネルギー需要量は 15,000 メガトン（Mt）石油換算台に抑制され、一次エネルギー需要に占める化石燃料割合いは 60 パーセント台にまで下げられなければならないし、電力資源に占める化石燃料割合いも 30 パーセント台に抑えられる必要がある[44]。それらの措置が講じられるならば、「450 シナリオ」が予測するところ、2035 年における CO_2 排出量は 20Gt ほどに抑えられて[45]、気候変動回避という国際的な目標も、わずかに 50

---

(40) United Nations Climate Change Conference, The Cancun Agreements, 11. 12. 2010, < http://cancun.unfcc.int/cancun-agreements/main-objectives-of-the-agreements >.

(41) *The Guardian*, 17. 02. 2015; *The Telegraph*, 17. 02. 2015.

(42) International Energy Agency, *World Energy Outlook 2014*, pp. 36-38.

(43) *Ibid.*, p. 38.

(44) *Ibid.*, pp. 56, 208.

終　章　"ハードな道"と"ソフトな道"――岐路に立つ現代世界　337

パーセントの達成確立にすぎないが、達成され得るはずである。しかし、IEAが将来予測の「現実的な可能性有るシナリオ」と位置付ける「新政策シナリオ」では、2035年の一次エネルギー需要量は17,000Mt石油換算台にあり、一次エネルギー需要量と電力資源に占める化石燃料割合いも依然それぞれ75.5パーセントないし56.5パーセントと大きく、そのために、未だ37GtのCO_2が大気圏内に排出されている[46]。このように、IEAの将来予測においても、今日の各国最新政策は依然「450シナリオ」からは遠く隔たっており、BP社予測同様、気候変動回避のためには全く不充分とみなされている。

　では、何を為すべきか。

　これまで述べてきたように、化石燃料利用に起因する気候変動を回避するためには、通常、第一に、エネルギー消費量を縮減し、次いで、エネルギー利用効率を向上させるとともに、さらに、第三として、再生可能エネルギー利用を拡大することが求められるが、エネルギー利用効率の向上は技術的な問題であるだけに、なるほど、幾分は向上しつつある。IEAによれば、1992-2012年のあいだ、たとえば、世界のエネルギー集約度（GDP単位当たりの一次エネルギー消費量）は平均して年0.9パーセントずつ向上している[47]。しかし、経済的な動向や気象情況等さまざまな要因に影響されるエネルギー集約度の向上は、アメリカのエネルギー情報局（EIA）によると、1990年代には向上するも21世紀に入ってからは停滞ないし悪化している[48]ように、不確実性を免れない。それゆえに、エネルギー消費量の縮減と再生可能エネルギーの大幅な拡大が不可欠であるが、これら一時的には経済成長に負担を掛け得るような措置が、果たして、充分に講じ

---

(45)　*Ibid.*, p. 93.

(46)　*Ibid.*, Annex A, pp. 606, 608.

(47)　*Ibid.*, p. 280.

(48)　U.S. Energy Information Administration, Energy Intensity – Total Primary Energy Consumption per Dollar of GDP (Btu per Year 2005 U.S. Dollars (Market Exchange Rates)), <http://www.eia.gov/cfapps/ipdproject/iedindex3.cfm?tid =92&pid = 46&aid = 2&cid = regions&syid = 1992&eyid = 2006&unit =BTUPUSDM >.

られるであろうか。

　環境保全論議の歴史を振り返るならば、かかる問いに然りと答えることは極めて困難であろう。1970年12月、西ドイツ連邦議会における環境政策論議のさいに、CDU"環境派"のグルールはCDU/CSU議員団を代表して「我れわれの自滅にいたる」事態を避けるためには「是が非でも成長という昔からの盲目的なイデオロギー」から解き放たれなければならないと訴えていた[49]が、爾後の（西）ドイツの歩みも事実上他国同様"成長優先の歩み"であったことは先に述べたとおりである。したがって、問題は、当時、けっきょくは容れられなかった考えが、すなわち、地球環境の状態を勘案して経済成長を環境適合的なレヴェルに抑えなければならないという考えが、気候変動回避のために早急な対応が求められる今日である以上、やっとの事世界の各国で重視され、容れられるにいたるか否かである。それも、諸国家同士が先進国も途上国も国際社会における優位な位置を求めて競合する世界において。

　今日にいたるまでのCOPにおける議論の推移を顧みるならば、別けても、京都議定書失効後のGHG排出量削減交渉を想起するならば、たしかに、世界各国が俄に経済成長よりも地球自然環境保全を優先する事態は未だ想定されがたい。「［2015年末のパリCOP開催に向けて、］すでに多くの国々が自国の［GHG排出］削減量を定めていますが、それらの国々は、それで本当に2℃目標が達成されるかどうかを考えてはいません。多くの国々は」、2015年01月、事実、ドイツ首相アンゲラ・メルケルは「我れわれは生きるに値する環境を維持しなければならない」という観点に立って各国の対応を痛烈に批判せざるを得ない、「目標達成に必要な削減総量を考えることもなく、ただ、恣意的に自国の削減量を言っているにすぎません。」[50]

　だが、言うまでもなく、地球自然環境保全は先送りを許されない定言的命令で

---

(49) Deutscher Bundestag, 6. Wahlperiode, *Verhandlungen des Deutschen Bundestages*, Stenographischer Bericht, 87. Sitzung, Bonn, Mittwoch, den 16. Dezember 1970, S. 4805.

(50) Die Bundesregierung, Rede von Bundeskanzlerin Merkel zum Neujahrsempfang des Bundesverbands Erneuerbare Energie e. V. (BEE) am 14. Januar 2015.

あるから、世界各国は根本的なパラダイムの転換、すなわち、自国利益のみの追求を超えて地球環境保全という地球利益（人類利益）も擁護するよう求められている。すでに、1960年代半ばにあって、地球自然環境の悪化を懸念するアメリカ国連大使アドレイ・スティーヴンソン（Adlai Stevenson）は世界各国に対して「昔ながらの偏狭な自国中心主義（Nationalism）」を離れ、「我れら［地球という］小宇宙船の乗客たち」という観点に立つよう呼びかけながら、「死滅を避ける」べく、国連のもと、国際的な協調体制構築に努めるよう訴えていた[51]が、そして、全く同じ時期、ケネス・E・ボウルディングは「昔は限り無く豊かな資源の宝庫であった地球も、いまや、有限で汚染の余地も無い巨大な宇宙船と化している」[52]と指摘しながら、「最早"限り無く広がる平原を傍若無人に搾取し捲るカウボーイ経済（Cowboy Economy）"を離れて"各人が循環的で生態適合的な体系のなかに自らの位置を保持するにいたる宇宙船乗客経済（Spaceman Economy）"へ転換するべき必要性を訴えていた[53]が、かかる認識の共有は、50年後の今日においてこそ、不可欠である。経済グローバリゼイション進行のもと、京都議定書約束期間の非OECD加盟諸国CO_2排出量が1990年比で倍増し、OECD加盟の欧州・北米・アジア大洋州諸国（京都議定書付属書II締約国）のばあいでさえ、唯一欧州地域諸国はCO_2排出量を削減している（7.9パーセント減）も、オーストラリアとニュージーランドと北米諸国に日本を加えた国々のCO_2排出量大幅増加のために、全体では削減されるどころか増加している[54]今

---

(51) Adlai Stevenson II's Speech before the United Nations Economic and Social Council, Geneva, Switzerland, July 9, 1965, < http://www.adlaitoday.org/articles/connect2_geneva_07-09-65.pdf#search = 'adlai + stevenson + spaceship' >.

(52) Kenneth E. Boulding, Earth as a Space Ship, Washington State University Committee on Space Sciences, May 10, 1965, < http://www.colorade.edu/economics/morey/4999Ethics/Boulding-EARTH%20AS%20 A%20SPACE%20SHIP1965.pdf>.

(53) Idem, The Economics of the Coming Spaceship Earth, in: Henry Jarrett (ed.), *Environmental Quality in a Growing Economy*, [Baltimore] 1966, p. 8. ボウルディングが表現するところ、"カウボーイ経済"は「無謀で搾取的で現実離れの（romantic）狂暴な振舞い」を特徴とする世界である。

日の世界であればこそ、互いに優位を求めて競合するだけの国際関係ではなく、いっそう協調的なそれが不可欠である。"経済と地球環境のあいだの均衡"を図るためには、先進諸国と途上諸国間の経済的な均衡が図られなければならないであろう。

　たしかに、地球を「宇宙船」という「閉じられた体系」（ボウルディング）として捉えることは人びとを陰鬱にするし、人類は長いあいだ地球を「開かれた体系」として観念してきたがゆえに、なおさらである。あるいは、協調的・均衡的な秩序のなかに生きることは、国際的にも国内的にも、人間本性に必ずしもそぐわないのかも知れない。しかし、地球の有限性は否定されようもない事実であり、気候変動という現実は実際に陰鬱な将来を世界にもたらすであろうと予測されている以上、人びとは選択をしなければならないわけである。「ファウストは、細かな点を読まないで拙い取り引きをしたために、罪のない関係者（すなわち、グレートヒェンの家族）に災厄をもたらした。しかし、それでも、最終的には、彼は救われて天に召されたが、それは、彼が生き方を変え、村びとたちにソフトな技術を提供することに自らの才能を振り向け直したからでした。」このように、『ファウスト』の改心に事寄せながら、エイモリィ・B・ロヴィンズは「これまでは誰も行かなかった道」を選ぶこと、つまり、"ハードなエネルギーの道"を離れて"ソフトなエネルギーの道"を歩むという「エネルギー転換」に将来のエネルギー供給体制を見出していた[55]が、ドイツも、同様に、「エネルギー転換」にエネルギー供給体制の将来を見出した。ドイツの国民多数は、"神の贈り物"としての自然を保全し、後世に譲り渡すというキリスト教的信念からであれ、人間の生存基盤としての自然を保全するという現世的観念からであれ、今日の自然環境を危機的情況にあると捉えており、取り分け、原子力の発電利用に伴う放射性物質による汚染を許容され得ない危険とみなして「エネルギー転換」を決断し

---

(54) International Energy Agency, *CO₂ Emissions from Fuel Combustion*, 2014 edition, p. II.4.

(55) Amory B. Lovins, *Soft Energy Paths: Toward a Durable Peace*, p. 170. エイモリィ・ロヴィンズ『ソフト・エネルギー・パス　永続的平和への道』、室田泰弘／槌田治紀訳、時事通信社 1979 年、249 頁。

ている。それも、実際に経済的な負担が増加しつつある事態に直面していながらの決断である。

　従来、多くの国々では、「エネルギー転換」が論議され、その大きな利益が認められるとしても、ほとんど常に、たとい、一時的であっても、経済的な負担を嫌うという観点が勝って「エネルギー転換」は実現されずに終わっているが、ドイツ国民多数は「人間らしい生活」を選好し、環境保全を優先している。しかも、そのような国民多数の意思がエネルギー産業界（経済界）によって受け容れられたところに世界のエネルギー政策史におけるドイツの転換の画期性が存在する。ここに、「エネルギー政策はエネルギーを生産し供給する側の意思に沿って策定される」というリンドバーグの定式に対する大きな反証を見ることが出来るであろう。

　ドイツの「エネルギー転換」が完遂にいたるまでには、無論、未だ多くの課題が果たされなければならない。メルケル首相自身が語るところでも、電力価格の上昇を抑えるためには、「特権的な電力消費者」としての EEG 賦課金減免措置適用対象や給電補償費額の再検討、なかでも、太陽光発電設備に対する補償額を再検討しなければならないし、電力供給の確実性を維持するための措置としては、送電網拡張や新しい蓄電能力の開発が必要であり、過渡的には化石燃料利用も必要となり得るという課題等が存在している[56]。また、政府（政界）と経済界の関係にかんしては、政府推進の「エネルギー転換」事業に対する経済界の協力意思は不変であるも、個々の点では、問題が無いわけではない。たとえば、「エネルギー転換」に伴う措置としての既存化石燃料利用発電所の稼働停止や原発廃炉にかんして、発生する経済的損失ないし費用の負担者は"事業者か、それとも、政府（国民）か"というような費用負担をめぐる政府とエネルギー事業者間の問題が表面化している[57]。しかし、それでも、「エネルギー転換」は政府

---

(56) Die Bundesregierung, Rede von Bundeskanzlerin Merkel zum Neujahrsempfang des Bundesverbands Erneuerbare Energie e. V. (BEE) am 14. Januar 2015.

(57) この問題については、さしあたり、次を参照。BDI, Versorgungssicherheit gewährleisten – umsichtig, umfassend und europäisch. Handlungsempfehlungen des BDI für das zukünftige Strommarktdesign, November 2014; *Die Welt*, 30. 11.

（国民）と経済界が協力して進める事業、ドイツ社会全体の「共同事業」（「安全なエネルギー供給のための倫理委員会」）という性格は崩れることなく保持されている。

　今日、新自由主義的経済社会観が世界中いたるところに跋扈して、私的な経済利益が最重要視され、世界的にも国内においても、人類的・社会的な結束が崩壊しつつある情況においては、政府が主導的に「脱原発」プロセスと再生可能エネルギー拡大の政策をすすめ、それに経済界が協力することは、政府にとっても経済界にとっても、容易なことではない。だが、それだけに、"ソフトなエネルギーの道"に踏み出すというドイツの決断、「GDPやGNPを指すにすぎないような古典的な成長概念」を改めながら「生活の質の向上と社会的な結束強化」を図るとともに先進国としての国際的責任を果たす（メルケル首相）[58]というドイツの選択は、紛れもなく、ヘラクレスの仕事に譬えられるような大実験であり、隘路に陥っている20世紀型エネルギー供給体制に代わる21世紀型の可能性と優位性を実証し得る大事業にほかならない。ここに、ドイツの「エネルギー転換」事業が注視されるべき、そして、成功が望まれる所以がある。成功裏にすすめられた暁には、ドイツの事例は、自らが期するように、いつの日かか、世界的な「エネルギー転換」の「先駆者」という位置を得るかも知れない。

2014; *Handelsblatt*, 29. 10. 2014; *ibid.*, 08. 12. 2014; *ibid.*, 10. 12. 2014; *ibid.*, 20. 01. 2015; *ibid.*, 21. 01. 2015.

(58) Die Bundesregierung, Rede von Bundeskanzlerin Angela Merkel bei der 11. Jahreskonferenz des Rates für Nachhaltige Entwicklung, 20. 06. 2011.

資　料

資料 I　　ココヨク宣言　　　1974 年 10 月 23 日

　国際連合（国連）憲章が調印され、新しい国際秩序樹立の試みが始められて以来 30 年を経た今日、その秩序は決定的な転換点に差し掛かっている。全人類の生活が改善されるという望みは大部分消え失せてしまった。現存する秩序が人間の基本的な欲求を満たすという"内在的な限界（inner limits）"に応ずることも出来ないことは、すでに分かっており、反対に、飢えた者や病気の者や住まいのない者、そして、文盲は国連が樹立されたときよりも今日のほうが多くなっている。

　同時に、また、国際的な見通しを陰鬱にする予期されていなかった懸念も新たに生まれはじめている。すなわち、環境の悪化と自然資源需要増大のために、惑星［＝地球］の自然界の一体性［保全］という"外在的な限界（outer limits）"も危険にさらされているのではないかという問題が持ち上がっている。

　そして、これらの今日の諸問題には、さらに、30 年後の世界人口は 2 倍になるであろうという認識が加えられなければならない。現存世界とは別に、世界がもうひとつ出現し、そこでも、現存世界と同じ数の人間が生活し、欲求し、望みを懐くことになるようなものである。

　しかし、もしも、現存世界に必要な諸変革（changes）が施されるならば、上述のように人びとに危機感を覚えさせる重苦しい情況が現出しても、人間社会の営みに絶望する理由にはならない。［諸変革遂行のために］強調されるべき第一の点は、世界がすべての人びとに"安全で幸福な生活"を与えられない理由は今日の自然資源の欠乏にあるのではないということである。今日の問題は第一に絶対的な自然［資源］の不足ではなく、その経済的・社会的な悪分配（不平等な分配）と誤用の問題である。人類の窮境は第一に国内と国際社会における経済的・社会的な構造と振舞いに根差している。

世界の大部分は粗(ほぼ)500年に亘る植民地支配の結果から未だ抜け出してはいない。だから、依然、経済的な力は全く圧倒的に小グループの国家群の掌中に集まっている。今日、世界の所得・投資・サーヴィスの少なくとも75パーセント、および、世界の資源の粗(ほぼ)すべては世界諸民族の4分の1の掌中に帰している。
　これらの諸問題の解決を市場メカニズムの自動的な動きに任せることは出来ない。伝統的な市場は資源を必要とする人びとよりも資源を買える人びとに資源を入手させ、不自然な需要を刺激し、生産過程に無駄を持ち込み、そして、資源の価値を損ないさえしている。国際システムにおいては、強力な諸国が貧しい国々の原料を低い価格で確保し、――たとえば、石油価格は1950年と1970年のあいだに明らかに下がった――原料加工で得られた付加価値全体を独占し、その製品を貧しい国々に売っている。それも、しばしば独占価格で［したがって、高く］売っている。
　［中略］
　これらの不均等な経済諸関係が直接的に環境［悪化をもたらす］負荷となっている。廉価な原料は汚染増加の一因であり、富者たちの無駄遣いと投げ捨ての経済を助長してきた。そして、発展途上諸国の人びとは打ちつづく貧困のため、止むを得ず土壌浸食の大きな危険を冒して周縁部土地（限界耕作地）を耕作し、あるいは、物理的に衰頽し、人口過多な都市に移住してきた。
　［中略］
　現存する経済秩序改革の必要性と改革実現の可能性は、どちらも最近2年間の世界史上の危機に最も明瞭に表れた。世界的なインフレイションに引き続く肥料価格と生産費の3倍化は世界の最貧層の人びとに最も激しい打撃を与えており、実際、この冬は、第三世界の数百万人の生命は完全な［食糧］供給不足の危機に脅かされている。それでも、だが、［危機は食糧が］絶対的に不足しているからではない。穀物は存在するが、それはどこか他の極めて栄養充分な人びとに消費されているからである。［中略］
　世界の市場システムは絶えず富者の力（power）と富を増大し、相対的に貧者の窮乏化を深刻化するように働いているが、その根源は、変えようのない自然環境にあるのではなく、政治的な諸関係にある。だから、理の当然として、完全に

逆転させたり変形させたり出来るものである。ある意味で、新しい経済秩序はすでに生まれ出ようと苦闘している。古い秩序の危機は新しい秩序［樹立の］の好機になり得る。

　たしかに、現在は、対抗、誤解、脅し、そして、険悪な言い争いしか見込めないように思われる。しかし、再度繰り返すが、絶望する理由はない。危機は真実が明らかになる時であり、それによって、諸国民は古いシステムの破産を認め、新しい経済秩序の枠組みを探し求めるようになる。

　政治に携わる者の任務は、利害も力も富もみんな異なる諸民族を新しい［世界］システム［樹立の方向］へ導き、すべての世界の人びとの基本的な人間的欲求［を満たす］という"内在的な限界"に応じ、かつ、それを惑星の自然［資源］と環境［保全］という"外在的な限界"を侵すことなく果たせるように努めることである。我れわれが信ずるところ、経済政策施行の点でも開発方針についても、そして、惑星（環境）保全の面でも多くの変革を行うことは、不可欠な重要事であるとともに可能であり、それらの諸変革遂行が新しい［世界］システムには絶対に必要であると思われる。

　開発の目的

　我れわれの第一の問題は、開発の目的全体を再定義することである。開発は財（things）の開発ではなく、人間の開発でなければならない。人間は、食糧・住まい・衣服・健康・教育という基本的な欲求をもっている。それらを満たすにいたらない、あるいは、いっそう悪いことには、それらを抑圧する成長は、何であれ、開発思想の歪曲である。我れわれは、未だ開発の最も重要な問題が社会の最貧層の基本的欲求充足である段階にとどまっており、その最貧層は人口の40パーセントにも達し得る。

　経済成長の第一の目的は、だから、これらの人びとの境遇を改善することでなければならない。最も豊かな少数派だけを利し、国際社会と国内における格差を維持する、あるいは、格差を拡大さえする経済成長は、開発ではない。それは、搾取である。いまこそ、分配を改善し、すべての人びとの基本的な欲求を満たす

ことが出来るような真の経済成長の実現に取り掛かるときである。我れわれが確信するところ、少数の者を利する急速な経済成長［の利益］は大多数の人びとに"滴り落ちる（trickle down）"であろうという期待は、30年間の経験に照らすならば、幻想であることが判明している。我れわれは、だから、"先ずは成長で、利益分配の正義は後から"という考えを拒絶する。

　開発は、基本的な欲求の充足に限られるべきではない。他の欲求、他の目標、そして、他の価値の開発も必要である。言論と出版の自由や相互に助言し鼓舞するという権利も開発に含まれる。自らの生存基盤の形作りに参画し、同時に、将来世界の形成に貢献したいという強い社会的な欲求もある。何よりも、開発には働く権利が含まれており、その意味も、たんに仕事があるというだけではなく、働くことで自己を実現するということであり、単なる道具として人間を使う生産過程によって疎外されない権利という意味である。

　開発の多様性

　［中略］

　我れわれは最低限の基本的な欲求を満たすことを語ったが、欲求の充足には上限も存在する。丁度、床があれば天井もあるように。人間は生きるためには食べなければならないが、食べ過ぎることも起こり得る。生産と消費の絶えざる増大は、もしも、その結果が精神安定剤と精神病院の需要を常に増大させつづけることであれば、あまり我れわれの助けにはならない。人間には物的な財を吸収する能力に限界があるのと丁度同じように、生命圏［つまり、地球自然環境］の負荷能力にも限界があることは、良く知られた事実である。世界の人口数に占める割合に全く不釣り合いな大きな負荷を生命圏に掛ける国々もあるが、それによって、それらの諸国は自らと他者に対して環境問題を惹き起こしている。

　その結果、今日の世界は低開発という異常事態に直面しているだけではない。我れわれは、人間の内在的な限界と自然の外在的な限界を侵すような消費志向的な経済成長を目の当たりにしていると言える。このように将来を展望するならば、我れわれは皆我れわれの目標を再定義する必要がある。新しい開発戦略、新

しい生活様式を再定義し、富者はもっと消費を控える様式に変えなければならない。たとい、第一の優先順位は最低限の確保であるとしても、豊かな国々は、文明人としての自己利益の観点から、自然と他者と自らを搾取しない人間的な生活様式を求めるべきであろう。

　［中略］

　我れわれの考えによれば、ひとつの基本的な開発戦略は国家の「自国頼み（self-reliance）」を増強することでなければならない。経済的な自給自足の意味ではなく、貿易と協力から［国家間の］相互利益を生み出し、もっと公正な資源の再分配で基本的な欲求を満たすことを含意する「自国頼み」である。それは、自信という意味でもなく、第一に自国の人的資源と自然資源に頼ることでもなく、自国だけで（autonomous）目標を設定し、決定するという意味でもない。「自国頼み」が強まるならば、外部の影響力と力に依存し、その結果として、政治的な圧力を被ることもなければ、搾取的な貿易で自国発展のための自国資源を奪われることもないし、［外部からの］技術移転を受け容れることがあるのは明らかであるとしても、主眼は地域技術の適用と創造に置かれることになる。「自国頼み」のばあいには、また、世界経済の脱集権化が含意され、時には、国民経済の脱集権化で個々人の参加意識が強化されることも含意されている。［中略］

　このような方向へ［既存秩序を］変革しようとする動きには国際的なパワー構造が抵抗するであろう。その方法は良く知られている。すなわち、既存国際市場メカニズムの構造的な歪み（built-in bias）を断固維持しようとしたり、別の形態の経済的操作を行おうとする。信用（credit）を引き上げる、ないしは、信用供与を差し控えることも行われるであろうし、さらに、通商禁止、経済制裁、情報機関による破壊活動、弾圧と拷問、反乱反攻作戦、そして、全面的な介入さえ行われる。

　そのような方法の実行を目論む者たちには、我れわれは次のことを言おう。"手を出すな。各国に自国市民の生活をもっと充足出来る自らの道を探させよ。"［国際的なパワー構造が］上記のような陰謀を実行するさいに、時には不承不承であるとしても、道具の役割りを務める学者・実業者・警察官・兵士たち、そして、その他多くの者たちには、我れわれは次のことを言うであろう。"自国の開

発権を否定する他国の道具となることを拒絶せよ。"弾圧の道具考案を助ける自然科学者・社会科学者たちには、我れわれは次のことを言うであろう。"世界はあなたたちの才能を建設的な目的のために必要としており、人間に益し、環境を害しない新技術開発のために必要としている。"

　［以下、略］

資料Ⅱ　　アイゼンハワー米大統領国連総会演説「原子力の平和利用」
　　　　　　　　　　1953年12月08日

　［前略］
　たとい、かつて、米国は原子力の独占国と呼ばれたかも知れない地位を占めていたとしても、その独占状態は数年前から消滅しています。たしかに、我れわれは［ソ連邦よりも］早い時期に［原子爆弾製造］に取り掛かった御蔭で今日数量的には大変優位な立場に立っていますが、今日の原子力の現実は、重大な意味をもつ2つの事実に直面しています。
　第一に、現在、数カ国が有している知識は、たぶん、最終的には、すべての国に共有されるであろうという事実です。
　第二には、我が国の［原子力］兵器の数量はソ連邦に大規模に勝っておりますから、それによって、壊滅的な報復を行えるとしても、報復能力があるからと言って急襲によって被らされる恐ろしい物的損害と人命損失を防ぐことは出来ないという事実です。
　自由世界は、少なくとも微かには、これらの事実に気付いており、当然、大規模な警戒・防衛システム計画に着手しています。その計画は加速され、拡大されるでしょう。
　しかし、武器と防衛システムに莫大な資金を費やすならば、それで国内の諸都市と市民に絶対的な安全を保障出来るとは誰も考えてはなりません。原子爆弾の恐ろしい数学は、そのような安易な解答を許しません。最も強靭な防衛システムが存在してさえいても、侵略者が効果的な最小限量の原子爆弾を保有しているならば、その必要数を用いた急襲により、狙われた標的が見るも無残な損害を被ることは、おそらくは、避けられないでしょう。
　［中略］
　しかし、私は、［会談を開くというような］過去の提案の繰り返しや［支援を与えるというような］過去の行為の再宣言にとどまりたくはありません。情況はひじょうに重大であり、どんなに僅かにしか［可能性が］認められないものであ

るとしても、あらゆる平和獲得の方法が新しく探し求められるべきです。

　未だ充分に探求されていない新しい平和獲得の方法が少なくとも一つあります。現在、国際連合（国連）総会によって整えられている方法です。

　1953年11月18日の決議において、この総会が提案したことを私は引用します。"主要な関係諸国の代表者から成る小委員会をつくり、同委員会が内密に受け容れ可能な［核軍縮］案を探ることに努めて、その成案を1954年09月01日までに総会と安全保障理事会に報告するという考えについて、それが望ましいかどうかを軍縮委員会が検討する。"

　アメリカには、国連総会の提案に注目し、直ちに"主要な関係"諸国と内密に会談して、世界平和のみならず世界の存続そのものに暗い影を落としている原子力兵器競争について"受け容れ可能な解決案"を見出す用意があります。

　私たちは、この内密の、あるいは、外交上の会談に新しい構想を持ち込むでしょう。

　アメリカは、軍事目的の原子力装備をたんに削減する、あるいは、廃止する以上のことを探求するでしょう。

　この兵器を兵士たちの手から奪い取るだけでは充分ではありません。それ［原子力］は、そこから軍事的な装いを剥ぎ取って、平和のために応用する術(すべ)を知る人びと［つまり、原子力研究の専門家たち］の手に委ねられなければなりません。

　もしも、軍事的な原子力利用の増大という恐ろしい傾向が逆転されるならば、この最大の破壊的な武力は全人類のための大きな利益に発展し得ることをアメリカは知っています。

　原子力から平和的な力を獲得することは決して夢ではないことをアメリカは知っています。その［原子力の平和的な］力はすでに実証され、ここ［アメリカ］に、今日、存在しています。もしも、世界の学術研究者・技術者たちがこの考えを実験し、開発するに充分な量の核分裂性物質を手にするならば、この［原子力の平和的な］力は速やかに全般的で効果的な、そして、経済的な利用に供されるであろうことを誰も疑い得ません。

　一日も早く、原子力の恐怖が人びとの心から、そして、東西［両陣営］の政府

の心から消えるようにするために、いま、いくつかの措置が講じられ得ます。

　［中略］

　私は、次のような計画をアメリカ議会に提出する用意をしていますし、それが承認されることを心から期待しています。

　第一に、私は、最も効果的な核分裂性物質の平和利用に関する世界的な研究を奨励します。

　第二に、私は、世界が保有する原子爆弾の潜在的な破壊力の縮小を開始します。

　第三に、このような文明化された時代には（in this enlightened age）、東西両陣営の諸大国は、軍備増強よりも真先に人類の熱望に関心を持っていることを私は全世界の人びとに示します。

　第四に、私は、平和的な話し合いの新経路を開き、少なくとも、多くの困難な問題に新たに取り組みはじめて、それらを内密と公開両方の会談で解決するべく努めます。それによって、恐怖で身動き取れない状態から世界を解き放ち、平和に向かって積極的に前進させます。

　原子爆弾の存在という暗い情況を背景にして、アメリカはたんに力の誇示を求めるだけではなく、平和を願い、望みます。

　来たる数カ月間に、極めて重大な決定が下されるでしょう。この総会議場で、世界各地の首都や軍司令部で、統治者であろうと被統治者であろうと、いたるところの人びとの心のなかで。そして、それらの決定はこの世界を恐怖から平和へと導いていくでしょう。

　これらの極めて重大な決定が下されるに当たって、アメリカは恐ろしい原子力ディレンマの解決に手助けすることを決意していますし、そのことを［総会議場の］みなさんに、したがって、世界に誓います。アメリカは、人類の奇蹟的な発明が人類の死に捧げられることなく、人類の生（life）に捧げられる道を見出すために全力を尽くす決意であることを誓います。

　［以下、略］

資料Ⅲ　　「迫り来る人為的な気候変動にかんする警告」
　　　　　　ドイツ物理学会・ドイツ気象学会　　　　1987年06月

　大気圏中の二酸化炭素含有量が、そして、他の環境に影響を及ぼす微量ガス、たとえば、メタン・クロロフルオロ炭化水素・亜酸化窒素（一酸化二窒素）・オゾン（これは、大気圏の低層のみ）の含有量が世界中で驚異的に上昇している。その上昇原因は、二酸化炭素のばあいには、大部分は石炭と石油と天然ガスの燃焼であり、さらに、幾分かは森林開墾や土壌侵食や湿地帯の干拓もかかわっている。メタンの含有量上昇は稲作と畜産の拡大によって惹き起こされ、それは、とくに、熱帯地方で顕著である。また、クロロフルオロ炭化水素のばあいには、冷蔵設備・空調（エアコン）設備の運転やスプレー缶の使用によって含有量が上昇しており、プラスティク発泡によっても同様に上昇している。そして、微生物による化学肥料分解や有機物の燃焼によって一酸化二窒素の含有量上昇が生じ、大気圏の低層（対流圏）におけるオゾン含有量の上昇は、酸化窒素と炭化水素を含む太陽光線の作用で生じている。これらのガスは、すべて、オゾンを除くと、どれも太陽光線を妨げることもなく地上に射し込ませ、しかも、すべてのガスが地上から宇宙空間へいたる熱放射をずっと妨げつづけている（温室効果）。
　［それゆえに、］すでに、来る100年のあいだに地表の平均気温は次のごとく大きく上昇すると考えられなければならない。すなわち、二酸化炭素の蓄積によって、1.5℃-4.5℃上昇し、他の微量ガスの蓄積によってもさらに凡そ1.5℃-4.5℃の気温上昇が惹き起こされる。したがって、合わせれば、100年間に約3℃-9℃の気温上昇となるが、それは、もしも、これまでに観察されている各種ガスの増加がほとんど変わらずに続いて行き、大洋が熱を多く吸収することで増加の速度を遅らせることもないならば、避けられない。
　気温上昇の程度は地域と季節によって全くまちまちなレヴェルとなる。熱帯地方では、平均上昇値の凡そ半分の気温上昇にとどまるも、極地の冬季は、反対に、気温上昇の平均値の2-3倍に達するであろう。気温の変化は、そして、どんな程度であっても、大気循環に影響し、その結果、降水地図を変えてしまう。そ

のような広範な気候変動は、地域的には、さまざまであるとしても、確実に、生活条件に相当な影響を及ぼすことになるであろう。

だから、かかる激しい気候変動の危険を未然に防ぐためには、上記ガスの排出量を急いで制限することを既に今日から始めなければならない。もしも、この制限が先送りされると、おそらくは、10‐20年後には気候変動もはっきりと目に見えるようになってくるが、そのときから始めるとするならば、既に、気候変動を食い止めるには、まず確実に遅すぎるであろう。

したがって、次のことが求められている。

政治家たちのばあい、世界的な協調体制を実現して、上記ガスすべての排出量を全体として容認出来る程度に制限しなければならないし、西ドイツについては、それに関連する決定を将来のエネルギー供給について行うとともに、クロロフルオロ炭化水素と化学肥料の使用についても制限する。

経済界と学界は、合理的なエネルギー利用と非化石エネルギー資源の利用拡大を図るべく、そのために必要とされる方法と設備を用意する。

市民は、それぞれ、エネルギー消費量を節約し、それによって、環境に影響を及ぼす微量物質の排出量縮減に貢献するよう心掛ける。

迫る来る気候に対する危険と危険回避の問題を明瞭にするために、以下、自然的な［つまり、非人為的な］気候変動と将来の人為的な気候変動にかんする科学的な予測の概要説明を行い、次いで、微量ガスの排出量減少に必要な将来エネルギー供給体制の改変を行うために取り組まれるべき経済的・政治的な措置を勧告する。

「略」

Ⅰ　科学的な説明

自然的な気候変動

大気中では水蒸気と二酸化炭素が気候に決定的な影響を及ぼす。もしも、これらのガスが存在しなかったならば、射し込む太陽光と地表からの熱放射の結果と

して、地表の平均温度は約-18℃である。しかし、これらのガスは地表から放射される熱の一部を吸収し、部分的に再び地表へ送り返している（温室効果）。それで、現在、地表の温度は約15℃にとどまっている。温室効果は主として水蒸気の存在によって生じており、二酸化炭素と他の微量ガスの作用は小さなものである。過去数百万年の過程において、地表の平均温度は氷河期と温暖期のあいだに今日の値と比べると約-5℃から+2℃の範囲で変動している（その都度、多くの年月を経ての変動である）。大気中の二酸化炭素含有量は、最後の氷河期のあいだには約180-200ppm（ppm ＝ 100万分の1の体積量）にまで低下しており（最高点は18,000年前）、その値は最後の2度の温暖期の約70パーセントに相当する。大気中の二酸化炭素含有量は、大気と植物と大洋と海中の堆積物、そして、風化した堆積岩のあいだにおける絶えざる自然的な循環のなかで定まるものである。

将来の人為的な気候変動にかんする予測

1. 環境に影響を及ぼす大気圏中の微量ガス含有量の上昇

凡そ1800年以来、大気中の二酸化炭素含有量は約280ppmから347ppmにまで絶えず上昇して、今日の値になっている。最初は年約0.2ppmずつの上昇であったが、今日ではすでに年約1.6ppmの上昇にまで増大しており、それは年約35億トンの炭素に相当する。このような上昇の原因は人為的な二酸化炭素の排出であり、それは、今日、主に、約50億トンの炭素に当たる石炭や石油や天然ガスの燃焼から生じている。しかし、年約10億-30億トンの炭素に相当する生物圏破壊（森林伐採や土壌侵食）によっても二酸化炭素含有量は上昇している。

人為的に排出される二酸化炭素のうち、過去100年のあいだは、凡そ40-50パーセントのみが大気中にとどまっている。かかる割合は森林伐採と土壌侵食による排出量が精確には知られていないがために不確かではあるが。残りの50-60パーセントは、これまでは圧倒的な割合で大洋に吸収されている。また、二酸化炭素含有量が上昇するときも、［これまでは］豊かな植物生長の御蔭で大

気中の二酸化炭素含有量の上昇も余り大きくなることもなく抑えられ得ていた。そのような［大洋吸収や植物生長による抑制］効果は、たしかに、これまでは認知出来てはいない。［だから、］精確な科学的認識があるわけではないけれども、我れわれは、いま、差し当たり、大気中に人為的に排出された二酸化炭素は将来も従来どおり排出量の凡そ40－50パーセントが大気中に長期間とどまりつづけると見なして推定することにする。すると、二酸化炭素の排出量は、過去50年間を平均すると、1年当たり約4パーセント上昇し、最近の10年間は約2パーセントの上昇であったことになる。

しかし、たとい、将来の上昇率が年1パーセントのみであるとしても、その程度の上昇は今日すでに中国1カ国の排出だけで生じており、50－100年以内には大気中の二酸化炭素含有量は凡そ500－600ppmに上昇するであろう。そして、その後、排出量は今日の2倍の速度で増加しつづけるであろう。仮に、排出量が直ちに増加を停止し、現在の排出量にずっと留まりつづけるというばあいでさえ、大気中の二酸化炭素含有量は50－100年以内に約400－500ppmにまで増加し、さらに、その後も傾向として増加しつづけるであろう。

それに加えて、さらに、環境に影響を及ぼす他の微量ガスも大気中に排出される量を増加している。［すなわち、メタンやクロロフルオロ炭化水素や一酸化二窒素やオゾン排出量の増加である。］

　［略］

3. 予測される気候変動

　過去100年間、地表の平均温度の変動幅は毎年1度未満であり、10年毎の平均でも変動は0.5℃以下にとどまっていた。過去10,000年のあいだ（つまり、最後の氷河期の後）も地表平均温度の変動は1.5℃から2℃のレヴェルを超えることはなかった。

　［略］

気候モデルによる算定のばあい、たとえば、温度上昇に対する大洋の抑制的な作用は相変わらず単純に考慮に入れられるのみであり、雲の量と種類の変化も信

頼出来るほどには計算されてはいないが、それでも、同モデルによると、地表の平均温度は次のように上昇する。

大気中の二酸化炭素含有量が280ppmから560ppmに上昇する（これは、産業革命前の値の2倍に相当する上昇である）ならば、約1.5℃‐4.5℃上昇する。

二酸化炭素含有量の2倍化期間と同じ期間〔つまり、産業革命前から今日までの期間〕に予測される他微量ガスの増大が、温室効果作用の点で、二酸化炭素含有量の2倍化と粗同じであるレヴェルにまで達するならば、それによって、もう一度、約1.5℃‐4.5℃の温度上昇が生じることになる。2つの温度上昇は、大部分熱放射スペクトルの異なる領域で生ずるがゆえに、粗加算的になるから、合計で3℃‐9℃の温度上昇である。赤道近くでは、温度上昇は上記合計値の約半分にとどまるであろうが、極地の冬季には約2倍から3倍になるであろ。

〔略〕

予測される部分的な海氷の溶融は極地における太陽光の海中吸収量を増大し、それによって、海温上昇を惹き起こす。このような効果は気候モデルで考慮に入れられている。今世紀の初め以来観察されている約10‐20cmの海面上昇は、おそらく、これからもつづいて行き、来たる50‐100年のあいだに30‐120cmに達し得るであろう。

Ⅱ　経済的・政治的な勧告

微量ガス排出量縮減の必要性

もしも、地球の気候にかんする理解がもっと良く深められ、我れわれが自然の営み（Naturhaushalt）に干渉するとき、その干渉の効果が明瞭、かつ、詳細に予測され得るのであるならば、二酸化炭素と他の微量ガス排出量縮減に必要な措置は、確実に、もっと容易に講じられ得るであろう。気候〔変動〕の予測をもっと良く行うためには、だから、早急に気候研究の進展を図り、気候モデルを改善することが必要である。それは、そして、多くの国々において関連専門科学の分野でも行われ、さらに、世界的な気候研究計画のなかで調整されるであろう。だ

が、我れわれは将来の気候変動が疑いの余地も無く明確に予測され得るまで待つことは出来ない。

［今日、］人間が惹き起こす世界的な気候変動を防止ないし食い止めるための唯一確実に受け合える方法は、著しく大きな影響を及ぼす原因物質すべての排出量を今日責任を負えると思われる程度にまで縮減することである。そして、今日の知識に基づくならば、その責任を負える程度は現在の水準を最高で約1℃上回るだけの平均地表温度上昇であろう。そのような、おそらくは僅かと思われる気温上昇であっても、しかし、すでに知覚出来る気候帯の変動が生じるであろう。

地球全体の気温上昇を最高で約1℃に抑えるためには、気候モデルに基づく計算では、気候に影響を及ぼす微量ガスすべての大気中含有量は、約450ppmの二酸化炭素濃度相当値を超えてはならないであろう。もしも、二酸化炭素と他の微量ガスの気温上昇に及ぼす影響力が同じであるならば［つまり、それぞれの大気寿命の長さに基づく"地球温暖化潜在力"を考慮するならば］、すでに今日でも350ppmに達している大気中二酸化炭素濃度の上昇は、400ppmまでに制限されなければならないであろう。かかる上昇を惹き起こすだけの排出量は、許容される燃料消費量で考えるならば、［二酸化炭素が］大気中にとどまる割合は従来どおりとするばあい、総計2,600億トン石炭換算に相当する。もしも、現在のような消費量増加がつづくならば、この値には30年で到達するであろうが、それは、今日採掘可能な化石燃料埋蔵量として知られる少なくとも9,000億トン石炭換算のうち、3分の1すら消費してはならないことを意味している。

それゆえに、気候に影響を及ぼす微量ガスすべての大気中含有量を制限し、それを二酸化炭素濃度450ppmに相当するレヴェルにとどめるためには、二酸化炭素、および、他の気温上昇を惹き起こす微量ガス、なかんずく、一酸化二窒素・メタン・クロロフルオロ炭化水素の人為的な排出の量を直ちに間断なく、かつ、持続的に縮減しはじめて、遅くとも50年のあいだに世界全体の平均で今日の排出量の3分の1以下にしなければならないであろう。したがって、あらゆる微量ガスの排出量を直ちに世界全体で1年当たり平均約2パーセントずつ縮減しなければならないであろう。もしも、10-20年後になってはじめて、つまり、気候変動が知覚出来るようになってから、排出量制限が始められるならば、排出

量は20-30年以内に現在の4分の1の値にまで縮減されなければならないであろう。これは、毎年約7パーセントの排出量縮減を意味しており、そのような縮減は実現不可能である。

また、排出量削減を世界的な協調体制で行うばあいには、微量ガスは国によって様ざまに排出されていることのみならず、排出縮減の困難さも様ざまであることが考慮されなければならない。

二酸化炭素の大部分は総計人口約10億人の工業諸国で排出され、相変わらず人口が増大しつづけ、目下、総計人口約40億人に達する発展途上諸国の排出量は少ない。

稲作水田から発生するメタンは大部分熱帯地方で、したがって、人口増加が著しい諸国で排出されている。

クロロフルオロ炭化水素を大気中に排出する諸国はほとんど専ら工業諸国である。

一酸化二窒素の排出は、取り分け、工業諸国における化学肥料の分解によって発生している。

［このような様ざまな情況を考慮して、世界的に］排出量縮減を実行するばあいには、工業諸国は人口増加も停滞しており、さらに、多様な排出防止能力（Ausweichmöglichkeiten）を有しているのであるから、人口割合い以上に大規模に縮減することが強く求められている。

微量ガス排出量縮減の方法

石炭や石油や天然ガスの消費量を、たとえば、年2パーセント縮減する、すなわち、50年間で3分の1に縮減することは間違いなく困難であろう。その間には世界の人口は相変わらず大きく増加していくであろうし、すでに今日エネルギー需要の粗90パーセントは化石燃料で賄われ、残余を賄うのが水力と原子力である。（発展途上国で大量に利用される薪や厩肥のような燃料は統計の数値には入っていない。それらは、自然的な循環の一部であるから、二酸化炭素含有量の上昇にはかかわらない。）

化石燃料資源の消費量は、エネルギー需要を抑制し、また、非化石エネルギー資源の利用を増大することによって縮小され得る。

西ドイツには、先進工業諸国を代表する国として、人口比例を上回る多量のエネルギー需要のゆえに、そして、技術的なノーハウを有するがゆえに、［エネルギー需要を削減し、非化石エネルギー資源の利用を増大するという］特別な責任があります。

　［略］

可能な措置

エネルギー技術やエネルギー産業、そして、エネルギー政策において求められる構造転換は、今から始められ、緩やかに完成されなければなりません。後になってから必要な改変が急速にすすめられるならば、そもそも、それが可能であるとしても、多くの分野で不利益や損害が生じるでしょう。気候変動問題に対する取り組みだけでは世界的な合意のもとでしか［効果的には］行われ得ません。個々の国々の気候変動問題に対する取り組みだけでは、それが化石燃料資源の採掘量最大の国や消費量最大の国であるとしても、それだけでは充分ではありません。しかし、気候変動問題に取り組み始める段階では、それ［個々の国の行為］が不可欠です。

ここで、世界的な計画のために講じられるべき幾つかの措置について、その概要を示しておこう。

制限量の設定 － 世界中の微量ガスすべての排出量に対して許容し得ると見なされる量を設定する。

シナリオ作成 － 上記制限量が厳守されるシナリオを作成する。

割当て － ［化石燃料資源の］埋蔵量と採掘量と消費量の点で最大の割合いを占めるがゆえに最も打撃を被る国々が上記シナリオを実現するための割当てについて折り合いをつける。

すでにアメリカとソ連邦と中国と日本、そして、EC加盟諸国は化石燃料の備蓄量と採掘量と消費量の点で半分以上を占めている。［だから、これらの国々が

折り合いをつけるべきである。]

終わりに

　微量ガスが惹き起こす気候変動は［ある日］センセイショナルに告げられるのではなく、数十年を経る過程で全く漸進的に現れる。しかし、それが一度(ひとたび)明瞭に可視化するならば、最早食い止めることは不可能である。
　気候変動は、核戦争を別とするならば、人類に対する最大の危険のひとつであり、それは、過度な資源利用と環境負荷に密接に結び付いており、別(わ)けても、工業諸国の資源利用と環境負荷に結び付いている。また、発展途上諸国の人口爆発とも密接に結び付いている。
　気候変動は、もしも、世界の諸国民すべてが微量ガス全体の排出量縮減に直ちに取り掛かり、そのために必要不可欠な多様な諸措置を早期に、かつ、充分に講じながら、絶えず排出量を制限しつづけるならば、そのときは、食い止められ得るであろう。

資料Ⅳ 「我が党政治の基盤としてのキリスト教的人間像　環境・エネルギー政策草案」(テップファー草案)　1988年2月27日

「西ドイツにおいては、」キリスト教民主同盟（CDU）政治の枠組みとして社会的な市場経済が構想され、それによって、経済的な発展と社会的な責任が結びつけられてきたために、人間による人間の搾取は消え失せています。人びとは、この秩序枠組みのなかで自由に能力を発揮出来、［第二次世界大戦後の］瓦礫のなかで諦めることもなく、勤勉に再建活動に取り組みました。戦後の経済の奇蹟は、国家的な指令（Entmündigung）よりも自らの創意と自立的な活動に基づく［経済の］ほうが優れていることの証左であり、世界的な注目の的でありました。

この戦後のダイナミクな高揚気運は、経済成長が社会全体によって追求され、徹頭徹尾肯定された情況に基づいており、技術的な発展に支えられていました。

しかし、我れわれは、自らの環境を危険にさらしていることを次第に認識してきたために、この高揚気運は数年前から消滅しつつあります。神の贈り物（Schöpfung）としての自然環境の有様を見るならば、我れわれは経済の奇蹟の全費用を正しく突き止めて、我れわれの福祉の代償として正しく支払ってきているかどうかについて考え込まざるを得ませんし、自問せざるを得ません。

あるいは、また、我れわれは、無意識に自然と景観と大地に、そして、大気と水に抵当権を設定していなかったかどうかについて熟考し、自問せざるを得ません。それらの抵当権はいまや抹消されなければならなくなってきています。

［中略］

多くの人びとが戦後の廃墟と化した社会における生活と同様な死活にかかわる脅威を覚え、とくに、若者たちが強く恐れている［環境悪化に対して］、我れわれは、諦めて、対策を放棄してしまい、何もしないでいるのか、それとも、我れわれは、社会的な市場経済の秩序観と作用力を拡張し、生きるに値する環境確保を目差すというダイナミクな高揚気運に転換するのか。我れわれは決定を迫られています。神の贈り物を守り、育成するためには、我れわれは明確な国家的な秩序枠組みを形作り、その枠組みのなかで個々人と社会に対して自らの責任を果た

すよう求め、かつ、我れわれの知識と能力［の活用］や我れわれの研究・発見［活動］もそのような責任感に導かれて行われなければなりません。戦後の経済の奇蹟には、今世紀の残り数年間、環境の奇蹟がつづかなければなりません。

［中略］

自然も環境も神の贈り物の一部であるという事実からだけでも、我れわれは、それらに対する責任を負っています。ますます多くの若者たちが、現実からの郷愁的な逃避としてではなく、神の贈り物に対する我れわれの全責任を再認識して自然に目を向けていますが、かかる情況は、キリスト教的人間像で特徴づけられ、現代的な意味で保守的な政治にとっては素晴らしい好機です。我れわれにとって保守的とは、神の贈り物に敬意を払って将来を形作ることです。

［中略］

我れわれは、工業発展のために環境を長期に亙り抵当に入れてきたのであり、かつ、我れわれには経済的な債務履行力があるのですから、現在、世界的な合意として可能である目標よりも首尾一貫し、野心的な環境［保全］目標を設定し、それを達成することが我れわれの義務です。［以下、略］

［中略］

［第三世界の］諸国民は、現在、止むを得ず熱帯雨林という自然の宝を濫費していますが、そのように仕向ける強圧的な経済諸力から［第三世界の］諸国民を解放する道を我れわれは他の高度工業諸国と共同で見出さなければなりません。これら［第三世界］の諸国が我れわれから供与された信用に対して利払い出来るとするならば、その最良の方法は、彼らが供与された信用を利用して、この地球の気候の営み（気候循環）（Klimahaushalt）と遺伝子に備わる潜在力（Genpotential）にとって計り知れないほどに価値の大きな自然空間［すなわち、熱帯雨林］を保全することです。

我れわれは、他国に可能なことよりも多くのことを為し、他国に出来るよりも早く行動しなければなりません。

［中略］

気候循環を保全するためには、我れわれの大気圏のCO_2負荷を、どこでも可能であるならば、制限し、減少することが必要です。我れわれにとって、その意

味は、なかんずく、石炭・石油・天然ガスといった化石燃料消費を節約することです。原子力の利用は、かかる目標設定に合っています。そのばあいも、だが、我れわれは知っているように、原子力の利用はCO_2負荷の小ささで正当化されるものではありません。このエネルギー技術利用の決定的な判断基準は、我れわれにとって、原子力の安全性、そして、放射性廃棄物が除去されて、人間と環境が長期に亘り危険にさらされる状態が完全に無くなることであり、将来もそれが判断基準です。

　取り分け、原子力の平和利用のばあいにも、我れわれには国際的な安全確保の協力体制構築が是非とも必要です。我れわれは、安全性を経済的考慮より優先するという我れわれの決定を国際的にも自明の理とするべく全力を傾けなければなりませんし、そうすることは我れわれの義務です。ドイツ連邦共和国［西ドイツ］国内でも国際的にも認められた我れわれの高い安全性基準は、何処でも可能であるならば、国際的な安全性要件に含められなければなりません。

　このことは、原子力技術に当てはまるだけではなく、西ドイツで確立された安全性文化にも当てはまります。それは、難しい技術の管理に当たる行政機構に表現され、さらに、また、危機をはらんだ（risikobehaftet）技術を扱うなかで工業国［西ドイツ］が数十年のあいだに蓄積してきた知識に表現される文化です。人間は誤りを犯すし、トランスヌクレアール［・スキャンダル］のばあいに明らかになったごとく、［先進国西ドイツの］人間も買収され、買収を働く存在です。しかし、そうであるからと言って、原子力のように大きな危機を惹き起こし得る（risikogeneigt）技術に対する責任は、工業化と行政機構構築がやっと始まったばかりの諸国におけるよりも［西ドイツの］安全性文化に基づくほうが確実に果たされ得ることに目を瞑るべきではありません。西ドイツの安全性文化を国際的に根付かせることなしに、西ドイツが原子力［利用］から撤退するならば、この目標の達成は現在よりも遥かな先に追いやられるでしょう。

　代替エネルギーを準備しないで原子力の平和利用から撤退する者は、このエネルギー資源の世界的な利用を阻むこともなく、この技術利用に伴う危機発生に備える国際待機部隊（internationale Risikobereitschft）から抜け出すことになり得ます。

それゆえに、西ドイツには指導的な技術国家として3つの使命が課されています。

ひとつ目の使命としては、一次エネルギーの消費量を節約し、効率化する技術の研究・実用化に一段と努めること。［現行の］エネルギー産業法が改訂されるまでは、エネルギーの節約が報われるべく料金体系を改定し、エネルギー供給システムの環境非毀損性をエネルギー供給の廉価性および確実性と等価値に扱わなければなりません。

二つ目として、［原子力利用を放棄するまでの］原子力利用の安全性について、技術面における多様性と冗長性（Redundanz）［つまり、多重的な安全装置装備］の点でも、技術を扱う人間の自己責任と管理の点でも、常に最適化に努めること。そのばあいに得られた改善成果は、国際社会に提供され、利用可能にされなければなりません。

三つ目の使命としては、新しい、最大限に再生可能なエネルギー資源の研究に一段と努めること。無限な太陽光エネルギーは、まず、初めには、世界中で太陽光利用に特に好都合な気候条件の下にある地域で"賢明な（intelligent）"技術を使って始められなければなりません。そのさいには、水素技術の開発［すなわち、燃料電池の開発やエネルギー貯蔵設備の開発等］に特別な注意が払われなければなりません。そして、無論、我れわれ自身のばあいにも、すでに存在する再生可能エネルギー技術の利用が促進されなければなりません。

我れわれが目標とするところ、我れわれは原子力を利用することなく、［同時に、］化石エネルギー資源利用を絶えず減少させつづける将来を築かなければなりません。そのばあいも、また、［戦後の再建活動のばあいに当てはまったことですが、］よく知られた諸問題を前にして諦めてしまったなら、将来を築くことは不可能になります。新しい、再生可能なエネルギー資源の研究・応用とエネルギー消費量の節約に真剣に努めるために、我れわれは大きな研究施設を建設し、そのような研究に取り組まなければなりません。

資料　365

資料V　電力供給法（1990年）、および、改訂電力供給法（1998年）における「不都合な事態条項」

電力供給法（1990年）

　　第4条　不都合な事態条項

　（1）　電力供給事業者が第2条［の再生可能エネルギー資源利用電力受け容れ義務］と第3条［の給電補償額支払い義務］に基づいて負う義務は、それを履行すると不都合な事態に陥るばあいには、あるいは、それを履行すると、1989年12月18日の連邦電力料金法を遵守出来なくなるばあいには、免除される。そのばあいは、［第2条と第3条の］義務は上位の電力供給事業者に転嫁される。

　（2）　不当に不都合な事態とは、とくに、電力供給事業者が電力販売価格を同種の電力供給事業者、あるいは、上位の電力供給事業者の販売価格よりも著しく高く引き上げなければならないようなばあいを指す。

改訂電力供給法（1998年）

　　第4条　不都合な事態条項

　（1）　この法に基づいて、［公共的な］電力供給事業者がキロワット時当たり（kWh）で給電補償額を支払うとき、その受け容れ電力総量が自己の供給網を通して販売される年間電力総量の5パーセントを超えるばあいには、［当該電力供給事業者の］上位の送電網運用事業者は［下位の］電力供給事業者が［5パーセントを超える］電力を受け容れることで負担し

た超過分の費用を［下位の］電力供給事業者に弁済する義務を負う。この超過分の費用のなかには、上位の送電網運用事業者にかんしては、上記の弁済費用も含まれる。電力供給事業者に上位の送電網運用事業者が存在しないばあいには、［下位の電力供給事業者からの転嫁受け容れ分も含めて、給電受け容れ総量が5パーセント基準に達するという］上記のような条件が整ったならば、その時に未だ基本的な機器が整備されていない発電設備に対しては、その条件整備の翌暦年初めから第2条の［給電受け容れ］義務は免除される。基本的な機器の整備と言うばあい、風力発電設備であれば、支柱と回転翼の設置が基準である。

(2) 第2条［の給電受け容れ］義務と第3条［の所定の補償額支払い］義務は、それを履行すると、［本条］第1項の弁済規則に則るとしても、不都合な事態に陥るときには、免除される。このばあいは、上記の義務は上位の送電網運用事業者に転嫁される。

(3) 不都合な事態とは、とくに、電力供給事業者が電力販売価格を同種の電力供給事業者、あるいは、上位の電力供給事業者の販売価格よりも著しく高く引き上げなければならないようなばあいを指す

(4) 連邦経済省は遅くとも1999年には連邦議会に対して不都合な事態条項の影響にかんする報告を行わなければならない。そのばあい、報告は、第1項の［上位の送電網運用事業者を持たない電力供給事業者が受け容れ義務を免除される］規定に因る［影響の］結果が明らかになる前に他の調整規則が講じられるべく、時宜をはかって行われなければならない。

資料Ⅵ　バイエルン州行政手続き法　　1985年7月23日公布施行

第一部　適用範囲、土地管轄、電子通達、行政機関の相互協力、欧州行政協力

　第一章　適用範囲、土地管轄、電子通達

　　第1条　適用範囲
　（1）　この法の適用範囲は、バイエルン州の法規に同じ内容の規定、あるいは、対立する内容の規定が存在しないかぎりにおいて、バイエルン州・地方自治体・連合地方自治体（Gemeindeverband）の行政庁、そして、バイエルン州の監督下にある他の公法人の行政庁が行う公法上の行政行為である。
　（2）　この法における行政庁とは、公行政の職務を司る機関すべてである。
　　　［略］
　　第3条　土地管轄
　（1）　土地管轄は次のとおりとする。
　 1. 不動産、あるいは、地域特有の法律ないし法律関係にかかわる事案については、当該不動産や問題が存在する地域の行政庁とする。
　 2. 一企業ないしは同企業の一事業所の経営、営利活動の展開、あるいは、他の永続的な活動にかかわる事案については、企業や事業所が経営されているか、経営される予定である地域の行政庁、ないしは、営利活動や他の活動が行われているか、行われる予定である地域の行政庁とする。
　 3. その他
　　　a）　自然人にかかわる事案については、自然人が日常居住しているか、最後の居住地であった地域の行政庁とする。
　　　b）　法人ないしは団体にかかわる事案については、法人や団体の

所在地であるか、最後の所在地であった地域の行政庁とする。

4. 第1号から第3号までの規定で管轄が定まらない事案については、職務行為が必要とされる地域の行政庁とする。

［略］

第3b条　介入

（1）　もしも、［地域における］州の所轄行政庁が［州の］監督当局の文書による指令を受け、それを期限内に果たさなかったならば、監督当局の長は所轄の行政庁に代わって行為することが出来る（介入）。

（2）　州の行政庁としての郡庁（Landratamt）に対する介入は、重要な公共の福祉のためという理由で、とくに、地域を超える重要性、ないしは、州全体にかかわる重要性を有する事案にかんして、当該事案担当の州政府閣僚が個別的なケースとして緊急に行為することを必要と判断し、その旨を監督当局に表明するばあいに限られる。

　　　［略］

資料Ⅶ　RWE 幹部会議長フリートヘルム・ギースケと VEBA 幹部会議長クラウス・ピルツの連邦首相宛書簡　　　［1992 年 11 月頃］

尊敬する連邦首相

　1992 年 10 月 2 日、あなたは我れわれにエネルギー産業界側も諸政党の代表者たちと話し合い、そもそも超党派的な原子力合意（Kernenergie-Konsens）を得ることが可能かどうか、得られるとすれば、どんな内容の合意かを見定めるよう勧めました。［ドイツにおける］電力生産の約 30 パーセント［を占める］原子力の貢献を鑑みれば、そのような合意が確実な供給のために、そして、長期計画策定のための信頼出来る基盤を得るために是非とも必要であると我れわれも考えています。

　さまざまな話し合いから我れわれが得た感触では、［原発に批判的・否定的な諸政党の］「脱原発」という漠然たる綱領的要求も実質的には今日利用されている原発を秩序立てて稼働終了させる（geordnetes Auslaufen）ということであり、さらに、原子力利用技術の発展を考えて、原子力を長期的な将来エネルギーの選択肢として残すことも多分受け容れられます。

　それとの関連で、考えなければならない諸問題を構想としてまとめましたので、それを同封します。

　我れわれの構想のような考えに基づいて最終的に超党派的な原子力合意が得られるかどうかについては、我れわれは予め何かを言うことは出来ません。しかし、そうであるとしても、我れわれに分かったところでは、原子力に批判的な諸政党には、あなたの司会のもと［超党派的な原子力合意を得ようとする］話し合いに積極的に参加する用意があります。

　それゆえに、尊敬する連邦首相、あなたが連邦と各州で責任ある政府与党の地位にある諸政党の代表者たちに呼び掛けて、このような話し合いの場を設けるならば、大変ありがたいことです。無論、我れわれはいつでも参加いたします。

友好的な挨拶を込めて

フリートヘルム・ギースケ　　　クラウス・ピルツ

エネルギー合意のための重要な諸問題

　　A　エネルギー確保のために今後も進める原子力研究・開発の目標と内容
　　B　商用原子力施設新設のための諸条件
　　C　既存原発の残余稼働年限
　　D　既存原発の核燃料廃棄物処理

　Aについて：［研究・開発の推進が］ふたたび諸政党から広範に受け容れられることを前提条件に、原子力で熱と電力を商用生産することを目差し、そのための原子力研究・開発に対する基本的な条件や方針を定める。そのばあい、基本的な条件や方針策定の手続きとしては、たとえば、連邦議会特別委員会のような場を設けることで合意する。
　Bについて：前提条件は、広範な政治的同意を得られることである。
　Cについて：前提条件は、各原発が計画的に稼働終了されるまでに常時通電用電力（Grundlast）供給の発電所が新設され、稼働していることである。そのような前提条件のもとで、政治的な障害も無く稼働出来、かつ、審査によって安全性が認められた原発すべてにかんして、通常稼働年限（停止期間を除く純稼働年限）を確定する。
　Dについて：核燃料廃棄物処理の唯一の方法として直接［地下］貯蔵法を最終処理法と考える。そのばあい、
　　－イギリス・フランスと結んでいる再処理協定の終了協定を結び、並びに、
　　－すでに存在し、今後も発生するプルトニウム［のみ］を所謂"混合酸化物（MOX）燃料"に加工する。
　最終貯蔵施設の用意について：
　弱（低）放射性廃棄物：［旧東ドイツの］モルスレーベン最終貯蔵施設の再稼

働、および、［ニーダーザクセン州の］コンラート［立坑］最終貯蔵施設の速やかな完成が最優先事項であり、欠くべからざることである。

　高放射性の廃棄物：［ニーダーザクセン州の］ゴルレーベン［最終貯蔵施設］計画が撤回されるとすれば、それは、代替の［最終貯蔵施設用］立地 － 情況によっては、国際的なそれ － が用意され、かつ、充分な容量の中間貯蔵施設が用意されるときのみである。

資料Ⅷ　クラウス・ピルツ「紋切り型思考からの訣別」

1993年3月19日

　国家が国際的な競争のなかで市民に福祉と社会的な安全を永続的に保障出来るのは、市民が基本的な価値と目標観念を広範囲に共有しているばあいのみである。［それゆえに、今日、まず、］確認されるべきは、人びとが － ドイツ国外の人びとも含めて － ますます自国の経済的な存立基盤に批判的になっていることである。そして、かかる情況の醸成が工業的な価値の創造と技術の開発・応用によって決定付けられていることは、近過去を見渡すならば、明らかである。これらの技術はあらゆる生活領域で欠くべからざるものになっているが、同時に、工業と工業に付随している危険はますます批判的に見られている。とくに、遺伝子技術と原子力の利用が批判的に見られている。原子力は、その利用開始の時期には、広範な政治的・社会的な合意に支えられていた。だが、取り分け、チェルノブイリ原発の大参事が起こってからは、今日の政治と社会は深刻な原子力論議によって特徴付けられている。大規模な［原子力施設の建設］計画は中途で停止されてしまった。そのことは、数十億マルクの国民経済資本が消失したことを意味している。
　我が国で、今後も技術が開発され、投資が行われるべきであるならば、機器の製造者にとってもエネルギー産業界にとっても、事業計画を立案するに当たって信頼出来る［政治的・社会的な］基盤の存在が必要である。無論、そのような事業計画には再生可能エネルギーの促進やエネルギー消費量節減の可能性も含まれるべきであろう。かかる［政治的・社会的な］基盤の形成を政治に求めること、それが［昨年］12月初めのRWEとVEBAイニシアティヴの考えであった。そのばあい、イニシアティヴの重要な点は、連邦と各州で政府与党の責任を負う5政党が1つのテーブルに着いてドイツの将来エネルギーにかんする共通の、したがって、超党派的な政治的原則を確立することであり、そのような尽力を5政党に要請することである。［RWEとVEBAのイニシアティヴが目差したことは、］それ以上でも、それ以下でもなかった。

年初以来、このような対話の組織が諸政党間に形成され、対話の実施が取り決められている。それらの対話のなかには重要な社会的・経済的グループも含められるべきである。いまや、"原発からの撤退に賛成"、あるいは、"原発からの撤退に反対"という大衆向きに極端化された（populistisch）決まり文句の対話から直ちに訣別することが重要であろう。そのような対話では満足出来る問題解決は決して行われない。明確に言うならば、VEBAには、過去においても現在も、現今の原子力利用から撤退する意思は無い。しかし、同じく明確に言えることであるが、我れわれが多年に亙って主張しているように、我れわれは広範な政治的・社会的な勢力に抗して原発を新規に建設することは行わない。たとえば、すでに1980年、私の先任者フォン・ベニヒセンは『ツァイト』誌上で次のように述べている。我れわれには、"資本の力に訴えて"であれ"連邦国境警備隊の部隊を動員して"［この言葉は核燃料廃棄物の最終貯蔵施設建設予定地ゴルレーベンが国境付近にあることから発せられている］であれ、新規の原子力事業投資を［力で］押し通すことは出来ませんし、その意思もありません。当時も、そして、今日も、原子力の問題にかんするVEBAの考えは変わっていない。すなわち、何が我が国の将来に必要かを認識し決定するのは事業者（企業）ではなく、社会であり、社会を代表し指導する勢力が一致して決めなければならない。

原子力を受け容れる広範な基盤が政治（政界）と社会のなかに存在しない情況にあって、ドイツの電力事業者はすでに長年原発の新規建設申請を行っていない。それゆえに、原子力からの事実上の撤退について語られ、書かれることは不可避である。そういう話は、たしかに、簡潔で分かり易いが、それでも、精確ではない。ともあれ、電力事業者は自ら進んで（aktiv）撤退するのではないとしても、どの道既存原発稼働年限の終了によって原発稼働を停止するにいたるわけである。このかたちでの撤退プロセス（Auslaufprozeß）はすでに長年現実になっている。したがって、原子力の賛成・反対双方の支持者たちに問い掛けるべきであろう。一体、何について争っているのか。

もしも、我れわれの社会はすでに長年事実上原子力からの撤退プロセスに入っていることが分からないならば、それは現実を見ていないからである。もしも、我れわれの社会は将来いつの日か［今日の原子力技術に頼るのではないが、全く

新しい技術としての］原子力に頼らざるを得なくなる情況も生じ得る可能性を否定するならば、最早、将来は無い。

　適切に現実を判断するということは、［"原発からの撤退に反対"を言っている］原子力支持者のばあいには、すでに不可避的に撤退コースに入り込んでいる社会を意図的に逆転させる方法を具体的、かつ、実現可能なかたちで提案することであろう。［"原発からの撤退に賛成"を言っている］原発反対者にとっては、原発の無い将来社会を構想するさいに、我れわれの社会の存続にとって原子力利用が死活的に必要になるような情況（Möglichkeit）を考慮してみることが必要であろう。［無論、将来の原子力利用は、新しい原子力技術が開発されており、かつ、その利用が社会において広範に受け容れられるばあいのみに限られることであるが。］

　［以下、略］

資料Ⅸ　エネルギー政策にかんする訴え　「ドイツの将来エネルギーのために勇を鼓して現実主義を主張しよう」　2010 年 8 月 21 日

　ドイツは、いま、確実で綺麗であり、支払い可能なエネルギー供給体制を定めるという将来の核心的な問題を決定しようとしています。それには簡単な解答は有りません。我れわれは、そのばあい、新しい［再生可能エネルギー開発］技術に関心を払わなければなりませんが、実証済みの供給体制と産業構造に頼ることも必要です。我れわれは、将来へ向かう道標(みちしるべ)を正しく立てるべく、勇を鼓して現実主義を主張しなければなりません。我れわれの考えによるならば、次の諸点が重要な問題です。

　［まず、第一には、］将来は再生可能エネルギーの世界であるという新しい課題に取り組むことです。

　我れわれのエネルギー供給体制が生態適合的（ökologisch）な道を歩むことは正しいです。将来は、再生可能で二酸化炭素（CO_2）を排出しないエネルギーの世界です。その実現にドイツの事業者たちは技術情報（ノーハウ）と投資をもって参加し、野心的な計画を推進していきます。北海とバルト海から風力利用の電力を送り、南欧からは太陽光利用の電力を導き入れますし、おそらくは、何れサハラ砂漠からも送電されるでしょう。我れわれは、欧州でも全世界でも気候［環境］保全と高エネルギー効率の先駆者であり、そう有りつづけなければなりません。

　［次の問題は、］生態適合的な構造転換であり、そのための投資が政治的に妨げられないことです。

　再生可能エネルギーの拡大には巨額の投資が必要です。そのための財政資金はエネルギー供給事業者と消費者によって賄われなければなりません。新しいエネ

ルギー課税で連邦財政を健全化しようとする政策は、将来のために不可欠な投資を妨げます。たとえば、計画された核燃料税、あるいは、さらに高い環境税（Ökosteuer）が実施されて、将来のための投資が妨げられるという結果になってはなりません。

［第三としては、］エネルギー供給体制の転換は、官僚政治的に（Bürokratie）行われるのではなく、強力な現存の経済基盤（Infrastruktur）に基づいて行われることです。

新しいエネルギーの多くは、ドイツの西部と南部の消費者集中地域から遠く離れたところで生産されます。だから、送電力に優れ、自動制御可能な（intelligent）送電網とエネルギー貯蔵設備（Energiespeicher）が強力に開発され、拡充されなければなりません。そのような新技術の採用（Innovation）は、ドイツの事業者に魅力的な市場機会を与えますが、それは、官僚政治的に行われるのではなく、速やかに認可がすすめれることで実施されなければなりません。そのさいには、ドイツの経済は、従来どおりに、完璧で（intakt）信頼出来る経済基盤を頼りにします。

［第四の問題は、］福祉を確実にするために、支払い可能なエネルギー供給体制を樹立することです。

世界［市場］で競争しなければならない産業界は、強力で競争力を有するばあいには、ドイツの将来を確かなものにすることが出来ます。今日、我れわれの福祉の粗（ほぼ）3分の1と我れわれの輸出の90パーセント以上は産業界によって賄われています。しかし、一方的に負担を課されることはないという平等な条件のもとでないならば、我れわれの産業は今日の役割りを果たすに足る地位を保てません。そのことは、なかんずく、エネルギー大量消費の産業界に当てはまります。それゆえに、確実で綺麗であり、そして、何よりも、支払い可能なエネルギー供給体制がドイツにとって不可欠です。再生可能エネルギーは、取り分け、太陽光

エネルギーは、長期的に見て、さらに相当に余分な出費を招きますし、その額は今年だけでも80億ユーロに達しています。エネルギー価格がすべての人びとに支払い可能な範囲にとどまるためには、我れわれは当分費用安上がりの石炭と原子力を放棄出来ません。

　［そして、最後の問題として、］ドイツは今後も原子力と石炭を必要とするという現実主義的観点にとどまることです。

　再生可能エネルギーへ転換することは、今日明日には成就され得ないことです。再生可能エネルギーは強力で柔軟なパートナーを必要とします。そのひとつは、最新型の（modernst）石炭火力発電所であり、原子力も、また、同様です。原子力の助けがあるならば、我れわれの高いCO_2排出量縮減目標も、早期の既存原発稼働停止を行うよりも明らかに速やかに、そして、取り分け、廉価に達成され得ます。早期に原子力利用から撤退するならば、数十億ユーロの資本が無になるでしょう。それは、環境と国民経済にとって負担となり、我が国の人びとの負担となるでしょう。

　多くのことが重要な問題になっています。明日の生活基盤の確保が問題であり、ドイツの将来が問題となっています。それらはすべて我れわれに関わる問題です。それゆえに、我れわれは、衡平なエネルギー政策構想を定めるよう政治的な責任を負う人びとすべてに訴えます。

［代表署名者41名］

資料X　"エネルギー転換は成功します。もしも、我れわれがそれに即応した措置を講ずるならば、それも、今日直ちに。"

ジーメンス社幹部会議長ペーター・レッシャー

2012年3月10日

ドイツは、持続的なエネルギー産業を確立するべく、新しい道を歩みます。

日本における大地震と核破局から1年が過ぎました。［日本の］人びとの悲しみと国土の運命は全世界を酷く困惑させています。福島［の原発事故が起こったこと］によって、私たちは原子力の利用に伴う危険性の相貌を見ることが出来ました。その結果、ドイツでも他の国々でも、原子力を見る目は変わりました。それは、個々人についても社会についても、そして、政治についても当てはまることです。

日本では、目下、ほとんどすべての原発は稼働していません。そのために、エネルギー供給については、かなりの質的な制約が甘受されています。［つまり、ほとんど化石燃料に頼っています。］他方、ドイツでは、エネルギー転換が政治的に始められました。

送電網を拡充し、新しい釣り合いを保つことが求められます。

我れわれは、未だエネルギー転換実現の要件をほとんど満たしていません。転換実現までの［短い］期間設定は野心的ですが、転換に不可欠な送電網の拡充や転換に伴って生ずる事態［たとえば、近隣に送電線が走ることなど］に対する社会的な受容に関わる諸課題は、大きなものです。我れわれがそれらに如何に取り組むかは世界中から注視されています。そして、もっと重要なことですが、この前例無き転換計画は、我が国の生活の質と経済力を向上させるように組み立てられなければなりません。

我が技術者たちの対応能力に欠けるところはありません。資本も同様です。現

在、補助金［給電補償額支払いを指す］のゆえに太陽光発電設備や風力発電設備に対する投資は引き合いますから、数百万の小規模発電事業者が給電しています。しかし、そのために、これまでは少数の大規模発電事業者用であった送電網が明らかに複雑化している情況を見るならば、経済全体としては、あらゆる太陽光ないし風力発電設備が有意義とも言えません。重要な点は、釣り合いを保つことです。再生可能エネルギーと化石燃料利用エネルギーのあいだの釣り合いを保ち、分散型小規模発電設備と大規模発電所間の釣り合い、そして、電力供給体制の常時通電能力と電力消費の効率向上のあいだの釣り合いを保つことです。

　ドイツをいっそう強化することができます。

　エネルギー転換を成功させることは可能です。それは、新しい技術の採用を強力に促して、模範的な電力供給体制を創出することになりますし、それによって、また、ドイツの気候保全・環境技術の輸出力もいっそう強化されるのです。
　しかし、［エネルギー転換という］目標［の正しさ］を確信しているとしましても、今日、成功がすでに確実であるかのように振る舞ってはなりません。我れわれは、未だなお、秩序立った計画・認可手続きや適切な刺激策を必要としていますし、緊密な調整・協力体制や国全体における広範な［社会的］受容性を確保しなければなりません。
　我れわれはそのために尽力し、それに貢献します。

付　録

付録 I　（西）ドイツ連邦政府の与党構成　1949-2015 年

1949	1953	1957	1961	1965
CDU/CSU・FDP・他	CDU/CSU・FDP・他	CDU/CSU・FDP・他	CDU/CSU・FDP	CDU/CSU・FDP

1966	1969	1972	1976	1980
CDU/CSU・SPD	SPD・FDP	SPD・FDP	SPD・FDP	SPD・FDP

1982	1983	1987	1990	1994
CDU/CSU・FDP	CDU/CSU・FDP	CDU/CSU・FDP	CDU/CSU・FDP	CDU/CSU・FDP

1998	2002	2005	2009	2013
SPD・「緑の党」	SPD・「緑の党」	CDU/CSU・SPD	CDU/CSU・FDP	CDU/CSU・SPD

付録Ⅱ　ドイツ四大エネルギー・コンツェルンの成立にいたる過程

（1）　第二次世界大戦以前

　ドイツの電力供給事業者の草分けは、1884年、ベルリン市に電力供給を始めた「市電力（AGStEW）」、後の「ベルリン市電力（BEWAG）」であり、ハンブルク市でも「ハンブルク電力（HEW）」が1894年にハンブルク市に電力供給を始めている。しかし、ドイツ全国の電力供給体制確立に強い影響力を及ぼした事業者は「ライン-ヴェストファーレン電力（RWE）」であった。RWEは1898年の設立後間もなくにシュティネス鉱山会社の傘下に入ったが、フーゴ・シュティネス（Hugo Stinnes）の指導のもと、RWEは所在地のエッセンから周辺各地に進出し、その地の小規模事業者を取り込みながら自らの供給地域を拡大していった。だから、それに抗するべく、各地の小規模事業者たちは結束して新たな合同会社の設立に走らざるを得なくなり、そのような情況の帰結として、ドイツの電力供給は地域的な大規模事業者による独占体制へ向かうことになった。
　したがって、各地の事業者の結束はRWEの進出に応じて地理的には近隣から遠方へ、時間的には第一次世界大戦前から同大戦後へと生じることになり、最も早い時期としては、すでに第一次世界大戦前、エッセン近隣のドルトムントに「ヴェストファーレン合同電力（WVE）」、後の「ヴェストファーレン合同電力（VEW）」が設立され、第一次世界大戦後は、RWEがいっそう強力に拡大を企図するとともに、WVEにならって遠方の各地にも合同電力会社が設立されていった。カッセルやハノーファー等ではプロイセン州自身によって発電所が建設され、それらは後年「プロイセンエレクトラ電力（PreußenElektra, Preag）」として統合されるし、バイエルン州には「バイエルンヴェルク電力（Bayernwerk）」が、そして、バーデン州には「バーデンヴェルク電力（Badenwerk）」がそれぞれ設立されている。ヴュルテンベルク州のばあいは、しばらく小規模事業者による分散型の供給体制が維持されたが、それでも、1938年には「シュヴァーベン・エネルギー供給事業会社（EVS）」という合同会社が誕生している。

この間、PreußenElektra (Preag) は、1929 年、合同電力・鉱業 (VEBA) 創立に加わり、その傘下の電力会社となった。

このようにして、戦間期のドイツにおいて、各地に大規模事業者が誕生し、それぞれの地域が大規模事業者の独占的な供給地域と化する傾向を強めていった。すなわち、RWE・VEBA (Preag)・VEW・Bayernwerk・Badenwerk・EVS・BEWAG、そして、HEW の「八大電力コンツェルン」体制の成立である。

(2) 第二次世界大戦後

知られるように、第二次世界大戦後、連合国ないしアメリカはドイツと日本の戦後民主化策の一環として経済界における独占体制の解体、「非集権化」(「過度経済力集中排除法」) をすすめたが、ドイツでは電力供給体制の極度の荒廃のゆえに電力供給事業は対象外とされ、戦間期に形成された大規模事業者の地域的な独占体制が復活することになる。(ちなみに、日本の「過度経済力集中排除法」では電力事業も対象とされていたが、結果的には、日本も同様になる。) そして、そのような情況は 1990 年に入るまで続き、わずかに、1990 年のドイツ統一とともに旧東ドイツ地域に「合同電力 (VEAG)」が成立するという変化が生じたのみであった。

しかし、1990 年代の欧州電力市場自由化のなかで八大電力コンツェルンのあいだの合同もすすむことになった。Bayernwerk は合同工業 (VIAG) の傘下に入り、その VIAG も VEBA と合同して「エーオン (E.ON)」となるから、Bayernwerk 自体は Preag とともに「E.ON エネルギー」として E.ON の子会社となる。VEW は RWE に統合され、バーデン - ヴュルテンベルク州の Bayernwerk と EVS も合同して「バーデン - ヴュルテンベルク・エネルギー (EnBW)」を設立している。また、HEW はスウェーデン国有会社「ヴァッテンファル (Vattenfall)」の傘下に入るが、BEWAG と VEAG も同様に Vattenfall に組み込まれた。

以上のような八大電力コンツェルンが四大エネルギー・コンツェルンに再編される過程を図式化するならば、下図のとおりである。

四大エネルギー・コンツェルンの成立過程

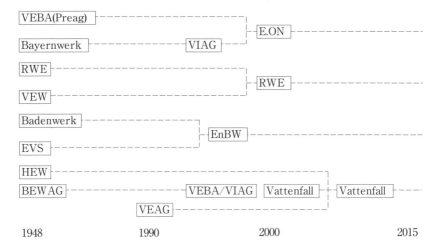

付録Ⅲ　重要事項説明

「5パーセントの壁」

「5パーセント条項」、あるいは、「閉鎖条項」とも称される。投票結果を出来るかぎり精確に議席数に反映させるべく比例代表制を採用しながらも、議席配分の結果、過度な多党化情況が生じる事態を防ぐ目的で設定された議席獲得要件。

ドイツ連邦議会選挙では、有権者は「第一票」と「第二票」を有し、前者によって各選挙区候補者のなかから1名を選び、後者の「第二票」で各州の候補者名簿を1つ選ぶ。そのばあい、選挙区の当選者は相対多数で決まるが、「第二票」で得票数に比例した議席配分を受けるためには、「第二票」の全国集計で「少なくとも有効第二票の5パーセントを得る」、あるいは、「選挙区で少なくとも3名の当選者を得る」(連邦議会選挙法第6条第3項) という要件を満たさなければならない。かかる要件を満たした候補者名簿のみが各州で得票数に比例した議席配分を受けられる。だから、そして、現実には、選挙区の当選者は粗二大政党のどちらかの候補者に限られるから、二大政党以外の政党にとっては、「第二票」の得票率が5パーセントに達することが死活的な重要事である。ただし、この要件は少数派民族、たとえば、シュレースヴィヒ-ホルシュタイン州のデンマーク系民族やブランデンブルク州とザクセン州のゾルビア人、そして、ニーダーザクセン州のフリース人には適用されないし、また、選挙区選挙で絶対多数で当選した者の議席は、上記の議席獲得要件にかかわらず確保される。

「5パーセントの壁」の存在は各州議会選挙のばあいも同様であるが、自治体議会選挙では余り無い。

再生可能エネルギー法 (EEG) 賦課金

再生可能エネルギー法 (EEG) が定めるところ、EEG賦課金の徴収は次のような過程を経て行われている。まず、①再生可能資源 (風力や太陽光等々) 利用

の発電事業者は、公共的な送電網に給電するならば、利用資源と給電量に応じて所定の給電補償額を送電網事業者から支払われ、②後者は、さらに、供給地域内の上位送電網事業者、つまり、超高圧送電網事業者（ÜNB）（次項参照）に給電することで既に支出済みの給電補償額を ÜNB から受け取る。③その後、再生可能資源利用の電力は、国内の供給地域を 4 分している ÜNB 4 社間で量と利用資源の構成が調整されたうえで、④各 ÜNB の供給地域内にある各電力事業者に配分され、そこから他資源利用の電力と一体化されて最終消費者に販売されている。そのばあい、電力供給事業者が得る販売収益はつねに給電補償額を下回っているから、その差額が EEG 賦課金として最終消費者から徴収されることになる。

　このような方法は、しかし、2010 年からは変更されており、同年からは、再生可能資源利用電力は直接 ÜNB によってパリの電力直物（スポット）市場（EPEX SPOT）で取り引きされている。そして、そのさいの取り引き価格は、折からの電力価格の低下のもと、2009 年までの販売価格を大きく下回るために給電補償額と販売収益間の差額が従前よりも大きくなった。その結果、爾来、EEG 賦課金は急激に上昇する情況になっている（第 5 章の図 5-1、または、図 5-2 を参照）。

　EEG 賦課金額の確定は ÜNB によって行われるが、それについては、次項超高圧送電網事業者を参照。

超高圧送電網事業者

　全長 35,000 キロメートルを超えるドイツの送電網は、220 キロヴォルト（kV）、ないし、380kV の超高圧送電網と高圧・中圧・低圧の配電網に分類され、前者が全国的な広域送電を行うとともに欧州域の送電網に接続されている。超高圧送電網事業者（ÜNB）は 4 社有り、それらはかつては四大エネルギー・コンツェルン自身であったが、欧州電力自由化の流れのなかで、それぞれの送電部門は分離されて新しい ÜNB が生まれている。ドイツの北部・中部・南部を独占的な供給地域としていた E.ON のばあい、超高圧送電網はオランダのテネット社に売却さ

れており、東部（旧東ドイツ）とハンブルクを供給地域としていた Vattenfall は自らの超高圧送電網事業会社をベルギーとオーストラリアの事業者から成る <u>50ヘルツ社</u> に売却している。同様に、西部が自らの独占的な供給地域であった RWE のばあいも、超高圧送電網の運用事業は <u>アンプリオン社</u> の手に渡っているが、アンプリオン社株式の4分の3はドイツ・スイスの多様な会社の共同事業体に占められて、RWE の持ち分は4分の1にとどまる。また、バーデン-ヴュルテンベルク州の EnBW のばあいは、同社子会社の <u>トランスネット BW</u> が超高圧送電網の運用事業を担当している。

　ÜNB による EEG 賦課金額の確定は毎年 10 月 15 日に次年度の EEG 賦課金として発表されるが、その算定は次のように行われている。ÜNB は、まず、①次年度の給電補償総額と販売利益総額間の差額を予測し、②その予測差額に、さらに、09 月 30 日時点で生じている当年度の差額を追加する。そして、最後に、③流動性の準備金（予想差額の 10 パーセント限度）を加えると、それが次年度の EEG 賦課金である。

ドイツ産業連盟

　ドイツ産業連盟（BDI）は製造業界を中心とする 36 の産業連盟と産業関連サーヴィス業界の全国組織であり、傘下に 10 万を超える会社と優に 800 万を超える雇用者を擁する団体として産業界の利益を代表する。そのばあい、BDI 傘下の「産業界はドイツ経済の基盤であ」り、ドイツ国民の福祉向上を支えてきたという自意識のもと、政界の政策策定に影響を及ぼし、さらに、輿論形成に努めることを「我れわれの使命」と位置付けている。「BDI は政府の政策顧問であ」り、「BDI にとって、自らの活動の成功とは BDI の考えが政府の政策となることである。(Der BDI misst den Erfolg an der Umsetzung seiner Positionen in die politische Wirklichkeit.)」（BDI ホームページ）

　なお、BDI は「文化や教育や移民政策のような社会的政策にかかわる問題」にも関与すると主張するが、社会政策の分野で事業者利益を代表する団体としては「ドイツ経営者連盟（BDA）」があり、BDA はそれを「自らの使命」と位置

付けている。

あとがき

　2011年3月11日、東京電力福島第一原発で発生した大事故が世界中に計り知れない大きさの衝撃を与えたとき、60年来の巷間の原子力観、"原子力利用は制御され得るものであり、その安全性は最高度に（あるいは、絶対的に）保障されている"という原子力観は初めて根底から覆されるにいたっている。丁度4半世紀前、チェルノブイリ原発事故のさいには、原子力利用先発諸国の大方は、"あれは、ソ連邦の原発であり、西側諸国のばあいは安全である"と言い張り得たが、この度は最早そのような言説は通らなかった。したがって、いまや、原子力利用と安全性保障は必ずしも両立し得ないことが判明した以上、原発先発諸国に残された選択肢は二つしかなくなっている。ひとつには、「原子力の利用は制御され得ない」と判断して「生命・自由・身体の安全」（世界人権宣言第3条）という人権保障を最重要視し、新しいエネルギー資源利用を大幅に拡大しながら「脱原発」の道を歩むことであり、他の道は、安全性の保障を凌駕するような"利益ないし価値"を原子力の発電利用に見ることである。言い換えるならば、後者は、「生命・自由・身体の安全」という人権保障も相対化され、等閑視され得る道を歩むことである。この点で、「原発安全論」が長いあいだ"神話"としての地位を占め、原子力利用と安全性保障は両立すると見なされていた日本の選択が注視されることになったが、安全性保障のために「脱原発」の道を確定したのは、原発事故発生地から遠く離れたドイツであり、事故当事国日本の選択は原発保持を図ろうとするものであった。

　では、このような相違は奈辺に起因するのであろうか。ここで、「おわりに」として、独日の原子力利用意識の比較を行って見よう。

　素より、原子力利用に対する独日間の相違は今に始まることではなく、当初から兆していたと言うことができる。たとえば、両国が原子力利用を期して立法府（政界）が原子力法ないし原子力基本法を制定するとき、ドイツ原子力法の「目的」としては、第一の「原子力の研究・開発・利用」という「目的」とともに

「原子力と電離放射線の有害な影響から［国民の］生命・健康・財産を保護する」ことが第二の「法の目的」として謳われている（1959年12月の同法第1条）。他方、それに対して、日本の原子力基本法は「原子力の研究、開発及び利用を推進すること」を「法の目的」に挙げるばかりであり（昭和30年12月の同法第1条）、原子力基本法条文のなかに「国民の生命・健康・財産の保護」という文言はおろか、国民の「生命」や「健康」や「財産」を保護するというような文字の一つさえ見ることはできなかった。つまり、立法者には法的に安全性を保障するという意識は希薄、ないしは、無かったわけである。日本で、原子力利用の関連法に「国民の生命・健康・財産の保護」という件(くだり)が謳われるためには、福島第一原発における大事故に遭ってからの原子力規制委員会設置法制定（2012年6月）を待たなければならない。同法において、やっとの事「委員会の任務」として「国民の生命、健康及び財産の保護」が語られている（原子力規制委員会設置法第3条）。このような原子力利用の安全性保障に対する法的規定の対照からは、「安全に健康的に生きる」という人権にかんする両国立法府（政界）意識の差異が明らかであろう。ここに、独日間の異なる選択を生み出した原因の一つがある。

　無論、立法者の意識に差異があるとしても、「安全に健康的に生きる」という点については、独日国民多数のあいだに差異はないであろう。だから、立法府（政界）による異なる選択の決定因は他に求められなければならないが、それは、国民多数が一時的（過渡的）には経済的な不利益を受け容れても将来に亙る利益享受を確保するという長期的な視点から考えるか、それとも、眼前の私的・地域的・国家的な個別的（特殊的）利益を固執するかという基本的な価値意識の相違にちがいない。かつて、ドイツ人の原子力史・環境史研究者ヨアヒム・ラートカウは「なぜ、日本では、それ［広島・長崎や第五福竜丸を経験し、人口稠密で地震多発の国であるという情況］にもかかわらず、大きな原発抗議運動が無かったのか」という自問に対して「おそらくは、日本では、当初から、原子力の代わりは無いと見なされていたことが主因であろう」と自答している（ラートカウ『生態適合的に生きる時代　ひとつの世界史』）。だが、新しいエネルギー資源利用の道が大きく開かれている今日において、一方は、たとい、過渡的な電力料金上昇

が生ずるとしても、「再生可能エネルギー時代」の実現に努めようとするが、他方では、絶えざる経済成長追求の観点や個別的な利益保全の意識が勝って一時的（過渡的）な経済不利益さえ疎まれることになり、「エネルギー転換」へ向かって歩み出そうとする機運は強まりそうもない。このような国民多数の価値意識の差異が第二の、そして、決定的な要因であろう。

加えて、日本の政界に連綿と伏在する"潜在的な核抑止力としての原発"論も独日間の選択を分ける一因となっているにちがいなく、このように、日本のばあいには、「原子力頼み」から脱出するためには、未だ多くの障壁が越えられなければならない。

今日、人類史の観点から考えるならば、すなわち、二酸化炭素（CO_2）等の排出量増加の結果として、気候変動に脅かされている今日という歴史的な観点から考えるならば、エネルギー供給体制の選択は、最早、個々の国家のみの問題ではなくなっており、世界的・人類的な緊急を要する大きな課題になっている。それゆえに、国家的なエネルギー供給体制も世界史的・人類史的な要請を勘案しながら構築されなければならないが、先進諸国と途上諸国が経済的利益の確保をめぐって競合するグローバル経済の世界においては、国家主義的思考法が強まるばかりである。すでに「地表面における大気温度の上昇を2℃未満に抑える」という目標達成は絶望視され、科学者たちによって"5℃（以上）上昇の世界に生きなければならない"とも語られる情況のもと、政治的には、途上諸国の CO_2 等排出量大幅削減が気候変動防止のための絶対的な要件とみなされるが、そのような排出量削減が途上諸国に受け容れられるためには、先進諸国は自らの相応の歴史的国際的な責任として途上諸国と同様以上の大幅な排出量削減を率先垂範するよう求められている。あるいは、このような国際的な責任意識の点でも独日間には大きな差異があるのかも知れない。

誰でもが知っているように、大規模なエネルギー供給が現代社会を形づくり、支えているように、地球自然環境は人類生存に不可欠な基盤であるも、それぞれに世界の人びとが払う関心は余りにも不均衡なままである。無論、そのような情況の由り来たるところは明らかである。化石燃料と原子力利用という20世紀型のエネルギー供給体制が地球自然環境悪化や気候変動を惹き起こす原因にほかな

らないとしても、それは、今日の経済社会と生活様式の基盤をなしているからである。したがって、「エネルギー転換」はエネルギー供給の問題にとどまらず、経済社会の改変を含み得るがゆえに容易ではない。それでも、だが、経済社会の問題である以上、「政治」が果たせる役割りがあり、その役割りは民主主義の原理どおり国民多数によって定められることになるから、詰まるところ、問題は、どんな生活様式を国民多数が選ぶかである。芥川竜之介『猿蟹合戦』（大正 12 年 2 月）の世界では、猿に仇討ちした蟹は"世の大勢ないし体制"に逆らった廉で糾弾され、処刑される羽目に陥るが、そして、蟹にとっては"世の大勢ないし体制"は動かしようのない所与の現実であったが、ドイツの「エネルギー転換」のばあいには、"世の大勢ないし体制"も国民多数の意思で動き得ることが示されている。

　本書は、福島第一原発事故の衝撃のもとで構想し、書き上げたものであり、著者にとっては、この分野にかんする最初の研究です。

　日本では、地球自然環境の悪化や気候変動という世界的・人類的な問題に対する関心が余り高まることがないのみならず、福島第一原発事故の直後であっても、従前のごとく、"原発無しには立ち行かない"論が支配的であり、再生可能エネルギーについては、"それは高くて不安定的で実用的ではない"と一蹴されている。しかし、それに対して、ドイツでは、日本で"非現実的"と烙印を押されたエネルギー供給体制の確立が追求されている。では、このようなドイツの試みは、どのような動因によって推進され、どんな将来像を描いており、そして、その実現可能性は高いのであろうか。かかる点を明らかにし、かつ、ドイツの歩みを通して日本の歩みを再考する手掛かりを得ることが著者の企図したことでした。その意味で、本書がわずかでも参考になるとするならば、幸いです。

　本書の出版は、この度も成蹊大学から出版助成を受けています。ここに記し、深く感謝いたします。（株）国際書院の石井彰氏には、この度も過去同様に大変お世話になっております。同じく、ここに謝意を記します。

　2015 年夏の炎暑の日に

ボウルディングの"宇宙船乗客経済"論が一顧だにされなかった半世紀前を想起しながら

宮本光雄

参考文献

I 資 料

- A -

28. Bundesparteitag der Christlich Demokratischen Union Deutschlands, Berlin, 19.-20. Mai 1980.

Address delivered by the President of the United States before the General Assembly of the United Nations in New York City, Tuesday Afternoon, December 8, 1953, < http://www.eisenhower.archives.gov/research/online_documents/atoms-for-peace/Binder13.pdf >.

Adenauer, Konrad, *Erinnerungen 1955-1959*, Stuttgart 1967.

Adenauer, Konrad, Regierungserklärung vom 29. Oktober 1957, in: Klaus Stüwe (Hrsg.), *Die großen Regierungserklärungen der deutschen Bundeskanzler von Adenauer bis Schröder*, Opladen 2002.

Adlai Stevenson II's Speech before the United Nations Economic and Social Council, Geneva, Switzerland, July 9, 1965, < http://www.adlaitoday.org/articles/connect2_geneva_07-09-65.pdf#search='adlai+stevensonv+spaceship' >.

Aufbruch und Erneuerung – Deutschlands Weg ins 21. Jahrhundert. Koalitionsvereinbarung zwischen der Sozialdemokratischen Partei Deutschlands und Bündnis 90/Die Grünen, Bonn, 20. Oktober 1998.

Australian Government, Department of the Prime Minister and Cabinet, Uranium Mining, Processing and Nuclear Energy Review – Opportunities for Australia?, December 2006.

- B -

Bayerisches Verwaltungsverfahrensgesetz, Fassung vom 23. Juli 1985.

BDA und BDI, Positionspapier zur Mitteilung der Europäischen Kommission betreffend die soziale Verantwortung der Unternehmen: ein Unternehmensbeitrag zur nachhaltigen Entwicklung, Dezember 2002.

BDEW, Industriestrompreise. Ausnahmeregelungen bei Energiepreisbestandteilen, Berlin, 28. April 2014.

BDEW-Strompreisanalyse Juni 2014, Haushalte und Industrie, Berlin, 20. Juni 2014.

BDI-Initiative 'Wirtschaft für Klimaschutz', Berlin o. D. [2009].

BDI, Kompetenzinitiative Energie der deutschen Industrie, 04. 06. 2012.

BDI, "Ökonomische Auswirkungen einer Laufzeitverlängerung deutscher Kernkraftwerke", 13. Januar 2010.

BDI, BDI präsentiert Studie zur Verlängerung der Laufzeit deutscher Kernkraftwerke Pressemitteilung 3/2010, 17. Januar 2010.

BDI, Sichere Stromversorgung zu jeder Sekunde, rund um die Uhr, Pressemitteilung 32/2011, 29. 05. 2011.

BDI-Statements, Auf Grundlage von Fakten urteilen, 15. 03. 2011.

BDI, Versorgungssicherheit gewährleisten – umsichtig, umfassend und europäisch. Handlungsempfehlungen des BDI für das zukünftige Strommarktdesign, November 2014.

Bertell, Rosalie, Limitations of the ICRP Recommendations for Worker and Public Protection from Ionizing Radiation, for Presentation at the STOA Workshop, Survey and Evaluation of Criticism of Basic Safety Standards for the Protection of Workers and the Public against Ionizing Radiation, European Parliament, Brussels, 5 February 1998, < http://www.ccnr.org/radiation_standards.html >.

Beschluß des außerordentlichen Parteitages der SPD am 17. April 1998 in Leipzig. "Arbeit, Innovation und Gerechtigkeit". SPD-Programm für die Bundestagswahl 1998.

Beschluß der Regierungschefs von Bund und Ländern zur Entsorgung der Kernkraftwerke < http://www.bfs.de/de/bfs/recht/rsh/volltext/3_B

MU/3_25.pdf#search='rshandbuch+325' >.

BP, Energy Outlook 2035, February 2015..

BP Statistical Review of World Energy June 2013, Oil: Crude Oil Prices 1861-2012, < http://bp.com/statisticalreview >.

Brandt, Willy, A Plea for Change: Peace, Justice, Jobs, in: *North-South: A Programme for Survival. The Report of the Independent Commission on International Development Issues*, London 1980. ヴィリー・ブラント「変革への訴え-平和、公正、そして、われわれの責務」『南と北　生存のための戦略　ブラント委員会報告』、森治樹監訳、日本経済新聞社1980年。

Brandt, Willy, Regierungserklärung vom 28. Oktober 1969, in: Klaus Stüwe (Hrsg.), *Die großen Regierungserklärungen der deutschen Bundeskanzler von Adenauer bis Schröder*, Opladen 2002.

Brandt, Willy, Regierungserklärung vom 18. Januar 1973, in: Klaus Stüwe (Hrsg.), *Die großen Regierungserklärungen der deutschen Bundeskanzler von Adenauer bis Schröder*, Opladen 2002.

Der Brief der beiden Energie-Vorstände an den Bundeskanzler, undatiert, in: *Süddeutsche Zeitung*, 05. 12. 1992.

Bruckmann, Gerhart (ed.), Latin American World Model. Proceedings of the Second IIASA Symposium on Global Modelling, October 7-10, 1974, < http://webarchive.iiasa.ac.at/Admin/PUB/Documents/CP-76-008.pdf>.

Bundesamt für Strahlenschutz, Kernkraftwerke in Deutschland – Meldepflichtige Ereignisse seit Inbetriebnahme, < http://www.bfs.de/kerntechnik/ereignisse/standorte/karte_kw.html >.

Die Bundesbehörden der Schweizerischen Eidgenossenschaft, Bundesrat beschließt im Rahmen der neuen Energiestrategie schrittweisen Ausstieg aus der Kernenergie, Bern, 25. 05. 2011.

Bundesministerium für Inneres, Wahlen, Ergebnisse bisheriger Volksabstimmung, < http://www.bmi.gv.at/cms/BMI_wahlen/Volksabstimmung/

Ergebnisse.aspx >.

Bundesministerium für Umwelt, Naturschutz und Reaktorsicherheit, Kyoto-Protokoll, < http://www.bmu.de/themen/klima-energie/klimaschutz/internationale-klimapolitik/kyoto-protokoll >.

Bundesministerium für Umwelt, Naturschutz, Bau und Reaktorsicherheit, Informationen zur Anwendung von § 40ff. EEG (Besondere Ausgleichsregelung) für das Jahr 2011 einschl. Erster Ausblick auf 2012, Stand: 15. Oktober 2011.

Bundesministerium für Umwelt, Naturschutz, Bau und Reaktorsicherheit, Pressemitteilung Nr. 365/04, 29. 12. 2004.

Bundesministerium für Umwelt, Naturschutz und Reaktorschutz, Pressemitteilung 117/09, 24. 04. 2009, Forsa-Umfrage: Mehrheit lehnt Atomkraft ab.

Bundesministerium für Umwelt, Naturschutz, Bau und Reaktorsicherheit und Bundesamt für Wirtschaft und Ausfuhrkontrolle, Hintergrundinformationen zur Besonderen Ausgleichsregelung. Antragsverfahren 2013 auf Begrenzung der EEG-Umlage 2014.

Bundesministerium für Wirtschaft und Energie, Energiespeicher, < http://www.bmwi.de/DE/Themen/Energie/Energieforschung-und-Innovationen/foerderschwerpunkt-Energiespeicher >.

Bundesministerium für Wirtschaft und Energie, Zeitreihen zur Entwicklung der erneuerbaren Energien in Deutschland.

Bundesministerium für Wirtschaft und Energie, Zahlen und Fakten Energiedaten, Nationale und internationale Entwicklung.

Bundesministerium für Wirtschaft und Energie, Erneuerbare Energien in Zahlen.

Bundesministerium für Wirtschaft und Energie, EEG-Reform, Häufig gestellte Fragen zur EEG-Reform, Stand: 15. 10. 2014, < http://www.erneuerbare-energien.de/EE/Redaktion/DE/Standardartikel/FAQ/fag_eeg_

reform.html >.

Bundesministerium für Wirtschaft und Energie, Ein Strommarkt für die Energiewende. Diskussionspapier des Bundesministeriums für Wirtschaft und Energie (Grünbuch), o. D. [Oktober 2014].

Bundesrat, Drucksache.

Bundesrat, *Stenographischer Bericht*.

Die Bundesregierung, Maßnahmen im Überblick, < http://www.bundesregierung. de/Content/DE/StatischeSeiten/Breg/Energiekonzept/O-Buehne /ma%C3%9Fnahmen-im-ueberblick.html >.

Die Bundesregierung, Pressestatements von Bundeskanzlerin Angela Merkel und Bundesminister Guido Westerwelle zum Erdbeben in Japan am 12. März 2011, Berlin, < http://www.agfriedensforschung.de/themen/Um welt/atom.html >.

Die Bundesregierung, Rede von Bundeskanzlerin Angela Merkel bei der 11. Jahreskonferenz des Rates für Nachhaltige Entwicklung, 20. 06. 2011.

Die Bundesregierung, Rede von Bundeskanzlerin Merkel zum Neujahrsempfang des Bundesverbands Erneuerbare Energie e. V. (BEE) am 14. Januar 2015.

Bundesverfassungsgericht, Beschluß des Zweiten Senats vom 8. August 1978 - 2BvL 8/77 -.

Bundesverfassungsgericht, 2 BvR 1827/01 vom 3. 1. 2002.

Bundesverfassungsgericht, 2 BvR 1828/01 vom 3. 1. 2002.

Bundesverfassungsgericht, Urteil des Zweiten Senats vom 22. Mai 1990 aufgrund der mündlichen Verhandlung vom 20. Februar 1990 - 2BVG1/ 88 -.

Bündnis 90/Die Grünen, Grün ist der Wechsel. Programm zur Bundestagswahl 1998.

Bündnis 90/Die Grünen, Der Grüne neue Gesellschafts-Vertrag. Klima - Arbeit - Gerechtigkeit - Freiheit, 2009.

Bürgerinitiative Umweltschutz e.V., Atomkraftwerke – Unsicher und grundrechtswidrig. Ein Bericht über Kernschmelzgefahr und Grundrechtsbeeinträchtungen, Teil 1, < http://www.biu-hannover.de/atom/unsicher/teil1.htm >.

– C –

Closing Presidential Address, in: *Proceedings of the International Conference on the Peaceful Uses of Atomic Energy held in Geneva 8 August – 20 August 1955*, United Nations, New York 1956, vol. 16, Record of the Conference.

Commission of the European Communities, Proposal for a Council directive introducing a tax on carbon dioxide emissions and energy, Brussels, 30. June 1992, COM (92) 226 final.

Council Recommendation of 8 November 1988 to promote cooperation between public electricity and auto-producers of electricity, in: *Official Journal of the European Communities*, 07. 12. 1988.

A Critical Review of the System of Radiation Protection. First Reflections of the OECD Nuclear Energy Agency's Committee on Radiation Protection and Public Health (CRPPH), May 2000.

The Cocoyoc Declaration (23. October 1974), < http://www.juerg-buergi.ch/Archiv/EntwicklungspolitikA/EntwicklungspolitikA/assets/COCOYOC_%20DECLARATION_1974.pdf >.

The Cocoyoc Declaration, Johan Galtung – Transcend Media Service, 29 March 2010, < https://www.transcend.org/tms/?p = 3902 >.

The Court of Justice, Judgement of the Court of 13 March 2001, Case C-379/98.

– D –

Daniels, Farrington, Alternative Energy Sources (Unconventional Types), in: *Proceedings of the International Conference on the Peaceful Uses of Atomic Energy held in Geneva 8 August – 20 August 1955*, United Nations, New York 1956, vol. 1, The World's Requirements for Energy: The Role of Nuclear Energy.

Deutscher Bundestag, Drucksache.

Deutscher Bundestag, *Verhandlungen des Deutschen Bundestages,* Stenographischer Bericht.

Deutsches Atomforum, Kernenergie in Zahlen, Mai 2013.

Deutsches Institut für Wirtschaftsforschung (DIW), Vorschlag für die zukünftige Ausgestaltung der Ausnahmen für Industrie bei der EEG-Umlage, Berlin 2013.

Deutschlands Chancen nutzen. Wachstum, Arbeit, Sicherheit. Regierungsprogramm 2005-2009 von CDU and CSU, 11. Juli 2005.

Deutschlands Energiewende – Ein Gemeinschaftswerk für die Zukunft, vorgelegt von der Ethik-Kommission Sichere Energieversorgung, Berlin, den 30. Mai 2011.『ドイツ脱原発倫理委員会報告　社会共同によるエネルギーシフトの道すじ』、吉田文和／ミランダ・シュラーズ編訳、大月書店2013年。

Deutschland seit 1945. Bundestagswahlen, Bundesweite Zweitstimmen-Ergebnisse, < http://www.wahlen-in-deutschland.de/buBTW.htm >.

- E -

Emnid, Ergebnisse Emnid Umfrage, Befragungszeitraum: 13. 07-14. 07. 2005, in: Greenpeace, Aus unserem Archiv, 01. 08. 2005, < http://www.greenpeace.de/themen/energiewende/atomkraft/atomkraft-ist-out >.

Emnid, Ergebnisse aus der Meinungsforschung, Einstellungen der Deutschen zur Kernenergie, in: Spiegel Online, 31. 03. 2010, < http://www.spiegel.de/politik/deutschland/angela-merkel-meinungsforscher-beeinflussen-arbeit-der-kanzlerin-a-990231-html >.

Die Empfehlungen der Internationalen Strahlenschutzkommission (ICRP) von 2007. ICRP-Veröffentlichung 103.

EnBW-Bericht 2014. Energiewende, Sicher, Machen.

EnBW, Unsere Kraftwerke und Anlagen, < https://www.enbw.com/unternehmen/konzern/geschaeftsfelder/stromerzeugung/index.html >.

Energiekonzept der CSU. Moderne Energie für ein modernes Land. Beschlussgrundlage für den Beschluss des CSU-Vorstands am 20. Mai 2011.

Erhard, Ludwig, Regierungserklärung vom 18. Oktober 1963, in: Klaus Stüwe (Hrsg.), *Die großen Regierungserklärungen der deutschen Bundeskanzler von Adenauer bis Schröder*, Opladen 2002.

Erhard, Ludwig, Regierungserklärung vom 10. Oktober 1965, in: Klaus Stüwe (Hrsg.), *Die großen Regierungserklärungen der deutschen Bundeskanzler von Adenauer bis Schröder*, Opladen 2002.

Erstes Gesetz zur Änderung des Erneuerbare-Energien-Gesetzes vom 16. Juli 2003.

European Commission, Radiation Protection 144. Guidance on the Calculation, Presentation and Use of Collective Doses for Routine Discharges, by K. R. Smith et al., 2007.

EWI, GWS und Prognos, Energieszenarien für ein Energiekonzept der Bundesregierung, 27. August 2010.

– F –

FG Wahlen, Ergebnisse aus der Meinungsforschung, Regierungsmonitor 20. 05. 2011.

Folgen von Fukushima. Siemens verkündet Totalausstieg aus Atomgeschäft, in: Spiegel Online, 18. 09. 2011, < http://www.spiegel.de/wirtschaft/unternehmen/folgen-von-fukushima-siemens-verkuendet-totalausstieg-aus-atomgeschaeft_a_786885.html >.

Forsa, Meinungsumfrage zur Energiewende bei Privathaushalten für das Projekt "Klimaschutz und Energiewende konkret" in Nordrhein-Westfalen, Bericht, 27. November 2014.

Forsa/Verbraucher Zentrale Bundesverband, Verbraucherinteressen in der Energiewende. Ergebnisse einer repräsentativen Befragung, Berlin, 12. August 2013.

Forum ökologisch-soziale Marktwirtschaft, Reform der Begünstigung der

Industrie bei der EEG-Umlage. Ansatzpunkte zur Begrenzung der EEG-Umlage - Aktualisierung für die Umlage 2014, 06/2013.

- G -

Gemeinsam für Deutschland. Mit Mut und Menschlichkeit. Koalitionsvertrag von CDU, CSU und SPD, 11. November 2005.

Gemeinsamer Aufruf der DPG und der DMG, Warnung vor drohenden weltweiten Klimaänderungen durch den Menschen, in: *Physikalische Blätter*, Jg. 43, 1987, Nr. 8.

Gesamtverband Steinkohle e. V., 50 Jahre Statistik der Kohlenwirtschaft e. V., 2004.

Gesetz für die Erhaltung, die Modernisierung und den Ausbau der Kraft-Wärme-Kopplung (Kraft-Wärme-Kopplungsgesetz) vom 19. März 2002.

Gesetz über die Einspeisung von Strom aus erneuerbaren Energien in das öffentliche Netz (Stromeinspeisungsgesetz) vom 7. Dezember 1990.

Gesetz über die Einspeisung von Strom aus erneuerbaren Energien in das öffentliche Netz (Stromeinspeisungsgesetz) vom 7. Dezember 1990, geändert durch Artikel 5 des Gesetzes vom 19. Juli 1994.

Gesetz über die friedliche Verwendung der Kernenergie und den Schutz gegen ihre Gefahren (Atomgesetz), geändert durch Zehntes ÄndG vom 17. März 2009, Anlage 2.

Gesetz über die friedliche Verwendung der Kernenergie und den Schutz gegen ihre Gefahren (Atomgesetz) vom 23. Dezember. 1959.

Gesetz über die weitere Sicherung des Einsatzes von Gemeinschaftskohle in der Elektrizitätswirtschaft vom 13. Dezember 1974.

Gesetz zur Änderung des Atomgesetzes und des Gesetzes über die Errichtung eines Bundesamtes für Strahlenschutz vom 6. April 1998.

Gesetz zur Förderung der Energiewirtschaft (Energiewirtschaftsgesetz) vom 13. Dezember 1935, Fassung von 1978.

Gezetz zur Förderung der Stabilität und des Wachstums der Wirtschaft vom

08. Juni 1967.

Gesetz zur Förderung der Verwendung von Steinkohle vom 12. August 1965.

Gesetz zur geordneten Beendigung der Kernenergienutzung zur gewerblichen Erzeugung von Elektrizität vom 22. April 2002.

Gesetz zur Neuregelung des Rechts der Erneuerbare-Energien im Strombereich vom 21. Juli 2004.

Gesetz zur Sicherung des Steinkohleneinsatzes in der Elektrizitätswirtschaft vom 5. September 1966.

Grundsatzprogramm der Sozialdemokratischen Partei Deutschlands. Beschlossen vom Außerordentlichen Parteitag der Sozialdemokratischen Partei Deutschlands in Bad Godesberg vom 13. bis 15. November 1959.

Grundsätze zur Gewährleistung der kerntechnischen Sicherheit – Rede von Bundesminister Prof. Dr. Töpfer, 17. Mai 1988, in: Bulletin der Bundesregierung, Nr. 71, 31. 05. 1988.

Die Grünen, Das Bundesprogramm ［1980］.

Die Grünen, Wahlplattform zur Bundestagswahl 1990.

Die Grünen, Das Programm zur 1. gesamtdeutschen Wahl 1990.

– H –

Health Physics Society, Radiation Risk in Perspective. Position Statement of the Health Physics Society, Adopted: January 1996, Revised: August 2004, < http://www.hps.org/documents/radiationrisk.pdf >.

Herrera, Amílcar O. et al., *¿Catastrofe o Nueva Sociedad? Modelo Mundial Latinoamericano 30 Años Depués*, ［Primera Edición, Buenos Aires 1977］, Segunda Edición, Buenoa Aires 2004. A・O・エレラ／H・D・スコルニク他『新しい社会の創造　ラテン・アメリカから見た世界モデル』、茅陽一、大西昭、鈴木胖、石谷久訳、ダイヤモンド社 1976 年。

Hli, Freddy Ba; Unconenventional Sources of Power, in: *Proceedings of the International Conference on the Peaceful Uses of Atomic Energy held in Geneva 8 August – 20 August 1955*, United Nations, New York 1956, vol.

1, The World's Requirements for Energy: The Role of Nuclear Energy.

HM Government, Department of Trade and Industry, The Energy Challenge. Energy Review Report 2006, July 2006.

– I –

ICRP, Fukushima Nuclear Power Plant Accident, March 21, 2011.

ICRP, ICRP Activities, The Work of ICRP, < http://www.icrp.org/page.asp?id = 3 >.

Informationsbrief Nr. 3 des FDP-Generalsekretärs vom 12. 03. 1987.

Institut für Demoskopie Allensbach (ed.), *Allensbacher Jahrbuch der Demoskopie.*

International Energy Agency, CO_2 *Emissions from Fuel Combustion.*

International Energy Agency, *Energie Statistics of OECD countries.*

International Energy Agency, *Key World Energy Statistics.*

International Energy Agency, *World Energy Outlook.*

International Energy Agency, *Renewable Energy. Market & Policy Trends in IEA Countries.*

IPCC, 2007: Summary for Policymakers, in: Climate Change 2007: Mitigation. Contribution of Working Group III to the Report of the Intergovernmental Panel on Climate Change, Cambridge, U. K. /New York.

ISA, The University of Sydney, Life-Cycle Energy Balance and Greenhouse Gas Emissions of Nuclear Energy in Australia, 3 November 2006.

– K –

Die Kabinettsprotokolle der Bundesregierung. Kabinettsausschuß für Wirtschaft.

Die Kabinettsprotokolle der Bundesregierung.

Kernforschungszentrum Karlsruhe, Der Schnelle Brüter SNR 300 im Auf und Ab seiner Geschichte, von W[illy] Marth, März 1992.

Kiesinger, Kurt Georg, Regierungserklärung vom 13. Dezember 1966, in: Klaus Stüwe (Hrsg.), *Die großen Regierungserklärungen der deutschen Bunde-*

skanzler von Adenauer bis Schröder, Opladen 2002.

Koalitionsvereinbarung 1987 zwischen den Bundestagsfraktionen der CDU/ CSU und FDP für die 11. Wahlperiode des Deutschen Bundestages, 10. März 1987.

Kohl, Helmut, Regierungserklärung vom 13. Oktober 1982, in: Klaus Stüwe (Hrsg.), *Die großen Regierungserklärungen der deutschen Bundeskanzler von Adenauer bis Schröder*, Opladen 2002.

Kohl, Helmut, Regierungserklärung vom 4. Mai 1983, in: Klaus Stüwe (Hrsg.), *Die großen Regierungserklärungen der deutschen Bundeskanzler von Adenauer bis Schröder*, Opladen 2002.

Kohl, Helmut, Regierungserklärung vom 18. März 1987, in: Klaus Stüwe (Hrsg.), *Die großen Regierungserklärungen der deutschen Bundeskanzler von Adenauer bis Schröder*, Opladen 2002.

Kohl, Helmut, Regierungserklärung vom 30. Januar 1991, in: Klaus Stüwe (Hrsg.), *Die großen Regierungserklärungen der deutschen Bundeskanzler von Adenauer bis Schröder*, Opladen 2002.

Kohl, Helmut, Regierungserklärung vom 23. November 1994, in: Klaus Stüwe (Hrsg.), *Die großen Regierungserklärungen der deutschen Bundeskanzler von Adenauer bis Schröder*, Opladen 2002.

国家能源局、李克強支持召開新一届国家能源委員会首次会議、2014年04月21日、< http://www.nea.gov.cn/2014-04/21/c_133277161.htm >.

国家能源局、科学認識判断経済形勢的指標体系、2015年06月09日、< http://www.nea.gov.cn/2015-06/09/c_134309100.htm >.

Konrad Adenauer Stiftung, Geschichte der CDU, Personen, Töpfer, Klaus, < http://www.kas.de/wf/de/71.9534 >.

Kraftfahrt Bundesamt, Pressemitteilung Nr. 5/2015, Der Fahrzeugbestand am 1. Januar 2015.

- L -

Landesamt für Statistik und Datenverarbeitung, Kernenergie, < https://www.

statistik.bayern.de/statistikdesmonats/00643-php >.

Leistung und Sicherheit. Zeit für Taten. Regierungsprogramm 2002/2006 von CDU und CSU.

- M -

Manuskriptfassung eines Interviews des Nordwestdeutschen Rundfunks mit Franz Josef Strauß vom 21. Oktober 1955, < http://www.fjs.de/der-politiker/atomminister.html >.

Mitteilung vom Landratsamt Schwandorf an den Verfasser, 15. 09. 2014.

Mitteilung der Pressestelle des Bundesverfassungsgerichts Nr. 3/96, Karlsruhe, den 17. Januar 1996, < http://www.iwr.de/re/eu/recht/bverfg.html >.

- N -

North-South: A Programme for Survival. The Report of the Independent Commission on International Development Issues, London 1980. 『南と北 生存のための戦略 ブラント委員会報告』、森治樹監訳、日本経済新聞社 1980 年。

- O -

Oak Ridge National Laboratory, Global CO^2 Emissions from Fossil-Fuel Burning, Cement Manufacture, and Gas Flaring: 1751-2009, < http://cdiac.ornl.gov/ftp/ndp030/global.1751_2009.ems >.

Öko-System Erde, Die Energiewende, <http//:www.oekosystem-erde.de/html/energiewende.html >.

Opening Presidential Address, in: *Proceedings of the International Conference on the Peaceful Uses of Atomic Energy held in Geneva 8 August - 20 August 1955*, United Nations, New York 1956, vol. 16, Record of the Conference.

Organization for Economic Cooperation and Development, Nuclear Energy Agency, Evolution of ICRP Recommendations 1977, 1990 and 2007. Changes in Underlying Science and Protection Policy and their Impact on European and UK Domestic Regulation.

– P –

Parteitag der Sozialdemokratischen Partei Deutschlands vom 10. bis 14. April 1973, Stadthalle Hannover, Bd. I Protokoll der Verhandlungen Anlagen.

Parteitag der Sozialdemokratischen Partei Deutschlands vom 11. bis 15. November 1975 Rosegarten Mannheim.

Parteitag der Sozialdemokratischen Partei Deutschlands vom 15. bis 19. November 1977 Congress-Centrum Hamburg, Protokoll der Verhandlungen Anlagen.

Parteitag der Sozialdemokratischen Partei Deutschlands vom 3. bis 7. Dezember 1979 ICC Berlin, Bd. II Angenommene und überwiesene Anträge.

Peter Löscher im FR-Interview, in: *Frankfurter Rundschau,* 11. 10. 2010.

Piltz, Klaus, Konsens durch Konzentration auf das Machbare, in: *Handelsblatt,* 02. 12. 1992.

Piltz, Klaus, Abschied von Schablonen, in: *Die Zeit,* Nr. 12, 19. 03. 1993.

Politik auf der Grundlage des christlichen Menschenbildes, in: *36. Bundesparteitag der Christlich Demokratischen Union Deutschlands, Bonn, 13.-15. Juni 1988.*

Proceedings of the International Conference on the Peaceful Uses of Atomic Energy held in Geneva 8 August –20 August 1955, United Nations, New York 1956. vols. 1-16.

Programm der PDS zur Bundestagswahl 1998. Für den politischen Richtungswechsel! Sozial und solidarisch – für eine gerechte Republik!

Proposal for a Council recommendation to the Member States to promote cooperation between public electricity supply companies and autoproducers of electricity, COM (88) 225 final, in: *Official Journal of the European Communities,* 01. 07. 1988.

Protokoll vom Parteitag der SPD in Nürnberg, 25.-28. 8. 1986.

− R −

Referendum 2011: quesito sul nucleare. Nuove centrali per la produzione di energia nucleare. Abrogazione parziale di norme, < http://referendum.2011.info/nucleare.html >.

Renewable Energy Policy Network for the 21st Century, Global Status Report Renewables 2005.

Renewable Energy Policy Network for the 21st Century, Global Status Report Renewables 2006.

Renewable Energy Policy Network for the 21st Century, Global Status Report Renewables 2007.

Renewable Energy Policy Network for the 21st Century, Global Status Report Renewables 2009.

Renewable Energy Policy Network for the 21st Century, Global Status Report Renewables 2010.

Renewable Energy Policy Network for the 21st Century, Global Status Report Renewables 2011.

Renewable Energy Policy Network for the 21st Century, Global Status Report Renewables 2012.

Renewable Energy Policy Network for the 21st Century, Global Status Report Renewables 2013.

Renewable Energy Policy Network for the 21st Century, Global Status Report Renewables 2014.

Renixx, Umfrage: Atomausstieg führt nicht zu höheren Strompreisen, 14. 07. 2009, < http://www.iwr.de/news.php?id = 14566 >.

Report of the United Nations Scientific Committee on the Effects of Atomic Radiation, Fifty-ninth session (21-25 May 2012), A/67/46.

RSK-Stellungnahme 11.-14. 05. 2011 (437. RSK-Sitzung), Anlagenspezifische Sicherheitsüberprüfung (RSK-SÜ) deutscher Kernkraftwerke unter Berücksichtigung der Ereignisse in Fukushima-1 (Japan).

RWE, Innovation, Energiespeicher, < http://www.rwe.com/web/cms/de/ 183748/rwe/innovation/projekte-technologien/energiespeicher >.

RWE, Presse & News, Ausbau erneuerbare Energien, < http://www.rwe.com/ web/cms/de/1166882/rwe/presse-news/specials/energiezukunft/der- beitrag-von-rwe/ausbau-der-erneuerbaren-energien >.

RWE, Transparenz-Offensive, Kraftwerkskapazität nach Betreibern in Deutschland 2008 und 2013, < http://www.rwe.com/web/cms/de/2388282/ transparenz-offensive/stromdaten-kompakt/kraftwerkskapazitaet-nach- betreibern-in-deutschland-2008-und-2013 >.

RWE, Stromerzeugung nach Betreibern in Deutschland 2008 und 2013, < http: //www.rwe.com/web/cms/de/2388290/transparenz-offensive/stromd aten-kompakt/stromerzeugung-nach-betreibern-in-deutschland-2008-u nd-2013 >.

- S -

Schleswig-Holsteinischer Landtag, 15. Wahlperiode 2000, Drucksache 15/624, 20. 12. 2000.

Schmidt, Helmut, Regierungserklärung vom 24. November 1980, in: Klaus Stüwe (Hrsg.), *Die großen Regierungserklärungen der deutschen Bundeskanzler von Adenauer bis Schröder*, Opladen 2002.

Scinexx, Deutsche wollen Atomausstieg, 07. 09. 2009, < http://www.scinexx. de/wissen-aktuell-10461-2009-09-07.html >.

Siemens, A Macro-Economic Viewpoint. What Is the Real Cost of Offshore Wind?, 2014.

Siemens, Pictures of the Future, Herbst 2013.

Siemens, Presse, Siemens steigert Umsatz mit Umweltportfolio auf 19 Mrd. Euro im Geschäftsjahr 2008, 26. 11. 2008.

Siemens, Siemens Wind Power, SCOE - Society's Cost of Electricity: How Society Should Find Its Optimal Energy Mix, August 2014,

Siemens, Siemens Wind Power and Renewables Division, Redefining the Cost

Debate: the Concept of Society's Cost of Electricity, November 2014.

SPD-Programm für die Bundestagswahl 1998.

SPD, Sozial und Demokratisch, Anpacken. Für Deutschland. Das Regierungsprogramm der SPD, 2009.

Statistical Office of the United Nations, Department of Economic Affairs, *Statistical Papers*.

Statistisches Amt für Hamburg und Schleswig-Holstein, Ergebnisse der Bürgerschaftswahl 2015 (Landesstimmen-Gesamtstimmen) im Vergleich zur Bürgerschaftswahl 2011, < http://www.statistik-nord.de/wahlen/wahlen-in-hamburg/buergerschaftswahlen/2015 >.

Statistisches Bundesamt, Verkehr auf einen Blick, April 2013.

Statistisches Bundesamt, Volkswirtschaftliche Gesamtrechnungen. Inlandsproduktsberechnung, Lange Reihen ab 1970, Stand: Februar 2013.

Statistisches Landesamt Baden-Württenberg, Endgültiges Ergebnisse der Landtagswahl am 27. 03. 2011 mit Vergleichsangaben von 2006 Land Baden-Württenberg (alle 70 Wahlkreisen), < http://www.statistik.baden-wuerttemberg.de/wahlen/Landtagswahl_2011/Land.asp >.

Stiftung Bruno Kreisky Archiv, Neue soziale Bewegungen, Anti-Zwentendorfbewegung, < http://www.erinnerungsort.at/thema7/u_thema1.htm >.

Stüwe, Klaus (Hrsg.), *Die großen Regierungserklärungen der deutschen Bundeskanzler von Adenauer bis Schröder*, Opladen 2002.

− U −

[U. K.], Department of Energy and Climate Change, 2010 to 2015 Government Policy: Low Carbon Technologies, Updated 8 May 2015, < http://www.gov.uk/government/publications/2010-to-2015-Government-Policy-Low-Carbon-Technologies >.

Umweltbundesamt, Anteile der Energieformen Strom, Wärme und Kraftstoffe, 27. 10. 2014, < http://www.umweltbundesamt.de/print/daten/energiebereitstellung-verbrauch/anteile-der-energieformen-strom-waerme-kra ftstoffe >.

United Nations Conference on Trade and Development, Nominal and real GDP, total and per Capita, annual, 1972-2012, in < http://unctadstat.unctad.org/TableViewer/tableView.aspx >.

United Nations Conference on Trade and Development, World Population, annual, 1950-2050, < http://unctadstat.unctad.org/TableViewer/table View.aspx >.

United Nations Environment Programme, Declaration of the United Nations Conference on the Human Environment, 16 June 1972.

United Nations, Genaral Assembly, Official Records, Sixty-eighth Session, Supplement No. 46, Report of the United Nations Scientific Committee on the Effects of Atomic Radiation, [25. 10. 2013], A/68/46.

United Nations, Human Rights Council, Twenty-third Session, Agenda Item 3, Report of the Special Rapporteur on the Right of Everyone to the Enjoyment of the Highest Attainable Standard of Physical and Mental Health, Anand Grover, Addendum, Mission to Japan (15-26 November 2012), 2 May 2013, A/HRC/23/41/Add.3.

United Nations, Human Rights Council, Twenty-third Session, Agenda Item 3, Report of the Special Rapporteur on the Right of Everyone to the Enjoyment of the Highest Attainable Standard of Physical and Mental Health, Anand Grover, Addendum, Mission to Japan: Comments by the State on the Report of the Special Rapporteur, A/HRC/23/41/Add. 5/Rev.1.

Unsere Verantwortung für die Schöpfung, in: *37. Bundesparteitag der Christlich Demokratischen Union Deutschlands, Bremen, 11.-13. September 1989.*

U.S. Department of Commerce/NOAA, CO_2 at NOAA's Mauna Loa Observatory reaches new milestone: Tops 400 ppm, 10. 05. 2013, < http://www.esrl.noaa.gov/gmd/news/7074.html >.

U.S. Energy Information Administration, Energy Intensity - Total Primary Energy Consumption per Dollar of GDP (Btu per Year 2005 U.S. Dollars (Market Exchange Rates)), < http://www.eia.gov/cfapps/ipdproject/iedindex3.cfm?tid = 92&pid = 46&aid = 2&cid = regions&syid = 1992& eyid=2006&unit = BTUPUSDM >.

U.S. Environmental Protection Agency, Office of Radiation and Indoor Air, Response to Comments. Amendments to the Public Health and Environmental Radiation Protection Standards for Yucca Mountain, Nevada, September 2008.

- V -

Vereinbarung zwischen der Bundesregierung und den Energieversorgungsunternehmen vom 14. Juni 2000.

Vereinbarung zwischen der Regierung der Bundesrepublik Deutschland und der deutschen Wirtschaft zur Klimavorsorge, Berlin, den 9. November 2000.

Vereinbarung der Regierung der Bundesrepublik Deutschland und der deutschen Wirtschaft zur Minderung der CO_2-Emissionen und der Förderung der Kraft-Wärme-Kopplung in Ergänzung zur Klimavereinbarung vom 9. 11. 2000, Frankfurt/Main, den 14. Mai 2001.

34. Bundesparteitag der Christlich Demokratischen Union Deutschlands, Mainz, 7./8. Oktober 1986.

- W -

Wachstum. Bildung. Zusammenhalt. Der Koalitionsvertrag zwischen CDU, CSU und FDP, 24. 10. 2009.

Wahlparteitag der Sozialdemokratischen Partei Deutschlands, 21. Januar 1983 Dortmund, Westfalenhalle, Protokoll der Verhandlung Anlagen.

Wahlplattform der CDU und CSU 1998.

Das Wahlprogramm von CDU und CSU für die Bundestagswahl 1987.

Wahlprogramm zur Bundestagswahl 1998 der Freien Demokratischen Partei.

"Es ist Ihre Wahl" (Beschlossen auf dem Bundesparteitag in Leipzig vom 26.-28. Juni 1998).

Wahlprogramm zur Bundestagswahl 2002 der Freien Demokratischen Partei, "Bürgerprogramm 2002".

Wahlprogramm zur Bundestagswahl 2005 der Freien Demokratischen Partei. "Arbeit hat Vorfahrt. Deutschlandprogramm 2005".

The White House, Office of the Press Secretary, Remarks by the President on America's Energy Security, Georgetown University, Washington D. C., March 30, 2011.

World Health Organization, Health Risk Assessment from the Nuclear Accident after the 2011 Great East Japan Earthquake and Tsunami based on an Preliminary Dose Estimation, [28. 02. 2013].

World Nuclear Association, Health Impacts. Chernobyl Accident Appendix 2 (Updated November 2009), < http://www.world-nuclear.org/info/Safety-and-Security/Safety-of-Planets/Appendices/Chernobyl-Accident---Appendix-2--Health-Impacts >.

World Nuclear Association, Nuclear Power in China (Updated June 2015), < http://www. world-nuclear. com/info/Country-Profiles/Countries-A-F/China--Nuclear-Power >.

World Nuclear Association, Nuclear Radiation and Health Effects (Updated 28 June 2013), < http://www.world-nuclear.org/info/Safety-and-Security/Radiation-and-Health/Nuclear-Radiation-and-Health-Effects >.

- Z -

Zukunft für alle - arbeiten für soziale Gerechtigkeit und Frieden. Regierungsprogramm 1987 - 1990 der Sozialdemokratischen Partei Deutschlands.

Das Zukunftsprogramm der Christlich-Demokratischen Union Deutschlands. Beschluß des 10. Parteitages der CDU-Deutschlands vom 17.-19. Mai 1998.

II 研究文献

- A -

Abels, Jules, *The Rockefeller Millions. The Story of the World's Most Stupendous Fortune,* London 1967. ジュールズ・エイベルズ『ロックフェッラー--石油トラストの興亡』、現代経営研究会訳 1969 年。

Abelshauser, Werner, *Der Ruhrkohlenbergbau seit 1945. Wiederaufbau, Krise, Anpassung,* München 1984.

Ahmed, J. U. and H. T. Daw, Cost-Benefit Analysis and Radiation Protection, in: *IAEA Bulletin,* vol. 22, no. 5/6, 1980.

青木聡子『ドイツにおける原子力施設反対運動の展開 環境志向型社会へのイニシアティヴ』、ミネルヴァ書房 2013 年。

Ashworth, William (with the Assistance of Mark Pegg), *The History of the British Coal Industry,* vol. 5, 1946-1982, Oxford 1986.

- B -

Barnaby, Frank and James Kemp (eds.), Secure Energy? Civil Nuclear Power, Security and Global Warming, March 2007, < http://www.oxfordresearchgroup.org.uk >.

Berchem, Andreas, Das unterschätzte Gesetz, in: *Die Zeit,* Nr. 39, 25. 09. 2006.

Bernier, Aurélien, À la conférence de Cocoyoc, le Sud liait écologie et égalité, in: *Le Monde diplomatique,* décembre 2011.

Bhattacharyya, S. C., *Energy Economics. Concepts, Issues, Markets and Governance,* New York 2011.

Boulding, Kenneth E., Earth as a Space Ship, Washington State University Committee on Space Sciences, May 10, 1965, < http://www.colorade.edu/economics/morey/4999Ethics/Boulding-EARTH%20AS%20 A%20 SPACE%20SHIP1965.pdf >.

Boulding, Kenneth E., The Economics of the Coming Spaceship Earth, in: Henry

Jarrett (ed.), *Environmental Quality in a Growing Economy*, [Baltimore] 1966.

Brandt, Willy, *Erinnerungen*, Frankfurt am Main 1989.

Brauch, Hans Günter (Hrsg.), *Energiepolitik. Technische Entwicklungen, politische Strategien, Handlungskonzepte zu erneuerbaren Energien und zur rationellen Energienutzung*, Berlin/Heidelberg 1997.

Braudel, Fernand, *Civilisation matérielle et capitalisme(XV-XVIII siècle)*, tome I, Paris 1967.

Brenner, David J. et al., Cancer Risks Attributable to Low Doses of Ionizing Radiation: Assessing What We Really Know, in: *Proceedings of the National Academy of Sciences of the United States of America*, vol. 100, no. 24, 2003.

Bruns, Elke et al., Erneuerbare Energien in Deutschland. Eine Biographie des Innovationsgeschehens, Berlin, Dezember 2009.

Bruns, Elke et al., 20 Jahre Förderung von Strom aus Erneuerbaren Energien in Deutschland – eine Erfolgsgeschichte, in: Renews Spezial, Ausgabe 41, September 2010.

Bundeszentrale für politische Bildung, *Ende des Atomzeitalters? Von Fukushima in die Energiewende*, Bonn 2012.

– C –

Carling, Ernest Rock, Modes of Radiation Injury, in: *Proceedings of the International Conference on the Peaceful Uses of Atomic Energy held in Geneva 8 August – 20 August 1955*, United Nations, New York 1956, vol. 11, Biological Effects of Radiation.

Carstensen, Uwe Thomas, Beeinflussung des Entwicklungs- und Exportpotentials der erneuerbaren Energien in Deutschland durch Förderung, in: Hans Günter Brauch (Hrsg.), *Energiepolitik. Technische Entwicklungen, politische Strategien, Handlungskonzepte zu erneuerbaren Energien und zur rationellen Energienutzung*, Berlin/Heidelberg 1997.

Chernus, Ira, *Eisenhower's Atoms for Peace,* College Station 2002.

Church, Roy (with the Assistance of Alan Hall and John Kanefsky), *The History of the British Coal Industry,* vol. 3, 1830-1913: Victorian Pre-eminence, Oxford 1986.

Clarke, R. H. and J. Valentin, The History of ICRP and Evolution of its Policies, in: ICRP Publication 109.

contrAtom, 23 Jahre Aus für Wiederaufarbeitungsanlage Wackersdorf, 06. 06. 2012, < http://www.contratom.de/2012/06/06/23-jahre-aus-fur-wieder aufarbeitungsanlage-wackersdorf >.

Cook, James, Nuclear Follies, in: *Forbes,* 11. 02. 1985.

Cooke, Stephanie, *In Mortal Hands. A Cautionary History of the Nuclear Age,* New York 2010. ステファニー・クック『原子力 その隠蔽された真実』、藤井留美訳、飛鳥新社 2011 年。

- D -

Debeir, Jean-Claude, Jean-Paul Deléage and Daniel Hémery, *In the Servitude of Power. Energy and civilization,* London 1991.

Deutsche Akademie der Naturforscher Leopoldina - Nationale Akademie der Wissenschaften - Ad-hoc-Stellungnahme, Energiepolitische und for-schungspolitische Empfehlungen nach den Ereignissen in Fukushima, Juni 2011.

Du, Yangbo and John E. Parsons, Capacity Factor Risk at Nuclear Power Plants, November 2010, Revision January 2012, Center for Energy and Environment Policy Research MIT.

Dyer, Alan D., Wood and Coal: A Change of Fuel, in: *History Today,* vol. 25, no. 9, 1976.

- E -

Eckert, Michael und Maria Osietzki, *Wissenschaft für Macht und Markt. Kernforschung und Mikroelektronik in der Bundesrepublik Deutschland,* München 1989.

Ehrensaft, Philip, A Nuclear Watergate: West Germany's "Transnuklear Affair", < http://www.scienceforpeace.ca/a-nuclear-watergate-west-germanys-transnuklear-affair >.

The Encyclopedia Americana, international edition, vol. 23, Danbury/Conn. 1987.

Ewers, Hans-Jürgen und Klaus Rennings, Abschätzung der Schäden durch einen sogenannten "Super-Gau", 1992, < http://www.zukunftslobby.de/Tacheles/prognstu.html >.

- F -

Fischer, David, History of the Intrnational Atomic Energy Agency: the First Forty Years, Wien 1997.

Der Fischer Weltalmanach 2006. Zahlen, Daten, Fakten.

Der Fischer Weltalmanach 2007. Zahlen, Daten, Fakten.

Der Fischer Weltalmanach 2008. Zahlen, Daten, Fakten.

Der Fischer Weltalmanach 2012. Zahlen, Daten, Fakten.

Der Fischer Weltalmanach 2013. Zahlen, Daten, Fakten.

Der Fischer Weltalmanach 2015. Zahlen, Daten, Fakten.

Flinn, Michael W. (with the Assistance of David Stoker), *The History of the British Coal Industry,* vol. 2, 1700-1930: The Industrial Revolution, Oxford 1984.

Freude, Dieter und Randall Snurr, Energie-Grundlagen, Historische Entwicklung des Begriffs "Energie", < http://www.energie-grundlagen.de/01.html >.

Freytag, Nils, "Eine Bombe im Taschenbuchformat"? Die "Grenzen des Wachstums" und die öffentliche Resonanz, in: *Zeithistorische Forschungen,* 3/2006, < http://www.zeithistorische-forschungen.de/16126041-Freytag-3-2006 >.

福島清彦『持続可能な経済発展 － ヨーロッパからの発想』、税務経理協会 2007 年。

The Future of Nuclear Power. An Interdisciplinary MIT Study, 2003.

- G -

Gammelin, Cerstin, Kernkraft? Ja, im Mix, in: *Energie & Management*, 04. 10. 2001.

Genscher, Hans-Dietrich, *Erinnerungen*, Berlin 1995.

The Germans – Public Opinion Polls, 1967-1980, ed. by Elizabeth Noelle-Neumann, Westport, Conn. 1981.

Gofman, John William, "There Is No Safe Threshold", in: Synapse, University of California San Francisco, vol. 38, no. 16, 20. 01. 1994.

Greenpeace, Investitionen der vier großen Energiekonzerne in Erneuerbare Energien. Stand 2009, Planungen und Ziele 2020 - Kapazitäten, Stromerzeugung und Investitionen von E.ON, RWE, Vattenfall und EnBW, 01. 03. 2011.

Greenpeace, 12 Zwischenlager an AKW-Standorten, < https://www.greenpeace.de/themen/energiewende-atomkraft/atommull/12-zwischenlager-akw-standorten >.

Gruhl, Herbert, *Ein Planet wird geplündert. Die Schreckensbilanz unserer Politik*, Frankfurt am Main 1975, Taschenbuch 1978. ヘルベルト・グルール『収奪された地球　「経済成長」の恐るべき決算』、辻村誠三／辻村透訳、東京創元社 1984 年。

- H -

Hatcher, John, *The History of the British Coal Industry*, vol. 1, Before 1700: Towards the Age of Coal, Oxford 1993.

Held, Robert, Welt-Nuklearrat, in: *Frankfurter Allgemeine Zeitung*, 28. 06. 1977.

Heinrich Böll Stiftung, Mythos Atomkraft. Warum der nuklear Pfad ein Irrweg ist, März 2010.

Hennicke, Peter und Paul J. J. Welfens, *Energiewende nach Fukushima. Deutscher Sonderweg oder weltweites Vorbild?*, München 2012.

Hirschl, Bernd, *Erneuerbare Energien-Politik. Eine Multi-Level Policy-Analyse* mit Fokus auf den deutschen Strommarkt, Wiesbaden 2008.

Hoffmann, Wolfgang, Leichte Brise aus Bonn, in: Die Zeit, Nr. 16, 15. 04. 1988.

Hohensee, Jens und Michael Salewski (Hrsg.), Energie - Politik – Geschichte. Nationale und internationale Energiepolitik seit 1945, Historische Mitteilungen, Beiheft 5, Stuttgart 1993.

本田宏「原子力をめぐるドイツの政治過程と政策対話」『経済学研究』(北大)、63巻2号 (2014年01月)。

本田宏／堀江孝司編『脱原発の比較政治』、法政大学出版局 2014年。

- I -

Illing, Falk, Energiepolitik in Deutschland. Die energiepolitischen Maßnahmen der Bundesregierung 1949-2013, Baden-Baden 2012.

伊東光晴『原子力発電の政治経済学』、岩波書店 2013年。

- J -

Jensen, Gert, Flüssiges contra schwarzes Gold, in: Die Zeit, Ausgabe 38, 15. 09. 1961.

Jochimsen, Ulrich, Wie das Stromeinspeisungsgesetz entstand und sich die erneuerbaren Energien in Deutschland durchsetzten, < http://www.ulrich-jochimsen.de/files/Stromeinspeisungsgesetz.pdf >.

Johnston, Angus et al., The Proposed New EU Renewable Directive: Interpretation, Problems and Prospects, in: European Energy and Environmental Law Review, vol. 17, issue 3, 2008.

Jöhr, Walter Adolf, Das Bariloche-Modell. Ein lateinamikanishes Weltmodell, in: Schweizerische Zeitschrift für Volkswirtschaft und Statistik, 117. Jg., H. 2, Juni 1981.

- K -

König, Wolfram, Zwischenlager im Entsorgungskonzept für Deutschland, Deutsches Atomforum e.V. Wintertagung, 01./02. Februar 2001, Berlin.

Koplow, Doug, Nuclear Power: Still Not Viable without Subsidies, Union of Concerned Scientists, February 2011.

Krause, Florentin, Hartmut Bossel, Karl-Friedrich Müller-Reißmann, *Energie-Wende.Wachstum und Wohlstand ohne Erdöl und Uran*, Frankfurt am Main 1980.

Kupper, Patrick, "Weltuntergangs-Version aus dem Computer". Zur Geschichte der Studie "Die Grenzen des Wachstums" von 1972, in: Jens Hohensee und Frank Uekötter (Hrsg.), *Wird Kassandra heiser? Die Geschichte falscher Öko-Alarme*, Stuttgart 2004.

– L –

Lauber, Volkmar and Lutz Mez, Three Decades of Renewable Electricity Policies in Germany, in: *Energy & Environment*, vol. 15, no. 4, 2004.

Leprich, Uwe, Andreas Thiele und Günter Frey, Belastung der stromintensiven Industrie durch das EEG und Perspektiven. Kurzgutachten für das Bundesministerium für Umwelt, Naturschutz und Reaktorsicherheit, Institut für ZukunftsenergieSysteme (IZES), Saarbrücken, April 2003.

Leuschner, Udo, Auswirkungen des Stromeinspeisungsgesetzes vor dem Wirtschaftsausschuß des Bundestags, Energie-Chronik, März 1996, < http://www.udo-leuschner.de/energie-chronik/960305.htm >.

Leuschner, Udo, BGH rechtfertigt Stromeinspeisungsgesetz mit monopolistischer Struktur der Stromwirtschaft, Energie-Chronik, Oktober 1996, < http://www.udo-leuschner.de/energie-chronik/961005.htm >.

Leuschner, Udo, Bundesregierung plant "EEG-Härtefallregelung" für stromintensive Unternehmen, Energie-Chronik, März 2003, < http://www.udo-leuschner.de/energie-chronik/030304.htm >.

Leuschner, Udo, Das EEG – eine Erfolgsgeschichte mit Hindernissen (Übersicht), <http://www.udo-leuschner.de/energie-chronik/100407d1.htm>.

Leuschner, Udo, "Härteklausel" im Stromeinspeisungsgesetz nennt jetzt klare Belastungsgrenze, Energie-Chronik, November 1997, < http://www.udo-leuschner.de/energie-chronik/971102.htm >.

Leuschner, Udo, Landgericht hält Stromeinspeisungsgesetz für verfassungswidrig, Energie-Chronik, September 1995, < http://www.udo-leuschner.de/energie-chronik/950901.htm >.

Leuschner, Udo, Stromversorger wollen Musterprozeß um Stromeinspeisungsgesetz erreichen, Energie-Chronik, Mai 1995, < http://www.udo-leuschner.de/energie-chronik/950501.htm >.

Leuschner, Udo, Veag erhebt Verfassungsbeschwerde gegen Härteklausel im Stromeinspeisungsgesetz, Energie-Chronik, August 1998, < http://www.udo-leuschner.de/energie-chronik/980830.htm >.

Leuschner, Udo, Vom göttlichen Geist zur physikalischen Kraft. Wie der Begriff "Energie" entstanden ist und sich verändert hat, < http://www.udo-leuschner.de/energie/SB102-02.html >.

Levy, Michael B., Mill's Stationary State & the Transcendance of Liberalism, in: *Polity*, vol. 14 (Winter 1981).

Lewis, Anthony, Ecology and Politics: II, in: *The New York Times*, 06. 03. 1972.

Lindberg, Leon N., Comparing Energy Policies: Political Constraints and the Energy Syndrome, in: idem (ed.), *The Energy Syndrome. Comparing Responses to the Energy Crisis*, Lexington/ Toronto 1977.

Lindberg, Leon N. (ed.), *The Energy Syndrome. Comparing Responses to the Energy Crisis*, Lexington/ Toronto 1977.

Looking Ahead. Issues Shaping the International Safety Agenda, in: *IAEA Bulletin*, vol. 40, no. 2, 1998.

Los Alamos National Laboratory, William C. Inkret, Charles B. Meinhold, and John C. Taschner, Protection Standards, in: *Los Alamos Science*, vol. 23, 1995.

Lovins, Amory B., *Soft Energy Paths: Toward A Durable Peace*, Harmondsworth 1977. エイモリー・ロビンズ『ソフト・エネルギー・パス　永続的平和への道』、室田泰弘／槌屋治紀訳、時事通信社 1979 年。

– M –

Marth, Willy, Der Aufstieg der deutschen Stromkonzerne (ca. 1881-2000), <http://www.buerger-fuer-technik.de/2014/2014-Q4/2014-10-15-vortrag-ktg-marth.pdf#search = 'grosse + Acht + RWE + VEBA' >.

Martin, Charles-Noël, L'atom. Maître du monde, 2er édition mise ā jour et augumentée, sans lieu et date, [1er èdition 1956].

Matthes, Felix Christian, Stromwirtschaft und deutsche Einheit. Eine Fallstudie zur Transformation der Elektrizitätswirtschaft in Ost-Deutschland, Berlin 2000.

Maubach, Klaus-Dieter, Energiewende. Wege zu einer bezahlbaren Energieversorgung, 2. Auflage, Wiesbaden 2014.

Mayer, Johannes N. und Bruno Burger, Kurzstudie zur historischen Entwicklung der EEG-Umlage, Freiburg, Update vom 14. 07. 2014.

McEvedy, Colin and Richard Jones, Atlas of World Population History, Harmondsworth 1978.

Meadows, Donella H., Dennis L. Meadows, Jørgen Randers, and William W. Behrens III, The Limits to Growth. A Report for the Club of Rome's Project on the Predicament of Mankind, New York 1972. ドネラ・H・メドウズ／デニス・L・メドウズ／ジャーガン・ラーンダズ／ウイリアム・W・ベアランズ三世『成長の限界　ローマ・クラブ「人類の危機」レポート』、大来佐武郎監訳、ダイアモンド社 1972 年。

Michaelis, Hans, Handbuch der Kernenergie, 2 Bde, München 1982.

Midwest Renewable Energy Association (MREA), Nuclear Subsidies, 7th June 2012.

Mill, John Stuart, Principles of Political Economy with Some of Their Applications to Social Philosophy, London 1848. ジョン・スチュアト・ミル『経済学原理 4』、戸田正雄訳、春秋社 1948 年。

宮本光雄『覇権と自立　世界秩序変動期における欧州とアメリカ』、国際書院 2011 年。

Muller, H[ermann] J[oseph], How Radiation Changes the Genetic Constitution, in: *Proceedings of the International Conference on the Peaceful Uses of Atomic Energy held in Geneva 8 August – 20 August 1955*, United Nations, New York 1956, vol. 11, Biological Effects of Radiation.

Müller, Wolfgang D., *Geschichte der Kernenergie in der Bundesrepublik Deutschland. Anfänge und Weichenstellungen*, Stuttgart 1990.

– N –

Nakićenović, Nebojša, Arnulf Grübler, and Alan McDonald, *Global Energy Perspectives*, Cambridge 1998.

Nef, J. U., *The Rise of the British Coal Industry*, vol. 1, London 1932.

Netzwerk Regenbogen, Der italienische Atom-Ausstieg, < http://netzwerk-regenbogen.de/akwit2071108.html >.

NHK スペシャル取材班『"核"を求めた日本　被爆国の知られざる事実』、光文社 2012 年。

Nitsch, Joachim, Leitstudie 2007 „Ausbaustrategie Erneuerbare Energien". Aktualisierung und Neubewertung bis zu den Jahren 2020 und 2030 mit Ausblick bis 2050. Untersuchung im Auftrag des Bundesministerium für Umwelt, Naturschutz und Reaktorsicherheit, Februar 2007.

Nussbaum, Rudi H. and Wolfgang Köhnlein, Inconsistencies and Open Questions Regarding Low-Dose Health Effects of Ionizing Radiation, in: *Environmental Health Perspectives*, vol. 12, no. 8, 1994.

Nussbaum and Köhnlein, Health Consequences of Exposures to Ionizing Radiation from External and Internal Sources: Challenges to Radiation Protection Standards and Biomedical Research, in: *Medicine & Global Survival*, vol. 2, no. 4, 1995.

Nussbaum and Köhnlein, False Alarm or Public Health Hazard?: Chronic Low-Dose External Radiation Exposure, in: *Medicine & Global Survival*, vol. 5, no. 1, 1998.

- O -

Olsen, Mancur and Hans H. Landsberg (eds.), *The No-Growth Society*, New York 1974. K・E・ボールディング／E・J・ミシャン他『ゼロ成長の社会』、林雄二郎監訳、日本生産性本部 1974 年。

大島堅一『再生可能エネルギーの政治経済学 エネルギー政策のグリーン改革に向けて』、東洋経済新報社 2010 年。

Osterroth, Franz und Dieter Schuster, *Chronik der deutschen Sozialdemokratie*, Bd. III: Nach dem Zweiten Weltkrieg, Berlin/Bonn 1978.

- P -

Perelman, Lewis J., August W. Giebelhaus, and Michael D. Yokell (eds.), *Energy Transitions. Long-Term Perspectives*, Boulder 1981.

Physisians for Social Responsibility, USA et al., Annotated Critique of United Nations Scientific Committee on the Effects of Atomic Radiation (UNSCEAR) October 2013 Fukushima Report to UN General Assembly, October 18th, 2013.

- R -

Radkau, Joachim, *Die Ära der Ökologie. Eine Weltgeschichte*, Bonn 2011.

Radkau, Joachim, *Aufstieg und Krise der deutschen Atomwirtschaft 1945-1975. Verdrängte Alternativen in der Kerntechnik und Ursprung der nuklearen Kontroverse*, Reinbek bei Hamburg 1983.

Radkau, Joachim, Eine kurze Geschichte der deutschen Antiatomkraftbewegung, in: Bundeszentrale für politische Bildung, *Ende des Atomzeitalters? Von Fukushima in die Energiewende*, Bonn 2012. ヨアヒム・ラートカウ『ドイツ反原発運動小史 原子力産業・核エネルギー・公共性』、海老根剛／森田直子訳、みすず書房 2012 年。

Radkau, Joachim, *Technik in Deutschland. Vom 18. Jahrhundert bis zur Gegenwart*, Frankfurt am Main 1989.

Reiche, Danyel (Hrsg.), *Grundlagen der Energiepolitik*, Frankfurt am Main 2005.

Rennings, Klaus und Henrike Koschel, Externe Kosten der Energieversorgung und ihre Bedeutung im Konzept einer dauerhaft-umweltgerechten Entwicklung, Zentrum für Europäische Wirtschaftsforschung GmbH, ZEW Dokumentation Nr. 95-06.

Risk of Cancer after Low Doses of Ionizing Radiation: Retrospective Cohort Study in 15 Countries, in: BMJ, doi: 10. 1136/bmj. 38499. 599861. EO (published 29 June 2005).

Rosen, Alex, Critical Analysis of the WHO's Health Risk Assessment of Fukushima Nuclear Catastrophe, March 1st 2013.

Royal, Henry D., Effects of Low Level Radiation – What's New, in: Seminars in Nuclear Medicine, vol. 38, no. 5, September 2008.

Rusinek, Bernd-A., Leo Brandt: Ein Überblick, in: Schriften des Forschungszentrums Jülich Reihe Allgemeines/General.

– S –

Sardemann, Gerhard, Beeinflussung des globalen Klimas durch den Menschen: Historische Entwicklung und Stand des Wissens zum anthropogenen Ttreibhauseffekt, in: Jürgen Kopfmüller und Reinhard Coenen (Hrsg.), *Risiko Klima. Der Treibhauseffekt als Herausforderung für Wissenschaft und Politik,* Frankfurt am Main 1997.

Schmidt, Helmut, *Weggefährten. Erinnerungen und Reflexionen,* Berlin 1996.

Schneider, Jens-Peter und Christian Theobald (Hrsg.), *Recht der Energiewirtschaft,* 3. Auflage, München 2011.

Schneider, Mycle and Antony Froggatt et al., The World Nuclear Industry Status Report 1992, London/Paris/Washington, May 1992.

Schneider, Mycle and Antony Froggatt, The World Nuclear Industry Status Report 2004, Brussels, December 2004.

Schneider, Mycle and Antony Froggatt, The World Nuclear Industry Status Report 2007, Brussels/London/Paris, January 2008.

Schneider, Mycle, Steve Thomas, Antony Froggatt, and Doug Koplow, The

World Nuclear Industry Status Report 2009, Paris, August 2009.

Schneider, Mycle, Antony Froggatt and Steve Thomas, The World Nuclear Industry Status Report 2010-2011, Paris/Berlin/Washington, April 2011.

Schneider, Mycle and Antony Froggatt, The World Nuclear Industry Status Report 2012, Paris/London, July 2012.

Schneider, Mycle and Antony Froggatt, The World Nuclear Industry Status Report 2013, Paris/London/Kyoto, July 2013.

Schneider, Mycle and Antony Froggatt, The World Nuclear Industry Status Report 2014, Paris/London, July 2014.

Schröder, Gerhard, *Entscheidungen. Mein Leben in der Politik*, Hamburg 2006.

Schurr, Sam and Bruce Netschert, *Energy in the American Economy, 1850-1975*, Baltimore 1960.

Schweer, Dieter und Wolf Thieme (Hrsg.), *"Der gläserne Riese": RWE – ein Konzern wird transparent*, Wiesbaden 1998.

Smil, Vaclav, *Energy Transitions. History, Requirements, Prospects*, Santa Barbara 2010.

Sørensen, Bent, *A History of Energy. Northern Europe from the Stone Age to the Present Day*, Abingdon/ New York 2012.

Stier, Bernhard, *Staat und Strom. Die politische Steuerung des Elektrizitätssystems in Deutschland 1890-1950*, Ubstadt-Weiher 1999.

Stiglitz, Joseph E., America's Socialism for the Rich, 06. 06. 2009, < http://www.bepress.com/ev >.

Stiglitz, Joseph E., Amartya Sen and Jean-Paul Fitoussi, *Mismeasuring Our Lives: Why GDP doesn't Add up*, New York 2010. ジョセフ・E・スティグリッツ／アマティア・セン／ジャンポール・フィトゥシ『暮らしの質を測る　経済成長を超える幸福度指標の提案』、福島清彦訳、金融財政事情研究年 2012 年。

― T ―

Te Brake, William H., Air Pollution and Fuel Crises in Preindustrial London,

1250–1650, in: *Technology and Culture*, vol. 16, no. 3, July 1975.

Teller, Edward, *Energie für ein neues Jahrtausend. Eine Geschichte über die Energie von ihren Anfängen vor 15 Milliarden Jahren bis zu ihrem heutigen Zustand der Adoleszend: unruhig, verheißungsvoll, schwierig und hilfsbedürftig*, Berlin/Frankfurt am Main/Wien 1981.

Tenfelde, Klaus, Strukturwandel des Ruhrgebiets: Historische Aspekte, in: *Gewerkschaftliche Monatshefte*, 3/1988.

坪郷實『脱原発とエネルギー政策の転換　ドイツの事例から』明石書店 2013 年。

Turner, Graham M., A Comparison of The Limits to Growth with 30 Years of Reality, in: *Global Environmental Change*, vol. 18, 2008.

− U −

Update of the MIT 2003 Future of Nuclear Power. An Interdisciplinary MIT Study, 2009.

宇沢弘文／細田裕子編『地球温暖化と経済発展　持続可能な成長を考える』、東京大学出版会 2009 年。

− V −

Varchmin, Jochim und Joachim Radkau, *Kraft, Energie und Arbeit. Energie und Gesellschaft*, Reinbek bei Hamburg 1981.

Versicherungsforen Leipzig, Berechnung einer risikoadäquaten Versicherungsprämie zur Deckung der Haftpflichtrisiken, die aus dem Betrieb von Kernkraftwerken resultieren. Eine Studie im Auftrag des Bundesverband Erneuerbare Energie e. V. (BEE), Leipzig, der 01. April 2011.

Volmar, Ludger, *Die Grünen. Von der Protestbewegung zur etablierten Partei − Eine Bilanz*, München [2010].

Voß, Alfred, Leitbilder und Wege einer umwelt- und klimaverträglichen Energieversorgung, in: Hans Günter Brauch (Hrsg.), *Energiepolitik. Technische Entwicklungen, politische Strategien, Handlungskonzepte zu erneuerbaren Energien und zur rationellen Energienutzung*, Berlin/

参考文献　429

Heidelberg 1997.

- W -

和田武『飛躍するドイツの再生可能エネルギー　地球温暖化防止と持続可能社会構築をめざして』、世界思想社 2008 年。

Ward, Barbara, *Spaceship Earth,* New York 1966.

Ward, Barbara and René Dubos, *Only One Earth. The Care and Maintenance of a Small Planet,* New York 1972. バーバラ・ウォード／ルネ・デュボス『かけがえのない地球　人類が生き残るための戦い』、曽田長宗／坂本藤良監修、人類環境ワーキング・グループ／環境科学研究所共訳、日本総合出版機構 1972 年。

Werland, Stefan, Deutsche Klimapolitik unter Schwarz-Gelb und Rot-Grün, hrsg. vom Lehrstuhl Internationale Beziehungen/Außenpolitik, Universität Trier, 01/2006.

Whiteshot, Charles A., *The Oil-Well Driller, A History of the World's Greatest Enterprise, the Oil Industry,* Mannington 1905.

Dem Wirtschaftswunder muß das Umweltwunder folgen. Das von Bundeskanzler Helmut Kohl zurückgezogene Umwelt- und Energiepapier der CDU-Programmkommission, in: *Frankfurter Rundschau,* 27. 02. 1988.

World Commission on Environment and Development, *Our Common Future,* Oxford 1987. 環境と開発に関する世界委員会『地球の未来を守るために』、大来佐武郎監修、福武書店 1987 年。

- Z -

Zängl, Wolfgang, *Deutschlands Strom. Die Politik der Elektrizierung von 1866 bis heute,* Frankfurt am Main 1989.

定期刊行物

『朝日新聞』

Berliner Morgenpost

Berliner Zeitung

Das Bild

Bild Online

Börsen Zeitung

Bulletin der Bundesregierung

『中国新聞』

Energy & Environment

Energie & Management

Environmental Health Perspectives

European Energy and Environmental Law Review

Der Focus

Focus Online

Forbes

Frankfurter Allgemeine Zeitung

Frankfurter Rundschau

『原子力白書』

原子力委員会月報

Gewerkschaftliche Monatshefte

Global Environmental Change

Handelsblatt

History Today

IAEA Bulletin

Le Monde diplomatique

Le Soir

Los Alamos Science
『毎日新聞』
Medicine & Global Survival
Mittelbayerische Zeitung
Newsweek
The New York Times
『日本経済新聞』
Nürnberger Nachrichten
Official Journal of the European Communities
Polity
Renews Spezial
Rheinische Post
Schriften des Forschungszentrums Jülich Reihe Allgemeines/General
Schweizerische Zeitschrift für Volkswirtschaft und Statistik
Schwäbische Zeitung
Seminars in Nuclear Medicine
Le Soir
Der Spiegel
Spiegel Online
Der Stern
Stern Online
Stuttgarter Zeitung
Süddeutsche Zeitung
Der Tagesspiegel
die tageszeitung
Technology and Culture
Die Welt
Wirtschaftswoche
Die Zeit

Zeit Online

事項索引

あ 行

アーハウス 232
ICRP → 国際放射線被曝防護委員会（ICRP）を参照
「赤-緑」連立政府 223
"新しい社会" 25, 29
アメリカ環境保全庁（EPA） 103
アメリカ原子力委員会（AEC） 39, 94
アメリカ原子力産業フォーラム（AIF） 85
アメリカ商務省海洋大気圏局（NOAA） 33
アメリカ保健物理学会（HPS） 97
ALARA原則 95
アレヴァ社 308
UNCTAD → 国連貿易開発会議（UNCTAD）を参照
イーザル第一原発 273
EC委員会 → 欧州委員会（EC委員会）を参照
EPR → 欧州加圧水型原子炉（EPR）を参照
EU排出承認証（EUA） 255
移管条約 121
イギリス核燃料会社（BNFL） 233
『イギリス石炭鉱業史』 72, 73, 81
イタリア 86
一審制 195

イラン革命 118
ヴァッカースドルフ 190, 193, 201
ヴァッテンファル（Vattenfall） 231, 254, 305
ヴィール原発 59, 135, 214
ウィンズケール核燃料再処理施設事故 53
受け容れられる危険 96
内内の代議制民主主義 56
宇宙船乗客経済（Spaceman Economy） 339
EEG → 再生可能エネルギー法（EEG）を参照
エーオン（E.ON） 253, 254, 305
エコ管理・検証制度（EMAS/Öko-Audit） 225
エコ研究所 214, 217
エネルギー（電気）貯蔵 330
エネルギー・環境基金 267
エネルギー供給の確実性 108, 115, 331
エネルギー供給の環境非毀損性 119, 330
エネルギー供給の経済性 113, 327
エネルギー供給の社会的受容性 119
エネルギー合意検討グループ 208
「エネルギー構想」 292, 294, 295
エネルギー産業法（EnWG） 126, 127, 154, 166
エネルギー集約度 246, 337
エネルギー情報局（EIA） 337
エネルギー税 225
エネルギー政策にかんする訴え 264, 308, 375
エネルギー転換 55, 216, 261, 297, 341
エネルギー転換のための電力市場（緑書）

315

MIT 研究チーム → マサチューセッツ工科大学（MIT）研究チームを参照

エリゼ条約　112, 113

RWE → ライン-ヴェストファーレン電力（RWE）を参照

RWE イノジー（RWE Innogy）　302

RSK → 原子炉安全委員会（RSK）を参照

LNT 論 → 「無限界の直線的な被曝影響（LNT）」論を参照

EnBW → バーデン-ヴュルテンベルク・エネルギー（EnBW）を参照

欧州委員会（EC 委員会）　99, 140, 173, 245

欧州加圧水型原子炉（EPR）　207, 210, 332

欧州核研究機構（CERN）　129

欧州議会「科学・技術選定評価（STOA）」　100

欧州経済共同体（EEC）　112

欧州裁判所　183

欧州防衛共同体（EDC）　120

オークリジ国立研究所　77

オーストラリア国立科学工業研究機構（CSIRO）　31

オーストリア　86

オーブリヒハイム原発　250, 266

汚染者負担原則　330

か 行

KWK → コジェネレイション（電力・熱連結生産〔KWK／CHP〕）を参照

カール実験用発電所　120, 127

カールスルーエ州裁判所　182

カイザーヴィルヘルム研究所（KWI）　120

改訂電力供給法　187, 365

カウボーイ経済（Cowboy Economy）　339

核化学・冶金会社（Nukem）　57, 153

核燃料再処理　131, 190

核燃料循環（サイクル）　139, 191

核燃料税　228, 263, 267, 268

核燃料廃棄物　43, 136, 191

核燃料廃棄物総合処理センター　139

核融合　39

ガス灯　74, 77

CASTOR　203, 233

ガスモーター　78

環境・自然保全全国連盟（BUND）　199

環境税　225

環境保全のための緊急措置計画　322

甘受される危険　96

鑑定書　264, 265

基幹エネルギー資源　70, 107

気候変動枠組み条約締約国会議　246

キシュティム核燃料工場事故　53

北大西洋条約機構（NATO）　124

給電補償　177, 238

京都議定書　33, 247, 307

京都議定書付属書Ⅱ締約国　339

グラーフェンラインフェルト原発　274

クリュメル原発　293

「黒-黄」連立政府　260

計画的な成長抑制　22, 34, 133

経済安定成長促進法　128

索 引 435

経済協力開発機構（OECD） 19, 82, 99
経済構造研究所（GWS） 264
経済自由主義 49, 224
"経済成長論議" 25, 132
ケルン大学付設エネルギー産業研究所
　（EWI） 264
健康権 101, 103
原子力協議会（Nuklearrat） 56
原子力合意 230
原子力時代 37
原子力の軍事利用 122
原子力の平和利用 40, 41, 349
原子力発電（原発） 82, 119, 128
原子力平和利用国際会議 39, 43, 91
原子力法 123, 227
原子力ムラ（nukleare community） 57
原子力問題省 121
原子炉圧力容器破裂防護（Berstschutz）
　58
原子炉安全委員会（RSK） 58, 277, 279
原子炉安全性 43, 148
原子炉寿命 204, 210, 230, 256
公共的な電力事業者 154, 165, 166
高速増殖炉 131, 171
合同工業（VIAG） 230
合同電力（VEAG） 190
合同電力・鉱業（VEBA） 199, 202, 230
ゴーデスベルク党綱領 144
国際エネルギー機構（IEA） 81, 336
国際気候変動パネル（IPCC） 34
国際原子力機構（IAEA） 45, 84, 89, 95
国際公衆保健問題研究所（IICPH） 100
国際放射線被曝防護委員会（ICRP） 91,
　95
国連環境計画（UNEP） 29
国連気候変動枠組み条約締約国会議
　（COP） 33, 307, 335, 338
国連経済社会問題局 42
国連原子放射線影響調査科学委員会
　（UNSCEAR） 94, 100, 102
国連人権理事会 101
国連貿易開発会議（UNCTAD） 26, 29
ココヨク宣言 29, 35, 343
コジェネレイション（電力・熱連結生産
　〔KWK／CHP〕） 173, 178, 242, 303, 305, 308
国家能源局 333
5パーセントの壁 219, 290, 385
ゴルレーベン 139, 202, 204, 232, 234
混合酸化物（MOX）燃料 233

さ 行

再生可能エネルギー 89, 154, 240
再生可能エネルギー資源 49, 87, 152, 164
再生可能エネルギー時代 292, 295, 307
再生可能エネルギー法（EEG） 240
再生可能エネルギー法（EEG）賦課金
　310, 385
再生可能エネルギー法（EEG）賦課金減
　免措置 311, 315
産業用エネルギー・電力利用者連盟
　（VIK） 165, 182, 254
酸性雨 151
CHP → コジェネレイション（電力・
　熱連結生産〔KWK／CHP〕）を参照
CO_2排出承認（CO_2-Zertifikat） 255, 327

"CO2排出量ゼロ都市" 308
COP → 国連気候変動枠組み条約締約国会議（COP）を参照
CCS → 炭素分離・貯留（CCS）を参照
ジーメンス（Siemens）社 207, 307, 327
ジーメンス・エネルギー貯蔵設備（Siestorage） 331
市営事業所（Stadtwerk） 272
自家発電 312
自国頼み（self-reliance） 29
システム・ダイナミクス分析 20
自然独占 154
持続的な発展協議会（RNE） 297
自動車用電気供給スタンド 331
シドニィ大学 47
社会的市場経済 125
社会的発電費（SCOE） 327
従属論（dependency theory） 29
集団的な放射線被曝線量（Collective Dose） 100
集中型発電様式 216
10年協定 117
シュターデ原発 204, 266
シュレースヴァク電力（Schleswag） 183, 188
蒸気機関 74
常時通電用電力（Grundlast） 130
冗長性（Redundanz） 156
将来の原子力政策にかんする調査委員会 58, 216
触媒コンヴァータ（Katalysator）装置 151
新政策シナリオ 336

森林死滅 151
スイス 54
水素爆弾（水爆） 40
垂直統合型エネルギー供給事業者 154
スタンダード石油会社 36
ストックホルム人間環境会議 26
ストックホルム人間環境会議非公式報告書 88
スピン・オフ 303
スリーマイル島原発事故 53, 139
世紀の協定 117, 118, 151
"政治の優位" 276, 282
『成長の限界』 20, 132
生命と身体の損傷不受忍の権利 59
世界原子力協会（WNA） 97, 333
世界的な（global）均衡 22, 133
世界保健機構（WHO） 99, 102
石炭液化・ガス化 51
石炭支援賦課金 117
石炭時代 72, 75
石油価格ショック 82, 116, 118
石油時代 80, 114
石油ランプ 77
全国警察官組合（GdP） 274
全体的な嚮導（Globalsteuerung）政策 128
線量・線量率効果係数（DDREF） 102
増殖炉 192, 198
率直作戦（Candor Operation） 40
粗付加価値（BWS） 311
損害補償の保険料 46, 328

索　引　437

た　行

第 1 次電力法　113
第 2 次電力法　113
第 3 次中東戦争　116
第 3 次電力法　117, 118
大気圏保全のための備えにかんする調査委員会　167, 172
代用資本主義（Ersatz Capitalism）　49
大連立　128, 256, 315
脱原発　49, 54, 59, 86, 137, 154, 161, 199
脱硫装置　151
棚ぼた利益　261
WHO　→　世界保健機構（WHO）を参照
WHO の自立化を求めるイニシアティヴ　99
炭鉱業の構造改革　111, 114
炭鉱事業者総連盟　117
炭素集約度　246
炭素分離・貯留（CCS）　293, 305, 308
断熱式圧縮空気電力供給（ADELE）　331
地域分散型発電様式　216, 305
チェルノブイリ原発事故　53, 86, 143, 148, 158
地球温暖化　33, 297
秩序（オルド）自由主義　125
地方公共団体事業所連盟（VKU）　272
超高圧送電網　186
超高圧送電網事業者　386
T 型フォード車　78
定常状態（stationary state）　24
低線量被曝有益論　93

滴下（trickle down）論　29
テスラ・モーターズ社　331
テップファー草案　154, 156, 159, 361
電気自動車（EV）　296
電気モーター　79
電源三法　83
デンマーク　87
電力供給法（StromEinspG）　176, 238, 365
電力直物（スポット）市場（EPEX SPOT）　315
電力事業者連盟（VDEW）　246
電力・熱供給（コジェネレイション）　→　コジェネレイション（電力・熱連結生産〔KWK／CHP〕）を参照
電力料金上昇　254, 258, 317
ドイツ核燃料再処理協会（DWK）　201
ドイツ気象学会（DMG）　167, 352
ドイツ原子力フォーラム（DAtF）　209, 262
ドイツ産業連盟（BDI）　165, 182, 246, 263, 282, 287, 298, 307, 387
ドイツ商工会議所連盟（DIHT）　246
ドイツ発電所連盟（VDEW）　117, 165, 182, 207
ドイツ物理学会（DPG）　167, 352
ドイツ労働組合連盟（DGB）　140, 229
特権的な電力消費者　311
突然変異　91, 92
トランスサイエンスの問題　103
トランスヌクレアール・スキャンダル　158
トランスヌクレアール社　152

な 行

内燃機関　76, 78
ナチス党　126
ナトリウム冷却高速増殖炉（SNR-300）　192
21世紀のエネルギー構想　49, 90
20世紀型のエネルギー政策　55
"二重の5パーセント"　188, 238
ニュルンベルク党大会　143, 145, 206, 219
ネッカルヴェストハイム第一原発　260, 284
ネッカルヴェストハイム第二原発　251
ノルトライン-ヴェストファーレン州消費者センター（VZ NRW）　319

は 行

バーデンヴェルク電力（Badenwerk）　182
バーデン-ヴュルテンベルク・エネルギー（EnBW）　230, 250, 254, 301
バイエルンヴェルク電力（Bayernwerk）　207, 230
バイエルン州行政手続き法　196
8市営事業所協議会（8KU）　272
八大電力コンツェルン　383
パリ諸条約　121, 123
バリロチェ・レポート　28, 52, 161
バリロチェ財団　28
BEIR　→　放射線生物学的影響調査科学諮問委員会（BEIR）を参照
非特権的な電力消費者　311, 313
ピュハヨキ原発　305
標準賦課金　314
VIK　→　産業用エネルギー・電力利用者連盟（VIK）を参照
VEBA　→　合同電力・鉱業（VEBA）を参照
VDEW　→　ドイツ発電所連盟（VDEW）を参照
フィラハ国際会議　166
フェニクス　192
フランス科学アカデミー　97
フランス原子力庁（COGÉMA）　199
ブラント委員会　30, 35, 88
ブリティッシュ石油（BP）　334
ブルントラント委員会　89, 90
プロイセンエレクトラ電力
プロイセンエレクトラ電力（Preußen-Elektra）　184, 185, 189, 204, 207
ブロクドルフ原発　136
プログノス社　264
プロメテウスの火　65
分散型発電様式　→　地域分散型発電様式を参照
平均発電費（LCOE）　327
BDI　→　ドイツ産業連盟（BDI）を参照
ベルギー　54
放射線生物学的影響調査科学諮問委員会（BEIR）　97, 102
放射線被曝防護　43
「放射線ホルメシス」論　97
ホライズン原子力発電　306
ボルセレ第一原発　306
ボルセレ第二原発　305, 306

ま 行

マウナロア観測所　33
マサチューセッツ工科大学（MIT）研究
　チーム　19, 34, 133
マンハッタン計画　64
未知なる危険（Restrisiko）　59, 276
「緑-赤」連立州政府　285
緑の党　217
「無限界の直線的な被曝影響（LNT）」論
　94, 100
"モラトリアム"　276, 287

や 行

UNSCEAR → 国連原子放射線影響調査
　科学委員会（UNSCEAR）を参照
ユーリヒ原子力研究所（KFA）　216
四大エネルギー・コンツェルン　254, 267,
　298, 382
450 シナリオ　336

ら 行

ライプツィヒ保険フォーラム　329
ライン－ヴェストファーレン電力（RWE）
　127, 129, 198, 202, 230, 254, 302, 305
リーマン・ショック　35, 49
リンドバーグの定式　56, 341
「倫理委員会」　277, 278
連合国高等弁務官指令　120, 123
連合国統制協議会指令　120

連邦環境省（BMU）　153
連邦行政裁判所（BVerwG）　58
連邦計測研究所（PTB）　205
連邦憲法裁判所（BVerfG）　58, 182, 205, 271
連邦最高裁判所（BGH）　183
連邦再生可能エネルギー連盟（BEE）　176
連邦消費者センター連盟（VZBV）　318
連邦政府エネルギー計画　116, 162
連邦政府の環境保全計画　324
連邦放射線被曝防護局（BfS）　153, 205
連盟間協定　165, 178
ローマ・クラブ　19, 35
ロスアトム社　306, 308
ロスアラモス国立研究所　98
ロックフェラー・システム　36

人名索引

あ 行

アーデナウアー（Konrad Adenauer） 110, 114, 120, 123
アイゼンハワー（Dwight D. Eisenhower） 40, 51
アイリヒ（Heinz Eyrich） 196
明石真言 103
アルブレヒト（Ernst Albrecht） 140, 193
イエーガー（Gerd Jäger） 276
ヴァイル（Stephan Weil） 272
ヴァンスレーベン（Martin Wansleben） 254
ヴェスターヴェレ（Guido Westerwelle） 287
ヴェストリク（Ludger Westrick） 108
植村甲午朗 20
ウォード（Barbara Ward） 31
ウォリク 24
ウォルスク（Carl Walske） 85
エーアハルト（Ludwig Erhard） 112, 113, 114, 122, 128
エーヴァース 46
エレラ（Amílcar O. Herrera） 28
エンゲルス（Friedrich Engels） 24
エンゲルスベルガー（Matthias Engelsberger） 165, 170, 175
エンゲルマン（Ulrich Engelmann） 56, 129
大来佐武郎 20, 27
オスト（Friedhelm Ost） 199
オバマ（Barack Obama） 49, 332

か 行

ガーブリエル（Sigmar Gabriel） 270, 281
カーリング（Ernest R. Carling） 91
ガイスラー（Heiner Geißler） 156
カイテル（Hans-Peter Keitel） 281, 309
カルステンセン（Uwe Thomas Carstensen） 178
ガルトング（Johan Galtung） 30
キージンガー（Kurt Georg Kiesinger） 128
ギースケ（Friedhelm Gieske） 198, 202, 369
岸信介 125
キッシンジャー（Henry A. Kissinger） 30
キャメロン（David Cameron） 332
キング（Alexander King） 19
クーント（Dietmar Kuhnt） 230
クズネツ 23
熊谷太三郎 83
グラーヴェ（Joachim Grawe） 171, 185, 210
クラーク（Roger H. Clarke） 96
クライスキ（Bruno Kreisky） 86
クライナー（Matthias Kleiner） 277
グリューネヴァルト（Christopher Grünewald） 282
グルール（Herbert Gruhl） 334, 338
クレーマー（Hermann Krämer） 207

索引 441

クレッチュマン（Winfried Kretschmann）285
グローヴァー（Anand Grover）101
グロースマン（Jürgen Großmann）264, 269
ゲンシャー（Hans-Dietrich Genscher）322
ケーニヒ（Wolfram König）232
ケーンライン 98
コール（Helmut Kohl）56, 118, 147, 148, 149, 200
ゴフマン（John William Gofman）94
ゴル（Gerhard Goll）250
コレア（Gamani Corea）30

さ 行

佐藤栄作 125
サムエルソン 23
ジーメンス（Werner Siemens）79
シェーア（Hermann Scheer）176
シェーファー（Harald B. Schäfer）57, 141
シャルピング（Rudolf Scharping）221
シュイーラー（Hans Schuierer）194, 197
シュテフェン（Jochen Steffen）132
シュトイバー（Edmund Stoiber）234
シュトライブル（Max Streibl）200
シュトラウス（Franz-Josef Strauß）107, 121, 147, 197
シュピッツ（Malte Spitz）269
シュミートバウアー（Bernd Schmidbauer）167, 176

シュミット（Helmut Schmidt）56, 116, 131, 133, 138, 142, 149
シュレーダー（Gerhard Schröder）203, 219, 220, 250
ショイブレ（Wolfgang Schäuble）268
ショーマー（Eberhard Schomer）210
ジョーンズ 67
シラー（Karl Schiller）128
スティーヴンソン（Adlai Stevenson）339
スティグリッツ 49
ストー（John Stow）72
ストラウス（Lewis Strauss）39, 45
ストルム・ファン・レーウェン 47
ストロング（Maurice Strong）30
スミス 47
セイヴァリィ（Thomas Savery）74
ゼーダー（Markus Söder）276, 283
ゼーラー（Hans-Joachim Seeler）132
セレンセン 65

た 行

ターナー 31
ダーニエルス（Wolfgang Daniels）170, 176
タイセン（Johannes Teyssen）269, 299, 303
ダッドレイ（Bob Dudley）334
田中角栄 83
チャン（Margaret Chan）99
ディック（Alfred Dick）193
デーンホフ（Marion Gräfin Dönhoff）134

テップファー（Klaus Töpfer）153,157,
  201,211,277
テラー（Edward Teller）37,63
テリウム（Peter Terium）302,303
トゥーマン（Jürgen R. Thumann）254
トリティーン（Jürgen Trittin）227,310
トルーマン（Harry S. Truman）51

な 行

ナスボーム 98
ニューカメン（Thomas Newcomen）74
丹羽太貫 103

は 行

バーテル（Rosalie Bertell）100
バーバー（Homi J. Bhabha）39,91
ハーリヒ（Hans-Dietrich Harig）185
ハイゼンベルク（Werner Heisenberg）120
ハウフ（Volker Hauff）143
バウム（Gerhart R. Baum）168,325
パツィオレク（Peter Paziorek）261
パパン（Denis Papin）74
パピーア（Hans-Jürgen Papier）271
ハルトマン（Ulrich Hartmann）228
バンゲマン（Martin Bangemann）169
ハンブレヒト（Jürgen Hambrecht）309
ピーラー（Heinrich von Pierer）256
ヒルシェ（Walter Hirsche）177
ピルツ（Klaus Piltz）202,212,369,372
ファールトマン（Friedhelm Fartmann）192
フィッシャー（Joschka Fischer）210
フィリス（Hans-Peter Villis）260
フィルバート（Albert Filbert）272
フィンク（Ulf Fink）157
フーステト（Michaele Hustedt）189
フォーゲル（Hans-Jochen Vogel）142,202
フォス 47
フォルー（Roger Fauroux）201
フォルマル（Ludger Volmar）326
フォレスター（Jay W. Forrester）21
フライベルク（Konrad Freiberg）274
プラウセ（Thomas Prauße）272
ブラント（Leo Brandt）131
ブラント（Willy Brandt）30,114,130,133,
  138,322
ブリューダーレ（Rainer Brüderle）263,
  287
ベーア（Christoph Böhr）150,157
ペッチェイ（Aurelio Peccei）19
ベットツューゲ（Marc O. Bettzüge）264
ベニヒセン-フェルダー（Rudolf von
  Bennigsen-Foerder）199,200
ヘルト（Robert Held）57
ベルルスコーニ（Silvio Berlusconi）54
ヘンケル（Hans-Olaf Henkel）246
ボウルディング 339
ホーレフェルダー（Walter Hohlefelder）
  253,262
ポリツカ（Max Politzka）194
ホルツァー（Jochen Holzer）207

ま 行

マース（Erich Maaß） 166, 240
マイ（Herbert Mai） 229
マイェフスキ（Otto Majewski） 228
マクイーヴディ 67
マスク（Elon Musk） 331
マスティオー（Frank Mastiaux） 301
マットヒェーファー（Hans Matthöfer） 131
マップス（Stefan Mappus） 284
マラー（Hermann Joseph Muller） 92
マルクス（Karl Marx） 24
マルサス（Thomas Malthus） 23
マルタン（Charles-Noël Martin） 41
ミュラー（Werner Müller） 220, 250
ミル（John Stuart Mill） 24
メドウズ（Dennis L. Meadows） 21
メルケル（Angela Merkel） 177, 255, 267, 275, 338, 342
モンソン 98

や 行

ヨヒムセン（Reimut Jochimsen） 175, 193

ら 行

ラートカウ 129, 134
ラウ（Johannes Rau） 202
ラッペ（Hermann Rappe） 211, 219
ラフォンテーヌ（Oskar Lafontaine） 202, 219
ラマート（Norbert Lammert） 271
リーゼンフーバー（Heinz Riesenhuber） 149, 169
李克強 333
リュトガース（Jürgen Rüttgers） 171
リンドバーグ 50
ルイス（Anthony Lewis） 25
ルノアール（Jean J. E. Lenoir） 78
レクスロート（Günter Rexrodt） 186, 187, 189, 211
レッシャー（Peter Löscher） 307, 378
レットゲン（Norbert Röttgen） 263, 265, 276
レニングス 46
ロヴィンズ（Amory B. Lovins） 216, 237
ローゼンバーグ 24
ロゴフスキ（Michael Rogowski） 247

わ 行

ワインバーグ（Alvin M. Weinberg） 103
ワット（James Watt） 74

著者紹介

宮本光雄（みやもと・みつお）
1947 年、茨城県生まれ
成蹊大学名誉教授
国際政治学専攻
『国民国家と国家連邦―欧州国際統合の将来』（国際書院 2002 年）、『覇権と自立―世界秩序変動期における欧州とアメリカ』（国際書院 2011 年）など著書・論文多数

エネルギーと環境の政治経済学
「エネルギー転換」へいたるドイツの道

著者　宮本光雄
2015 年 11 月 20 日初版第 1 刷発行

・発行者――石井　彰　　・発行所
印刷・製本／新協印刷（株）

KOKUSAI SHOIN Co., Ltd.
3-32-5, HONGO, BUNKYO-KU, TOKYO, JAPAN.
株式会社 **国際書院**
〒113-0033 東京都文京区本郷3-32-6-1001
TEL 03-5684-5803　　FAX 03-5684-2610
Eメール：kokusai@aa.bcom.ne.jp
http://www.kokusai-shoin.co.jp

ⓒ 2015 by MIYAMOTO Mitsuo

（定価＝本体価格 4,600 円＋税）
ISBN978-4-87791-266-6 C3031 Printed in Japan

本書の内容の一部あるいは全部を無断で複写複製（コピー）することは法律でみとめられた場合を除き、著作者および出版社の権利の侵害となりますので、その場合にはあらかじめ小社あて許諾を求めてください。

国際政治

吉村慎太郎・飯塚央子編
核拡散問題とアジア
―核抑止論を超えて
87791-197-3 C1031　　A5判　235頁　2,800円

日本、韓国、北朝鮮、中国、インド、パキスタン、イラン、イスラエル、ロシアなど複雑な事情を抱えたアジアの核拡散状況を見据え、世界規模での核廃絶に向けて取り組みを続け、取り組もうとする方々へ贈る基本書。　　　　　　　　（2009.7）

佐藤幸男・前田幸男編
世界政治を思想する　Ⅰ
87791-203-1 C1031　　A5判　293頁　2,800円

「生きる意味」を問い続ける教科書。国際政治理論の超え方、文化的次元での世界政治の読み解き方、歴史的現代における知覚の再編成、平和のあり方を論じ日常の転覆を排除せず「生きること＝思想する」ことを追究する。　　　　　（2010.1）

佐藤幸男・前田幸男編
世界政治を思想する　Ⅱ
87791-204-8 C1031　　A5判　269頁　2,600円

「生きる意味」を問い続ける教科書。国際政治理論の超え方、文化的次元での世界政治の読み解き方、歴史的現代における知覚の再編成、平和のあり方を論じ日常の転覆を排除せず「生きること＝思想する」ことを追究する。　　　　　（2010.1）

永田尚見
流行病の国際的コントロール
―国際衛生会議の研究
87791-202-4 C3031　　A5判　303頁　5,600円

人間の安全保障、国際レジーム論・国際組織論、文化触変論の視点から、さまざまなアクターの関与を検討し、国際的予防措置の形成・成立を跡づけ、一世紀に亘る国際衛生会議などの活動が各国に受容されていく過程を追う。　　　　（2010.1）

浜田泰弘
トーマス・マン政治思想研究 [1914-1955]
―『非政治的人間の考察』以降のデモクラシー論の展開
87791-209-3 C3031　　A5判　343頁　5,400円

「政治と文学という問い」に果敢に挑戦した文学者トーマス・マンの政治論は、二度の世界大戦、ロシア革命とドイツ革命、ファシズムそして冷戦を経た20世紀ドイツ精神の自叙伝として21世紀世界に示唆を与える。　　　　　（2010.7）

美根慶樹
国連と軍縮
87791-213-0 C1031　　A5判　225頁　2,800円

核兵器廃絶、通常兵器削減の課題を解決する途を国連の場で追求することを訴える。通常兵器・特定通常兵器、小型武器などについて需要側・生産側の問題点をリアルに描き出し核兵器・武器存在の残虐性を告発する。　　　　　（2010.9）

鈴木　隆
東アジア統合の国際政治経済学
―ASEAN地域主義から自立的発展モデルへ
87791-212-3 C3031　　A5判　391頁　5,600円

国際システム下における途上国の発展過程、とりわけASEANを中心に国家・地域・国際システムの三つのリンケージ手法を用いて分析し、「覇権と周辺」構造への挑戦でもある東アジア統合の可能性を追う。　　　　　　　　（2011.2）

金　永完
中国における「一国二制度」とその法的展開
―香港、マカオ、台湾問題と中国の統合
87791-217-8 C3031　　A5判 000頁　5,600円

北京政府の「「一国二制度」論について、香港、マカオ問題の解決の道筋をたどりつつ、法的諸問題に軸足を置き、国際法・歴史学・政治学・国際関係学・哲学的視点から文献・比較分析をおこない解決策を模索する。　　　　（2011.3）

宮本光雄先生
覇権と自立
―世界秩序変動期における欧州とアメリカ
87791-219-2 C3031　　A5判　377頁　5,600円

発展途上諸国の経済発展および発言権の増大という条件のなかで欧州諸国では欧米間の均衡回復が求められており、「均衡と統合」、「法の支配」を柱とした「全人類が公正に遇され」る世界秩序を求める模索が続いている。　　　　　　（2011.3）

国際政治

鈴木規夫
光の政治哲学
―スフラワルディーとモダン

87791-183-6　C3031　　　A5判　327頁　5,200円

改革・開放期における市場経済化を契機とする農村地域の社会変動に対応して、基層政権が下位の社会集団、利益集団といかなる関係を再構築しつつあるかを跡づけ、農村地域の統治構造の再編のゆくへを考察する。
(2006.3)

鈴木規夫
現代イスラーム現象

87791-189-8　C1031　　　A5判　239頁　3,200円

1967年の第三次中東戦争から米軍によるバグダッド占領までの40年に及ぶ「サイクル収束期」の位置づけを含め、20世紀後半の〈イスラーム現象〉が遺した現代世界における被抑圧者解放への理論的諸課題を探る。
(2009.3)

森川裕二
東アジア地域形成の新たな政治力学
―リージョナリズムの空間論的分析

87791-227-7　C3031　　　A5判　　頁　5,400円

東アジア共同体を遠望することはできるのか。方法論的理論の探求、定量研究、事例研究をとおして地域形成と地域主義がどのような関係をもつのか、地域協力によって積み上げられてきたこの地域の国際関係論を探求する。
(2012.5)

水田愼一
紛争後平和構築と民主主義

87791-229-1　C3031　　　A5判　289頁　4,800円

世界各地では絶えず紛争が発生している。紛争後における平和構築・民主主義の実現の道筋を、敵対関係の変化・国際社会の介入などの分析をとおして司法制度・治安制度・政治・選挙制度といった角度から探究する。
(2012.5)

上杉勇司・藤重博美・吉崎知典編
平和構築における治安部門改革

87791-231-4　C3031　¥2800E　A5判　225頁　2,800円

内外の安全保障、国内の開発を射程に入れた紛争後国家再生の平和支援活動の工程表を展望した「治安部門改革」における理論と実践の矛盾を率直に語り、鋭い問題提起をおこないつつ平和構築を追求した。
(2012.8)

野崎孝弘
安全保障の政治学
―表象的次元から見る国際関係

87791-235-2　C3031　　　A5判　249頁　5,000円

横領行為や悪用に対抗する意志を持たない「人間の安全保障」。表象分析によって特定の表象や学術的言説が現行の権力関係や支配的な実践系を正当化し、常態化している姿を本書は白日の下にさらす。
(2012.9)

大賀　哲編
北東アジアの市民社会
―投企と紐帯

87791-246-8　C1031　¥2800E　A5判　233頁　2,800円

日本・中国・韓国・台湾などの事例研究を通して、国家の枠内における市民社会形成と国家を超えた北東アジアにおけるトランスナショナルな市民社会との相互作用を検討し、「アジア市民社会論」を展開する。
(2013.5)

今田奈帆美
大国の不安、同盟国の影響力
―ベルリン危機をめぐる米独関係

87791-245-1　C3031　　　A5判　267頁　5,600円

大国と同盟関係にある相対的弱小国が一定の条件の下で大国の外交政策に影響力を持つことを、冷戦下でのベルリン危機をめぐる米独関係を1次、2次、3次にわたる経緯をつぶさに追って検証する。
(2013.5)

本多美樹
国連による経済制裁と人道上の諸問題
―「スマート・サンクション」の模索

87791-252-9　C3031　　　A5判　319頁　5,600円

国連が、集団的安全保障の具体的な手段である「非軍事的措置」、とりわけ経済制裁を発動し継続していく際にどのようなモラルを維持し、国際社会に共通する脅威に取り組んでいくのか、その過程を考察する。
(2013.9)

国際政治

岩佐茂・金泰明編
21世紀の思想的課題
―転換期の価値意識
87791-249-9 C1031　　　　A5判　427頁　6,000円

近世、近代から現代にかけての世界の歴史を、こんにち、グローバルな転換期を迎えている世界の思想的な挑戦と捉え、日本、中国の哲学研究者が総力をあげて応える手がかりを見出す試みである。　　　　　　　　　　　　　　　　(2013.10)

鈴木規夫編
イメージング・チャイナ
―印象中国の政治学
87791-257-4 C3031　　　　A5判　245頁　3,200円

〈中国〉は未だ揺らがぬ対象である。21世紀においてこの〈中国〉というこの名辞がどのようなイメージに変容していくのか。本書では、「印象中国」から視覚資料・非文字資料への分析・批判理論構築の必要性を追究する。　　　　　(2014.4)

永井義人
国家間対立に直面する地方自治体の国際政策
―山陰地方における地方間国際交流を事例として
87791-256-7 C3031　　　　A5判　199頁　4,800円

北朝鮮江原道元山市との友好都市協定に基づく経済交流をおこなっていた鳥取県、境港市における国際政策・政策決定過程をつぶさに見るとき、国家間対立を乗り越えるひとつの道筋とその方向性を示唆している。　　　　　　　(2014.4)

武者小路公秀
国際社会科学講義：
文明間対話の作法
87791-264-2 C1031 ¥2500E　A5判　347頁　2,500円

現代世界の問題群・存在論的課題の解明のために「螺旋的戦略」を提起する。技術官僚的パラダイム偏向を正し、形式論理学を超えた真理を求めるパラダイム間の対話、声なき声を聞きここに新しいフロンティアを開く。　　　　　　(2015.2)

宇野重昭／鹿錫俊編
中国における共同体の再編と内発的自治の試み
―江蘇省における実地調査から
87791-148-0 C3031　　　　A5判　277頁　2,800円

現代中国における権力操作との関係のなかで、民衆による自治・コミュニティというものの自発的・内発性がどのように成長しているか、合同調査チームによる江蘇省における実地調査を通して追跡する。　　　　　　　　　　(2004.6)

江口伸吾
中国農村における社会変動と統治構造
―改革・開放期の市場経済化を契機として
87791-156-1 C3031　　　　A5判　267頁　5,200円

改革・開放期における市場経済化を契機とする農村地域の社会変動に対応して、基層政権が下位の社会集団、利益集団といかなる関係を再構築しつつあるかを跡づけ、農村地域の統治構造の再編のゆくへを考察する。　　　　　　(2006.3)

張　紹鐸
国連中国代表権問題をめぐる
国際関係（1961-1971）
87791-175-1 C3031　　　　A5判　303頁　5,400円

東西冷戦、中ソ対立、ベトナム戦争、アフリカ新興諸国の登場などを歴史的背景としながら、蒋介石外交の二面性に隠された一貫性に対し、アメリカ外交政策の決定過程を貴重な一次資料にもとづいて跡付けた。　　　　　　　(2007.12)

宇野重昭・別枝行夫・福原裕二編
日本・中国からみた朝鮮半島問題
87791-169-3 C1031　　　　A5判　303頁　3,200円

課題を歴史的・世界的視野からとらえ、軍事的視点より政治的視点を重視し、理念的方向を内在させるよう努めた本書は大胆な問題提起をおこなっており、こんごの朝鮮半島問題解決へ向けて重要なシグナルを送る。　　　　　(2007.3)

宇野重昭／増田祐司編
北東アジア地域研究序説
87791-098-0 C3031　　　　A5判　429頁　4,500円

北東アジア地域の経済開発と国際協力の促進を目ざし、出雲・石見のくにから発信する本書は、全局面でのデモクラシーを力説し社会科学を中心に人文・自然諸科学の総合を実践的に指向する北東アジア地域研究序説である。　　　(2000.3)